데이터 스토리텔링 연습

연습 문제와 다양한 사례로 익히는 데이터 시각화 기법

데이터 스토리텔링 연습

연습 문제와 다양한 사례로 익히는 데이터 시각화 기법

콜 누스바우머 내플릭 지음 **변혜정** 옮김

일러스트 by 캐서린 매든

에이콘

에이콘출판의 기틀을 마련하신 故 정완재 선생님 (1935-2004)

지은이 소개

콜 누스바우머 내플릭 Cole Nussbaumer Knaflic

그녀는 데이터로 스토리를 말한다. 데이터 스토리텔링SWD, storytelling with data의 설립자이자 CEO로 『데이터 스토리텔링』이라는 베스트셀러의 저자이기도 하다. 이 책은 십여 개 언어로 번역돼 수많은 대학에서 교과서로 활용되며 SWD 워크숍 참가자 수만 명의 교재로도 사용된다. 콜과 그녀의 팀은 성공적인 대화형 학습 세션interactive learning session을 약 10년 동안 운영해왔고 해당 세션은 전 세계의 데이터 지향적인 개인, 회사, 자선 단체 사이에서 인기가 대단하다. 또한 사람들이 이해하기 쉬운 그래프를 만들 수 있도록 돕는 한편, 잘 알려진 SWD 블로그, 팟캐스트 및 월간 챌린지monthly challenge로 이들을 매력적인 스토리로 엮어 내고 있다.

콜의 독특한 재능은 SWD를 운영하기 전부터 금융과 개인 자산 분야 그리고 구글 인사 분석팀의 관리자로서 분석을 수행하면서 갈고 닦아 만들어졌다. 구글에서 데이터 주도 접근법을 활용해 혁신적 인사 프로그램과 관리 업무를 수행했고 미국과 유럽 전역의 구글 사무소를 다니면서 데이터 시각화 분야에 대해 자신이 개발한 과정을 강의하기도 했다. 미국 메릴랜드 예술대학교MICA, Maryland Institute College of Art의 비상근 교수로 정보 시각화 기초 과정을 가르치고 있으며 미국과 그 외 국가의 저명한 대학에서 초청 강연을 정기적으로 진행하고 있다.

워싱턴 대학에서 응용 수학 학사 학위와 경영학 석사 학위MBA를 받았다. 세상에서 비효율적인 그래프를 없애는 일을 하지 않을 때는 미국 중서부의 집에 있거나, 해외여행을 하면서 남편과 함께 세 아이를 키우는 모험을 하며 지낸다.

감사의 말

이 책이 나오기까지 도움 주신 모든 분께 감사드립니다.

사이먼 보몬트, 리사 칼슨, 에이미 세살, 로버트 크로커, 스티븐 프란코네리, 메건 홀스틴, 스티브 웩슬러. 원고 초안 검토와 친절한 피드백에 감사합니다.

킴 쉐플러와 재스민 코프먼. 현명한 안내자 역할에 감사합니다.

캐서린 매든과 맷 메이클. 두 분의 창의성과 사상적 동반자 관계에 감사합니다. 우리가 멋진 책을 만들었어요!

사랑하는 친구이자 탁월한 편집자인 **마리카 론.** 당신은 내 머릿속 단어들을 말이 되게 정리해 종이에 옮기도록 도와줬어요!

조디 리엔도. 순서를 바로잡아 주고 힘든 일을 덜어주고 우리가 하는 모든 일에 더할 나위 없는 밝음을 줘 감사합니다.

엘리자베스 릭스 당신의 헌신과 SWD 교훈을 모두와 나누는 환상적인 작업에 감사합니다. 아기 헨리의 탄생도 축하해요!

에이버리, 도리언, 엘러위즈 내플릭. 항상 영감을 주는 나의 아름다운 아이들. 너희가 인생에서 원하는 것은 무엇이든 될 수 있단다.

랜디 내플릭. 나의 지원자이며 이성의 목소리이자 나의 친구이며 모든 것인 당신. 당신은 항상 내 마음속에 있습니다.

빌 팔룬, 마이크 헨턴, 칼리 후넘, 스티븐 키리츠, 킴벌리 먼로 힐, 퍼비 파텔, 장 칼 마틴, 에이미 런디카노, 스티브 시프케, RJ 앤드루스, 마이크 시스네로스, 앨릭스 벨레스, 베아트리츠 타피아, 브렌다 치 모런, 그리고 쿼드 그래픽스 팀 모두에게 감사합니다. 우리 고객과 이 글을 읽는 모든 분(바로 여러분!)에게도 감사를 전합니다. 이 놀라운 여행을 함께 해줘 고맙습니다. 즐거운 연습 시간이 되길!

옮긴이 소개

변혜정(hjbyun1109@naver.com)

서울대에서 환경보건학 전공으로 박사학위를 받고 LG환경연구원과 삼성SDS를 거쳐 현재는 쿠팡에서 Health & Ergonomics팀을 맡고 있다. 환경안전보건 관련 데이터베이스 구축과 이를 토대로 한 데이터 분석 업무를 하면서 데이터의 중요성과 데이터를 효과적으로 제시하는 방법에 관심을 갖게 됐다. 지금도 수많은 데이터와 사례를 수집하고 분석해 현장에 적용 가능한 실효성 있는 자료와 정책을 만들기 위해 끊임없이 고민 중이다.

옮긴이의 말

누군가에게 손에 쥔 데이터로 말하고 싶은 것을 제시해야 할 때 처음에는 당황하기 마련이다. 전달하려는 내용을 어디서부터 어떻게, 어떤 흐름으로 보여줘야 얻고자 하는 바를 제대로 얻을 수 있을지 머리를 싸매고 고민하게 된다. 여기저기에서 데이터가 폭발적으로 쏟아져 나오는 요즘 같은 시기에는 더욱 그렇다. 데이터는 많으면 많을수록 좋다고 하지만 각 데이터를 쓰임새 있게 활용하고 제시하는 것은 또 다른 문제다.

데이터의 중요성은 아무리 반복해도 질리지 않는 주제다. 의사 결정을 하는 사람에게 '그냥 대충 이런 것 같다'라고 말해 봐야 반응은 뻔하다. '근거를 제시해라', '왜 이런 건지 숫자로 설명해라', '다른 회사에서는 비슷한 사안에 대해 어떤 결과가 있었는지 찾아봐라' 등등. 결국 관련 데이터를 모아서 하고 싶은 것 혹은 가야 할 방향에 초점을 맞춰 내용을 구성하고 자료를 만들어 다시 제시하는 상황이 될 수밖에 없다.

그렇다면 어떻게 해야 이 일을 잘 해낼 수 있을까. 이 책에 해답이 실려 있는 게 아닌가 싶다. 저자의 이전 책인 『데이터 스토리텔링』이 데이터로 효과적인 의사소통을 하기 위한 기본 사항을 가이드한 것이었다면 이번에 새롭게 소개하는 이 책은 다양한 사례와 적절한 문제 해결 방안을 주면서 수없이 반복해 연습하게 한다. 그저 따라 하면서 연습하는 데 그치는 것이 아니라 스스로 생각하고 다른 사람과 토의하면서 자연스럽게 습득하도록 도와준다.

『데이터 스토리텔링』의 기본 틀을 따라가지만 이전 책을 읽지 않아도 쉽게 이해할 수 있도록 사전에 간단한 설명을 하며 시작하니 안심해도 된다. 1장에서 6장까지는 '상황정보를 이해'하고 '효과적인 시각화자료를 선택'하고 '잡동사니를 찾아내서 제거'하고 '주의를 집중'시키고 '설계자처럼 생각'하고 마침내 '스토리를 말하는 단계'까지 다양하게 연습하는 과정이 이어진다. 7장과 8장은 각종 사례연구와 연습문제를 제시하며 구체적인 해결방안을 주지 않은 채 스스로 생각하고 연습하게 한다. 9장에서는 이제까지 진행한 다양한 연습을 직장에서 어떻게 적용하면 좋을지에 대해 실천 가능한 가이드와 평가 항목을 제시한다.

처음부터 끝까지 혹은 필요한 곳마다 옮겨가며 이 책을 읽다 보면 어느새 우리에게 주어진 자료를 어떤 각도로 바라봐야 할지, 효과적인 의사소통을 위해 어떻게 구성해야 할지에 대한 감각이 생겨나는 것을 느끼게 된다. 무엇보다 이 책은 우리를 도와줄 수 있는 많은 툴과 출처도 함께 제공하고 있어서 더욱 유용하다. 혹시 지금 바로 적용할 수 있는 나만의 데이터가 있다면 그 데이터로 효과적인 의사소통을 할 수 있는 구체적인 방법이 어느 순간 머릿속에 떠오르게 될 것이다.

세상에 존재하는 무수한 데이터 속에서 필요한 데이터를 골라내고 설득력 있는 스토리를 만들어 제시하고 결국 원하는 방향의 의사 결정을 얻어내는 일은 분야나 직책과 관계없이 누구나 바라고 필요로 하는 매력적인 일이라고 생각한다. 이 책이 그런 멋진 모습의 여러분을 만들어내는 데 큰 도움이 되리라 믿어 의심치 않는다. 아울러 바쁘다는 핑계로 때마다 시간을 어기던 번역자를 끝까지 참고 기다려 준 에이콘 출판사 모든 분에게 마음 깊이 감사를 드리고 싶다.

차례

들어가며

첫 번째 책, 『데이터 스토리텔링』을 읽었거나 동명의 워크숍에 참여했던 사람들에게 자주 이메일을 받는다. 대부분 우리의 작업을 격려하고 지지하는 내용이며 질문과 요청도 꽤 많다. 나는 성공담을 듣는 게 정말 좋다. 중요한 비즈니스 결정에 영향을 미쳤다거나 밀린 예산에 관한 대화에 박차를 가했다거나 조직의 수익에 긍정적 영향을 주는 행동을 촉진했다거나 하는 이야기들 말이다. 가장 고무적인 것은 개인의 성장과 인식에 관한 이야기다. 한 고마운 독자는 '데이터 스토리텔링' 원칙을 인터뷰에 적용해 새로운 직업을 구하는 데 도움이 됐다고 했다. 모든 성공은 각기 다른 업종, 업무, 역할에 있는 사람들이 데이터로 의사소통하는 능력을 개발하는 데 시간을 들여서 얻은 결과다.

'더 많은 것'을 원하는 사람들의 이야기도 꾸준히 듣고 있다. 책을 읽고 나서 데이터로 이야기하기의 잠재적 영향은 이해하지만 실제 업무 적용에는 어려움을 겪는다. 추가 질문이 생기거나 원하는 영향을 얻지 못할 미묘한 상황에 부딪히기도 한다. 데이터 스토리텔링 기술을 충분히 개발하는 데 도움이 되는 더 많은 가이드와 연습을 간절히 바라는 사람이 있는 것은 확실하다.

『데이터 스토리텔링』에서 설명하는 내용을 가르치고 있거나 앞으로 가르치고 싶은 사람들도 관심을 보인다. 대체로 대학 강사(『데이터 스토리텔링』이 전 세계 100개 이상 대학에서 교과서로 쓰인다고 생각하니 정말 놀랍다!) 혹은 조직에서 훈련과 경력 개발 업무를 맡은 사람들은 조직 내 교과 과정이나 훈련 프로그램을 만드는 데 관심이 있다. 물론 팀원들의 기술력을 높이거나 다른 사람들에게 올바른 코칭과 피드백을 해주길 원하는 리더, 관리자, 개인 기고자도 있다.

이 책은 개인과 교사, 리더 모두의 요구를 다룬다. 다양한 실제 사례, 연습 지도, 확장 가능한open-ended 연습 문제 등을 이용해 가치 있는 통찰력을 나눔으로써 '데이터 스토리텔링'

수업을 적용하고, 다른 사람을 가르치는 면에서 자신감과 신뢰를 쌓을 수 있도록 도울 것이다.

이 책의 구성과 기대하는 바

각 장은 『데이터 스토리텔링』에서 다루는 주요 내용을 간략하게 요약하면서 시작한다.

콜과 연습하기: 상세한 단계별 그림 및 설명과 깊이 고민해서 문제를 해결할 수 있도록 하는 실제 사례 기반의 연습 문제

스스로 연습하기: 해결책을 미리 주지 않고 알아서 풀도록 하는 더 많은 연습 문제와 생각을 요구하는 질문

직장에서 연습하기: 언제, 어떻게 유용한 피드백을 요청해야 하는지 그리고 작업을 반복해서 가다듬어 더 멋지게 만들 수 있는지에 대한 실제 지침을 포함해 배운 내용을 직무에 적용하는 데 필요한 친절한 가이드와 실전 연습 문제

이 책에서 만나게 되는 내용의 상당 부분은 '데이터 스토리텔링' 워크숍에서 영감을 받은 것이다. 워크숍 세션들이 다양한 업종을 포괄하기 때문에 도출한 사례도 매우 다양하다. 디지털 마케팅부터 애완동물 키우기, 영업 훈련까지 각기 다른 주제를 다루면서 데이터 스토리텔링 기술을 연마하고 배울 수 있는 풍부하고 다채로운 상황을 제공한다.

이 책은 앉아서 그저 읽으면 되는 전통 방식의 책이 아니라는 점을 유념해야 한다. 대화형 경험을 충분히 함으로써 최대한 많은 것을 뽑아내기 바란다. 중요 내용에 표시하고 북마크를 추가하고 여백에 필기도 해보길 장려한다. 페이지와 사례 사이를 통통 튀어 다니길 기대한다. 그림도 그려보고 다른 사람과 토의도 하면서 자신만의 툴로 연습하라. 완전히 습득할 때까지 책을 마구 다뤄야 한다. 그것이 이 책을 최대한 활용했다는 하나의 증거가 된다!

이 책을 기존 책과 연계해 활용하는 방법

『SWD: 연습하자![SWD: let's practice!]』는 『데이터 스토리텔링』(에이콘, 2016)의 매우 훌륭한 안내서다. 기존 책의 상세한 수업 내용을 대체하는 것이 아니라, 추가 설명과 훨씬 더 많은

사례를 제시하고 직접 해보는 연습 문제에 초점을 맞췄다.

그림 0.1에서 확인할 수 있듯이 몇 가지 차이점 외에는 『데이터 스토리텔링』과 같은 구조를 따른다. 7, 8, 9장은 종합 연습 문제로 『데이터 스토리텔링』과 이 책 전반에 걸쳐 다루는 내용을 적용하는 추가 가이드와 실습을 제공한다.

그림 0.1 이 책의 각 장은 『데이터 스토리텔링』의 각 장과 어떻게 짝을 이루는가

『데이터 스토리텔링』과 『SWD: 연습하자!』 두 권을 모두 집어 들었다면 다양한 방법으로 활용할 수 있다. 우선 『데이터 스토리텔링』을 처음부터 끝까지 읽고 구체적으로 들어가기 전에 빅 픽처Big Picture를 이해한다. 그러면 어떤 수업을 연습하고 싶은지 결정할 수 있고, 이 책 내에서 연관된 부분을 파고들 수 있다. 또는 『데이터 스토리텔링』을 한 번에 한 장씩 정독한 후 『SWD: 연습하자!』의 실전 연습 문제로 앞서 읽은 것을 연습해볼 수도 있다.

이미 『데이터 스토리텔링』을 읽었다면 이 주제들에 익숙할 것이므로 편하게 바로 시작해도 좋다.

이 책만 샀더라도 기본 사항을 설명하는 내용이 충분히 담겨 있어서 괜찮다. 보충 가이드가 필요할 때는 『데이터 스토리텔링』을 사서 보거나 storytellingwithdata.com에 방문해 많은 자료를 살펴보면 된다.

배우기를 원하는가, 가르치기를 원하는가?

이 책은 공통된 목표, 즉 데이터로 더 효과적인 의사소통을 하자는 목표로 연결된 두 종류의 서로 다른 청중을 염두에 두고 집필했다. 뚜렷하게 구별되는 두 개 그룹은 다음과 같다.

1. 데이터로 더 효과적인 의사소통을 하는 방법을 배우고 싶어 하는 그룹
2. 데이터로 더 효과적인 의사소통을 하는 방법을 다른 사람에게 피드백하거나 코치하거나 가르치고 싶어 하는 그룹

이 책의 내용은 두 그룹 모두와 관련 있지만 최대한 활용하고자 할 때는 미묘한 차이를 보일 수 있다. 각자의 목표에 따라 효율을 극대화할 수 있는 전략이 다음에 소개돼 있다.

데이터로 더 효과적인 의사소통을 하는 방법을 배우고 싶다

뒤쪽 내용이 앞쪽 내용 또는 연습 문제를 기반으로 하거나 다시 언급하는 때가 있기에 1장부터 순서대로 쭉 진행하라. 그러면 관심 섹션으로 돌아가게 될 것이고 상세한 니즈와 목표를 바탕으로 연습하는 데 초점을 맞출 수 있다.

해당 장의 수업 요약을 검토하면서 시작하라. 익숙지 않은 내용에 부딪히면 『데이터 스토리텔링』에서 짝을 이루는 장을 찾아 추가 맥락을 살펴보라.

그다음 **콜과 연습하기**의 연습 문제로 곧장 이동하라. 해결 방안으로 바로 가지 말고(자신을 속이는 사람은 자신뿐이다!) 우선 스스로 각 문제를 풀어보라. 다른 사람과 함께 이 책을 활용한다면 문제 해결 활동 중 많은 부분을 그룹 토론으로 할 수 있다. 각 섹션에 있는 연습 문제는 대개 이전 연습 문제를 기반으로 하지만 꼭 순서대로 풀 필요는 없다.

연습 문제를 풀고 나면(머리로만 하지 말고, 직접 쓰고 그림을 그리고 툴을 활용하길 권장한다) 주어진 해결 방안을 쭉 읽어보라. 해결 방안과 자신의 답 사이에 비슷한 점과 다른 점이 무엇인지 자세히 살펴보라. 하나의 '정확한' 답은 아주 드물다는 것을 명심하라. 더 좋은 접근 방법이 있을 수는 있지만, 대개는 주어진 문제를 푸는 수많은 방법이 있다. 여기서 제시하는 해결 방안은 『데이터 스토리텔링』에서 다루는 수업에 적용할 하나의 방법만을 설명할 뿐이다. 다양한 조언과 팁, 뉘앙스는 여러분에게 도움이 되고 통찰력도 줄 수 있으므로

해결 방안을 모두 읽어보라.

'콜과 연습하기'를 마치면 **스스로 연습하기** 섹션으로 더 깊이 들어가 본다. 해당 문제들은 첫 섹션과 유사하지만 정해진 답은 없다. 그룹으로 작업한다면 각자 연습 문제에 도전해보고 나서 함께 모여 발표하고 토론한다. 예외 없이 각기 다른 사람이 각기 다른 방식으로 문제에 접근했을 것이다. 이를 공유하는 과정에서 여러분은 많은 것을 배울 수 있다. 다른 사람과 상의하는 과정은 설계 선택과 결정에 관해 대화하는 매우 좋은 연습이 될 수 있고, 더 나아가 생각을 훨씬 명확하게 하고 앞으로의 적용을 개선하는 데 도움이 될 수 있다. 혼자서든 그룹의 일원으로든 완성하고 나면 제안된 접근 방법에 대한 피드백을 받아보라. 이렇게 하면 여러분이 제안한 것이 잘 작동하는지 그리고 효과를 더 높이려면 어디에서 반복해야 하는지를 이해하는 데 도움이 된다.

언제라도 현재 프로젝트를 진행하면서 특정 장에서 설명한 수업 내용을 적용해 이득이 될 만한 것을 발견한다면 해당 장의 **직장에서 연습하기** 연습 문제 섹션으로 바로 넘어간다. 연습 문제 섹션에는 실제 업무 상황에 직접 적용할 수 있는 실무 지침이 포함돼 있다. 업무 환경에서 다양한 수업 내용을 연습하면 할수록 해당 내용이 몸에 배게 된다.

각 장은 수업 내용과 관련된 토론 질문으로 마무리하고 있다. 질문들을 동료와 함께 이야기하거나 좀 더 많은 사람이 모이는 북 클럽 대화의 기본 주제로 활용하라.

각 장의 연습 문제 섹션은 주로 해당 수업 내용을 적용하는 것에 초점이 맞춰졌지만 7, 8, 9장은 더 종합적인 사례와 연습 문제를 제공해 데이터 스토리텔링 전체 과정을 적용할 수 있도록 한다. **7장**('콜과 함께 심화 연습하기')은 여러분이 먼저 풀 수 있도록 본격적인 사례 연구를 제시한 후 내가 생각하는 방법thought process으로 해결하고 마무리한다. **8장**('스스로 심화 연습하기')은 추가 사례 연구 및 탄탄한 연습 문제를 주고 정해진 해결 방안 없이 연습할 수 있도록 한다. **9장**('직장에서 심화 연습하기')은 직장에서 '데이터 스토리텔링' 과정을 어떻게 적용할 것인지에 대한 팁과 그룹 학습을 장려하는 가이드, 개별 작업을 평가하고 다른 사람에게 피드백을 받는 평가 항목rubric을 포함한다.

학습의 일환으로 특정 목표를 설정하는 것도 필요하다. 친구나 동료, 관리자와 설정한 목표에 대해 의사소통하라. 이와 같은 내용은 **9장**을 참조하면 된다.

이제 다른 사람에게 데이터로 효과적으로 스토리 전달하기를 가르치는 데 관심이 있는 사람들이 이 책을 어떻게 활용하면 될지 이야기해보자.

다른 사람에게 피드백을 주거나 코치를 하거나 가르치고 싶다

팀에서 만든 그래프나 발표 자료에 좋은 피드백을 주길 원하는 관리자 혹은 리더라고 생각해보자. 아니면 데이터로 효과적인 의사소통을 하는 방법에 대한 훈련 프로그램을 만들거나 학습 및 경력 개발 역할을 한다고 해보자. 학생들에게 이러한 기술을 가르치는 대학의 강사일 수도 있다. 모든 시나리오에서 각 장의 요약문은 해당 수업의 개요를 제공한다. 그러고 나면, 두 번째와 세 번째 섹션, 즉 '스스로 연습하기'와 '직장에서 연습하기' 섹션이 매우 소중한 가치가 있음을 알게 된다. 각 장의 마지막에 배치된 토론 질문은 테스트로 가능하거나 그룹 대화의 기초 자료로 활용할 수 있다.

각 장의 **스스로 연습하기** 섹션은 각 장과 『데이터 스토리텔링』 관련 섹션에서 설명하는 수업 내용의 연습을 돕는 취사 선택된 연습 문제를 포함한다. 학교 수업 환경에서 실제 연습 문제의 기초 자료나 숙제로 활용할 수 있고 그룹 프로젝트로도 활용할 수 있다. 이 사례들은 해결 방안을 미리 제공하지 않는다. '스스로 연습하기'의 문제들은 모델로 쓸 수도 있다. 데이터나 시각화 자료를 다른 것으로 바꿔 고유한 연습 문제를 만들 수 있는지 생각하라.

직장에서 연습하기에서는 전문가들을 대상으로 진행 중인 프로그램의 일부로 업무 환경에서 직접 활용할 수 있는 연습 문제를 제공한다. 수업 환경이나 그룹 내에서 배분하고 완성해 토론할 수 있다. 팀의 기술을 발전시키고 싶은 관리자는 개인에게 업무나 프로젝트 중 특정 연습 문제에 집중하라고 요청하거나 개인 목표 수립 또는 경력 개발 과정의 일부로 활용하라고 요청할 수 있다. **9장**에 퍼실리테이터facilitator 가이드와 평가 항목을 포함한 '직장에서 연습하기'의 추가 연습 문제가 있다.

툴에 대한 퀵 노트

데이터 시각화에는 여러 툴tools이 유용하다. 엑셀이나 구글 시트 같은 스프레드시트 프로그램을 이용할 수도 있다. 데이터래퍼Datawrapper, 플로리시Flourish, 인포그램Infogram 같은 차트 크리에이터chart creator나 태블로Tableau, 파워BIPowerBI 같은 데이터 시각화 소프트웨어가 익숙할 수도 있다. 혹은 R이나 파이썬Python으로 코딩을 하거나 D3.js 같은 자바스크립트 라이브러리를 활용할 수도 있다. 어떤 툴을 선택하든 간에 하나의 툴이나 툴 셋set of tools을 선택하고 최선을 다해 습득하라. 그래서 데이터로 다른 사람과 효과적으로 의사소통하는 데 툴 자체가 한계가 되지 않도록 해야 한다. 어떤 툴도 원래 좋거나 나쁜 건 없다. 잘 사용하느냐 그렇지 못하느냐만 있을 뿐이다.

이 책에 있는 연습 문제를 푸는 동안 데이터를 마음대로 시각화하려면 어떤 방법이든 활용하라고 독려받을 것이다. 배우고 싶은 툴은 현재 사용하는 것일 수도 있고 어쩌면 한 개 이상일지도 모른다. '콜과 연습하기' 해결 방안을 설명하는 시각화 자료는 모두 마이크로소프트 엑셀로 만들었다. 그렇지만 엑셀이 유일한 선택지는 아니며 다른 수단을 활용해볼 것을 적극적으로 권한다. 시도해볼 만한 다른 툴로 만든 해결 방안도 온라인 라이브러리에 추가해뒀다.

툴과 관련해 이 책을 읽는 동안 직접 해보길 적극 추천하는 두 가지가 있다. 펜이나 연필 그리고 종이다. 다양한 연습 문제를 처음부터 끝까지 풀면서 공책 활용에 시간과 노력을 들일 것을 고려하라. 직접 쓰고 그려라. 탐구하고 연습할 때 기본적인 방법으로 가시화하고low-tech physical creation 반복하는 것은 중요한 이점이 된다. 그것은 기술적 툴로 작업하는 과정을 더욱 효과적으로 만들 수 있다는 이점이다.

데이터를 구할 수 있는 곳

이 책 전체 데이터와 '콜과 함께 연습하기' 연습 문제 해결 방안의 모든 시각화 자료는 storytellingwithdata.com/letspractice/downloads에서 다운로드할 수 있다.

시작해보자

이렇게 많은 사람이 이토록 많은 데이터를 다루고자 했던 시기는 역사상 존재한 적이 없다. 그러나 그래프와 시각화 자료로 스토리를 풀어나가는 능력은 시대를 따라가지 못하고 있다. 한층 더 진보하길 원하는 조직과 개인은 이러한 기술이 타고나는 것이 아니라 발전을 위해 투자해야 하는 것임을 인지해야 한다. 사려 깊은 접근 방법으로 영감을 주면서도 영향력 있는 스토리를 데이터로 말할 수 있다.

여러분이 데이터 스토리텔링의 다음 단계로 진입한다는 사실에 기쁨을 감출 수가 없다.

연습하자!

1장

상황 정보 이해하기

작은 계획이 오래가며 더 간결하고 효과적인 의사소통을 끌어낸다. 우리가 진행하는 워크숍에서도 이 책에서 다루는 첫 번째 수업, 상황 정보에 집중하자는 것에 더 많은 시간과 토론을 할당하고 있다. 사람들이 데이터 시각화의 모범 사례best practices가 필요하다고 생각할 때 의사소통을 계획하는 방법과 더 일반적으로 관련된 주제에 소비하는 시간과 소비하길 원하는 시간을 알면 깜짝 놀라게 된다. 청중과 메시지, 내용의 구성 요소를 미리 고민하면 (그리고 초기 단계에 피드백을 받으면) 모두의 니즈를 충족시킬 만한 그래프, 발표 자료, 혹은 데이터 기반 자료를 만드는 데 더 유리한 위치에 서게 된다.

1장의 연습 문제는 주로 계획 단계의 중요한 3가지 관점에 초점을 맞추고 있다.

1. **청중을 고려하기**: 청중이 누구인지, 무엇에 관심이 있는지, 어떻게 하면 그들을 더 잘 알게 돼 그들과 소통한 내용을 염두에 두면서 디자인할 수 있는지를 알아본다.
2. **주요 메시지를 만들고 다듬기**: 빅 아이디어는 『데이터 스토리텔링』에 간략하게 소개돼 있다. 이 책에서는 중요한 개념의 이해와 연습을 위해 자세히 설명된 몇 가지 개별 연습 문제를 풀어본다.
3. **내용 기획하기**: 스토리보딩은 『데이터 스토리텔링』에서 소개한 또 다른 개념이다. 스토리보드에 무엇을 포함하고 어떻게 구성할 것인가에 대한 몇 가지 추가 사례와 연습 문제를 살펴본다.

상황 정보 이해하기를 연습하자!

우선 『데이터 스토리텔링』 1장의 주요 수업 내용을 복습하겠다.

『데이터 스토리텔링』 1장 우선 '상황 정보의 중요성'을 요약해보자

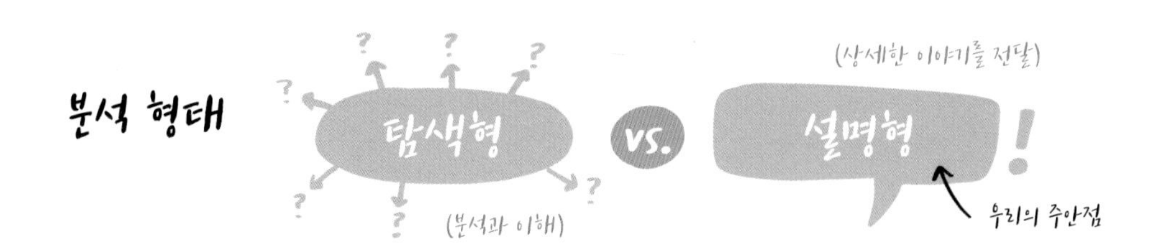

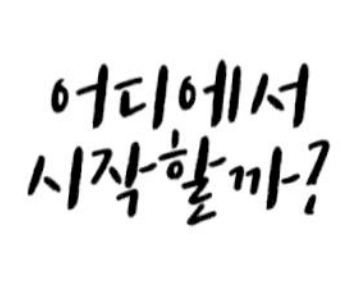

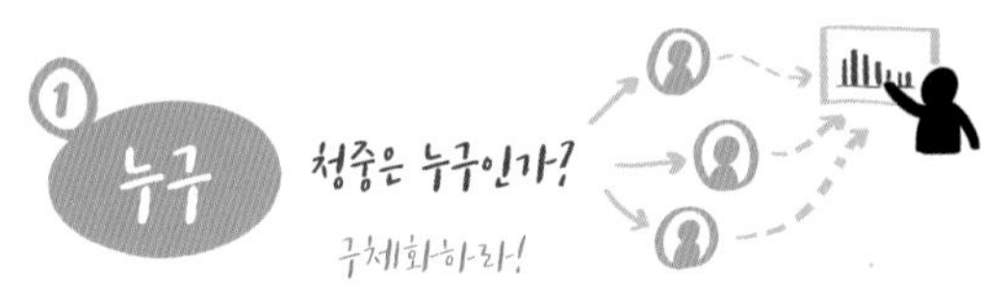

청중과 여러분의 관계는 어떤가?
청중에게 동기를 부여하는 것은 무엇인가?
무엇이 청중을 늦은 밤까지 깨어 있게 하는가?

청중이 무엇을 하길 원하는가?
명확하게 하라!

청중이 결론을 도출한다고 가정하지 말라!

데이터는 여러분이 요점을 말하는 데 어떻게 도움을 줄 수 있는가?
분별력을 가져라!

해당 케이스의 증거가 되는 데이터는 어떤 것인가?

3분 스토리

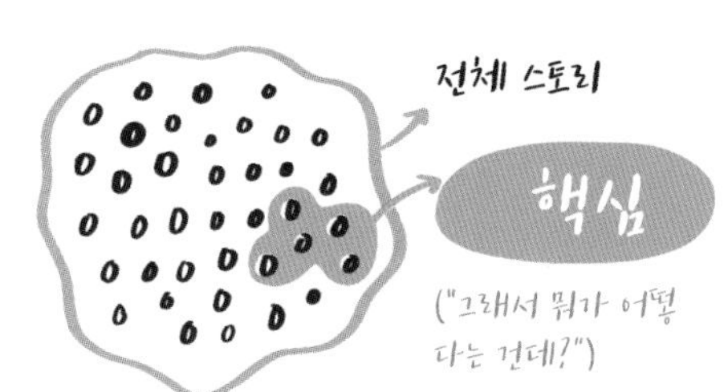

("그래서 뭐가 어떻다는 건데?")

전달하고자 하는 바를 정확히 알면 슬라이드와 데이터에 대한 의존도는 감소한다

빅 아이디어*

한 문장은…

"그래서 뭐가 어떻다는 건데?"를 더 축약한 것

1. 관점을 명확히 표현해야 함
2. 핵심을 전달해야 함
3. 하나의 완전한 문장이어야 함

* 낸시 두아르테(Nancy Duarte)의 『Resonate 공감으로 소통하라』(에이콘, 2013) 인용

스토리보딩

미리 계획해 체계를 갖추기

포스트잇이 도움을 주는 점은…

컴퓨터에서 한 작업에 자료 첨부를 피하게 한다

표현을 간결하게 한다

흐름을 손쉽게 재배치한다

콜과 함께 연습하기

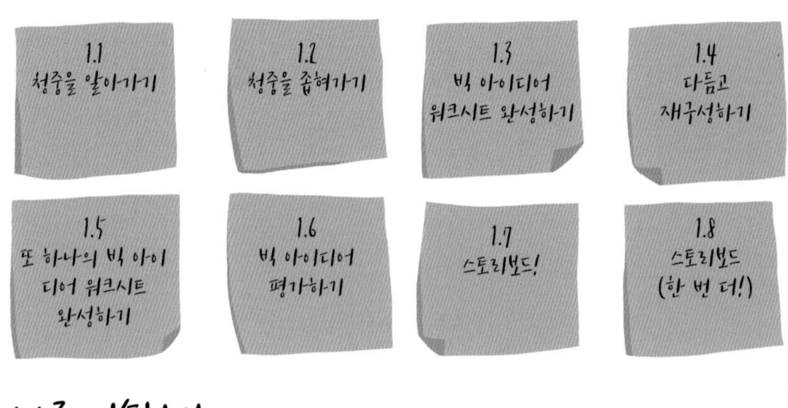

스스로 연습하기

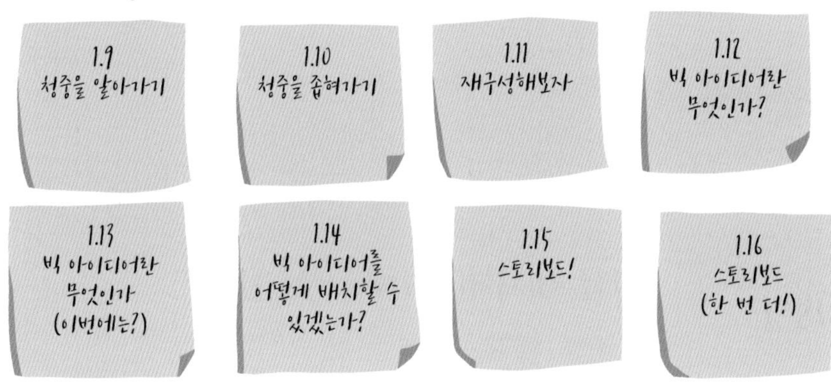

직장에서 연습하기

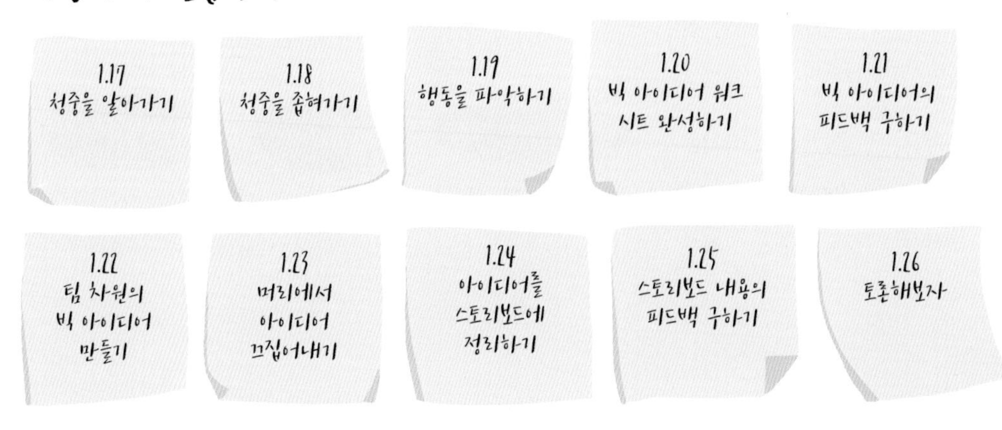

콜과 함께 연습하기

데이터로 의사소통할 때는 자신이 아닌 청중을 위해서 해야 한다! 아래 연습 문제는 더 효과적인 의사소통을 할 수 있도록 청중을 고려하고 메시지를 만들고 상황 정보를 계획하는 데 도움을 준다.

연습 문제 1.1: 청중을 알아가기

청중은 누구인가? 청중의 관심사는 무엇인가? 뒤로 한 걸음 물러서서 생각하면 자신에게 물어봐야 할 당연한 질문으로 여겨진다. 하지만 너무나 자주 이 단계를 빼먹곤 한다. 청중과 청중의 니즈를 파악하고 무엇이 청중을 움직이게 하는지 이해하는 것은 데이터로 성공적인 의사소통을 할 때 중요한 초기 단계의 일부다.

현실에서는 이 단계가 어떻게 나타나는지, 새로운 청중을 알아갈 방법은 무엇인지 살펴보자.

여러분이 중간 규모의 회사에서 인사 분석가People Analyst로 일한다고 가정하자. 인사부에 부서장이 새로 부임했고(신임 부서장은 여러분 보스의 상사다), 신임 부서장이 인사의 관점에서 다양한 비즈니스 분야를 빨리 습득할 수 있도록 데이터로 개요를 종합하라는 지시가 내려졌다. 여기에는 인터뷰와 채용 지표hiring metrics, 조직 내 여러 부서의 인원 조사, 퇴사 인원 수와 퇴사 원인을 보여주는 감원 데이터attrition data 등이 포함된다. 인사부의 다른 그룹에 있는 몇몇 동료는 이미 신임 부서장과 만나 인사를 나눴고 각자가 요약한 내용을 제공했다. 여러분의 직속 상사는 최근에 신임 부서장과 점심을 함께 했다.

이러한 환경에서 여러분의 청중(인사부의 신임 부서장)을 어떻게 더 잘 알아갈 수 있겠는가? **청중과 청중의 관심사, 청중의 니즈를 가장 잘 설명할 방법을 파악하고자 할 때 할 수 있는 일 3가지를 나열하라.** 답을 구하는 질문을 상세하게 밝혀라. 펜과 종이를 꺼내 들고 답을 써 내려가라.

해결 방안 1.1: 청중을 알아가기

부서장이 어느 분야에 관심이 있는지 직접 물어볼 수 없다면 창의적으로 접근할 필요가 있다. 청중과 청중에게 가장 중요한 것을 더 잘 이해하고 싶을 때 준비할 수 있는 3가지 사항은 다음과 같다.

1. **신임 부서장을 만나 본 동료에게서 이야기를 듣는 시간을 마련하라.** 신임 부서장과 대화한 사람들과 이야기하라. 대화는 어떻게 진행됐는가? 신임 부서장의 우선순위나 관심사에 대한 통찰력이 있는가? 혹시 순조롭게 진행되지 않았던 것 중에서 여러분이 알고 맞춰야 할 것이 있는가?
2. **통찰력을 얻으려면 관리자와 이야기하라.** 관리자는 신임 부서장과 벌써 점심을 먹었다. 관리자는 초점을 두는 잠재적인 첫 번째 포인트에서 어떤 통찰력을 얻었는가? 첫 만남에서 관리자가 초점을 두고 중요하다고 보는 것이 무엇인지 이해할 필요도 있다.
3. **자료를 구성할 데이터와 상황 정보 그리고 일부 사려 깊은 디자인에 대한 이해를 활용하라.** 인사부에서 오랜 기간 일해왔다고 가정할 때 여러분에겐 새로운 구성원이 관심을 둘 만한 다양한 주제 및 정보 전달에 활용할 데이터를 이해시킬 만한 빅 픽처가 있다. 자료를 전략적으로 구성할 수 있다면 다양한 잠재적 니즈를 찾아 충족하기가 쉬워진다. 먼저 중요도가 높은 내용을 개략적으로 제시하고, 자료의 나머지 부분을 주제별로 구성한다. 그렇게 하면 신임 부서장은 가장 관심이 가는 영역을 바로 파악하고 더 자세히 알아볼 수 있다.

연습 문제 1.2: 청중을 좁혀가기

의사소통 시 실제 청중을 염두에 두는 것은 커다란 가치가 있다. 하지만 종종 광범위하거나 복합적인 청중과 대면한 스스로를 발견한다. 수많은 니즈를 모두 충족시키려 애쓰면, 주안점과 특정(特定) 청중을 좁혀갈 때만큼 직접적이고 효과적으로 상세한 니즈를 충족시키기가 어렵다. 복합적인 청중과 소통할 수 없다는 뜻이 아니다. 특정한 청중을 염두에 두면서 핵심 청중의 니즈를 충족시킬 수 있는 더 나은 위치를 우선 차지해야 한다는 의미다.

의사소통을 목적으로 청중을 좁혀가는 과정을 연습하자. 넓은 그물을 던진 후 초점을 맞추기 위한 다양한 전략을 도입한다. 질문 전체를 끝까지 훑어보고 어떻게 설명할지 써보자. 그러고 나서 다음 페이지를 읽으면 청중을 좁혀가기 위한 다양한 전략을 더 잘 이해하게 될 것이다.

전국적으로 의류를 판매하는 소매상이라고 가정하자. 여러분의 고객과 경쟁사의 고객을 대상으로 신학기에 필요한back-to-school shopping 다양한 물품 관련 설문 조사를 벌였다. 데이터를 분석해 회사가 잘하는 분야를 알아냈고 기회가 될 만한 분야도 찾아냈다. 여러분이 찾아낸 것을 소통하는 단계에 가까워지고 있다.

질문 1: 이 데이터에 관심 있을 만한(여러분의 회사뿐 아니라 다른 회사에도) 다양한 그룹이 있다. 여러분의 상점이 신학기 물품 쇼핑 시즌에 수행한 일에 누가 관심을 두겠는가? 가능한 한 넓은 그물을 던져보라. **분석한 조사 데이터에 관심 있는 얼마나 많은 청중에게 다가갈 수 있겠는가? 목록을 작성하라!**

질문 2: 조금 더 상세하게 이야기해보자. 조사 데이터를 분석한 결과 고객 서비스 만족도가 상점마다 다르게 나타난다는 사실을 발견했다. **어떤 잠재적 청중이 이에 관심을 두겠는가? 다시 한번 목록을 작성하라.** 지금 작성한 목록이 원래 작성한 목록에 비해 더 긴가 아니면 더 짧은가? 새로운 정보를 바탕으로 잠재적 청중을 추가로 덧붙였는가?

질문 3: 한 걸음 더 나아가보자. 상점마다 만족도가 다르다는 것을 발견했다. 분석 결과를 보니 영업 사원과 관련한 물품이 불만족의 주요 원인임이 나타났다. 이를 처리하려고 몇 가지 잠재적 조치 과정을 조사했다. 상점의 서비스 수준을 개선하고 일관성을 부여할 방법으로 영업 사원의 훈련을 제안하기로 했다. **이제 누가 청중이 되겠는가? 데이터에 누가 관심을 두겠는가? 주요 청중을 목록으로 만들라.** 이때 특정 의사 결정자 한 명으로 범위를 좁혀야 한다면 누가 되겠는가?

해결 방안 1.2: 청중을 좁혀가기

질문 1: 신학기 물품 구입 데이터에 관심 있는 다양한 청중이 있다. 다음은 내가 생각해낸 몇몇 부류다(전체 목록은 아니다).

- 고위 경영진
- 구매자
- 판매자
- 마케팅 관계자
- 상점 관리자
- 영업 사원
- 고객 서비스 담당자
- 경쟁사
- 고객

결국 세상 사람 '모두'가 데이터에 관심이 있다는 뜻이다! 대단한 일이긴 하지만 의사소통하려고 청중을 좁히고자 할 때는 도움이 되지 않는다. 청중을 좁힐 방법은 여러 가지다. 발견한 내용을 명확히 하고 권고된 조치를 구체화하며 적절한 시기와 의사 결정자에 초점을 맞춘다. 남은 질문의 해답이 의사소통할 때 염두에 둔 실제 청중에게 어떻게 이러한 방법으로 초점을 맞춰 나갈 수 있는지 보여준다.

질문 2: 서비스 수준이 상점마다 다르다면 다음의 청중에게 관심을 둬야 한다.

- 고위 경영진
- 상점 관리자
- 영업 사원
- 고객 서비스 담당자

질문 3: 훈련을 시작하려 할 때 몇 가지 질문이 갑자기 튀어나온다. 누가 훈련을 만들어 제공할 것인가? 비용은 얼마나 드는가? 질문이 명확해지면 새로운 청중 일부가 목록에 들어오게 된다.

- 고위 경영진
- 인사 담당자(HR)
- 재무 담당자

- 상점 관리자
- 영업 사원
- 고객 서비스 담당자

앞의 목록이 정보를 전하고자 하는 청중 모두가 된다. 이미 언급했듯 서비스 수준이 다르다는 사실을 알고 있고, 훈련이 필요하다는 것도 알고 있다. 인사 담당자는 내부에서 니즈를 충족시킬 수 있는지 아니면 훈련 개발이나 제공을 외주 파트너에게 맡길지를 따져봐야 한다. 재무 담당자는 예산을 조정하고 지급할 돈을 어디에서 구할지 설명해야 한다. 상점 관리자는 점원들이 훈련 참여에 시간을 할애하도록 승인해야 한다. 영업 사원과 고객 서비스 담당자는 행동 변화의 필요성을 확신하고 열심히 훈련함으로써 고객에게 일관된 고품질 서비스를 제공하게 된다.

하지만 이들 모두가 직접적 청중은 아니다. 의사소통 일부는 아래쪽에서 이뤄질 것이다.

조금 더 좁히려면 현재 어디에 있는지 고려해봐야 할 수 있다. 앞서 제시한 행동을 하기 전에 훈련을 시작하는 것이 올바른 과정인지 확인할 필요가 있다. 결정이 내려지면 폭넓은 청중 가운데 누가 의사 결정자인지(혹은 의사 결정자 집단인지)뿐만 아니라 타이밍 면에서도 청중을 좁혀가는 또 다른 방법이 명확해진다. 이때 궁극적인 의사 결정자는 "맞아요. 내가 그 자원을 책임지겠습니다. 한번 해보죠" 혹은 "아닙니다. 문제가 될 게 없네요. 하던 대로 계속하죠"라고 말할 사람으로 리더십 팀에서 특정한 사람, 즉 소매 판매부장이라 예측된다.

이상의 사례에서 의사소통하려고 타깃 청중을 좁혀가는 다양한 방법을 찾아봤다. 다음 방법으로 좁혀갈 수 있다.

1. 데이터를 이용해 배운 것을 구체화한다.
2. 권고하는 행동을 명확히 한다.
3. 현재의 정확한 지점(지금 일어나야 할 일)을 인지한다.
4. 특정 의사 결정자를 파악한다.

직장에서 청중을 좁혀가려면 위와 동일한 기법을 어떻게 사용할 수 있을지 생각하라. '직장에서 연습하기'의 연습 문제 1.18이 도와줄 것이다. 계속 함께 연습하면서 유용한 자료인 빅 아이디어 워크시트에 관심을 돌려보자.

연습 문제 1.3: 빅 아이디어 워크시트 완성하기

빅 아이디어는 청중에게 전달하려는 메시지를 명확하고 간결하게 이해할 수 있도록 도와주는 개념이다. 빅 아이디어(2010년 낸시 두아르테가 『Resonate 공감으로 소통하라』에서 최초로 소개한 개념)는 (1)여러분의 독창적 관점을 명확히 표현해야 하고, (2)핵심을 전달해야 하며, (3)하나의 완전한 문장이어야 한다. 먼저 빅 아이디어를 공들여 만드는 데 시간을 들이는 것은 청중과 의사소통하는 데 필요한 전체 아이디어를 명확하고 간결하게 하는 데 도움을 준다. 또한 중요 메시지 전달에 필요한 내용을 더 쉽고 능률적으로 계획할 수 있게 만든다.

'데이터 스토리텔링' 워크숍에서 빅 아이디어를 정교화하는 데 도움이 되는 빅 아이디어 워크시트를 사용한 바 있다. 참석자들은 대부분 단순한 활동이 의외로 도움이 된다는 의견이었다. 이제 몇 가지 관련 연습 문제를 다루면서 실제 빅 아이디어 워크시트 예제를 보고 연습하게 된다. 청중을 좁힐 목적으로 지금까지 했던 사례를 계속 진행하면서 시작해보자. 기억을 되살리고자 기본 내용을 아래에 다시 제공한다.

전국적으로 의류를 판매하는 소매상이라고 가정하자. 여러분의 고객과 경쟁사의 고객을 대상으로 신학기에 필요한 다양한 물품 관련 설문 조사를 벌였다. 데이터를 분석해 회사가 잘하는 분야를 알아냈고 기회가 될 만한 분야도 찾아냈다. 특히, 상점마다 서비스 수준이 다르다는 사실을 발견했다. 팀과 함께 문제를 해결할 수 있는 다양한 잠재적 조치 과정을 살펴보고 영업 사원 훈련을 해결책으로 제시하려 한다. 훈련 과정이 올바른 방법이라는 데 동의를 얻고 훈련 과정 개발과 훈련 제공에 사용할 자원(비용, 시간, 인력)에 대한 승인을 받을 필요가 있다.

연습 문제 1.2에서 좁혀졌던 청중, 즉 소매부장에게 돌아가 보자. **시나리오에 따라 다음 페이지부터는 빅 아이디어 워크시트로 작업하라.** 연습 문제의 목적에 맞게 필요한 추정을 하라.

빅 아이디어 워크시트

storytelling with data®

데이터 중심 방식으로 의사소통해야 하는
현재 진행 중인 프로젝트를 파악하라.
잘 생각해서 다음을 채워 넣어라.

프로젝트명 ______________________

청중은 누구인가?

(1) 의사소통하고자 하는 주요 그룹 혹은 개인의 목록을 만들라.

(2) 청중을 '한 사람'으로 좁힌다면 누가 되겠는가?

(3) 청중은 무엇에 관심이 있는가?

(4) 청중이 해야 할 조치는 무엇인가?

핵심은 무엇인가?

여러분이 원하는 대로 청중이 행동할 때의 '이점'은 무엇인가?

그렇게 행동하지 않을 때의 '리스크'는 무엇인가?

빅 아이디어를 만들라

해야 하는 것:

(1) 관점을 명확히 표현해야 한다.
(2) 핵심을 전달해야 한다.
(3) 완전한 (그리고 하나의!) 문장이어야 한다.

그림 1.3a 빅 아이디어 워크시트

해결 방안 1.3: 빅 아이디어 워크시트 완성하기

빅 아이디어 워크시트

storytelling with data®

데이터 중심 방식으로 의사소통해야 하는
현재 진행 중인 프로젝트를 파악하라.
잘 생각해서 다음을 채워 넣어라.

프로젝트명 신학기 기회

청중은 누구인가?

(1) 의사소통하고자 하는 주요 그룹 혹은 개인의 목록을 만들라.

수행팀

(2) 청중을 '한 사람'으로 좁힌다면 누가 되겠는가?

소매부장

(3) 청중은 무엇에 관심이 있는가?

- 신학기 쇼핑 시즌에 고수익 올리기
- 고객을 더 행복하게 만들기. 왜냐하면 행복한 고객이 돈을 더 많이 쓰니까.
- 경쟁자 이기기

(4) 청중이 해야 할 조치는 무엇인가?

일관성 없는 서비스 수준을 향상시킬 올바른 방법이 훈련이라는 점에 동의하고 훈련에 필요한 자원(비용, 시간, 인력)의 사용을 승인하기

핵심은 무엇인가?

여러분이 원하는 대로 청중이 행동할 때의 '이점'은 무엇인가?

- 더 나은 서비스 수준 = 더 행복한 고객
- 행복한 고객이 돈을 더 많이 쓰고, 더 자주 방문하며, 친구에게 긍정적인 경험담을 전한다.

그렇게 행동하지 않을 때의 '리스크'는 무엇인가?

- 아무 행동도 하지 않으면 부정적인 말들이 입에서 입으로 퍼질 수 있다.
- 사람들이 경쟁사의 물건을 쇼핑할 것이다.
- 평판에 영향을 받을 위험이 있다.
- 수익에 손실이 있다.

빅 아이디어를 만들라

해야 하는 것:

(1) 관점을 명확히 표현해야 한다.
(2) 핵심을 전달해야 한다.
(3) 완전한 (그리고 하나의!) 문장이어야 한다.

상점 내 쇼핑 경험을 개선해 다가오는 신학기 시즌에 최고 수익을 올릴 수 있도록 영업 사원 훈련에 투자하자!

그림 1.3b 완성된 빅 아이디어 워크시트

연습 문제 1.4: 다듬고 재구성하기

연습 문제 1.3에 따른 여러분의 빅 아이디어와 해결 방안 1.3에서 내가 제시한 빅 아이디어를 잘 살펴보고 다음 질문에 답하라.

질문 1: 비교하고 대조하라. 공통점이 있는가? 어떻게 다른가? 어떤 것이 더 효과적이라고 생각하는가? 이유는 무엇인가?

질문 2: 여러분은 어떻게 구성했는가? 처음에 만들었던 빅 아이디어를 생각하라. 긍정적으로 구성했는가 아니면 부정적으로 구성했는가? 빅 아이디어에서 이점 혹은 리스크는 무엇인가? 여러분이라면 어떻게 반대로 재구성할 수 있겠는가?

질문 3: 나는 어떻게 구성했는가? 해결 방안 1.3에서 설명한 빅 아이디어를 다시 한번 보라. 긍정적으로 짰는가 아니면 부정적으로 짰는가? 해결 방안 1.3의 빅 아이디어에서 이점 혹은 리스크는 무엇인가? 다시 한번, 여러분이라면 어떻게 반대로 재구성할 수 있겠는가? 어떤 방법으로 개선할 수 있겠는가?

해결 방안 1.4: 다듬고 재구성하기

여러분의 빅 아이디어를 모른다고 가정하고 질문 3에 초점을 맞추겠다. 질문 3은 나의 빅 아이디어에 몇 가지 질문을 던지고 있다. 참고하도록 다시 한번 제시한다.

상점 내 쇼핑 경험을 개선해 다가오는 신학기 시즌에 최고 수익을 올릴 수 있도록 영업 사원 훈련에 투자하자!

나는 어떻게 구성했는가? 이점 혹은 리스크는 무엇인가? 현재는 긍정적으로 구성돼 있고 영업 사원 훈련에 투자해 얻을 수 있다고 주장하는 수익의 이점에 초점을 맞추고 있다.

여러분이라면 어떻게 반대로 재구성할 수 있겠는가? 두 가지 방법을 이용해 부정적으로 재구성할 수 있을 것 같다. 간단한 방법 하나는 핵심 동일 주제, 즉 수익에 초점을 맞추되 조치를 취하지 않은 결과로 일어날 수 있는 손실을 강조하는 방향으로 변화를 주는 것이다.

서비스 수준을 향상시키는 영업 사원 훈련에 투자하지 않는다면 다가오는 신학기 쇼핑 시즌에 고객을 잃게 돼 낮은 수익을 기록할 것이다.

하지만 수익이 유일한 핵심 사항은 아니다. 청중이 경쟁에서 이기는 것에 상당히 크게 동기부여 받는다는 것을 알게 되면 어떨까? 그렇다면 아래와 같이 다른 시도를 할 것이다.

상점의 경험이라는 중요한 관점에서 본다면 우리는 경쟁에서 지고 있다 - 상점에서 고객 경험을 향상시키는 영업 사원 훈련에 투자하지 않는다면 계속 패배할 수밖에 없다.

빅 아이디어를 달리 어떤 다른 방법으로 개선할 수 있겠는가? 하나의 정답만 있는 것은 아니다. **다양한 이득**(고객 만족도 향상, 수익 상승, 경쟁력 우세)**과 리스크**(고객 만족도 저하, 수익 하락, 경쟁력 저하, 부정적인 입소문, 평판에 악영향)가 있다. 청중의 관심 분야를 추정하는 것은 빅 아이디어를 어떻게 구성하고 무엇에 초점을 맞춰야 하는지 결정하는 데 영향을 준다.

실제 상황에서 빈틈없이 추정하려면 청중에 관해 가능한 한 많은 것을 알아야 한다. 청중을 알아가는 방법에 대한 가이드를 받고 싶다면 '직장에서 연습하기'에 있는 연습 문제 1.17을 확인하라. 자, 이제 또 다른 빅 아이디어 워크시트를 살펴보자.

연습 문제 1.5: 또 하나의 빅 아이디어 워크시트 완성하기

빅 아이디어 워크시트로 또 다른 연습을 해보자.

지역 애완동물 보호소에서 자원봉사를 한다고 가정하자. 민간 비영리 기구인 보호소의 미션은 수의사 관리, 입양 및 공중 교육 등으로 동물 삶의 질을 개선하는 것이다. 여러분은 매달 애완동물 입양 행사 조직을 돕고 있으며 이벤트는 올해 애완동물의 영구 입양률 20% 증가라는 조직의 더 큰 목표에 영향을 준다.

대체로 이런 월별 행사는 토요일 아침, 지역 사회 내 야외 공간(공원과 산책로)에서 열린다. 지난달의 행사는 조금 달랐다. 날씨가 좋지 않아 지역 애완동물 용품 소매점의 실내에서 행사가 열렸다. 행사 후에 흥미로운 점을 발견했다. 이전 달에 비해 '거의 두 배 가까운 수의 애완동물이 입양된 것'이다.

입양률 증가 이유에 대해 몇 가지 초기 아이디어를 갖게 됐고 소매점에서 입양 행사를 하는 것이 더 가치 있다고 생각하게 됐다. 앞으로 석 달 동안 파일럿 프로그램을 운영해 그 결과를 기반으로 여러분의 믿음이 맞는지 확인하고자 한다. 파일럿 프로그램을 수행하려면 행사를 홍보하는 애완동물 보호소 마케팅 자원봉사자의 추가 지원이 필요하다. 인쇄에 매달 500달러가 들고 마케팅 자원봉사자가 3시간 정도 기여할 것으로 추산했다. 다음 달 회의에서 파일럿 프로그램의 승인을 행사 위원회에 요청하려고 의사소통 계획을 세우는 중이다.

시나리오에 대한 다음 페이지의 빅 아이디어 워크시트를 완성하고 연습 문제의 목적에 맞게 필요한 추정을 하라.

빅 아이디어 워크시트

storytelling with data®

데이터 중심 방식으로 의사소통해야 하는
현재 진행 중인 프로젝트를 파악하라.
잘 생각해서 다음을 채워 넣어라.

프로젝트명

청중은 누구인가?

(1) 의사소통하고자 하는 주요 그룹 혹은 개인의 목록을 만들라.

(2) 청중을 '한 사람'으로 좁힌다면 누가 되겠는가?

(3) 청중은 무엇에 관심이 있는가?

(4) 청중이 해야 할 조치는 무엇인가?

핵심은 무엇인가?

여러분이 원하는 대로 청중이 행동할 때의 '이점'은 무엇인가?

그렇게 행동하지 않을 때의 '리스크'는 무엇인가?

빅 아이디어를 만들라

해야 하는 것:

(1) 관점을 명확히 표현해야 한다.
(2) 핵심을 전달해야 한다.
(3) 완전한 (그리고 하나의!) 문장이어야 한다.

그림 1.5a 빅 아이디어 워크시트

해결 방안 1.5: 또 하나의 빅 아이디어 워크시트 완성하기

다음은 시나리오의 빅 아이디어 워크시트를 완성하는 한 가지 사례를 나타낸 것이다.

빅 아이디어 워크시트

storytelling with data®

데이터 중심 방식으로 의사소통해야 하는
현재 진행 중인 프로젝트를 파악하라.
잘 생각해서 다음을 채워 넣어라.

프로젝트명 입양 장소 파일럿

청중은 누구인가?

(1) 의사소통하고자 하는 주요 그룹 혹은 개인의 목록을 만들라.

보호소 행사 계획 위원회
다수결에 따라 결정할 것이다.

(2) 청중을 '한 사람'으로 좁힌다면 누가 되겠는가?

제인 하퍼는 위원회에서 가장 영향력 있는 사람으로 하퍼의 의견이 결과에 영향을 미칠 것이다.

(3) 청중은 무엇에 관심이 있는가?

애완동물 입양 늘리기 — 조직의 입양률 20% 증가를 목표로 보편적이고 구체적으로 기금 조성 능력을 개선할 것이다. 비용에 관심이 많으므로 저비용 선택 사항이 지지를 얻을 것이다.

(4) 청중이 해야 할 조치는 무엇인가?

지역 애완동물 용품 소매점에서 앞으로 3개월 동안 애완동물 입양 행사를 하겠다는 파일럿 프로그램을 승인하고 추가 마케팅 지원, 즉 포스터 인쇄에 필요한 500달러 + 월 3시간의 마케팅 자원봉사자 시간 기여를 제공한다.

핵심은 무엇인가?

여러분이 원하는 대로 청중이 행동할 때의 '이점'은 무엇인가?

더 많은 입양(안락사 감소)은 더 큰 20% 목표를 달성케 하는 동시에 미래 기금 조성에도 도움이 된다.

그렇게 행동하지 않을 때의 '리스크'는 무엇인가?

- 입양을 늘릴 기회가 사라진다.
- 더 많은 동물이 살 곳을 찾지 못한다.
- 안락사 증가 + 관련 비용 증가
- 20% 목표 달성 실패

빅 아이디어를 만들라

해야 하는 것:

(1) 관점을 명확히 표현해야 한다.
(2) 핵심을 전달해야 한다.
(3) 완전한 (그리고 하나의!) 문장이어야 한다.

입양이 비약적으로 증가하고 결과적으로 더 나은 미래의 기금 조성 기회도 만들 가능성이 있는 저비용 파일럿 프로그램을 승인한다.

그림 1.5b 완성된 빅 아이디어 워크시트

연습 문제 1.6: 빅 아이디어 평가하기

빅 아이디어에 알맞은 피드백을 주는 것은 다른 사람과 함께 일할 때뿐 아니라 자신의 작업 평가 및 개선에도 중요하다. 빅 아이디어에 피드백 주는 것을 연습하자.

헬스케어 센터에서 일하면서 최근 백신율을 분석해왔다고 가정하자. 여러분의 동료는 독감 백신 관련 진행과 기회에 관심을 보여왔다. 그는 준비 중인 업데이트를 하려고 다음의 빅 아이디어를 열심히 만들었고 피드백을 요청해왔다.

'독감 백신화율은 지난해 이후 꾸준히 개선됐지만 국가 평균을 맞추려면 지역의 백신화율을 2% 증가시켜야 한다.'

빅 아이디어를 염두에 두고, 다음에 대한 답을 몇 가지 문장으로 써라.

질문 1: 동료에게 하고 싶은 질문은 무엇인가?

질문 2: 동료의 빅 아이디어에 어떤 피드백을 줄 것인가?

해결 방안 1.6: 빅 아이디어 평가하기

질문 1: 동료에게 바로 하고 싶은 질문은 청중에 대한 것이다. 청중은 누구인가? 청중의 관심은 무엇인가?

질문 2: 빅 아이디어에 상세하게 피드백을 줄 수 있도록 구성 요소를 다시 짚어보자. 빅 아이디어는 (1)관점을 명확히 표현해야 하고, (2)핵심을 전달해야 하며, (3)완전한 (그리고 하나의!) 문장이어야 한다. 동료의 빅 아이디어에 각각을 대입해 생각해보자.

1. **관점을 명확히 표현하라.** 동료의 의견은 백신율이 국가 평균보다 낮아서 늘릴 필요가 있다는 것이다.
2. **핵심을 전달하라.** 현재 이 부분이 명확하지 않다. 청중에 대한 핵심 사항이 무엇인지 더 잘 이해하려 조금 더 타기팅한[targeted] 질문을 하고자 한다.
3. **완전한 (그리고 하나의!) 문장을 만들라.** 이 부분은 좋다. 의견을 하나의 문장으로 요약하기란 어려운 일이다. 핵심을 더 간결하고 명확하게 전달하려면 오히려 내용

을 조금 덧붙일 여지가 있어 보인다.

대체로 현재의 빅 아이디어는 '무엇(백신화율 증가)'에 대한 정보는 주는 반면, '왜'에 대한 정보는 주지 않는다(한 문장에 넣는 데 한계가 있겠지만 '어떻게'에 대한 정보도 없다. 이 부분은 보충 내용으로 알 수 있게 된다).

'왜'라는 것이 국가 평균보다 낮기 때문이라곤 하지만 설득력이 부족하다고 주장할 수 있다. 청중이 국가 평균과 비교하면 동기부여가 될 수 있겠는가? 옳은 목표이긴 한 것인가? 충분히 공격적인가 아니면 지나치게 공격적인가? 청중에게 가장 동기부여가 될 만한 것을 생각하면 구체적인 것을 얻을 수 있지 않을까?

분명한 사실은 여러분의 동료가 독감 백신화율을 증가시켜야 한다고 믿고 있다는 것이다. 하지만 청중이 왜 관심을 둬야만 하는지 진지하게 생각해보자. 이 의견이 청중에게 어떤 의미를 주는가? 경쟁으로 동기부여가 될까? 우리 지역이 도시의 다른 의료 센터보다 낮다거나, 주州와 비교할 때 낮다거나 혹은 국가적으로 비교하는 것이 옳은 답일 수 있지만, 조금 더 동기부여가 되는 방법으로 설명할 수 있지 않을까? 어쩌면 청중은 대체로 올바른 일을 한다는 것으로도 동기부여가 될지 모른다. 백신화율을 증가시켜 환자가 얻는 이점을 파고들거나 지역 사회의 일반적인 웰빙에 이점이 있다고 강조할 수도 있다. 긍정적인 구성과 부정적인 구성을 고려할 때 어떤 것이 시나리오와 청중에게 좋은 것인가?

동료와 대화하면서 동료의 생각과 청중에 대해 알고 있는 것, 그리고 추정하는 것에 대한 설명을 들었다. 대화는 동료가 빅 아이디어를 다듬고 빅 아이디어로 최종적인 청중과 이야기하려는 준비를 더 잘하도록 돕는다. 성공!

연습 문제 1.7: 스토리보드!

때때로 부서진 레코드 같다고 느낄 만큼 자주 하는 말이 있다. 계획 과정의 일부인 스토리보딩은 앞으로 일어날 반복을 줄이고 더 나은 타기팅 자료를 만들고자 할 때 가장 중요한 작업이다. 스토리보드는 제시하는 내용을 시각화한 개요로 (다른 실제적 내용을 만들기 전에) 기본적인 방법으로 만든다. 스토리보딩에서 내가 좋아하는 방법은 포스트잇을 많이 쓰는 것이다. 아이디어를 간결하게 하는 데 초점을 맞추면서 재배열하기가 쉬워 다양한 이야기

흐름을 만들 수 있게 한다. 대체로 뚜렷이 구별되는 3가지 단계에 따라 스토리보딩을 한다. 브레인스토밍, 편집 그리고 피드백을 구하고 통합하는 단계다.

몇 가지 스토리보딩 연습을 하고 나면 스토리보딩을 자유롭게 활용할 수 있게 되고 사례가 되는 접근 방법도 알게 된다. 이제는 익숙해진 사례로 시작해보자(연습 문제 1.2, 1.3, 1.4에서 접했던 사례). 기억을 되살리는 차원에서 간단한 개요를 아래에 제시한다.

전국적으로 의류를 판매하는 소매상이라고 가정하자. 여러분의 고객과 경쟁사의 고객을 대상으로 신학기에 필요한 다양한 물품 관련 설문 조사를 벌였다. 데이터를 분석해 회사가 잘하는 분야를 알아냈고 기회가 될 만한 분야도 찾아냈다. 특히 상점마다 서비스 수준이 다르다는 사실을 발견했다. 팀과 함께 문제를 해결할 수 있는 다양한 잠재적 조치 과정을 살펴보고 영업 사원 훈련을 해결책으로 제시하려 한다. 훈련 과정이 올바른 방법이라는 데 동의를 얻고 훈련 과정 개발과 훈련 제공에 사용할 자원(비용, 시간, 인력)에 대한 승인을 받을 필요가 있다.

연습 문제 1.3에서 만든 빅 아이디어로 돌아가 보자(만들지 않았다면 해결 방안 1.3이나 1.4의 빅 아이디어 중 하나를 선택하라). 구체적인 빅 아이디어를 염두에 두고 다음 단계를 완성하라.

1단계: 브레인스토밍! 의사소통할 때 어떤 내용을 포함하길 원하는가? 빈 종이 한 장이나 포스트잇을 들고 아이디어를 하나씩 적어가기 시작하라. 20개 이상의 목록을 목표로 삼아라.

2단계: 편집하라. 한 걸음 뒤로 물러나보자. 수많은 아이디어가 쏟아진다. 어떻게 배열하면 다른 사람에게 의미가 통하겠는가? 어느 지점에서 통합할 수 있겠는가? 적어 내려간 것 중 덜 중요해서 버릴 수 있는 아이디어는 무엇인가? 언제 그리고 어떻게 데이터를 활용할 것인가? 여러분의 빅 아이디어 도입은 어느 지점에서 할 생각인가? 나름의 스토리보드 혹은 의사소통의 개요를 만들라. (이러한 과정 일부로 포스트잇 활용을 적극 권장한다!)

3단계: 피드백을 구하라. 파트너를 붙잡고 연습 문제를 완성하라. 그리고 함께 이야기를 나눠라. 여러분의 스토리보드와 어떤 점이 비슷한가? 어떤 점이 다른가? 연습 문제를 완성할 파트너가 없다면 계획을 다른 사람에게 말할 수도 있다. 다른 사람과 이야기하고 난 후 스토리보드에 어떤 변화를 주게 됐는가? 이 과정에서 어떤 흥미로운 점을 배웠는가?

해결 방안 1.7: 스토리보드!

연습 문제 1.3을 돌아보니 제시했던 빅 아이디어는 아래와 같다.

상점 내 쇼핑 경험을 개선해 다가오는 신학기 시즌에 최고 수익을 올릴 수 있도록 영업 사원 훈련에 투자하자!

이 내용을 염두에 두고 스토리보딩 단계를 밟아나가려고 한다.

1단계: 다음은 브레인스토밍 과정에서 나온 잠재적 주제 · 내용의 최초 목록이다.

1. 사실에 입각한 상황 정보(신학기 쇼핑은 중요하다)
2. 해결하려 노력 중인 문제(이제까지 데이터 기반으로 한 적이 없다)
3. 문제를 해결하려 구상 중인 다양한 방법
4. 수행 중인 조치 과정: 설문 조사
5. 설문 조사: 설문 대상인 고객 그룹, 일반 인구학적 특성, 응답률
6. 설문 조사: 포함된 경쟁사의 세부 사항
7. 설문 조사: 질문, 설문 조사 시작일과 종료일
8. 데이터: 상점의 다양한 품목을 비교하는 방법
9. 데이터: 품목을 상점과 지역에 따라 분류하는 방법
10. 데이터: 우리와 경쟁사를 비교하는 방법
11. 데이터: 경쟁사가 상점과 지역에 따라 분류하는 방법
12. 좋은 뉴스: 우리가 가장 잘하거나 가장 경쟁력 있는 점(상점 분류에 따라)
13. 나쁜 뉴스: 우리가 경쟁사보다 못하거나 저조한 점(상점 분류에 따라)
14. 개선점
15. 잠재적 처방

16. 권장할 만한 조치 과정: 영업 훈련에 투자하는 것

17. 필요한 자원(인력, 예산)

18. 이렇게 하면 무엇을 해결할 수 있는가

19. 수행 일정

20. 토론·의사 결정

2단계: 그림 1.7은 위 목록을 어떻게 스토리보드에 나열했는지 그림으로 보여준다.

그림 1.7 신학기 쇼핑: 작성 가능한 스토리보드

그림 1.7은 '올바른' 답을 나타내는가? 아니다. 항상 완벽하게 격자무늬로 나열된 포스트잇을 완성해야 하는가? 꼭 그렇지는 않다. 다른 방법으로 할 수 있을까? 그럴 것이다. 스토리보드에 추가로 변경할 것이 있는가? 물론이다. 이후에 다시 시나리오를 보고 스토리보드

를 어떻게 더 개선할 수 있는지 찾아본다. 하지만 지금은 이것을 하나의 구체적인 스토리보드로 받아들이고 3단계로 넘어가 보자.

3단계: 스토리보드를 보고 어떤 피드백을 주겠는가? 여러분의 스토리보드와 어느 부분이 비슷한가? 또 어느 부분이 다른가? 이러한 접근 방법을 실제 마주한 프로젝트에 어떻게 적용할지 고민하라. '직장에서 연습하기'의 연습 문제 1.23, 1.24, 1.25가 도움이 된다. 그 전에 추가로 스토리보딩을 연습하자.

연습 문제 1.8: 스토리보드 (한 번 더!)

연습 문제 1.5에서 소개한 애완동물 입양 파일럿 프로그램을 활용해 스토리보드 구성 연습을 한다. 기억을 되살리는 차원에서 배경 설명을 다시 하겠다.

지역 애완동물 보호소에서 자원봉사를 한다고 가정하자. 민간 비영리 기구인 보호소의 미션은 수의사 관리, 입양 및 공중 교육 등으로 동물 삶의 질을 개선하는 것이다. 여러분은 매달 애완동물 입양 행사 조직을 돕고 있으며 이벤트는 올해 애완동물의 영구 입양률 20% 증가라는 조직의 더 큰 목표에 영향을 준다.

대체로 이런 월별 행사는 토요일 아침, 지역 사회 내 야외 공간(공원과 산책로)에서 열린다. 지난달의 행사는 조금 달랐다. 날씨가 좋지 않아 지역 애완동물 용품 소매점의 실내에서 행사가 열렸다. 행사 후에 흥미로운 점을 발견했다. 이전 달에 비해 '거의 두 배 가까운 수의 애완동물이 입양된 것'이다.

입양률 증가 이유에 대해 몇 가지 초기 아이디어를 갖게 됐고 소매점에서 입양 행사를 하는 것이 더 가치 있다고 생각하게 됐다. 앞으로 석 달 동안 파일럿 프로그램을 운영해 그 결과를 기반으로 여러분의 믿음이 맞는지 확인하고자 한다. 파일럿 프로그램을 수행하려면 행사를 홍보하는 애완동물 보호소 마케팅 자원봉사자의 추가 지원이 필요하다. 인쇄에 매달 500달러가 들고 마케팅 자원봉사자가 3시간 정도 기여할 것으로 추산했다. 다음 달 회의에서 파일럿 프로그램의 승인을 행사 위원회에 요청하려고 의사소통 계획을 세우는 중이다.

연습 문제 1.5에서 만든 빅 아이디어로 돌아가 보자(만들지 않았다면 해결 방안 1.5의 빅 아이디어를 다시 보라). 염두에 두고 있는 구체적인 빅 아이디어로 다음 단계를 완성하라.

1단계: 브레인스토밍! 첫 번째 단계에서는 최종 발표에 포함할 필수적인 세부 사항이 무엇인지 브레인스토밍 하라. 빈 종이나 포스트잇에 아이디어를 적어 내려가는 것으로 시작하라. 20개 이상의 목록을 목표로 세워라. 브레인스토밍 과정을 위해 스스로 물어보라. 보호소 조직이 이전에 파일럿 프로그램을 해본 적이 있는가? 행사 위원회가 파일럿 프로그램의 리스크와 이점을 이해할 필요가 있는가? 위원들이 호의적 반응을 보일 것 같은가 아니면 반대 반응을 보일 것 같은가? 지역 사회에서 예전부터 나온 수많은 입양 관련 데이터를 확보하고 있는가? 다른 보호소들이 파일럿 프로그램을 성공적으로 수행한 적이 있는지 알고 있는가? 파일럿 기간 3개월의 결과를 어떻게 정량화하고 평가할 예정인가? 성공한다면 어떤 모습일까?

2단계: 편집하라. 1단계에서 나온 모든 아이디어를 면밀히 검토하라. 그런 다음 아이디어 활용 방법을 계획하자. 어떤 잠재적 내용이 중요한지, 어떤 내용을 버려야 할지 결정하라. 발표를 위한 스토리보드나 개요를 작성하라. 편집하고 배열하는 과정에서 스스로 물어보라. 청중이 1단계에서 보일 반응을 파악했다면 해당 빅 아이디어로 시작할 것인가 아니면 그것을 마지막에 둘 것인가? 청중이 이번 일의 성공을 잘 알고 있는가? 이 내용을 의사소통할 필요가 있을까? 혹은 이미 잘 알려진 내용인가? 청중에게 새로운 세부 사항이 있는가? 있다면 준비하는 데 더 많은 시간이나 데이터가 필요한가? 청중이 여러분의 제안을 받아들일 것인가 아니면 설득할 필요가 있는가? 어떤 방법이 가장 좋겠는가?

3단계: 피드백을 구하라. 파트너를 붙잡고 연습 문제를 완성하라. 그리고 함께 이야기를 나눠라. 여러분의 스토리보드와 어떤 점이 비슷한가? 어떤 점이 다른가? 연습 문제를 완성할 파트너가 없다면 계획을 다른 사람에게 말할 수도 있다. 다른 사람과 이야기하고 난 후 스토리보드에 어떤 변화를 주게 됐는가? 이 과정에서 어떤 흥미로운 점을 배웠는가?

해결 방안 1.8: 스토리보드 (한 번 더!)

연습 문제 1.5를 돌아보니 제시했던 빅 아이디어는 아래와 같다.

입양이 비약적으로 증가하고 결과적으로 더 나은 미래의 기금 조성 기회도 만들 가능성이 있는 저비용의 파일럿 프로그램을 승인한다.

이 내용을 염두에 두고 스토리보딩 단계를 밟아나가려고 한다.

1단계: 다음은 브레인스토밍 과정에서 나온 잠재적 주제 · 내용의 최초 목록이다.

1. 사실에 입각한 상황 정보: 지역 사회에서 입양은 항상 있었다.

2. 현재 상태: 입양의 이점과 얼마나 많은 애완동물이 매달 입양되는지 살펴보라.

3. 현재 애완동물 입양 건수가 어떻게 20% 증가시키겠다는 더 큰 목표에 영향을 주는지 요약하라.

4. 지난달 행사가 왜 실내에서 열렸는지의 배경 설명

5. 결과: 입양이 2배 증가한 것을 확인했다.

6. 추진 요인: 왜 이런 결과가 나왔는지 가능한 이유

7. 추진 요인: 다시 시도하면 왜 이런 결과가 계속될 수 있는지 가능한 이유

8. 기회: 3개월 파일럿 프로그램을 도입한다.

9. 분석: 파일럿 프로그램의 이점과 리스크

10. 필요한 자원: 500달러의 추가 마케팅 비용이 발생하는 것을 설명하라.

11. 필요한 자원: 자원봉사 3시간의 추가 마케팅 시간이 소요되는 것을 고려하라.

12. 추가 요구 사항: 애완동물 용품 상점 관리자의 승인, 직원과 의사소통

13. 추가 요구 사항: 매장 내 계획 및 구성의 실행 계획(logistics)

14. 데이터: 다른 애완동물 보호소가 한 일

15. 권고 사항: 파일럿 프로그램을 승인하라.

16. 토론 사항: 20% 증가 목표를 충족시키려면 해야 할 일

17. 수행 일정 및 기한

18. 3개월 동안 어떻게 추적 조사하고 성공을 정량화할 것인가?

19. 기금 조성에 대해 예상되는 영향

20. 토론·의사 결정

2단계: 그림 1.8은 위의 목록을 어떻게 스토리보드에 나열했는지를 그림으로 보여준다.

그림 1.8 애완동물 파일럿 프로그램: 작성 가능한 스토리보드

3단계: 스토리보드를 보고 어떤 피드백을 주겠는가? 여러분의 스토리보드와 어느 부분이 비슷한가? 또 어느 부분이 다른가? 이러한 접근 방법을 실제 마주한 프로젝트에 어떻게 적용할 수 있을까? '직장에서 연습하기'의 연습 문제 1.23, 1.24, 1.25를 참조하라.

이제까지 청중을 좁혀가고 빅 아이디어를 만들어 스토리보딩하는 과정을 연습했다. 이제 여러분 스스로 풀어갈 리스크가 낮은 연습 문제를 보게 된다.

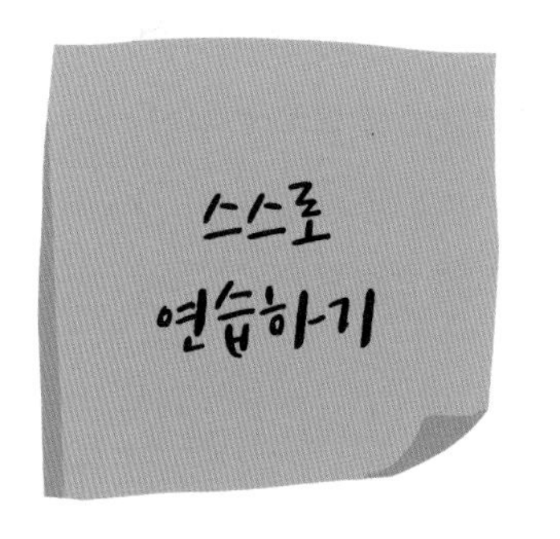

꾸준히 연습하면 진심으로 청중을 이해하고 중요한 기본 계획을 통합하는 것이 생산적으로 느껴지고 일상의 일부가 된다. 이런 좋은 습관을 만드는 데 도움이 될 만한 추가 연습 문제를 풀어보자.

연습 문제 1.9: 청중을 알아가기

컨설팅 회사에서 일한다고 해보자. 유명한 애완동물 사료 제조 업체의 마케팅 임원을 신규 고객으로 맞았다. 여러분은 청중에 비해 한 단계 낮은 직급이다. 직접 대면해 소통하기보다는 상사에게 분석 결과와 보고서를 보내고 상사가 고객에게 결과물을 제출해 함께 토론한 후 피드백이나 필요한 요청 사항을 받아 여러분에게 전달하도록 한다.

이때 어떻게 해야 청중을 더 잘 알아갈 수 있겠는가? **청중과 청중이 관심 두는 사안을 더 잘 이해할 수 있는 3가지를 목록으로 만들라.** 여러분의 관리자와 같이 중간에 낀 청중이 일을 복잡하게 만들 가능성은 얼마나 되겠는가? 이것을 어떻게 이용해 이득이 되도록 하겠는가? 해당 시나리오를 성공적으로 수행하려면 어떤 고려 사항을 알아야 하는가?

이상의 질문에 한두 단락으로 답을 써라.

연습 문제 1.10: 청중을 좁혀가기

이제 청중을 좁혀가는 연습을 한다. 다음 내용을 읽고 주어진 각각의 추정을 의사소통할 목적으로 청중을 좁힐 방법을 결정하기 위해 제시된 다양한 질문을 처음부터 끝까지 풀어라.

어느 지역의 의료 그룹과 일한다고 가정하자. 여러분과 동료들은 방금 XYZ 제품 카테고리에 대한 공급자 A, B, C, D의 평가를 마쳤다. 시설별 원가, 환자 및 의사 만족도, 앞으로 들게 될 예상 비용 등을 분석했다. 그리고 정보를 토대로 발표 자료를 만드는 중이다.

질문 1: 데이터에 관심이 있을 만한 다양한 그룹이 있다(여러분의 회사뿐 아니라 잠재적으로는 다른 회사에도). 이전 사용 현황historical usage, 환자 및 의사 만족도, 예상 비용에 관해 다양한 공급자 비교에 관심을 둘 만한 사람이 누가 있겠는가? 가능한 한 그물을 넓게 쳐보라. **정보에 관심 있는 사람 중 얼마나 다양한 청중에게 제시할 수 있는가? 목록을 나열하라!**

질문 2: 조금 더 상세하게 가보자. 데이터가 보여주는 바로는 이전 사용 현황은 의료 시설에 따라 상당히 다양하고 공급자 B 제품을 주로 이용하는 그룹과 공급자 D 제품을 주로 이용하는 그룹이 있다(매우 드물게 공급자 A와 C를 이용한 기록도 있다). 만족도는 공급자 B가 가장 높은 것으로 나타났다. **어떤 종류의 청중이 이 사실에 관심을 보일 가능성이 있겠는가? 다시 목록을 나열하라.** 원래 목록에 비해 가능성 있는 청중의 목록이 더 길어졌는가 아니면 더 짧아졌는가? 새로운 정보에 근거해 추가할 만한 잠재적 청중이 있었는가?

질문 3: 한 걸음 더 나아갈 때가 왔다. 모든 데이터를 분석한 결과 하나 혹은 두 공급자와 계약하면 비용 절감 효과가 크다는 것을 알게 됐다. 하지만 어느 쪽을 선택하든 일부 의료 센터는 이제까지 이용한 공급자를 변경해야 함을 의미한다. 이 시점에 계속 밀어붙이는 것이 최선인지 결정해야 한다. **자, 청중은 누구인가? 데이터에 관심을 둘 만한 사람은 누구인가? 주요 청중을 선별해보자.** 구체적인 의사 결정자로 좁혀야 한다면 누가 될 것인가?

연습 문제 1.11: 재구성해보자

빅 아이디어의 구성 요소 중 하나는 청중에 대한 핵심이 무엇이냐에 있다. 이제까지 논의한 대로 핵심은 '이점(권장하는 대로 했을 때 청중이 얻는 것은 무엇인가)' 혹은 '리스크(권장하는 대로 하지 않았을 때 청중이 잃는 것은 무엇인가)'의 측면에서 구성된다. 구체적인 상황에서 적절하게 일했다고 생각하려면 긍정적인 구성과 부정적인 구성을 모두 생각해보는 것이 대체로 유용하다.

다음 빅 아이디어를 보고 해당하는 질문에 답하면서 각각이 어떻게 구성됐는지 파악하고 틀을 다시 짜는 연습을 하라.

빅 아이디어 1: 이메일 조사를 완성하려면 인센티브를 증가시켜야 한다. 그래야만 양질의 데이터를 취합해 고객의 고충pain points을 확실히 이해할 수 있다.

(A) 빅 아이디어 1의 구성이 현재 긍정적인가, 부정적인가?

(B) 빅 아이디어 1의 이점 혹은 리스크는 무엇인가?

(C) 정반대로 재구성한다면 어떻게 할 수 있겠는가?

빅 아이디어 2: 전통적인 비즈니스 부문의 수익이 정체기에 돌입해 최근 대두되는 시장emerging markets을 지원하기 위해 자원을 재분배하지 않으면 목표 점유율 대비 수익을 달성하지 못할 상황에 처했다.

(A) 빅 아이디어 1의 구성이 현재 긍정적인가, 부정적인가?

(B) 빅 아이디어 1의 이점 혹은 리스크는 무엇인가?

(C) 정반대로 재구성한다면 어떻게 할 수 있겠는가?

빅 아이디어 3: 지난 분기 디지털 마케팅 캠페인으로 트래픽과 매출에서 기대했던 증가를 달성했다. 올해 매출 목표를 맞추려면 현재의 지출 수준을 유지해야 한다.

(A) 빅 아이디어 1의 구성이 현재 긍정적인가 부정적인가?

(B) 빅 아이디어 1의 이점 혹은 리스크는 무엇인가?

(C) 정반대로 재구성한다면 어떻게 할 수 있겠는가?

연습 문제 1.12: 빅 아이디어란 무엇인가?

빅 아이디어 워크시트로 처음부터 끝까지 작업하고 가능한 해결 방안도 찾아보는 데 익숙해지도록 여러 연습 문제를 수행했다(연습 문제 1.3과 1.5). 다음 두 연습 문제도 비슷하다. 시나리오를 주고 빅 아이디어 워크시트를 완성하도록 한다. 하지만 해답은 주지 않는다. 더 정확히 말하면 만든 것을 평가하고 다듬는 것은 여러분의 몫이다.

전국 소매상의 재무 담당 최고책임자CFO라고 가정하자. 여러분은 회사의 재무 건전성을 관리할 책임이 있다. 회사의 재무적 강점과 약점을 분석 및 보고하고 개선 조치를 제시할 의무도 있다. 재무 분석팀은 방금 일사분기(Q1) 검토를 마쳤고 운영 비용과 매출이 최근 전망을 따른다면 회계 연도가 끝날 때쯤 4천 5백만 달러의 손실이 생길 것으로 파악했다.

최근 경기 침체로 매출 증가는 어려울 것 같다. 운영 비용을 조정해야만 예상 손실을 낮출 수 있다고 보고, 경영진이 즉각 비용 제한 정책('비용 제한 계획 ABC')을 진행해야 한다고 판단했다. 여러분은 곧 있을 이사회에서 일사분기 결과를 보고할 예정이며 권고 사항을 포함해 이사회에 제시할 내용, 즉 파워포인트로 만든 재무 분석 결과 요약을 준비 중이다.

발표의 목적은 두 부분으로 구성된다.

1. 회계 연도 말미에 순손실이 발생할 때 장기적 영향이 무엇인지 이사회가 이해하도록 한다.
2. '비용 제한 계획 ABC'를 즉각 수행하기 위한 경영진(CEO 및 이사들)의 동의를 얻는다.

시나리오를 기반으로 다음 페이지의 빅 아이디어 워크시트를 완성하고 연습 문제의 목적에 맞게 필요한 추정을 하라.

빅 아이디어 워크시트

storytelling with data®

데이터 중심 방식으로 의사소통해야 하는
현재 진행 중인 프로젝트를 파악하라.
잘 생각해서 다음을 채워 넣어라.

프로젝트명 ______________________

청중은 누구인가?

(1) 의사소통하고자 하는 주요 그룹 혹은 개인의 목록을 만들라.

(2) 청중을 '한 사람'으로 좁힌다면 누가 되겠는가?

(3) 청중은 무엇에 관심이 있는가?

(4) 청중이 해야 할 조치는 무엇인가?

핵심은 무엇인가?

여러분이 원하는 대로 청중이 행동할 때의 '이점'은 무엇인가?

그렇게 행동하지 않을 때의 '리스크'는 무엇인가?

빅 아이디어를 만들라

해야 하는 것:

(1) 관점을 명확히 표현해야 한다.
(2) 핵심을 전달해야 한다.
(3) 완전한 (그리고 하나의!) 문장이어야 한다.

그림 1.12 빅 아이디어 워크시트

연습 문제 1.13: 빅 아이디어란 무엇인가(이번에는)?

빅 아이디어 워크시트를 활용하는 또 하나의 연습 문제를 풀어보자.

이제 막 대학교 4학년이 돼 총학생회 일을 한다고 가정하자. 총학생회 목표는 교수 및 학교 행정부에 학생을 대표하고 각 학부의 과별 대표자를 선출해 긍정적인 학교생활을 만드는 데 있다. 지난 3년간 총학생회 일을 했고 다가오는 올해 선거 준비에 참여 중이다. 지난해 선거 투표율은 이전 해보다 30% 감소했고, 이는 학생들과 총학생회 간 유대 관계가 약해졌다는 것을 의미한다. 여러분과 총학생회 임원들이 다른 대학의 좋은 사례를 검토한 결과 변화에 효과적인 총학생회가 있는 대학의 투표율이 높은 것을 알게 됐다. 여러분은 홍보 캠페인을 펼쳐 학생들에게 총학생회 미션을 지속적으로 알린다면 올해 선거 투표율이 상승할 것으로 예상한다. 총학생회장과 재무 위원회와 회의를 열어 권고 사항을 발표할 예정이다.

최종 목표는 학생들이 선거에서 투표해야 하는 이유를 알릴 홍보 캠페인에 1,000달러의 예산을 확보하는 데 있다.

1단계: 상황을 고려해 빅 아이디어 워크시트를 완성하고 연습 문제의 목적에 맞게 필요한 추정을 하라. (2단계와 3단계를 미리 보지 말라.)

빅 아이디어 워크시트

storytelling with data®

데이터 중심 방식으로 의사소통해야 하는
현재 진행 중인 프로젝트를 파악하라.
잘 생각해서 다음을 채워 넣어라.

프로젝트명

청중은 누구인가?

(1) 의사소통하고자 하는 주요 그룹 혹은 개인의 목록을 만들라.

(2) 청중을 '한 사람'으로 좁힌다면 누가 되겠는가?

(3) 청중은 무엇에 관심이 있는가?

(4) 청중이 해야 할 조치는 무엇인가?

핵심은 무엇인가?

여러분이 원하는 대로 청중이 행동할 때의 '이점'은 무엇인가?

그렇게 행동하지 않을 때의 '리스크'는 무엇인가?

빅 아이디어를 만들라

해야 하는 것:

(1) 관점을 명확히 표현해야 한다.
(2) 핵심을 전달해야 한다.
(3) 완전한 (그리고 하나의) 문장이어야 한다.

그림 1.13 빅 아이디어 워크시트

2단계: 일정에 문제가 생겨 의도했던 청중, 즉 총학생회장이 참석하지 못한다는 것을 방금 알았다고 가정하자. 부회장이 회의를 주관하고 여러분의 예산 요청을 승인하거나 거부할 것이다. 다음 질문에 답하라.

(A) 여러분은 사실 부회장을 잘 알지 못한다. 부회장을 잘 알려면 할 수 있는 일은 무엇인가? 부회장의 관심 분야를 더 잘 이해하려고 회의 전에 '당장' 할 수 있는 한 가지와 앞으로 의사소통에서 부회장의 니즈를 더 잘 이해하려고 '총학생회에 있는 동안' 해야 할 한 가지를 파악하라.

(B) 빅 아이디어 구성을 다시 살펴보라. 긍정적 부분에 초점을 맞춰 썼는가 아니면 부정적 부분에 초점을 맞춰 썼는가? 새로운 청중을 고려할 때 어떤 부분 때문에 정반대 구성으로 변경하게 되겠는가?

3단계: 빅 아이디어에 피드백을 구하고 싶다. 긍정적으로 피드백을 줄 수 있는 두 사람 중에서 결정할 것이다. (1)여러분의 룸메이트 혹은 (2)총학생회 회원. 다음 질문에 답하라.

(A) 두 사람의 장단점은 무엇인가?

(B) 둘과 대화했을 때 어떤 차이점이 있으리라 생각하는가?

(C) 최종적으로 피드백을 구할 사람은 누구로 선택할 것인가? 이유는?

연습 문제 1.14: 빅 아이디어를 어떻게 배치할 수 있겠는가?

이 책에서 제시한 내용을 구성하는 방법은 수없이 많다. 스토리보딩을 하면 청중이 누구인지, 청중과 의사소통할 때 달성하고 싶은 것이 무엇인지의 관점에서 순서를 계획하는 한편 다른 배치도 고려할 수 있다. 그림 1.14에 제시된 잠재적 스토리보드 구성 요소(특정한 순서 없이 제시돼 있다)를 살펴보고 다음 질문에 답하라.

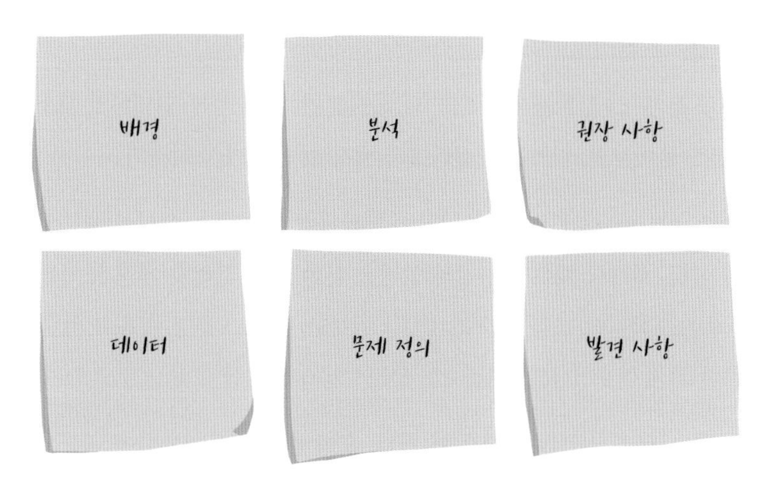

그림 1.14 잠재적 스토리보드 구성 요소

질문 1: 구성 요소를 스토리보드에 어떻게 배치할 것인가? (어느 부분에서 시작해 어느 부분에서 마무리할 것인가? 시작과 마무리 사이의 주제 순서는 어떻게 정할 것인가?) 내용을 순서대로 배치하는 방법에 대한 의사 결정에 영향을 주는 것은 무엇인가?

질문 2: 분석의 일부로서 데이터에 대해 추정할 수 있는 것을 이야기해보자. 여러분이 계획한 배치 중 어느 지점에 데이터를 포함할 것인가? 무엇 때문인가?

질문 3: 전문적인 청중 앞에서 발표한다고 가정하자. 데이터와 분석에 대한 수많은 질문과 토론이 있을 것으로 생각된다. 이때 내용을 배치하는 방법에 변화가 있는가? 포함하거나 제외할 추가 요소가 있는가?

질문 4: 여러분은 데이터를 정확하게 이해하겠지만 모든 사람이 전체 그림을 이해하도록 청중이 기여해야 하는 중요한 상황 정보가 있다고 가정하자. 내용을 순서대로 배치하는 방법에 이런 사실이 영향을 주는가? 어디에서, 어떻게 청중이 참가하도록 할 것인가? 추가하거나 제외할 요소가 있는가?

질문 5. 고위 임원 앞에서 발표한다고 가정하자. 허락된 시간은 매우 짧다(주제에 할당된 시간보다 더 짧아질 수도 있다). 이런 사실이 내용을 순서대로 배치하는 방법에 변화를 주는가? 왜 그런가? 혹은 왜 그렇지 않은가?

연습 문제 1.15: 스토리보드!

이번에는 연습 문제 1.12에 제시된 CFO의 일사분기 재무 성과 업데이트 내용을 활용해 스토리보드를 만들어보자. 기억을 되살리고자 배경 설명을 다시 하겠다.

전국 소매상의 재무 담당 최고책임자CFO라고 가정하자. 여러분은 회사의 재무 건전성을 관리할 책임이 있다. 회사의 재무적 강점과 약점을 분석 및 보고하고 개선 조치를 제시할 의무도 있다. 재무 분석팀은 방금 일사분기(Q1) 검토를 마쳤고 운영 비용과 매출이 최근 전망을 따른다면 회계 연도가 끝날 때쯤 4천 5백만 달러의 손실이 생길 것으로 파악했다.

최근 경기 침체로 매출 증가는 어려울 것 같다. 운영 비용을 조정해야만 예상 손실을 낮출 수 있다고 보고, 경영진이 즉각 비용 제한 정책('비용 제한 계획 ABC')을 진행해야 한다고 판단했다. 여러분은 곧 있을 이사회에서 일사분기 결과를 보고할 예정이며 권고 사항을 포함해 이사회에 제시할 내용, 즉 파워포인트로 만든 재무 분석 결과 요약을 준비 중이다.

발표의 목적은 두 부분으로 구성된다.

1. 회계 연도 말미에 순손실이 발생할 때 장기적 영향이 무엇인지 이사회가 이해하도록 한다.
2. '비용 제한 계획 ABC'를 즉각 수행하기 위한 경영진(CEO 및 이사들)의 동의를 얻는다.

연습 문제 1.12에서 만들었던 빅 아이디어를 되짚어보라(만들지 않았다면 잠시 시간을 내 만들어 보도록!). 염두에 둔 빅 아이디어로 다음 단계를 완성하라.

1단계: 브레인스토밍 하라! 첫 번째 단계에서 최종 발표 자료에 포함해야 하는 세부 사항이 무엇인지 브레인스토밍 한다. 빈 종이나 포스트잇에 아이디어를 적어 내려가는 것으로 시작하라. 20개 이상의 목록을 목표로 세워라. 브레인스토밍 과정을 위해 스스로에게 몇 가지 질문을 하라. 청중에게 빅 아이디어를 소개하는 것이 처음인가? 청중의 호의적 반응을 예상하는가 아니면 비호의적 반응을 예상하는가? 청중에게 보여줄 데이터는 청중이 얼마나 자주 접하는 자료인가? 정기적으로 업데이트하는가? 방법론이나 친숙하지 않은 용어를 청중에게 알려줄 시간이 필요한가? 제시하는 권장 사항에 의사 결정자가 동의하리라 생각하는가? 만약 그렇다면 이 과정에 어떤 데이터를 포함해야 도움이 되겠는가?

2단계: **편집하라.** 1단계에서 만든 모든 아이디어를 면밀히 검토하라. 중요한 것이 무엇이고 버릴 것은 무엇인지 파악하라. 스토리보드 혹은 발표 개요를 만들라. 편집과 배치 과정을 위해 스스로에게 물어보라. 청중이 1단계에서 보일 반응을 파악했다면 해당 빅 아이디어로 시작할 것인가 아니면 그것을 마지막에 둘 것인가? 청중이 정기적으로 보는 세부 사항 중 버릴만한 것은 무엇인가? 청중에게 새로운 세부 사항은 무엇이며 세부 사항을 준비하려면 시간이나 데이터가 더 필요한가? 이런 부분들을 통합할 수 있겠는가?

3단계: **피드백을 구하라.** 파트너를 붙잡고 연습 문제를 완성하라. 그리고 함께 이야기를 나눠라. 여러분의 스토리보드와 어떤 점이 비슷한가? 어떤 점이 다른가? 연습 문제를 완성할 파트너가 없다면 계획을 다른 사람에게 말할 수도 있다. 다른 사람과 이야기를 하고 난 후 스토리보드에 어떤 변화를 주게 됐는가? 이 과정에서 어떤 흥미로운 점을 배웠는가?

연습 문제 1.16: 스토리보드(한 번 더!)

이번에는 연습 문제 1.13에서 제시된 대학 선거 사례를 활용해 스토리보드를 평가하고 고쳐본다. 기억을 되살리는 차원에서 배경 설명을 다시 하겠다.

이제 막 대학교 4학년이 돼 총학생회 일을 한다고 가정하자. 총학생회 목표는 교수 및 학교 행정부에 학생을 대표하고 각 학부의 과별 대표자를 선출해 긍정적인 학교생활을 만드는 데 있다. 지난 3년간 총학생회 일을 했고 다가오는 올해 선거 준비에 참여 중이다. 지난해 선거 투표율은 이전 해보다 30% 감소했고 학생들과 총학생회 간 유대 관계가 약해졌다는 것을 의미한다. 여러분과 총학생회 임원들이 다른 대학의 좋은 사례를 검토한 결과, 변화에 효과적인 총학생회가 있는 대학의 투표율이 높은 것을 알게 됐다. 여러분은 홍보 캠페인을 펼쳐 학생들에게 총학생회 미션을 지속적으로 알린다면 올해 선거 투표율이 상승할 것으로 예상한다. 총학생회장과 재무 위원회와 회의를 열어 권고 사항을 발표할 예정이다.

최종 목표는 학생들이 선거에서 투표해야 하는 이유를 알릴 홍보 캠페인에 1,000달러의 예산을 확보하는 데 있다.

질문 1: 총학생회 동료가 학생회장과 의사소통하려고 만든 스토리보드(그림 1.16)의 피드백을 요청했다. 아래 질문을 염두에 두고 스토리보드를 평가하라.

(A) 현재 순서를 어떤 식으로 배치했는가(연대순, 빅 아이디어에 따라, 기타)?

(B) 통합할 부분은 어느 지점인가? 추가할 것은 무엇인가? 제거할 것은 무엇인가?

(C) 여러분의 평가를 근거로 스토리보드 수정을 어떻게 제안하겠는가?

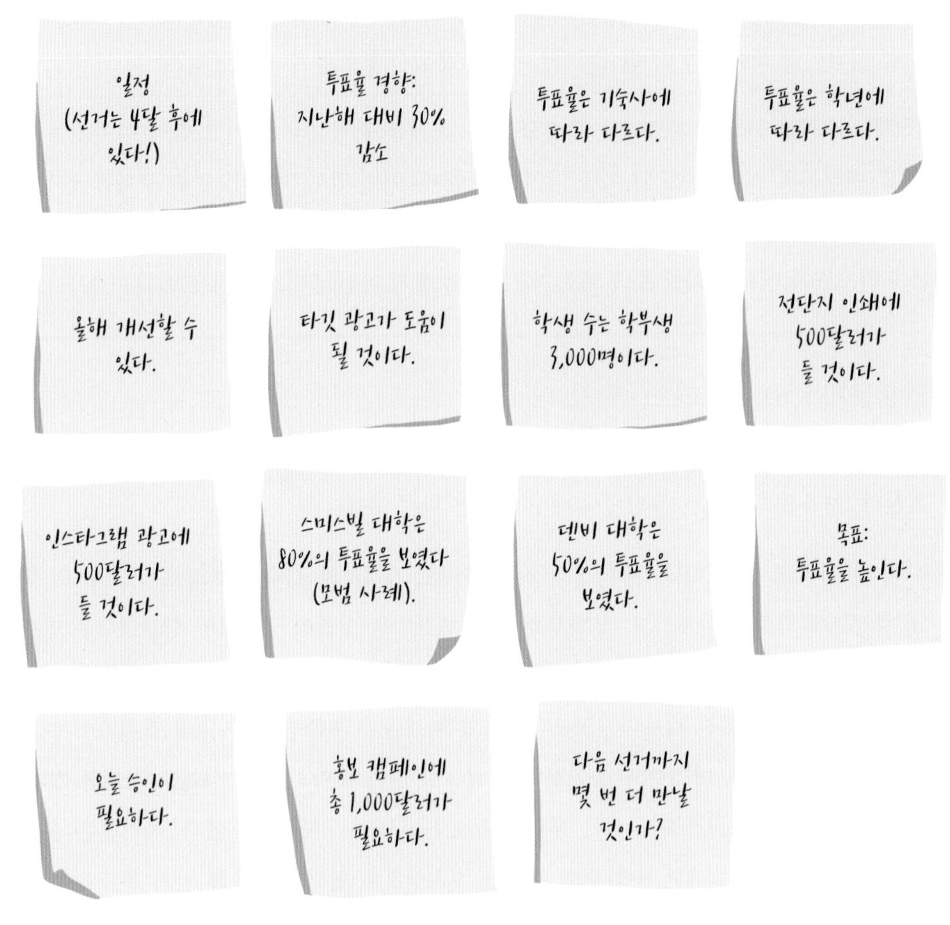

그림 1.16 대학 선거 동료의 스토리보드

질문 2: 부회장이 회의를 주관하며 홍보 캠페인에 필요한 1,000달러 사용 승인 여부를 결정한다는 사실을 방금 알았다. 부회장은 바쁜 사람이고 이전에 부회장에게 발표했던 사람에게 들어보니 발표할 때 집중은 하겠지만 일정이 겹쳐 회의를 짧게 끝내는 때가 종종 있다고 한다. 주요 청중이 바뀌었기 때문에 질문 1C에 따라 개선된 스토리보드를 다시 살펴본다. 흐름에 변화를 줄 요인은 무엇인가? 추가하거나 제거할 요소가 있는가?

질문 3: 1C에서 만든 개선된 스토리보드를 다시 보고 질문에 답하라.

(A) 현재 위치에서 왜 요구 사항을 실행하기로 했는가?

(B) 스토리보드를 만들면서 소프트웨어 대신 포스트잇을 활용한 이점은 무엇이었는가?

(C) 스토리보드를 만들어 얻는 이점은 무엇이었는가?

여러분은 나와 연습했고 스스로도 연습했다. 이제 우리가 다뤘던 전략을 직장에서 어떻게 적용할 수 있는지 이야기해보자.

직장에서 연습하기

지금까지 본 중요한 계획 과정을 실천에 옮겨보자. 앞에서 보낸 약간의 시간은 나머지 작업의 능률을 높이고 반복을 줄일 뿐만 아니라 순조롭게 진행되게 한다. 현재 프로젝트를 잘 살펴보고 앞으로의 연습을 수행하라.

연습 문제 1.17: 청중을 알아가기

의사소통할 때 주요 청중이 누구인지 파악하고 청중의 관점에서 무엇이 중요한지 살피는 것에서 출발하면 유용하다. 설사 청중을 잘 알지 못한다 해도 청중을 움직이는 것이 무엇인지 명확히 알 수 있는 여러 가지 방법이 있다. 청중의 니즈를 더 잘 이해하려고 청중에게 말을 걸거나 질문을 던질 수 있는가? 청중과 유사한 사람을 아는가? 청중과 성공적인 (혹은 성공적이지 않은) 의사소통 경험이 있으면서 의견을 제공해줄 동료가 있는가? 청중의 관심사는 무엇인지, 청중의 동기유발 요인은 무엇인지, 청중의 성향은 무엇인지, 중요한 자료가 있는지, 있다면 여러분이 전달하려는 것에 청중이 어떤 반응을 어떻게 보일는지 추정할 수 있는가? 이제까지 논의한 바대로 이런 내용을 명확히 하면 성공적인 의사소통을 위한 더 나은 위치를 차지할 수 있다.

다양한 부문이나 사람이 서로 다른 것에 관심 있는 혼합된 청중이라면 비슷한 청중끼리 한 그룹으로 묶어 각자의 연습 문제로 작업하는 것이 유용할 수 있다. 청중의 니즈가 겹친다고 판단될 때 연습 문제 1.17은 의사소통의 유용한 장이 된다.

청중을 추정할 때(거의 항상 그렇다!) 한두 명의 동료와 상의하라. 동료가 여러분의 의견에 동의하는가? 여러분이 추정을 파악하고 영향도를 시험하는 데 도움이 되는가? 동료에게 악마의 대변인devil's advocate 역할을 맡기고 반대 관점을 취하도록 요구하라. 그러면 여기에 대응하는 연습을 할 수 있다. 일이 어떻게 잘못될 수 있는지 예측하고 더 많이 대비할수록 더 나은 결과를 얻게 된다.

누군가에게 뭔가 의사소통할 필요가 있는 프로젝트를 골라라. **청중을 더 잘 알아갈 수 있는**

구체적인 행동을 알아보고 청중에게 중요한 것이 무엇인지 이해하라. 이때 청중에게 할 수 있는 추정은 무엇인가? 추정이 틀렸다면 얼마나 큰일이 되겠는가? 의사소통하려는 청중을 위해 그 밖의 다른 준비가 필요한가? 구체적인 행동을 목록화한 후 착수하라!

연습 문제 1.18: 청중을 좁혀가기

앞서 논의한 바와 같이 의사소통할 구체적인 청중을 염두에 두는 것이 유용하다. 이렇게 하면 실제 의사소통의 목표를 세울 수 있게 된다. 다음 연습 문제는 청중을 좁혀가는 방법으로 더 깊이 생각하는 데 도움이 된다.

1단계: 데이터 기반 방식으로 의사소통하는 데 필요한 어떤 프로젝트를 생각하라. 프로젝트는 어떤 것인가?

2단계: 넓은 그물을 던지면서 시작하라. 공유하려는 것에 관심 둘 만한 **모든 잠재적 청중을 목록으로 만들라.** 적어라! 얼마나 많이 찾아낼 수 있는가?

3단계: 전부 기록했는가? 틀림없이 더 있을 것이다. 방금 만든 목록에 추가할 것이 있는지 살펴보라.

4단계: 자, 이제 좁혀보자. 다음 질문을 읽고 각 질문에 관심을 둘 만한 청중 목록을 작성하라.

(A) 데이터로 배운 것은 무엇인가? 어떤 청중이 여기에 관심을 두겠는가?
(B) 권장하는 행동은 무엇인가? 이런 행동을 해야 할 사람은 누구인가?
(C) 현재 어떤 지점에 있는가? 이제 무슨 일이 일어나겠는가?
(D) 최종 의사 결정자 혹은 의사 결정 그룹은 누구인가?
(E) 위 질문을 모두 고려할 때 의사소통할 필요가 있는 주요 청중은 누구인가?

연습 문제 1.19: 행동을 파악하기

설명을 목적으로 의사소통한다면 항상 청중이 뭔가 하기를, 즉 행동을 취하길 원해야 한다. '우리가 x를 찾아냈으니 여러분은 y를 해야 한다'처럼 간단한 경우는 드물다. 청중이 행동하기를 원하는 다음 단계에서 우리가 얼마나 명확해야 하는지 결정하는 데 영향을 미치는 미묘한 사항nuances이 있다. 어떤 상황에서는 청중이 적절한 행동 방침을 결정하는 데 도움이 되도록 청중의 정보를 받아야 한다. 또 다른 상황에서는 다음 단계를 청중이 직접 제시하기를 원하기도 한다. 어떤 상황이든 의사소통자로서 이뤄져야 한다고 생각하는 바가 무엇인지 분명히 해야 한다.

청중과 어떤 내용을 의사소통해야 하는 최근 프로젝트를 생각하라. 공유한 데이터를 기반으로 청중이 취할 수 있는 잠재적 행동을 나열하라. 청중에게 원하는 주요 행동은 무엇인가? 상세하게 밝혀라. 청중에게 다음 문장을 말한다고 가정하라.

'내 자료를 읽었거나 발표를 듣고 난 후 여러분은 ____________________을 해야 한다.'

어려움이 있다면 아래 목록을 훑어보고 적용할 만한 것이나 아이디어를 불러일으킬 만한 것이 있는지 잘 생각하라.

수용하다 | 동의하다 | 승인하다 | 시작하다 | 신뢰하다 | 예산을 짜다 | 구입하다 | 옹호하다 | 변화하다 | 협업하다 | 개시하다 | 고려하다 | 계속하다 | 기여하다 | 만들다 | 논쟁하다 | 결정하다 | 방어하다 | 희망하다 | 결심하다 | 헌신하다 | 차별화하다 | 토론하다 | 배포하다 | 처분하다 | 하다 | 공감하다 | 힘을 주다 | 용기를 주다 | 관계를 맺다 | 설립하다 | 조사하다 | 촉진하다 | 익숙해지다 | 형성하다 | 마음대로 하다 | 수행하다 | 포함하다 | 증가시키다 | 영향을 주다 | 투자하다 | 기운나게 하다 | 보관하다 | 알다 | 배우다 | 좋아하다 | 유지하다 | 동원하다 | 움직이다 | 파트너가 되다 | 지불하다 | 설득하다 | 계획하다 | 얻다 | 개선하다 | 추진하다 | 재배치하다 | 받다 | 권장하다 | 재고하다 | 감소시키다 | 반영하다 | 기억하다 | 보고하다 | 반응하다 | 재사용하다 | 뒤바꾸다 | 검토하다 | 보호하다 | 공유하다 | 이동하다 | 지원하다 | 단순화하다 | 시작하다 | 노력하다 | 이해하다 | 입증하다 | 확인하다

연습 문제 1.20: 빅 아이디어 워크시트 완성하기

데이터 중심 방식으로 의사소통해야 하는 현재 진행 중인 프로젝트를 찾아라. 잘 생각해서 다음을 채워 넣어라. 빅 아이디어 워크시트 새 사본은 storytellingwithdata.com/letspractice/bigidea에서 다운로드할 수 있다.

빅 아이디어 워크시트

storytelling with data®

데이터 중심 방식으로 의사소통해야 하는
현재 진행 중인 프로젝트를 파악하라.
잘 생각해서 다음을 채워 넣어라.

프로젝트명 ______________________

청중은 누구인가?

(1) 의사소통하고자 하는 주요 그룹 혹은 개인의 목록을 만들라.

(2) 청중을 '한 사람'으로 좁힌다면 누가 되겠는가?

(3) 청중은 무엇에 관심이 있는가?

(4) 청중이 해야 할 조치는 무엇인가?

핵심은 무엇인가?

여러분이 원하는 대로 청중이 행동할 때의 '이점'은 무엇인가?

그렇게 행동하지 않을 때의 '리스크'는 무엇인가?

빅 아이디어를 만들라

해야 하는 것:

(1) 관점을 명확히 표현해야 한다.
(2) 핵심을 전달해야 한다.
(3) 완전한 (그리고 하나의!) 문장이어야 한다.

그림 1.20 빅 아이디어 워크시트

연습 문제 1.21: 빅 아이디어에 대해 피드백 구하기

빅 아이디어를 만든 다음 중요한 단계는 다른 사람과 빅 아이디어에 대해 논의하는 것이다.

완성한 빅 아이디어 워크시트를 파트너에게 넘기고 10분을 주라. 파트너가 빅 아이디어 개념에 익숙지 않다면 사전에 '데이터 스토리텔링' 관련 섹션을 읽게 하거나 3가지 구성요소(관점을 명확히 표현해야 하고, 핵심을 전달해야 하며, 완전한 하나의 문장이어야 한다)를 간단히 설명하라. 청중에게 전달하려는 중요한 메시지를 개선하는 데 도움이 될 수 있도록 거짓 없는 피드백을 원한다고 파트너에게 각인시켜라. 파트너가 많은 질문을 하게 하라. 그러면 의사소통하고 싶은 것이 무엇인지 이해하게 되고 여러분이 사용하는 단어를 이용해 명확성을 얻도록 도울 수 있다.

빅 아이디어를 파트너에게 읽어주면 서로의 대화가 자연스럽게 진행될 수 있다. 막히는 느낌이 들면 다음 질문을 참조하라.

- 중요하게 생각하는 목표는 무엇인가? 이런 상황에서 성공은 어떤 모습으로 보이겠는가?
- 대상으로 삼는 청중은 누구인가?
- 익숙지 않거나 재정의해야 하는 특화된 언어(단어, 문구, 단락, 머리글자)가 있는가?
- 실천해야 할 행동이 명확한가?
- 여러분 혹은 청중의 관점에서 원하는 대로 구성했는가? 여러분의 관점으로 구성했다면 청중의 관점으로 어떻게 재구성할 수 있겠는가?
- 핵심은 무엇인가? 청중에게 설득력이 있겠는가? 아니라면 어떻게 변화시킬 수 있는가? '그래서 뭐가 어떻다는 건데?'는 이럴 때 적절한 질문이다. 왜 청중이 관심을 둬야만 하는가? 청중에게 중요한 것은 무엇인가?
- 여러분이 강조하려는 것을 더 쉽게 제시할 수 있는 다른 단어나 문구가 있는가?
- 파트너가 여러분의 주요 메시지를 나름의 언어로 반복할 수 있는가?
- '왜?'는 파트너가 물어볼 수 있는 최고의 질문이다. 그리고 계속해서 질문하면 여러분의 로직을 분명하게 표현하도록 해서 빅 아이디어를 다듬어나가는 데 도움이 된다.

파트너와 대화하는 동안이나 대화를 마친 후에 빅 아이디어를 고쳐라. 여전히 불명확하거나 대충인 부분이 있다고 느끼거나 혹은 추가 관점을 원한다면, 또 다른 사람과 연습을 되풀이하라.

공식적인 빅 아이디어 그룹 세션을 어떻게 운영하는지는 퍼실리테이터facilitator 가이드를 위한 9장의 연습 문제 9.7을 참조하라. 그럼 이제부터 팀 프로젝트에서 빅 아이디어를 활용하는 방법을 이야기하자.

연습 문제 1.22: 팀 차원의 빅 아이디어 만들기

팀의 일원으로 프로젝트를 수행하고 있는가? 중요한 동일 목표를 향해 모든 사람이 협력해 작업할 수 있게 하는 아주 좋은 연습이 있다.

1. 모두에게 빅 아이디어 워크시트 복사본(storytellingwithdata.com/letspractice/bigidea에서 다운로드)을 나눠 주고 각자 작성하도록 해 주어진 프로젝트를 염두에 둔 빅 아이디어를 만들게 하라.
2. 화이트보드가 있는 방을 예약하거나 자료를 공유하고 각자 빅 아이디어를 쓰게 하라. 각자의 빅 아이디어를 큰 소리로 읽도록 요청하라.
3. 토론하라. 다양한 아이디어 사이에 공통점이 있는가? 벗어난 듯한 사람이 있는가? 의사소통하고자 하는 바의 핵심을 가장 잘 잡아낸 단어나 문구는 무엇인가?
4. 각각의 빅 아이디어에서 구성 요소를 가져와 필요한 만큼 늘리고 다듬어 하나의 마스터 빅 아이디어를 만들라.

이 연습은 모든 사람이 동일선상에서 각자의 빅 아이디어 구성 요소가 마스터 빅 아이디어로 흘러가는 것을 보게 해 받아들이게끔 한다. 또한 유익한 대화로 해야 할 일이 무엇인지를 모든 사람이 명확하게 알게 하고 확신하도록 돕는다.

연습 문제 1.23: 머리에서 아이디어 끄집어내기!

스토리보딩 과정에서 적절한 첫 단계로 브레인스토밍을 실행해보자. 슬라이드 자료와 같이 설명으로 의사소통해야 하는 프로젝트를 생각하라. 포스트잇과 펜을 챙겨라. 커다란 책상이나 화이트보드가 있는 조용한 작업 공간을 찾아가라. 타이머를 10분에 맞춰 작동시킨 후 머릿속에서 얼마나 많은 아이디어가 나올 수 있는지 포스트잇에 하나씩 적어라. 포스트잇 각각의 작은 네모가 최종 슬라이드에 들어갈 가능성이 있는 내용을 나타낸다고 생각하면 된다. 그렇다고 해서 생각을 걸러내지는 말라. 오히려 다 쏟아내는 과정이 되게 하라(이 단계에서 나쁜 아이디어란 없다). 순서나 아이디어를 어떻게 짜맞출 것인가는 아직 염려할 필요가 없다. 단순히 정해진 시간 내에 얼마나 많은 포스트잇을 쌓아 올릴 수 있는지 보라.

팁: 위와 같은 기본 연습은 의사소통하고 싶은 바를 알려고 데이터와 충분한 시간을 보낸 이후에, 그리고 컴퓨터로 내용을 만들기 '이전'에 하라. 주어진 프로젝트에 대한 빅 아이디어를 만들고 피드백을 구하고 빅 아이디어를 가다듬은 이후에 하는 것이 제일 좋다(연습 문제 1.20과 1.21을 참조하라).

타이머 시간이 종료됐음에도 아이디어를 계속 쓰고 있다면 시간을 추가해도 괜찮다. 연습을 모두 마친 후 연습 문제 1.24로 넘어가라.

연습 문제 1.24: 아이디어를 스토리보드에 정리하기

머릿속에서 아이디어를 끄집어내 포스트잇에 쓰는 연습 문제 1.23을 끝냈다면 이제는 아이디어를 구성할 차례다. 다시 돌아가서 다른 사람이 납득할 만한 방법으로 아이디어 모두를 묶는 데 도움이 될 중요한 구조는 무엇일지 생각하라. 메타 주제나 테마를 포스트잇에 써서 붙이는 것이 아이디어 구성에 도움이 된다. 그룹화할 아이디어는 무엇인가? 어떤 것을 빼겠는가?

아이디어에서 뺄 때는 휴지통을 만들라. 각 포스트잇 노트를 보고 생각하면서 스스로 물어보라. 빅 아이디어 전체에 도움이 되는 아이디어인가? 포함해야 할 이유를 찾을 수 없다면 과감히 휴지통에 버려라.

다음은 여러분의 상황에서 최적의 순서를 결정할 때 고려해야 할 구체적인 질문이다.

- 청중에게 어떤 방식으로 발표할 것인가? 라이브로 할 것인가, 폰이나 웨비나로 할 것인가 아니면 알아서 활용할 수 있는 자료를 보낼 것인가?
- 전체 청중에게 내용을 전달하는 데 어떤 순서가 가장 잘 맞을 것인가? 청중에게 원하는 행동에서 시작해 그 위에 쌓아 올리거나 사이 사이에 내용을 넣는 것이 타당하겠는가?
- 어떤 내용이 가장 중요한가? 청중이 내용을 미리 알아야 하는가 아니면 나중에 아는 게 더 나은가? "그래서 뭐가 어떻다는 건데?"라는 질문에 얼마나 빨리 대답해야 하는가?
- 청중과 이미 신뢰도를 쌓았는가 아니면 이제부터 쌓아야 하는가? 후자라면 어떻게 해야 하는가?
- 작업하면서 세운 추정이 있는가? 언제, 어떻게 추정을 도입해야 하는가? 만약 추정이 틀렸다면 어떻게 해야 하는가? 메시지를 상세하게 바꿔야 하는가?
- 청중에게서 정보가 필요한가? 어떻게 그리고 어디에서 최선의 것을 얻을 수 있는가?
- 어떤 지점에서 데이터가 적절하게 들어가야 하는가? 데이터가 청중의 기대를 확인해주는가 아니면 기대에 어긋나는가? 무슨 데이터나 사례를 통합할 것인가, 그리고 어느 지점에서 할 것인가?
- 어떻게 해야 가장 효과적으로 공통점을 만들고 동의하게 하고 즉각적인 행동을 취하게 할 수 있는가?

단 하나의 올바른 길이란 없다. 다만 앞선 질문들에 대답하는 것은 각기 다른 선택 사항으로 주어진 환경에서 효과적으로 일하는 방법이 무엇인지 생각하도록 도와준다. 반드시 빼야 할 영향력 없는 데이터나 내용이 있다면 과감히 뒤로 돌린다. 예를 들어 자료에서 물리적으로 뒤로 빼든가(부록에 넣는다거나) 혹은 의사소통 하는 데 필요한 중요 구성 요소를 시각적으로 강조해 표현한다.

6장에서 스토리를 이야기할 때 내용을 배치하는 또 다른 전략을 살펴본다. 일단, 연습 문제 1.25로 넘어가서 여러분의 스토리보드에 대한 피드백을 구해보자.

연습 문제 1.25: 스토리보드 내용에 대해 피드백 구하기

스토리보드를 만들고 난 후 다른 사람과 스토리보드에 대해 이야기하라. 여기에는 두 가지 이점이 있다. 우선 스토리보드를 이야기하는 것만으로도 도움이 된다. 생각하는 방법을 더 정교히 하는 데 힘을 실어줘 또 다른 접근 방법이 떠오를 수 있다. 두 번째는 다른 사람과 의견을 나누면 새로운 관점이나 아이디어가 나와서 스토리보드를 개선하는 데 도움이 될 수 있다.

이런 과정은 자유롭게 한다. 스토리보드를 만들고 나서 파트너와 스토리보드에 대한 이야기를 편하게 한다. 질문과 대화가 자연스럽게 이뤄질 수 있도록 한다. 막힌다 싶거나 적절한 파트너 없이 시뮬레이션하고 싶다면 스스로 다음 질문을 하라.

- 청중에게 어떤 방식으로 발표할 것인가? 청중이 알아서 활용할 수 있는 자료를 만들 것인가 아니면 여러분(혹은 다른 사람)이 직접 자료를 발표할 것인가?
- 전체 순서와 흐름은 합리적인가?
- 여러분의 빅 아이디어는 무엇인가? 어느 지점에 빅 아이디어를 넣을 것인가?
- 청중이 모든 내용에 관심이 있는가?
- 청중은 관심이 없지만 여전히 포함해야 한다고 보는 내용이 있다면, 어떻게 청중의 관심을 해당 부분에 머무르게 할 것인가?
- 일이 잘못될 수 있는 지점은 어디인가? 그런 때를 어떻게 대비할 수 있겠는가?
- 하나의 주제나 아이디어에서 어떻게 다음으로 전환할 것인가?
- 뺄 부분이 있는가? 추가할 부분은? 재배치가 필요한가?

이해관계자나 관리자에게 이 시점에 피드백을 받아야 좋을 것 같다면, 그렇게 하라! 많은 시간을 투자하기 전에 제대로 된 길을 가고 있는지 혹은 방향을 재조정해야 하는지를 빨리 확인할 수 있다.

청중을 파악하고 알아가고 주요 메시지를 만들고 내용을 스토리보드로 만드는 데 시간을 먼저 쓰면 공격 계획plan of attack이 생긴다. 이렇게 하면 중복을 줄이면서 의사소통에 더 집중할 수 있다. 보통보다 결과물이 짧기 때문에 양질의 내용, 즉 슬라이드와 그래프를 만드는 데 시간을 더 쓸 수 있다. 이제 다음 장으로 관심을 돌려보자.

연습 문제 1.26: 토론해보자

1장의 수업 및 연습 문제와 관련해 다음 질문을 생각하고 파트너나 그룹과 토의하라.

1. 어떤 청중과 정기적으로 의사소통하고 있는가? 다양한 청중의 공통점은 무엇인가? 청중은 각각 어떻게 다른가? 데이터로 의사소통할 때 청중의 니즈를 어떻게 알 수 있는가?
2. 데이터로 의사소통할 때 혼재된 청중 앞에 서야 하는가? 청중 중 주요 그룹은 무엇인가? 청중 모두와 한 번에 의사소통해야 하는가? 의사소통하려고 좁혀갈 방법은 없는가? 성공적으로 하려면 여러분 스스로를 어떻게 자리매김할 수 있는가? 관련 경험과 배운 것을 공유할 다른 사람이 있는가?
3. 빅 아이디어를 돌아보고 메시지를 하나의 문장으로 만드는 연습을 하라. 1장에서 관련 연습 문제를 어떻게 찾았는가? 업무를 하면서 빅 아이디어를 만드는 데 시간이 걸린다는 것을 이해시켜야 하는 상황이 있는가? 현재 직무에서 노력했는가? 도움은 됐는가? 도전을 받지는 않았는가?
4. 스토리보딩에서 포스트잇이 왜 유용한 도구인가? 의사소통의 내용을 기획할 때 유용하거나 추천할 만한 다른 방법이 있는가?
5. 효과적인 의사소통 계획 과정에서 이 책이나 『데이터 스토리텔링』에서 가장 유용했던 팁 혹은 연습 문제는 무엇이었는가? 어떤 전략을 활용했는가? 성공적이었는가? 계속해서 실행에 옮길 만한 교훈은 무엇인가?
6. 이 섹션에서 다루는 내용 중 인상적이지 않거나 팀 혹은 조직에 적용하고 싶지 않은 것이 있었는가? 왜 그랬는가? 다른 사람들도 동의했는가 아니면 동의하지 않았는가?
7. 의사소통 계획 과정과 관련해 작업 그룹이나 팀이 따로 해야 한다고 생각한 것이

있는가? 어떻게 하게 만들 수 있는가? 예상되는 도전은 무엇인가? 극복하려면 어떻게 할 수 있는가?

8. 1장에서 설명한 전략과 관련해 여러분 자신이나 팀에 하나의 구체적인 목표를 세운다면 무엇인가? 스스로(혹은 여러분의 팀)에게 목표를 어떻게 설명할 수 있겠는가? 누구에게 피드백을 구할 생각인가?

2장

효과적인 시각화 자료 선택하기

1장에서 연습한 바와 같이 기본적인low-tech 방식으로 천천히 맥락을 이해하고 의사소통 계획을 세우고 나면 다음과 같은 질문이 생길 것이다. 보여줘야 할 자료가 있을 때 어떻게 하면 효과적으로 제시할 수 있을까? 이것이 바로 다음에 만나게 될 주제다.

자료를 시각화하는 데 단 하나의 '올바른' 답이란 없다. 다양한 방법으로 자료를 그래프화할 수 있다. 가끔은 반복이 필요해서 자료를 이런 방식, 저런 방식, 또 다른 방식으로 계속 들여다보면 어느 순간 "아하!"하고 탄성이 날 정도로 마법 같은 이해의 순간이 와서 딱 들어맞는 그래프를 찾게 된다.

반복과 관련해 도움이 될 만한 몇 가지 예제가 마련돼 있다. 2장의 예제를 따라 하다 보면 여러 가지 형태의 그래프를 만들고 평가하면서 데이터를 표현하는 각 그래프의 장점과 한계점을 이해하게 된다. 일반 유형, 즉 선형과 막대형 위주로 보겠지만 『데이터 스토리텔링』에서 처음 소개한 몇 가지 변형된 그래프 형태도 살펴본다.

효과적인 시각화 자료 선택하기를 연습하자!

우선 『데이터 스토리텔링』 2장의 주요 수업 내용을 복습하겠다.

『데이터 스토리텔링』 2장 우선 '효과적인 시각화 자료 선택'을 요약해보자

간단한 텍스트

숫자라고 해서 반드시 그래프로 표현되는 것은 아니다.

테이블

내세우는 주요 포인트는 무엇인가?

	A	B	C
CATEGORY 1	15%	22%	42%
CATEGORY 2	40%	36%	20%
CATEGORY 3	35%	17%	34%
CATEGORY 4	30%	29%	58%

더 효과적인 방법이 있다.

라이브 프레젠테이션에서 테이블 사용은 피한다. 사람들이 듣기를 멈추고 읽기 시작하기 때문이다.

히트맵

	A	B	C
CATEGORY 1	15%	22%	42%
CATEGORY 2	40%	36%	20%
CATEGORY 3	35%	17%	34%
CATEGORY 4	30%	29%	58%

색상 농도로 큰 차이점은 쉽게 알아볼 수 있지만 세밀한 차이점은 눈에 잘 띄지 않는다.

자료를 처음 탐색하기 시작할 때와 더 깊게 파고들지 결정할 때 효과적이다.

산점도

데이터를 두 축에서 동시에 인코딩해 어떤 상관관계가 있는지 파악하는 데 유용하다.

선

규칙: 점을 연결하는 선은 의미가 통해야 한다! 시간 같은 연속 데이터에 가장 효과적이다.

경사 그래프

2개 점만으로 만든 선 그래프를 말하는 멋진 단어

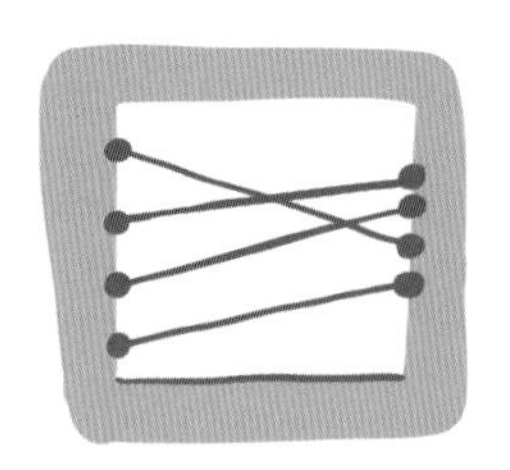

시간에 따른 두 점 간의 변화나 그룹 간의 차이에 초점을 맞출 때 유용하다.

막대 차트

범주형 데이터에 잘 들어맞는다.

동일 기준선 위에서 높이를 비교하기 때문에 알아보기 쉽다.

규칙: 반드시 0(zero)을 기준으로 한다. 예외는 없다!

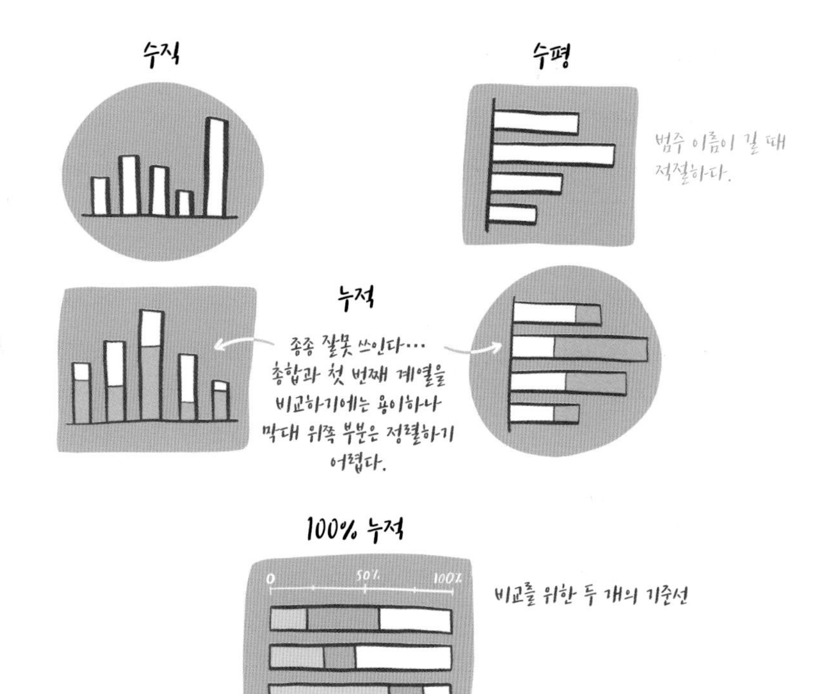

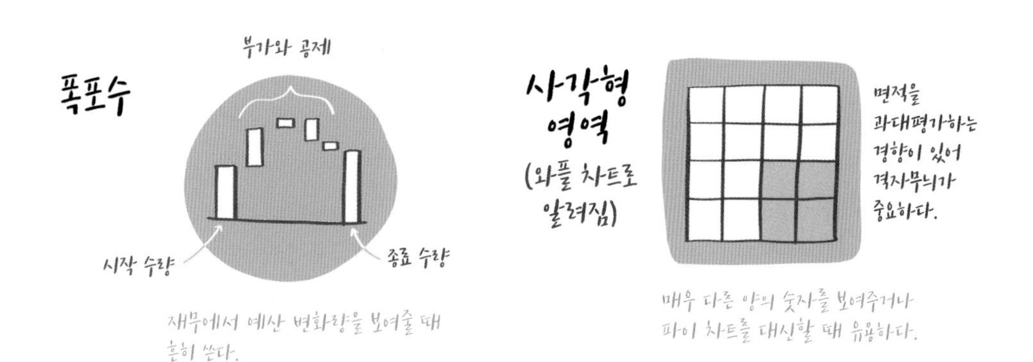

콜과 함께 연습하기

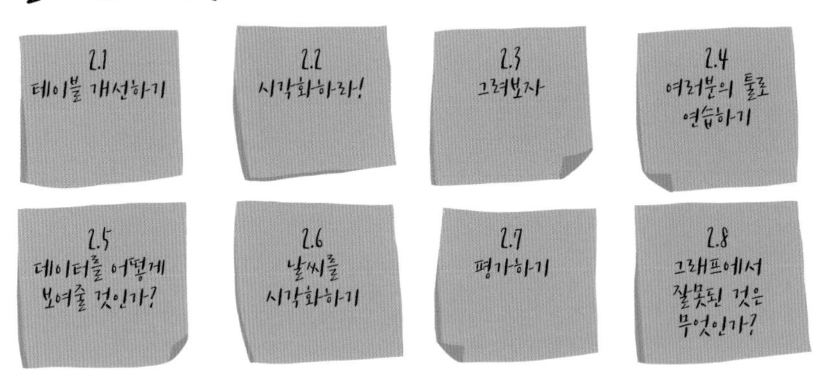

스스로 연습하기

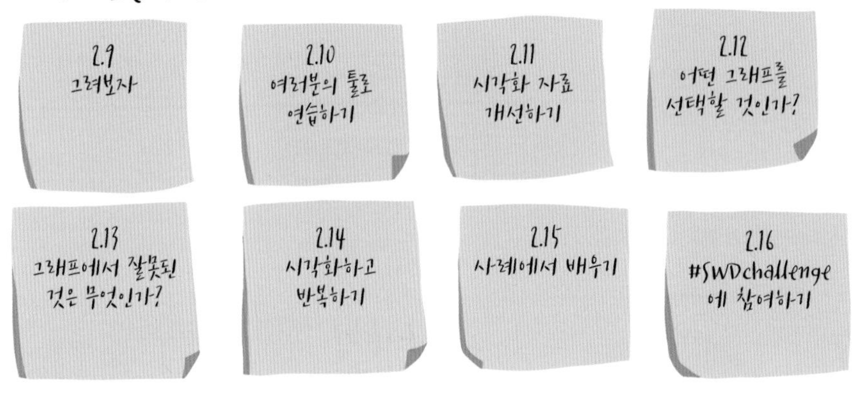

직장에서 연습하기

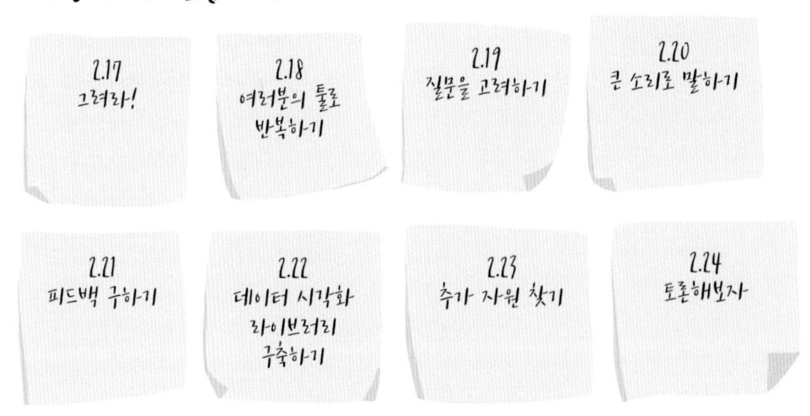

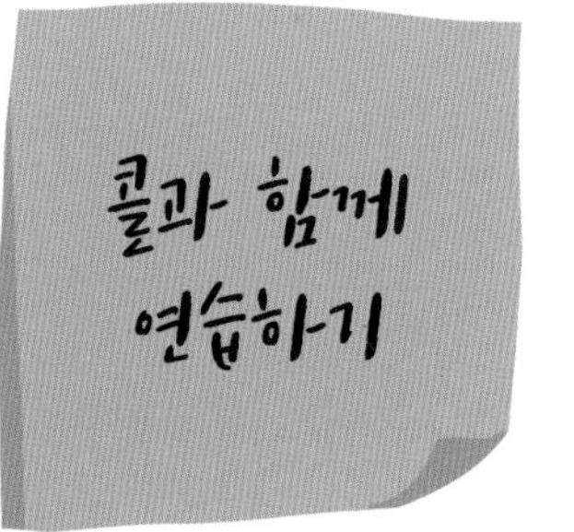

기본 유형 테이블로 시작해 데이터를 그래프로 시각화하는 것이 어떻게 상황을 더 빨리 이해할 수 있도록 하는지 살펴본다. 아울러 데이터를 그래프로 만들면 각기 다른 유형의 시각화 자료로 어떻게 새로운 것을 파악하고 다양한 디자인을 선택하게 되는지 알아본다.

연습 문제 2.1: 테이블 개선하기

처음 자료를 취합하면 취합 자료로 테이블부터 만드는 것이 일반적이다. 테이블의 행과 열을 자세히 살펴보면 데이터를 읽을 수 있고 숫자를 비교할 수 있다. 예시 테이블을 보고 데이터 시각화를 위한 테이블을 개선해 한 걸음 더 나아갈 수 있는 방법을 찾아보자.

그림 2.1a는 최근 신규 고객을 계층별로 나눈 것이다. 테이블을 이용해 다음 단계를 완성하라.

신규 고객 계층별 점유율

계층	계좌 수	% 계좌	수익 ($M)	% 수익
A	77	7.08%	$4.68	25%
A+	19	1.75%	$3.93	21%
B	338	31.07%	$5.98	32%
C	425	39.06%	$2.81	15%
D	24	2.21%	$0.37	2%

그림 2.1a 기존 테이블

1단계: 그림 2.1a의 데이터를 자세히 살펴보라. 어떤 점을 관찰할 수 있는가? 자료 해석에 추정이 필요한가? 데이터에서 궁금한 점은 무엇인가?

2단계: 그림 2.1a의 테이블 레이아웃을 생각하라. 정보는 반드시 테이블로 전달해야 한다고 전해 들었다고 가정하자. 테이블이 설계된 전체 방식이나 데이터 제시 방법에 필요한 변화가 있는가? 데이터를 다운로드하고 개선된 테이블을 만들라.

3단계: 주로 비교하고 싶은 것은 수익 분포 대비 계층별 계좌 분포라고 가정하자. 더 크게 변화시켜도 무방하다(반드시 테이블일 필요는 없다). 데이터를 어떻게 시각화하겠는가? 각자 선택한 툴로 그래프를 만들라.

해결 방안 2.1: 테이블 개선하기

1단계: 테이블을 처음 보자마자 열과 행을 따라 살펴보기 시작했다. 실제로 보니 대부분의 계좌가 계층 B와 C에 몰려 있는 반면, 계층 A와 A+는 계좌가 큰 숫자(혹은 퍼센트)를 차지하지는 않지만 수익 면에서 의미 있는 숫자를 나타냈다. 의문이 든 것은 계층 순서였다. A 위에 A+가 있어야 한다고 생각했으나 테이블에서는 그렇지 않았다(혹시 알파벳 순으로 정렬했기 때문일까?).

테이블 맨 하단에 '총합'이 있어야 할 것 같다. 총합이 없어서 숫자들을 직접 더해야 했기 때문이다. 사실 이때 더 큰 문제를 발견했다. 총 계좌 대비 퍼센트로 추정되는 세 번째 열(% 계좌)의 합계가 81.16%였다. 총 수익 대비 퍼센트로 추정되는 최종 열(% 수익)의 합계는 95%였다. 숫자들이 실제로 총합 대비 퍼센트인지는 확신할 수 없다. 만약 총합 대비 퍼센트라면 전체 그림을 위해 '기타Other'라든가 '계층 없음Non-tier' 카테고리를 반드시 포함해야 한다.

숫자 자체에 초점을 맞춰 살펴보니 % 계좌 열의 숫자는 유효 숫자(소수점 아래 숫자)가 두 자리였다. 이러한 종류의 데이터를 볼 때 생각할 것은 세부 수준까지 적절히 고려해야 한다는 것이다. 물론 단 하나의 '올바른' 답이 있는 것은 아니다. 하지만 너무 많은 자릿수의 유효 숫자는 피하는 것이 좋다. 유효 숫자가 많으면 해석하고 기억하기가 더 어려워지고 정확도 측면에서 오류가 나기 쉽기 때문이다. 7.08%와 7.09% 간 차이가 의미 있는가? 딱히 의미가 없다면 반올림해 자릿수를 줄이는 것이 좋다. 숫자 척도와 숫자들 간 차이를 고려했을 때 수익을 나타내는 네 번째 열을 제외하곤 정수whole number로 반올림하기로 했다. 수익은 이미 백만 달러 단위로 정리해 정수로 반올림하면 달러 양dollar volumes의 의미 있는 차이를 놓칠 수 있다고 보고 소수점 둘째 자리에서 반올림해 소수점 첫째 자리까지 나타냈다.

그림 2.1b는 지금까지 설명한 점을 반영해 개선한 테이블이다.

신규 고객 계층별 점유율

계층	계좌 수	% 계좌	수익 ($M)	% 수익
A+	19	2%	$3.9	21%
A	77	7%	$4.7	25%
B	338	31%	$6.0	32%
C	425	39%	$2.8	15%
D	24	2%	$0.4	2%
기타	205	19%	$0.9	5%
총합	1,088	100%	$18.7	100%

그림 2.1b 일부 개선된 테이블

2단계: 테이블에서 만들 수 있는 추가 개선점이 있다. 테이블이 제대로 설계되고 나면 설계 자체보다는 오히려 납득이 가는 방식으로 숫자를 이해하는 데 집중하게 된다. 모든 행에서 음영 처리를 빼고 여백(그리고 일부 밝은 경계선)을 활용해 필요에 따라 열과 행을 분리해 볼 것을 권한다. 여백에 있어서는 그래프에서 텍스트를 중앙 정렬하기보다(중앙 정렬을 하면 텍스트가 길게 아래로 늘어지거나 양옆이 들쭉날쭉해 어수선해 보이기 때문이다) 왼쪽이나 오른쪽 정렬을 선호하지만 테이블에서는 가끔 중앙 정렬을 선택하곤 한다. 이렇게 하면 열과 열 사이를 분리할 수 있다(습관적으로 테이블에서는 숫자를 오른쪽 정렬하거나 소수점에 맞춰 정렬하곤 하는데, 이때 상대적 크기를 쉽게 짐작할 수 있다). 예시 테이블에서 계좌 관련 열과 수익 관련 열을 하나의 제목으로 묶으면(하단에 숫자와 퍼센트를 각각 쓴다) 제목의 불필요한 중복을 줄이고 열에서 나타내고자 하는 특정 정보 공간을 더 많이 확보할 수 있다. 또한 열을 더 좁게 만들어 테이블이 차지하는 공간을 전체적으로 줄일 수 있다. 몇 가지 구체적인 팁이 있다. 여기에서는 일반적인 두 가지 팁을 제시하려 한다. 'z' 모양으로 지그재그 읽을 것을 고려하라는 것과 시선을 이끄는 곳은 어디인가의 두 가지다.

'z' 모양으로 지그재그 읽을 것을 고려하라: 별다른 시각 신호가 없을 때 청중은 주로 여러분이 제시하는 시각화 자료(예를 들어 테이블) 상단 왼쪽부터 시작해 'z' 모양으로 지그재그를 그리며 읽어서 정보를 얻는다. 테이블 설계 시 이런 사실을 적용한다면 가장 중요한 정보를 테이블 제일 상단과 왼쪽에 둬야 한다는 의미다. 이렇게 해도 전체 자료의 맥락을 이해하는 데 문제가 없을 때에 한한다. 바꿔 말하자면 고려해야 할 데이터나 상위 카테고리가 있을 때 의미가 통하는 순서대로 배열한다. 현재 예시에서는 계층을 제일 상단(여기에서는 A+)에서 시작해 테이블 아래로 내려올수록 낮아지는 방향으로 분류했다. 왼쪽에서 오른쪽으로 갈 때 만들어진 방식이 충분히 만족스럽다. 계좌 분포와 계좌 퍼센트가 서로 연관돼 있기 때문에 바로 옆에 위치하도록 했다. 수익이 계좌보다 더 중요하다면 두 개의 수익 열을 왼쪽으로 옮길 수도 있겠지만, 주의를 집중시키기 위한 다른 방법을 활용할 수도 있다. 다음에서 논의하자.

시선을 이끄는 곳은 어디인가?: 탐색적 분석explanatory analysis(4장에서 자세히 설명한다)의 일부로서 그래프에 더 주의를 집중시키는 방법과 마찬가지로, 정보 체계를 수립해 청중의 관심을 테이블이 나타내는 데이터에 집중하게 할 수 있다. 가장 중요한 정보를 왼쪽이나 제일 상단에 둘 수 없을 때 특히 유용하다(배치에는 항상 제약 조건이 있기 마련이다). 이런 상황이라도 여전히 청중에게 상대적 중요성을 알려줄 수 있다. 그림 2.1b로 돌아가 보자. 시선을 이끄는 곳은 어디인가? 가장 위의 행에 있는 열 제목인 계층과 계좌 수 등에 눈이 먼저 간다. 심지어 이것은 데이터도 아니다! 잉크를 소진하며 관심을 끌기보다 데이터에 주의를 집중시키고 청중이 그곳을 보도록 만드는 데 관심이 있다면 특정 셀이나 열, 행에 윤곽선을 그리거나 색을 넣으면 된다. 테이블의 일부 데이터에 시각적 관점을 부여하는 것은 관심을 끌어내는 또 하나의 방법이다. 색과 그림을 주의 깊게 사용한다면 청중의 마음을 사로잡을 수 있다.

청중에게 % 수익과 % 계좌의 분포 간 주요 비교를 보여주고 싶다면 두 열에 히트맵(상대적 값을 나타내는 색의 상대적 농도를 이용)을 적용해본다. 그림 2.1c를 보라.

신규 고객 계층별 점유율

계층	계좌 #	계좌 총합 대비 퍼센트	수익 $M	수익 총합 대비 퍼센트
A+	19	2%	$3.9	21%
A	77	7%	$4.7	25%
B	338	31%	$6.0	32%
C	425	39%	$2.8	15%
D	24	2%	$0.4	2%
기타	205	19%	$0.9	5%
총합	1,088	100%	$18.7	100%

그림 2.1c 히트맵을 추가한 테이블

또 다른 접근 방법으로 히트맵 대신 수평 막대 차트를 넣을 수도 있다. 그림 2.1d를 보라. 각 열에 주의가 끌리도록 정리가 잘돼 있어 % 계좌와 % 수익의 분포 형태가 어떻게 달라지는지 알 수 있다. 하지만 각 계층별 % 계좌와 % 수익 사이의 구체적인 비교는 어렵다. 막대들이 공통 기준선에 따라 정렬되지 않아서다. 팁을 주자면 엑셀에서 작업할 때 조건부 서식을 활용해 테이블에 손쉽게 히트맵을 적용하거나 막대를 넣을 수 있다.

신규 고객 계층별 점유율

계층	계좌		수익	
	#	총합 대비 퍼센트	$M	총합 대비 퍼센트
A+	19		$3.9	
A	77		$4.7	
B	338		$6.0	
C	425		$2.8	
D	24		$0.4	
기타	205		$0.9	
총합	1,088	100%	$18.7	100%

그림 2.1d 막대를 포함한 테이블

3단계: 그림 2.1d에서 막대를 사용해 데이터에 초점을 맞춘 것에서 한 걸음 더 나아가 그래프로 만들 수 있는 다른 방법을 생각해보자. '총합 대비 퍼센트'라는 단어를 들었을 때 전체 대비 부분 그래프 형태가 생각났다. 말하자면 파이 차트가 생각났다. % 계좌와 % 수익 모두에 관심이 있으므로 두 개 파이 차트를 그릴 수 있다. 그림 2.1e를 보라.

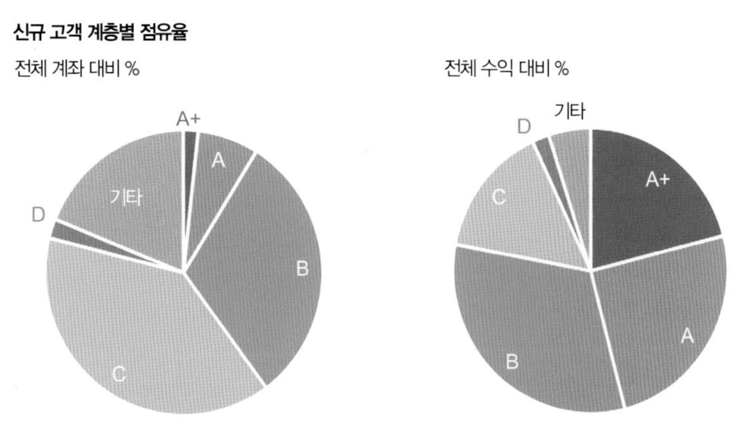

그림 2.1e 한 쌍의 파이 차트

파이 차트를 굉장히 좋아한다곤 할 수 없다. 하나의 파이 차트보다 더 나쁜 것이 있다면 두 개의 파이 차트라고 가끔 농담도 한다.

하지만 일단 돌아가서 전체 중 하나의 조각이 매우 작거나 매우 크다는 것을 강조하고 싶다면 파이 차트가 매우 적절할 수 있다. 오히려 문제가 되는 것은 더 미묘한 차이를 말하려 하기에는 파이 차트가 너무 빨리 부서진다는 것이다. 즉, 우리 눈은 면적을 정확하게 측정하고 비교해서 보는 능력에 제한이 있기 때문에 조각들의 크기가 비슷할 때 어떤 조각이 더 크다거나 얼마나 더 크다거나 하는 것을 평가하기가 어렵다. 중요한 비교가 있다면 다른 방법으로 발표하는 것이 낫다.

이때 청중이 알아주길 원하는 주요 비교는 왼쪽 파이 차트의 다양한 조각과 오른쪽 파이 차트의 다양한 조각 간 비교다. 다음 두 가지 이유로 비교가 어렵다. 위에서 언급한 면적에 대한 문제와 파이 조각 간 공간적 분리다. 오른쪽 대비 왼쪽 파이 차트의 쪼개진 조각 간에 데이터가 어떻게 다른가에 따라 조각들이 오른쪽 파이 차트에서는 다른 위치에 있게 된다는 사실 때문에 더 복잡해진다. 원래 어떤 데이터가 파이 차트 간에 차이가 있다고 한다면 (이야기할 흥미로운 점이 있다면 반드시 그래야 한다!) 모든 조각은 두 파이 차트에서 다른 위치에 놓이게 된다. 따라서 비교하기 어렵게 만든다. 대체로 청중이 가장 알고 싶어하는 주요 비교를 파악해 이를 쉽게 하려 물리적으로 가깝게 두고 동일 기준선에 정렬하고 싶어 한다.

이전 테이블에 포함된 막대와 유사한 관점으로 각 측정값을 고유 기준선에 정렬해 시작해 보자. 그림 2.1f를 보라.

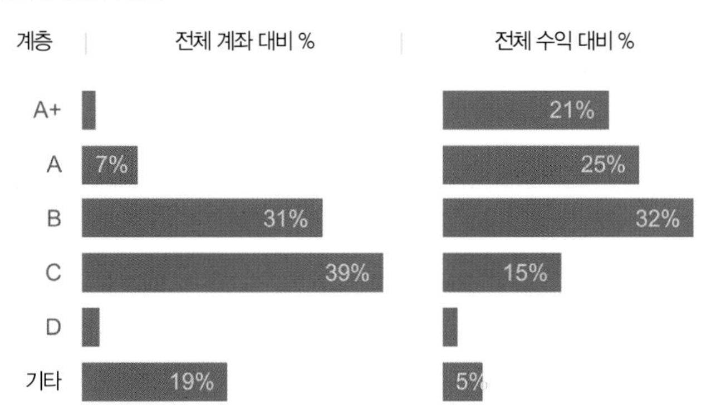

그림 2.1f 두 개의 수평 막대 차트

그림 2.1f에서는 계층별로 전체 계좌 대비 %를 비교하기가 쉽다. 또한 계층별 전체 수익 대비 %도 쉽게 비교할 수 있다. 여기에서 계좌와 수익의 비교를 시도할 수도 있었으나 둘을 동일 기준선에 배치할 수가 없어 어렵다. 그렇게 비교하려면 하나의 그래프에 두 계열의 값을 밀어 넣어야 한다. 그림 2.1g를 보라.

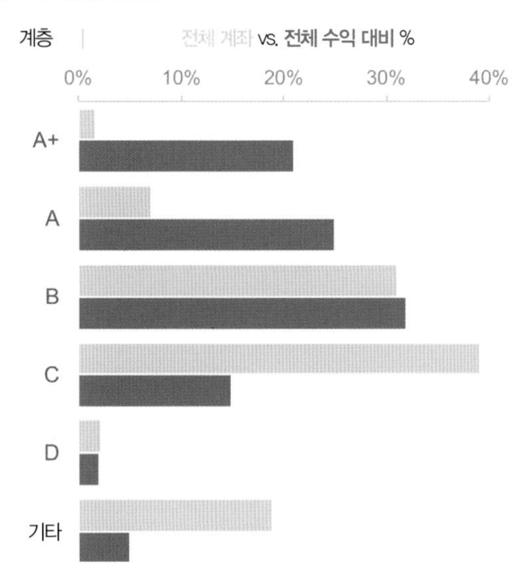

그림 2.1g 두 개 계열을 나타낸 수평 막대 차트

그림 2.1g의 배치를 보면 주어진 계층에서 전체 계좌 대비 %와 전체 수익 대비 %를 가장 쉽게 비교한 것으로 보인다. 각 요소는 가장 가까이 있고 동일 기준선 위에 정렬돼 있다. 빙고!

그래프를 옆으로 돌려 수직 막대 차트로 만들 수도 있다. 그림 2.1h를 보라.

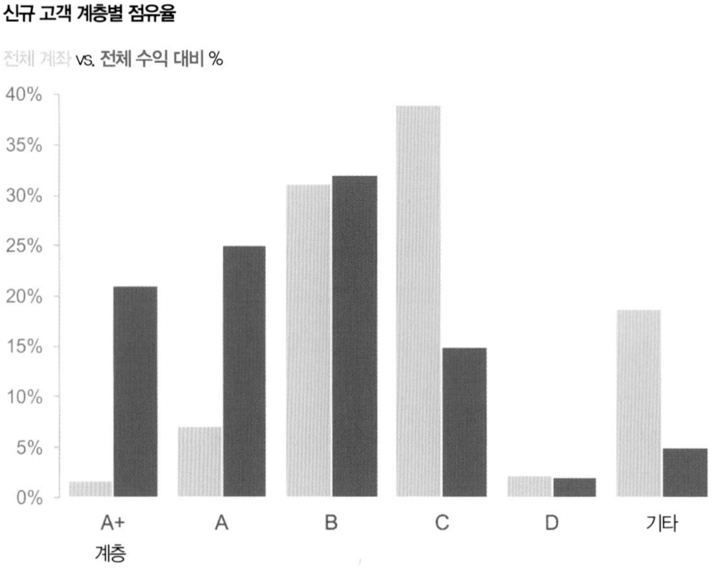

신규 고객 계층별 점유율

전체 계좌 vs. 전체 수익 대비 %

40%
35%
30%
25%
20%
15%
10%
5%
0%

A+ 계층 A B C D 기타

그림 2.1h 수직 막대 차트

이런 방법을 활용해 데이터를 그래프로 만든다면 눈에 뚜렷이 들어오는 비교는 기준선 대비 그리고 바로 옆 막대 대비 나타나는 쌍을 이룬 막대의 종점이다. 선을 일부 그려 넣어 비교를 조금 더 강조하자. 그림 2.1i를 보라.

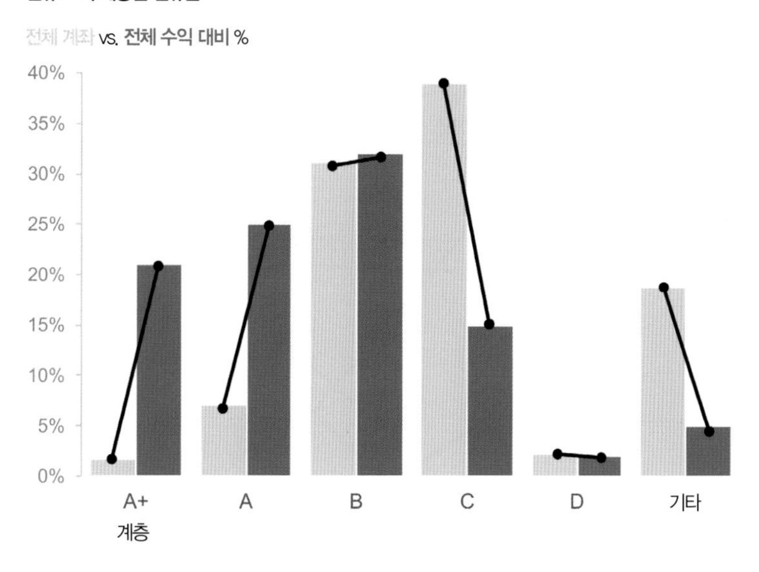

그림 2.1i 선을 일부 그려보자

선을 그리고 나면 막대는 필요가 없다. 그림 2.1j에서는 막대를 모두 없애겠다.

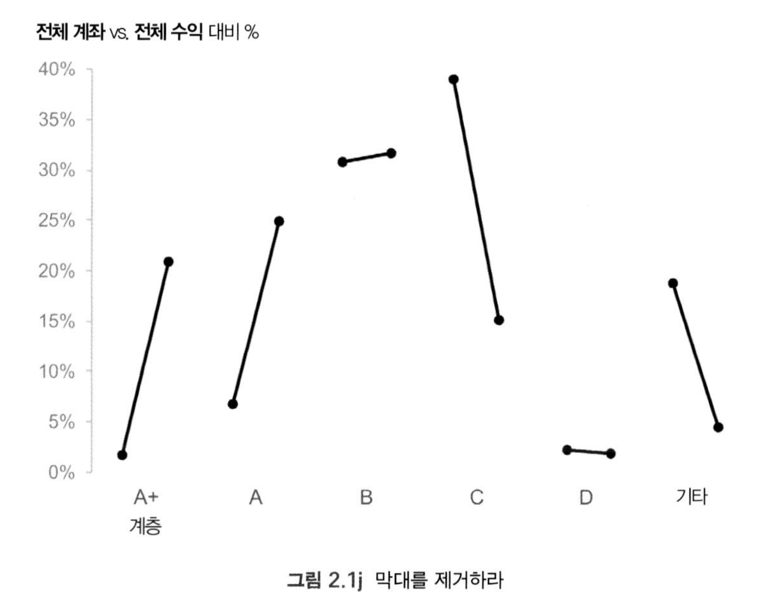

그림 2.1j 막대를 제거하라

다음으로 선과 라벨을 없애 보겠다. 이렇게 하면 그림 2.1k와 같은 경사 그래프slopegraph가 만들어진다.

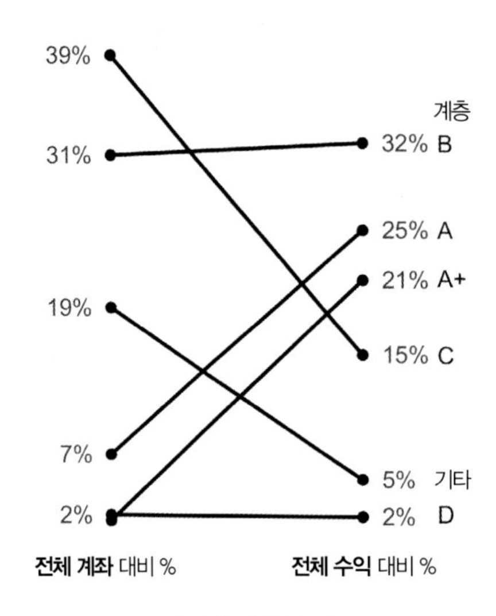

그림 2.1k 경사 그래프

경사 그래프는 두 점으로 이뤄진 선 그래프를 멋지게 말하는 단어일 뿐이다. 각 계층에 대한 전체 계좌 대비 %와 전체 수익 대비 % 사이에 선을 그려 넣으면 두 측정값 간 차이를 바로 알 수 있게 된다. 전체 대비 비율로 볼 때 수익은 계층 C와 기타에서 매우 낮지만(선의 경사가 아래로 많이 기울어 있다) 계층 A+와 A에서는 상당히 높다. 다시 말해, A+와 A는 계좌 수로는 매우 작은 비율이지만(합쳐서 9%) 수익 면에서는 합쳐서 거의 50%를 차지한다!

데이터를 시각화하는 여러 가지 방법을 살펴봤다. 잘된 점이 무엇이고 안된 점이 무엇인지는 여러분 스스로 관찰해보면 알 수 있다. 이제까지 설명한 것이 전부는 아니다! 계좌 대비 계산된 수익이나 혼합한 것을 점으로 추가해 시각화할 수도 있었다. 하나를 찾으려고 데이터의 모든 가능한 관점을 전부 시도할 필요는 없다. 아마도 전체의 절댓값과 퍼센트가 중요할 테고, 이때 다양한 값을 보여주는 가장 손쉬운 방법은 결국 테이블일 수도 있다. 특정한 하나 혹은 두 개의 비교, 아니면 비교하고자 하는 특정 지점으로 초점을 좁힐 수 있다면 이를 쉽게 할 수 있는 데이터 표현 방법을 선택하는 데 도움이 된다.

데이터는 다양한 방법을 이용해 그래프로 만들 수 있다. 연습 문제는 데이터를 다양한 방법으로 보여주면서 각기 다른 사항을 얼마나 쉽게 더 (혹은 덜) 알 수 있도록 하는지 설명하고 있다. 스스로 추가 연습 문제를 반복하고 완성하면서 중요한 갈림길에서 더 많이 연습하라!

연습 문제 2.2: 시각화하라!

다른 테이블을 한번 보자. 다음은 회사 기부 프로그램의 하나로 매년 제공되는 식사 수를 보여주고 있다. 잠시 데이터를 보라. 흥미로운 점은 무엇인가?

연도별 제공된 식사 수

캠페인 연도	제공된 식사 수
2010	40,139
2011	127,020
2012	168,193
2013	153,115
2014	202,102
2015	232,897
2016	277,912
2017	205,350
2018	233,389
2019	232,797

그림 2.2a 연도별 제공된 식사 수를 나타낸 테이블

여러 개 숫자 열을 처리하는 데 얼마나 많은 작업을 하는지 주목하라. 제시된 자료를 테이블 형태로 읽는 데는 단순히 숫자만 보여주는 방법이라 해도 실제로 굉장히 큰 지적 능력이 있어야 한다! 숫자들을 쓱 한번 훑어보면 2010년에서 2011년, 2013년에서 2014년 사이에 한 번씩 숫자가 크게 뛰는 것을 알 수 있다. 여러분도 눈치챘을 것이다. 하지만 여러분이 나처럼 했다면 테이블의 제일 상단에서 시작해 각 숫자를 직전 숫자와 비교하면서 두 번째 열을 보며 내려갔을 것이다.

데이터를 더 시각적으로 만들어 머리를 너무 써야 하는 수고를 덜 수 있도록 연습하자. 데이터를 다운로드하라. 각자 선택한 툴로 다음 시각화 자료를 만들라.

1단계: 값의 두 번째 열에 **히트맵**을 적용하라.

2단계: **막대그래프**를 만들라.

3단계: **선 그래프**를 만들라.

4단계: 선택하라. **직접 만든 시각화 자료 중 어떤 것이 가장 좋아 보이는가?** 데이터를 그래프로 만드는 또 다른 방법이 있는가?

해결 방안 2.2: 시각화하라!

그림 2.2a에서 원래 테이블 형태로 보여준 데이터를 시각화하는 수많은 작업은 더 빠른 이해를 돕는다. 시각화 과정을 쉽게 할 수 있는 몇 가지 방법을 확인해보자.

1단계: 우선 **히트맵**을 일부 적용하자. 대부분의 그래프 애플리케이션에는 작업을 손쉽게 할 수 있는 기능이 내장돼 있다. 색상을 고르고 데이터에 어떻게 적용할지 선택할 수 있다. 예를 들어 엑셀을 활용해 두 번째 열의 값에 조건부 서식을 적용해 다음을 만들었다. 3가지 색 수준을 만들었는데, 가장 낮은 값은 흰색, 50번째 백분위수는 연녹색, 그리고 가장 큰 수는 녹색으로 했다. 색을 명확하게 해석할 수 있도록 범례를 덧붙일 수도 있다. 진한 색일수록 더 큰 값을 나타내고 연한 색일수록 더 작은 값을 나타낸다는 상식을 담고자 했다. 잘 살펴보면 동일한 색조 안에 상대 농도와 숫자가 있을 때 직관적으로 받아들여진다.

연도별 제공된 식사 수

캠페인 연도	제공된 식사 수
2010	40,139
2011	127,020
2012	168,193
2013	153,115
2014	202,102
2015	232,897
2016	277,912
2017	205,350
2018	233,389
2019	232,797

그림 2.2b 히트맵이 포함된 테이블

그림 2.2b에서 2010년에 얼마나 적은 식사가 제공됐는지(완전히 흰색이다), 심지어 가장 가까운 숫자의 1/3 미만이라는 것을 더 뚜렷이 알게 됐다! 또한 숫자를 자세히 들여다보지 않아도 2016년에 가장 많은 식사가 제공됐음을 바로 알 수 있다. 색의 상대 농도는 상대적인 정량값을 더 빨리 해석하도록 도와준다.

이와 관련해 우리 눈은 농도 차이가 큰 것을 가려내는 데 매우 능숙하지만 작은 차이를 알아보는 데는 어려움이 있다는 것을 이야기하고자 한다. 중간 강도의 모든 녹색에 관심이 있다면 바로 이해하기가 조금 어렵고, 값을 더 충분히 시각화할 수 있는 방법을 찾아야 한다는 의미다. 다음에 해보도록 하자.

2단계: 그림 2.2c는 데이터를 기반으로 만든 **막대그래프**다. y축을 기준으로 하겠다. 여러 가지 막대의 크기를 감으로 즉시 알 수 있다. 기본 그래프의 막대를 조금 더 두껍게 만들어 막대 사이의 간격을 거의 없게 했다. 막대의 가장 상단에 눈이 머물게 돼 비교하기가 쉬워진다. 막대그래프의 이런 점이 좋다.

x축(시간)은 연속 변수지만 연도로 분류할 수 있다. 한 번에 특정 연도에 초점을 맞추고자 할 때 이해하기 쉽고 연도 간 경계도 명확해진다.

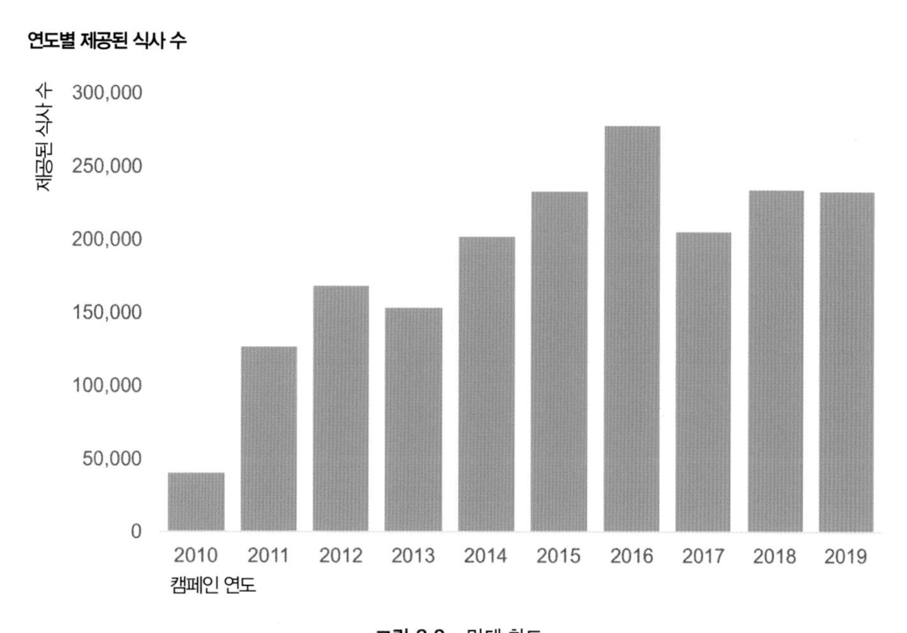

그림 2.2c 막대 차트

3단계: 데이터를 **선 그래프**로도 표시할 수 있다. 그림 2.2d를 보라. y축을 없애고 처음과 마지막 데이터 포인트에만 값을 표시하기로 했다. 이렇게 하면 청중이 2010년에서 2019년까지 제공된 식사 수를 비교하기가 쉽다(물론 명확하기도 하다). 값의 나머지 부분은 시각적으로 추정할 수 있어야 한다. 청중이 특별히 관심을 보이는 값이 있다면(예를 들어 2016년의 최곳값) 해당 지점에만 구체적인 데이터 기호와 라벨을 추가할 수도 있다.

y축을 제거할 때 축 제목이 들어갈 공간을 부제목에 사용하곤 한다. 여기에선 그래프 제목이 있어 부제목은 불필요하다. 오히려 분명해 보여 청중의 이의는 없을 것으로 예상한다. 그러나 어떤 합리적인 사람이 또 다른 결정을 내릴 수도 있다.

이번 연습 문제의 시각화 자료에 주로 녹색을 썼고 이렇게 하는 것이 명확해 보인다. 청색을 기본으로 쓰긴 하지만 시각화 자료에 색을 사용할 때 유일한 선택지는 아니다. 4장 연습 문제에서 색 관련 이야기를 할 기회가 더 있다.

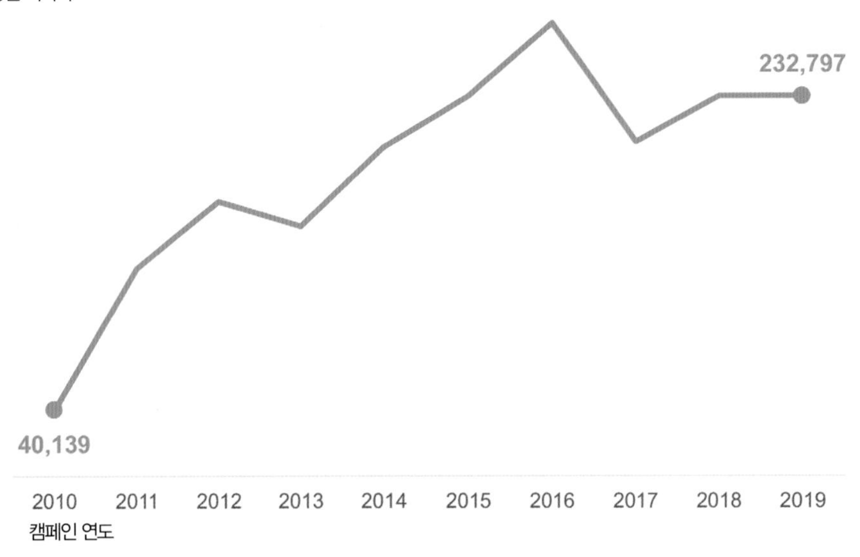

그림 2.2d 선 그래프

불가피하게 히트맵, 막대그래프, 그리고 선 그래프에 각기 다른 디자인을 선택했지만 문제 없다. 여기에 있는 사례는 설명을 위한 것이지 관행은 아니다. 5장에서는 디자인의 관점에서 조금 더 상세하게 살펴본다.

4단계: 어떤 것이 가장 좋은가? 내가 만든 시각화 자료를 돌아보면서 선택한 답에 깜짝 놀랐다. 그동안 선 그래프를 선호한다고 생각했다. 선 그래프가 가장 깨끗하고 잉크도 가장 덜 든다. 하지만 나란히 놓고 제한된 맥락을 고려해보니 실제로는 막대 차트가 더 나아 보였다(그림 2.2c). 각 연도 내 프로그램의 시작과 끝이 명확하다면 이 그림을 제시하겠다. 그러나 전체 추세를 보기에는 선 그래프가 더 쉽다고 생각한다. 또한 그래프에 문자로 주석을 달고 싶을 때 그럴 만한 공간이 더 많은 선 그래프를 선택할 것이다.

해결 방안 2.1에서 확인했듯이 데이터 시각화에는 단 하나의 올바른 접근 방법이란 없고 이번 연습 문제도 예외가 아니다. 두 명의 다른 사람에게 동일한 데이터로 시각화하라는 챌린지를 준다면 각기 다른 접근 방법을 선택할 것이다. 청중이 알고자 하는 것을 명확히 하고 이를 도와줄 만한 관점을 선택하는 것이 가장 중요하다.

연습 문제 2.3: 그려보자

데이터를 시각화할 때 자유자재로 활용할 수 있는 가장 좋은 툴 중 하나는 빈 종이 한 장이다. 간혹 생각이 막히거나 창의적인 해결 방법을 찾을 때 빈 종이에 스케치를 하기 시작한다. 그림 그리기의 이점을 얻으려 예술가가 될 필요는 없다. 종이 위에 뭔가를 그릴 때 툴의 제한점(혹은 툴을 이용해 만드는 방법을 알고 있는 것)을 없앨 수 있다. 또한 작업에 대한 애착(컴퓨터로 만드는 데 시간을 들인 이후의 방식)이 형성될 가능성이 작아진다. 채워지길 기다리는 공간에는 단순히 창의력을 유발하도록 도와주는 뭔가가 있다.

중요한 도구, 즉 종이를 사용해 간단한 연습 문제를 풀어보자. 다음 그래프(그림 2.3a)는 프로젝트 시간당 측정된 시간에 따른 수용량 및 요구량을 나타낸다. 현재 그래프는 수평 막대 차트다. 하지만 이것이 데이터를 나타내는 유일한 방법일까? 꼭 그렇지만은 않다!

빈 종이 한 장을 들고 와서 타이머를 10분에 맞추자. 데이터를 시각화하려면 얼마나 많은 접근 방법이 있는가? 그려라! (모든 구체적인 데이터 지점을 정확히 표시할 것을 걱정하지 말라.

각 시각화 자료가 어떻게 생겼는지 전체적으로 알아볼 수 있도록 빠르게 대충 그려도 된다). 타이머 시간이 끝난 후 스케치한 것을 검토하라. 어떤 것이 가장 마음에 드는가? 이유는 무엇인가?

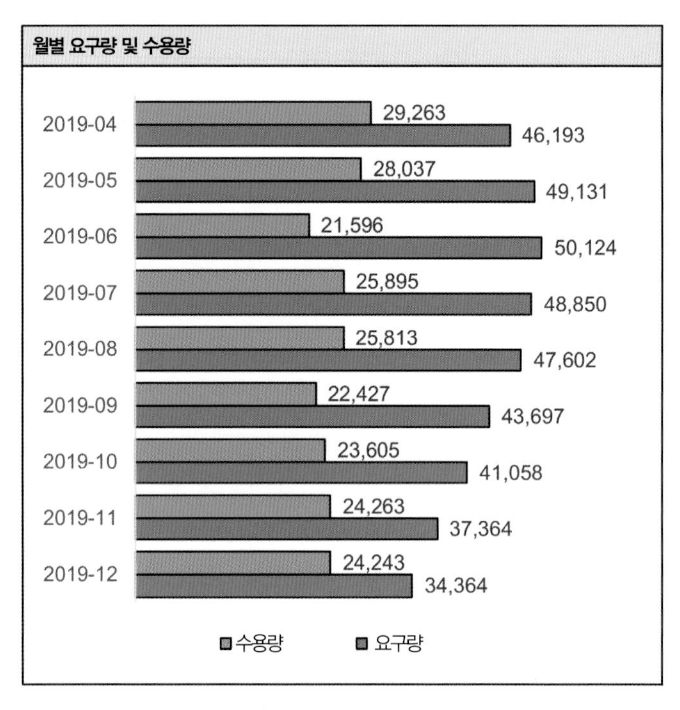

그림 2.3a 이 데이터를 그래프로 그려보자!

해결 방안 2.3: 그려보자

빈 종이는 10분 후, 데이터를 설명하는 각기 다른 6개의 그래프로 채워졌다. 그림 2.3b를 보라.

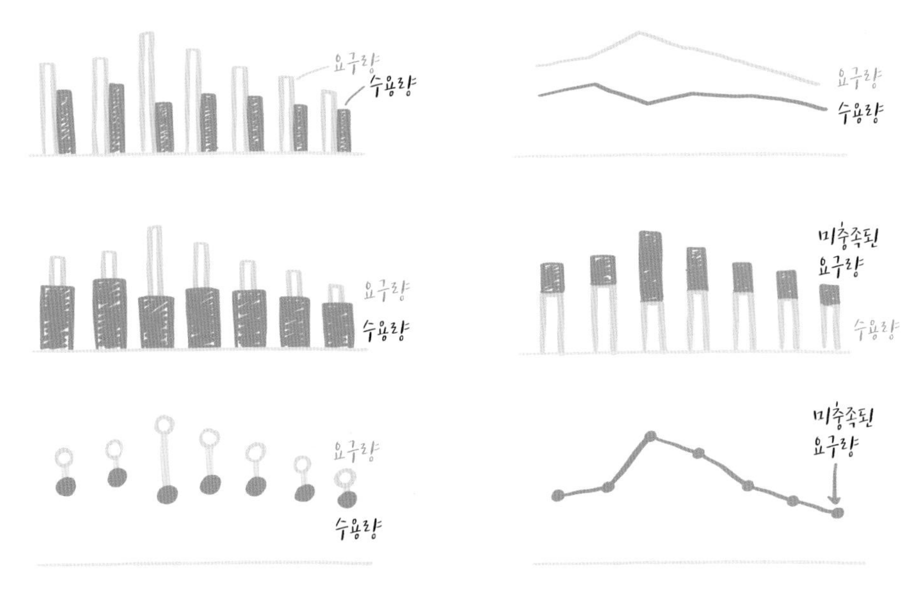

그림 2.3b 내가 그린 그래프 그림

맨 위 왼쪽부터 시작해 초기 스케치는 단순히 수평 막대를 수직으로 세운 것으로 시간이 x 축을 따라 왼쪽에서 오른쪽으로 직관적인 흐름으로 흘러가게 돼 있다. 두 번째 그래프(맨 위 오른쪽)는 막대를 선으로 바꾼 것이다. 이렇게 하면 값의 차이에 더 쉽게 초점을 맞출 수 있다. 하지만 다양한 형태의 막대그래프를 만들고 싶은 마음에 세 번째 그래프(중간 왼쪽)는 다시 막대로 돌아갔다. 요구량의 색을 더 연하게 해 수용량 뒤로 보낸 것은 충족시킬 가능성을 어느 정도 충족하고 있는지 명확히 보여주기 위해서다. 그래프를 한 번 더 변형해 막대를 누적형으로 표시한 것은 중간 오른쪽 그래프다. 누적된 계열은 미충족된 요구량이 된다(누적형은 요구량이 수용량보다 훨씬 많거나 같을 때만 유용하다는 것에 주목하라. 요구량이 수용량보다 적으면 곤란해진다). 끝에서 두 번째(맨 아래 왼쪽)는 막대를 점으로 그렸고 점을 연결해 그 차이에 관심이 가게 했다(각각 다른 색으로 표시해 요구량 점과 수용량 점을 구별되게 한다면 요구량이 수용량보다 적어도 괜찮다). 마지막 그래프는 단순히 미충족 요구량의 추세를 표현하고 있다. 마지막 그래프에서는 요구량과 수용량의 전체 크기라는 상황 정보는 없지만 목적에 맞는다면 문제없다.

가장 좋은 것을 고르라면 요구량이 수용량보다 항상 크다는 전제하에 누적 막대(중간 오른쪽)를 고를 것이다. 데이터에 가장 적합하기 때문이다. 그렇지만 위 그래프 중 어떤 것이든 활용 가능하리라 생각한다. 데이터를 표현할 수 있는 다른 방법도 분명히 있다. 여러분이 그린 것과 내가 그린 것을 비교하라. 비슷한 그래프가 있는가? 서로 다른 아이디어는 어느 지점인가? 전체 그래프(여러분과 나의 그래프 모두) 중 가장 마음에 드는 것은 무엇인가?

계속해서 이 데이터로 작업하면서 스케치 중 하나를 우리가 사용하는 툴로 어떻게 생동감 있게 만들 수 있는지 알아내자! 연습 문제 2.4로 넘어가 보자.

연습 문제 2.4: 여러분의 툴로 연습하기

연습 문제 2.3에서 여러분과 내가 그린 모든 스케치를 검토하라. 하나를 골라(혹은 몇 개 더 추가해서!) 데이터를 다운로드하고 각자 선택한 툴로 만들라.

해결 방안 2.4: 여러분의 툴로 연습하기

나는 수완가라서 엑셀로 직접 그릴 수 있는 모든 그래프를 만들어봤다. 그림 2.4a~2.4f를 보라.

기본 막대형 첫 번째는 기본 막대그래프다. 그림 2.4a를 보라. 의도적으로 수용량은 막대를 채우고 요구량은 윤곽만 남겨 시각적으로 차별화하면서 미충족 수용량을 비교할 수 있도록 했다. 기본 막대그래프를 썩 좋아하지 않는다. 오히려 내가 그린 그래프가 더 낫다고 생각한다. 수용량 막대도 윤곽만 그리자는 아이디어가 있었지만 막대들 사이에 윤곽과 여백을 두면 시각적으로 충돌이 난다는 것을 알았다. 또한 수용량과 요구량의 차이에 가장 관심이 덜 가게 하는 그래프로 보인다. 둘의 차이가 데이터에서 중요한 관점일 수도 있는데 말이다.

이때 부제목 공간에 범례를 쓰기로 했다. 데이터에 직접 라벨을 붙일 명확한 자리가 없을 때 쓰는 방법이다. 또 다른 방법으로 막대의 첫 번째나 마지막 세트에 라벨을 붙여 범례에 활용하기도 한다.

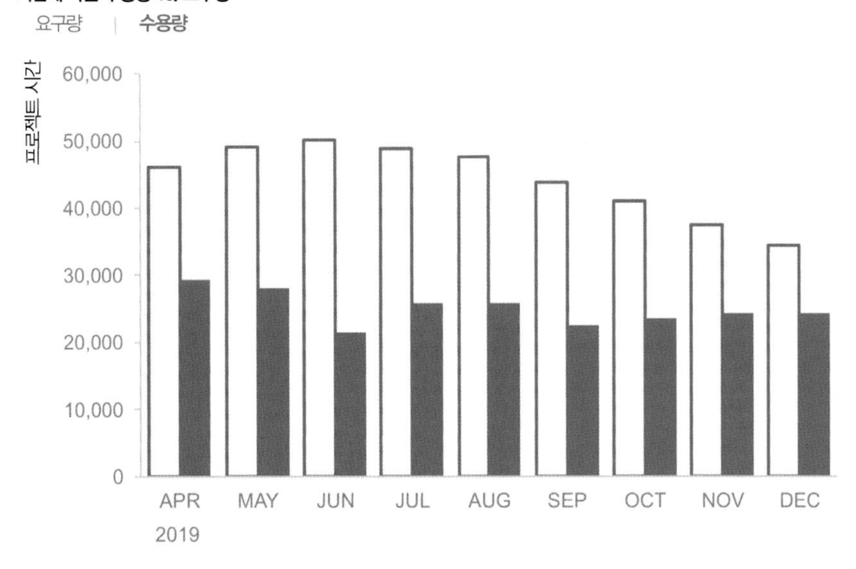

그림 2.4a 기본 막대형

선 그래프 선 그래프는 막대그래프보다 훨씬 깔끔한 디자인이다. 이유는 단순하다. 잉크가 덜 들기 때문이다. 라인 끝 쪽에 해당 라벨을 달면(아울러 데이터 라벨도 추가하면) 계열이 어떤 것인지 헷갈리지 않고 범례와 데이터를 앞뒤로 찾는 수고를 덜어준다. 수용량이든 요구량이든 하나에 초점을 맞추게 해주는 선 그래프를 개인적으로 좋아한다. 게다가 비교하기가 쉬워 라인 간 차이를 금방 알아볼 수 있고 데이터의 증감 상황을 바로 파악할 수 있다. 수용량 선을 굵게 표시해 관심을 먼저 유도한 후 값이 더 큰 요구량의 상황을 보도록 했다. 그림 2.4b를 보라.

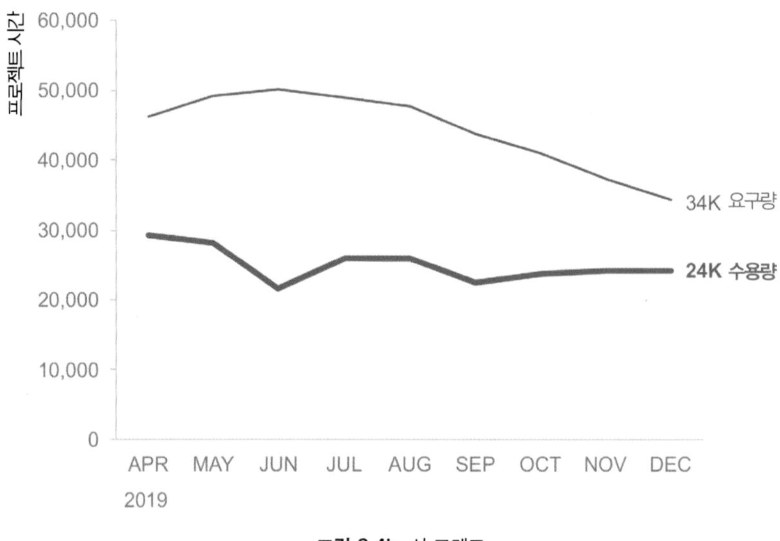

그림 2.4b 선 그래프

오버래핑 막대형 그림 2.4c에서 보기 드문 접근 방법을 볼 수 있다. 막대를 겹쳐 놓은 형태다. 수용량 계열을 약간 투명하게 해 수용량 계열이 제로 베이스에서 시작했고 누적된 것이 아님을 분명히 했다.

개인적으로 이런 반복이 종이에 스케치했을 때 기대했던 것보다 좋다. 그렇지만 청중은 혼란스럽거나 어리둥절할 수 있을 것 같다. 흔히 보던 막대 차트가 아니기 때문이다. 오버래핑 막대그래프를 사용하려면 몇몇 사람에게 보여줘 다른 사람이 혼란스러워할지 아닌지 혹은 제대로 만든 것인지 피드백 받아보는 것이 좋은 방법이다.

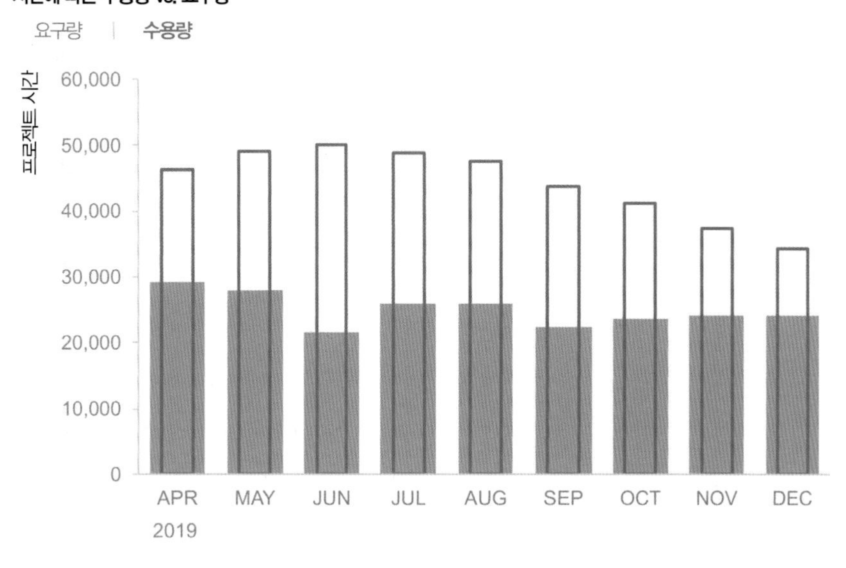

그림 2.4c 오버래핑 막대형

누적 막대형 누적 막대형에서는 수용량을 기준선에 맞추도록 구성했지만 두 번째 계열을 미충족 요구량으로 변경해 막대 끝에 누적했다. 미충족 요구량을 청색으로, 수용량을 연회색으로 나타내 미충족 요구량을 강조하도록 했다. 만족할 만한 그래프다.

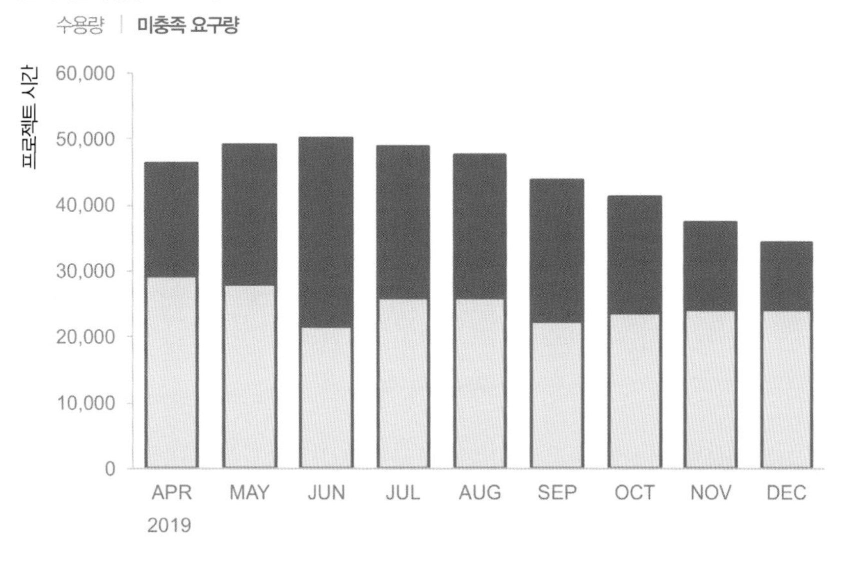

그림 2.4d 누적 막대형

점도표 점도표는 청중의 의표를 찌를 수 있는 또 하나의 관점이다. 개인적으로 상당히 이해하기 쉽다고 느끼지만, 데이터를 그래프로 만든 수많은 방법 대부분을 이해하기 쉽게 느낀다는 것을 알아야 한다. 데이터를 다루며 많은 시간을 보냈기 때문이다. 그래프가 나타내는 것이 무엇인지 청중이 집중하기 원하는 것이 무엇인지를 잘 알고 있다. 어쩌면 청중에게는 확실한 감이 오지 않을 수도 있다. 피드백을 구하는 것이 테스트와 평가에 좋은 방법이다.

점도표를 좋아하는지는 확실치 않지만 그래프 구성에 활용한 엑셀의 신기한 툴은 인상적이었다. 원은 실제로 두 개의 선 그래프에 있는 데이터 마커(하나는 요구량, 또 하나는 수용량)다. 실제 선은 보여주지 않고 데이터 마커를 약간 크게 만들어 각 원 중앙에 데이터 라벨이 들어갈 공간을 확보했다. 점과 점을 잇는 음영 부분은 미충족 요구량으로 수용량 계열의 원 상단에 놓인 누적 막대다(누적 부분 아래는 채워지지 않아 보이지 않는다). 완전 탐색 알고리즘brute force 엑셀을 최고라 부르는 이유가 바로 이것이다!

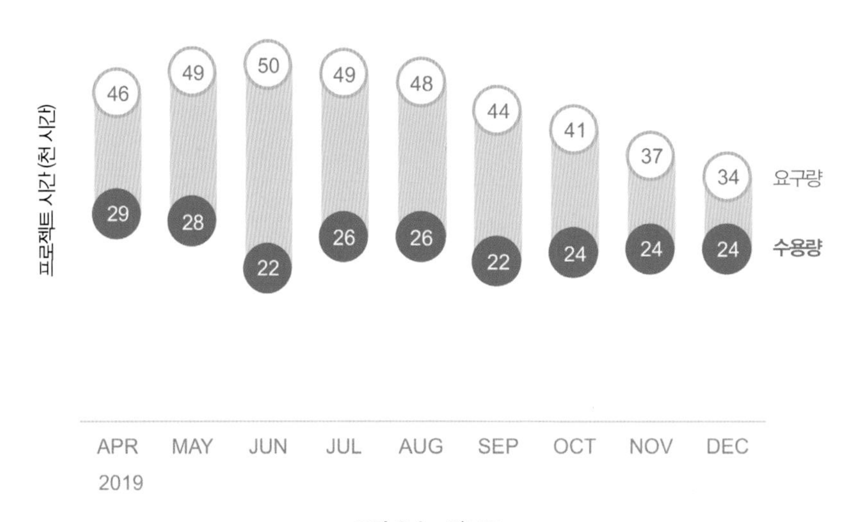

그림 2.4e 점도표

차이를 그래프화하기 마지막 관점은 미충족 요구량(요구량 빼기 수용량)으로 구성한 선 그래프다. 사실 모든 그래프 중 가장 선호하지 않는 그래프인데 (기본 막대형과 함께 가장 하위로 평가하는 그래프이기도 하다), 두 데이터 계열에서 둘의 차이로만 그래프를 만들면 상황 정보가 너무 많이 생략되기 때문이다. 그림 2.4f를 보라.

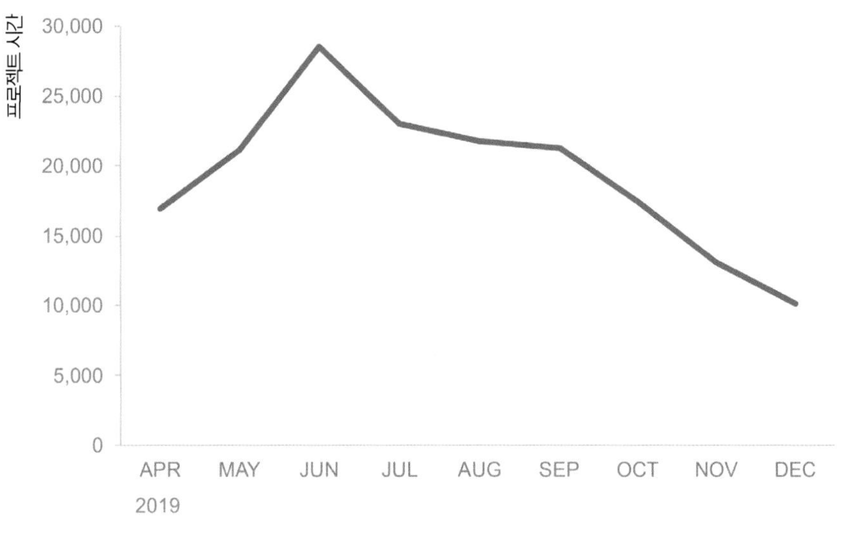

그림 2.4f 차이를 그래프화하기

여러분의 툴로 만든 시각화 자료는 어떤가? 가장 최고라고 여기는 것은 무엇인가? 이유는?

별도의 상황 정보가 없다면 개인적으로 그림 2.4d의 누적 막대형을 선택할 것이다. 미충족 요구량과 수용량이 시간에 따라 어떻게 변화하는지 알아보기가 쉬워 좋고 미충족 요구량이 감소하는 경향에 관심을 집중하기 쉽게 만들어 좋다.

여기에서 활용한 데이터는 6장에서 만들어질 더 큰 대시보드 환경에서 다시 보게 된다.

연습 문제 2.5: 데이터를 어떻게 보여줄 것인가?

다음 테이블은 어떤 회사에서 직원 훈련 프로그램 1년 과정을 진행한 후의 이탈률attrition rate을 나타낸다. 데이터에 익숙해질 만큼 충분한 시간을 보내고 다음 질문에 답하라.

연도	이탈률
2019	9.1%
2018	8.2%
2017	4.5%
2016	12.3%
2015	5.6%
2014	15.1%
2013	7.0%
2012	1.0%
2011	2.0%
2010	9.7%
평균	7.5%

그림 2.5a 시간에 따른 이탈

질문 1: 얼마나 많은 방법으로 데이터를 보여줄 수 있는가? 선택한 툴로 그리거나 만들어 보라.

질문 2: 직접 만든 다양한 관점의 평균은 어떤 방식으로 보여줄 것인가?

질문 3: 직접 만든 시각화 자료 중 가장 좋은 것은 무엇인가? 이유는?

해결 방안 2.5: 데이터를 어떻게 보여줄 것인가?

질문 1 & 2: 청중 및 목표에 따라 데이터를 나타낼 수 있는 여러 가지 방법이 있다. 여기에선 각기 다른 6가지 시각화 자료를 제안했고 평균을 각각에 통합했다. 하나씩 검토하고 논의하자.

간단한 텍스트 숫자라고 해서 반드시 그래프가 필요한 것은 아니다. 의사소통이 한두 개 숫자만으로도 가능할 때가 있다. 예를 들어 모든 데이터를 모아 이렇게 말할 수 있다. “프로그램의 이탈률은 지난 10년간 평균 7.5%에 달했다.” 시간에 따른 범위나 비교 근거를 파악하지 못해 너무 단순화했을 수도 있다. 그런 내용이 중요하다면 다음과 같이 말할 수 있을 것이다. “이탈률은 지난 10년간 1%에서 15%까지를 보였고, 2019년에는 9.1%를 나타냈다.” 조금 더 관련 있어 보이는 최근 데이터에 중점을 두고 싶다면 이렇게 말할 것이다. “이탈률은 최근 몇 년간 증가 추세를 보였고, 2017년 4.5%에서 2019년 9.1%로 증가했다.”

시각화 자료를 만들 때마다 "그래서 뭐가 어떻다는 건데?"라는 질문의 답을 한 문장으로 제시하라. (연습 문제 6.2, 6.7, 6.11, 7.5, 7.6에서 분명히 요청할 것이다.) 그래프를 같이 제시하지 않아도 문장 하나로 의사소통할 수 있음을 알게 될 것이다. 의사소통에 필요한 데이터가 더 많아지면 어떤 상황 정보가 도움이 되고 어떻게 시각화할 수 있는지를 고려하라. 다음에서 데이터를 그래프로 만드는 몇 가지 방법을 살펴보자.

점도표 점을 활용해 연도별(x축) 이탈률(y축)을 나타낼 수 있다. 평균을 그래프에 선으로 표시해 추가한 덕분에 시간에 따라 평균 위아래의 점을 쉽게 분간할 수 있다. 그림 2.5b를 보라.

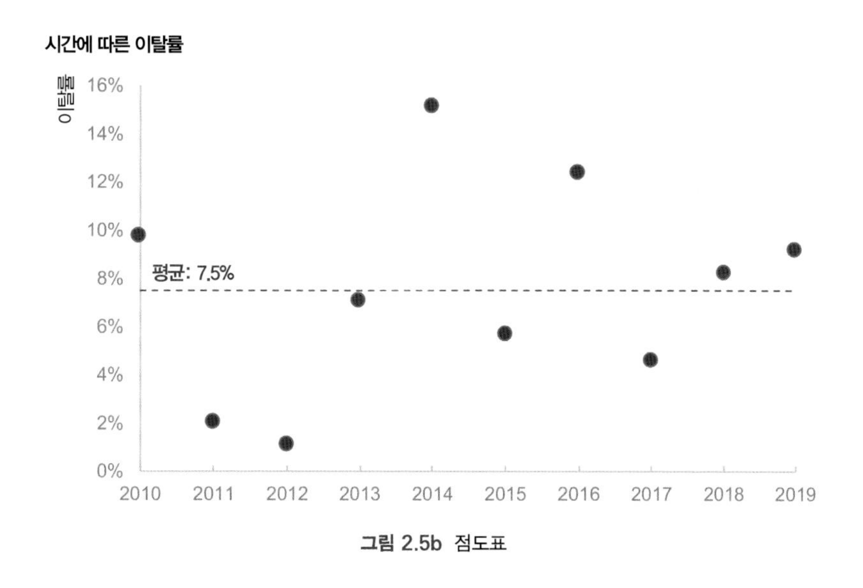

그림 2.5b 점도표

선 그래프 점으로 도표를 그리는 방법보다 점을 이은 선으로 시각화하는 방법이 시간에 따른 추세를 알아보기가 더 쉽다. 그림 2.5c가 잘 보여주고 있다. 평균을 나타내는 가느다란 점선은 유지하고 라벨 위치는 옮겼다(그리고 약어로 표시했다). 데이터의 새로운 레이아웃을 고려할 때 더욱 적합해 보인다. 또한 데이터 마커를 넣기로 하고 마지막 데이터 지점에 라벨을 붙였다. 이렇게 하면 청중이 최근 데이터 지점과 평균을 확실히 비교할 수 있다.

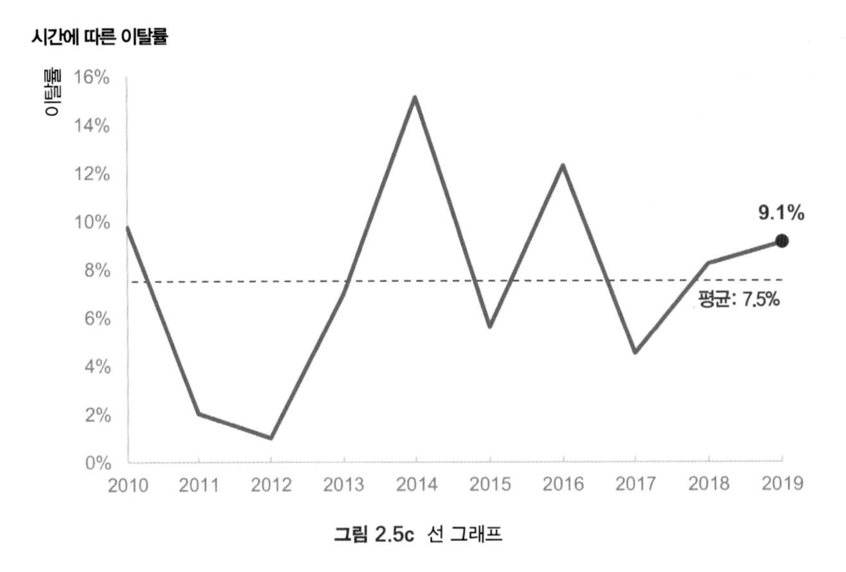

그림 2.5c 선 그래프

선 그래프를 한 번 더 반복하면서 선이 아닌 음영으로 평균을 표시했다. 그림 2.5d를 보라. 사실 그림 2.5c의 선으로 그린 기존 그래프가 더 좋지만, 또 다른 접근 방법을 선택하게 할 수도 있는 다른 데이터의 시나리오들을 구상해볼 수 있었다.

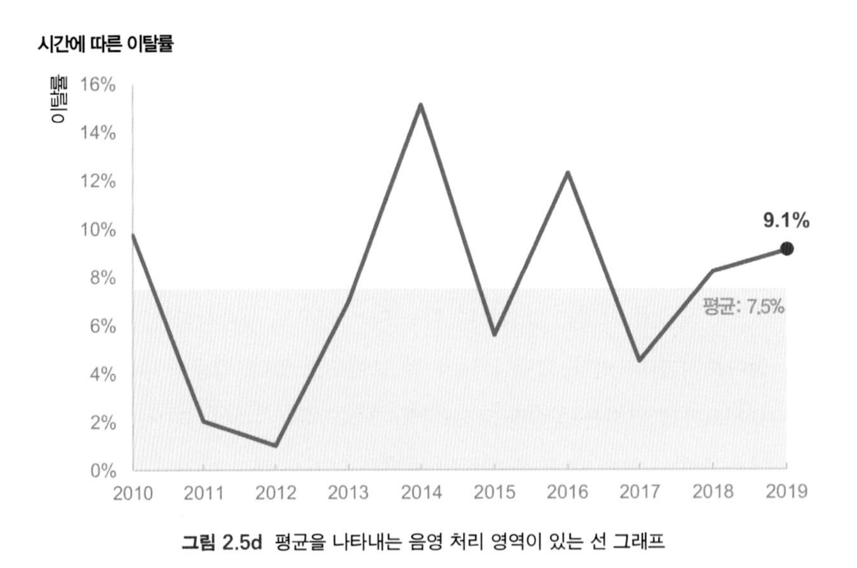

그림 2.5d 평균을 나타내는 음영 처리 영역이 있는 선 그래프

영역 그래프 평균을 영역으로 나타낸 후, 기존 그래프를 변경해 이탈률을 면적으로 나타내고 평균은 다시 선으로 되돌렸다. 그림 2.5e를 보라. 평균선을 더 연한 청색으로 표시해 흰 배경과 대비되게 하고 이탈률을 인코딩한 영역과 겹치는 부분에서 두드러져 보이게 했다. 각 시각화 자료에서 평균 라벨을 각기 다른 방식으로 표시했다. 주로 활용 가능한 공간과 그래프 형태에 따라 달라졌다. 데이터를 또 다른 관점으로 보면 이렇게 다른 디자인을 만들 수 있다.

개인적으로 좋아하는 그래프는 아니다. 곡선 아래 영역이 중요한 것처럼 나타내려면 너무 많은 잉크가 들고, 심지어 이때는 중요한 것에 해당하지도 않는다. 이런 이유로 영역 그래프를 사용하는 때가 드물다.

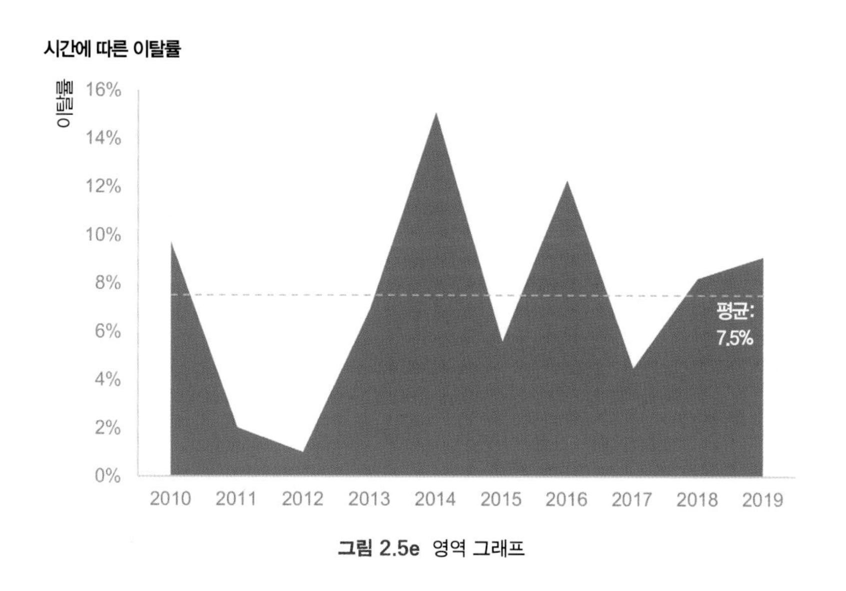

그림 2.5e 영역 그래프

막대그래프 마지막으로 데이터를 막대 차트로 구성해봤다. 그림 2.5f를 보라. 평균은 선으로 유지하고, 전체 그래프의 레이아웃을 고려해 이전과 다른 위치에 라벨을 붙였다.

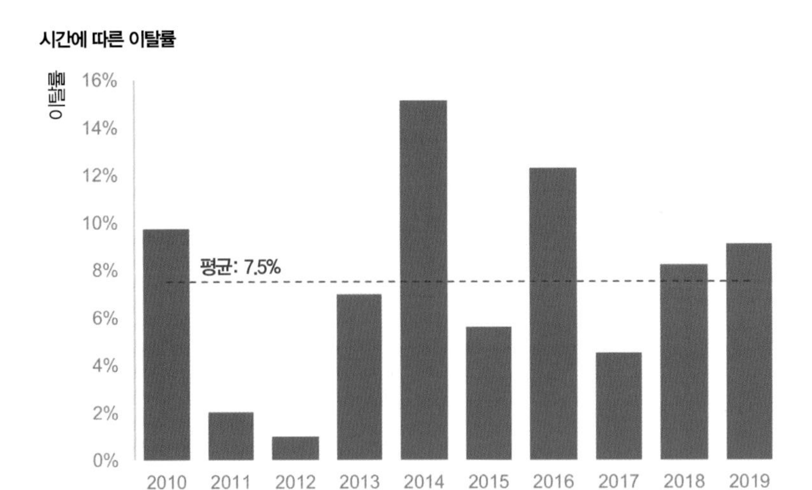

그림 2.5f 막대그래프

질문 3: 어떤 것이 가장 마음에 드는가? 나라면 막대 차트로도 만족하겠지만 그림 2.5c의 선 그래프가 그중 가장 낫다고 본다. 선으로 점을 잇는 것은 시간에 따른 이탈률 추세를 쉽게 파악하도록 한다. 평균과 비교하기가 쉬울 수도 있다. 잉크 소모가 적어 생각만 있으면 몇 가지 설명을 덧붙일 공간도 허락된다.

연습 문제 2.6: 날씨를 시각화하기

막대 차트를 상당히 좋아한다. 막대 차트는 보기가 쉽다. 공통 기준선에 정렬되면 눈과 머리로 길이를 비교하기에 아주 적합한 것이 막대 차트의 장점이다. 기준선 대비 막대 간 상대 높이를 비교함으로써 막대 차트의 정보를 습득해 가장 큰 것이 무엇인지, 얼마나 큰지를 쉽게 알 수 있다. 또한 막대 차트는 친숙한 형태라 의사소통할 때 유용하다. 대부분 사람이 막대 차트 읽는 방법을 알고 있어 그래프 읽는 방법의 이해보다는 데이터 관련 사항이 무엇인지에 집중할 수 있다.

막대 차트의 한 가지 사례를 살펴보자. 그림 2.6a를 보라. 예상 일일 최고 화씨온도로 측정된 다음 주 6일간의 날씨 예보를 보여주는 그래프다.

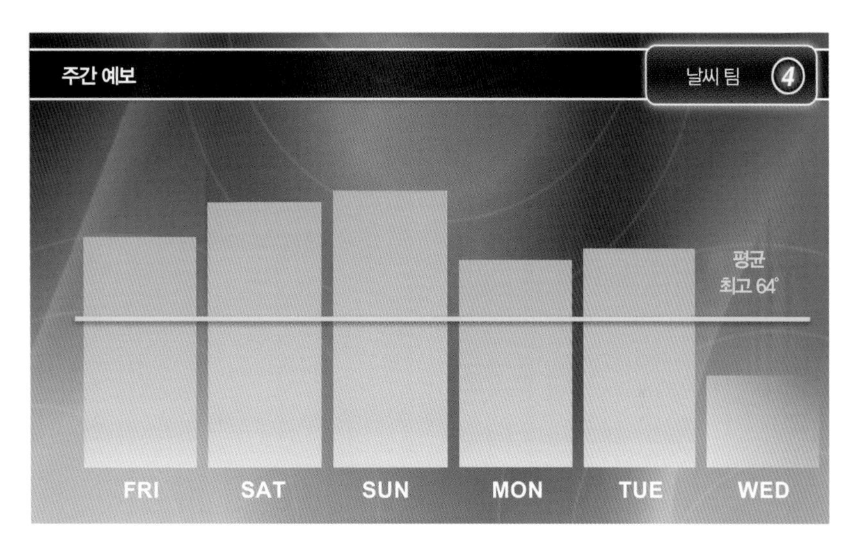

그림 2.6a 날씨 예보

질문 1: 일요일 오후에 공원에 갈 준비를 한다고 해보자. 일요일 최고 온도는 어느 정도로 예상하는가?

질문 2: 다음 주에 아이가 입을 옷을 준비하면서 주중에 필요할지 모를 재킷이나 코트를 어떤 타입으로 할지 결정하려는 참이다. 수요일 최고 온도는 어느 정도로 예상하는가?

질문 3: 데이터에서 찾을 수 있는 다른 사항들은 어떤 것이 있는가?

해결 방안 2.6: 날씨를 시각화하기

기온이 일요일은 90도, 수요일은 40도 안팎으로 보이지만 사실은 그렇지 않다. 한번 자세히 살펴보자.

일요일은 74도인 반면 수요일은 58도로 나타난다. 이런 결과가 어떻게 가능한가? 그림 2.6a의 최초 그래프는 y축이 0에서 시작하지 않는다. 50에서 시작한다. 이렇게 하면 데이터를 왜곡해 정확한 기온을 비교할 수 없게 된다. 원래 그래프에 y축 값과 데이터 라벨을 추가한 그림 2.6b를 보라.

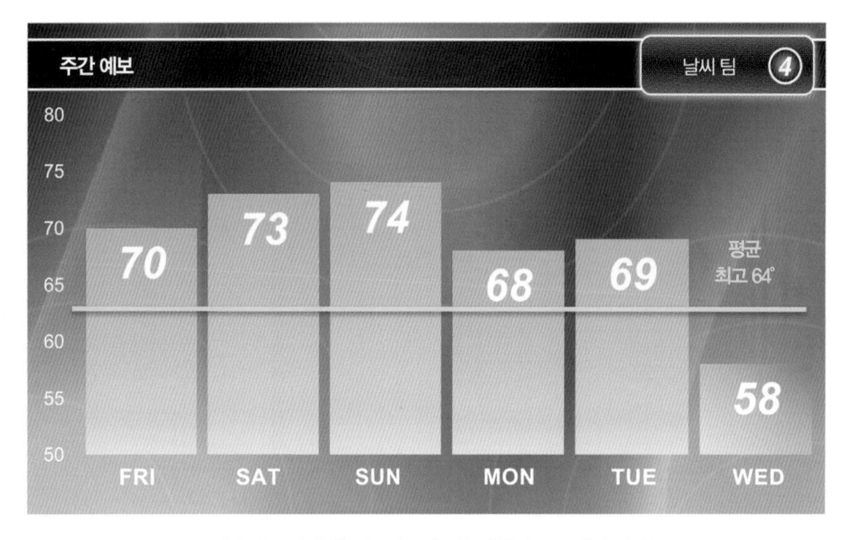

그림 2.6b 막대 차트는 반드시 0을 기준선으로 해야 한다!

y축이 0에서 시작하는 그래프를 다시 만들어보자. 그림 2.6c는 두 그래프를 나란히 보여준다. 데이터를 해석할 때 생기는 차이에 주목하라.

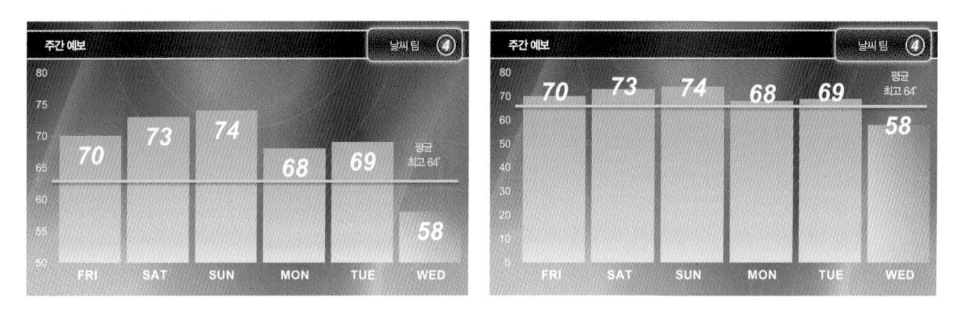

그림 2.6c 두 개 그래프를 비교해보자

그림 2.6c의 왼쪽 그래프에서는 일평균 기온이 전체 평균에서 크게 벗어난 것처럼 보여도 오른쪽 그래프에서는 상대적으로 훨씬 작게 나타난다. 이런 관점에서 보면 수요일에 어느 정도 두께의 아이들 코트를 챙겨야 할지 결정하는 데도 차이가 생긴다!

데이터를 시각화하는 데 변치 않는 규칙이 많진 않다. 몇 가지 규칙 중 하나가 지켜지지 않은 것을 방금 목격했을 뿐이다. 막대 차트는 반드시 0을 기준선으로 해야 한다. 막대 간 종점을 기준선과 비교하는 방식 때문에 정확한 시각적 비교를 하려면 전체 막대와 관련한 상황 정보가 필요하다.

여기에 예외는 없다.

하지만 모든 그래프에 적용되는 규칙은 아니다. 막대형은 막대 간 종점을 축과 비교하기 때문에 자르거나 확대해선 안 된다. 점(산점도나 점도표) 혹은 선(선 그래프, 경사 그래프)을 활용할 때는 주로 상대적인 점 위치에 초점을 맞추고, 선 그래프는 점을 잇는 선의 상대 기울기에 중점을 두게 된다. 수학적으로 확대해도 상대적 위치나 기울기는 계속 유지된다. 여러분은 여전히 상황 정보를 고려해 과도하게 확대해서 사소한 변화나 차이가 큰 값처럼 보이는 것을 피하고 싶어 한다. 설사 사소한 변화나 차이가 큰 값이라 해도 차이를 강조할 목적으로 축을 변화시킬 필요가 있다면 선이나 점 쪽이지 막대 쪽은 아니다.

이와 관련해 날씨의 기준선 0이 상식에서 벗어난다는 생각이 들었다. 기온이 영하가 될 수 있어 0(화씨온도 단위에서는 특히)이라는 숫자에 의미가 없을 수도 있기 때문이다. 단기 날씨 예보는 여기에서 본 것처럼 일별 기대치를 정확하게 비교할 수 있는 기준선 0이 있는 한 막대형이 괜찮다. 하지만 기후 변화를 예로 들자면, 전 세계 기온이 몇 도 변화를 보이는지에 의미가 있고 이는 기준선 0이 있는 막대형으로 확인하기가 거의 불가능하다. 0이 아닌 기준선을 가진 막대 차트로 변경하기보다 데이터 설명에 막대형을 활용하지 않는 것이 낫다고 본다. 선 그래프로 바꾸거나 절댓값 대신 온도 변화를 그래프로 표시하면 작지만 의미 있는 차이에 집중할 수 있다. 항상 그렇듯이 한 걸음 물러나 보여주길 원하는 것을 비판적으로 고려한 다음에 적절한 시각화 자료를 선택해야 한다.

연습 문제 2.7: 평가하라!

(이전 연습 문제에서 해결 방안으로 언급했던) 점도표가 이상적인 그래프는 아니라고 평가하는 맥락으로 다음을 자세히 보자.

그림 2.7a는 여러 국책 은행의 시간에 따른 은행 지수를 보여주는 점도표를 제시한다. 이번에는 금융 저축 회사에서 일한다고 가정하자.

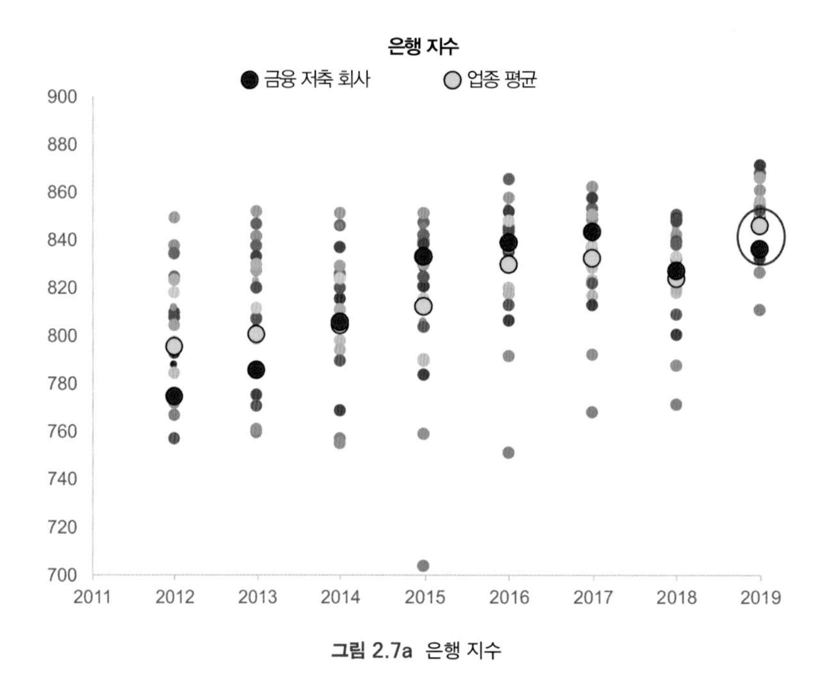

그림 2.7a 은행 지수

질문 1: 데이터에 관한 질문은 무엇인가?

질문 2: 그래프를 직접 디자인한다면 어떤 변화를 주겠는가? 데이터를 어떻게 시각화하겠는가?

해결 방안 2.7: 평가하라!

질문 1: 이번 그래프는 답을 주기보다 질문을 더 많이 끌어내는 듯하다. 첫 번째 질문은 다음과 같다. 도표화된 단위는 정확히 무엇인가? '은행 지수'가 일종의 고객 만족도 점수라면 점수가 높을수록 좋다. 하지만 은행원의 실수를 매긴 것이라면? 데이터는 전혀 다르게 해석될 수 있다.

다음 질문은 이렇다. 데이터가 전부 필요한가? 해당 회사(금융 저축 회사)와 업종 평균을 나타내려고 데이터 지점을 빨간색과 노란색으로 각각 표시했다는 것은 그래프 상단을 보면 알 수 있다(추측하건대 그래프의 다른 색 모두에 대비해 두드러지게 하려 밝은색을 고른 것 같지만 상당히 난해한 선택으로 보인다). 개인적으로 모든 지점은 평균에 속한다고 본다(또 다른 질문이 생긴다. 그게 맞는가?). 여기에서 또 다른 질문이 나온다. 개별 데이터 지점이 모두 필요한지, 아니면 금융 저축 회사와 업종 평균만 보여줘도 되는지? 데이터를 제거할 생각이 든다면 항상 그렇게 했을 때 잃을 수도 있는 상황 정보를 생각하는 게 좋다. 평균으로 요약함으로써 경쟁자 간 분포를 파악할 수 있는 선을 잃을 수도 있다. 목표가 무엇이냐에 따라 이 점이 중요할 수도 있고 중요하지 않을 수도 있다.

다른 질문이 있다면 2019년에 빨간색 원으로 강조한 것이 어떤 의미인지도 궁금하다. 이면에 놓인 사고 과정을 생각해보면 누군가가 데이터를 보고 '여길 봐주길 원합니다'라고 생각해 빨간 원을 그린 것 같다. 하지만 이런 생각에는 몇 가지 챌린지가 있다. 첫째, 그래프에는 빨간색 원을 미처 보기도 전에 눈에 띄는 다양한 색의 점들이 있다. 둘째, 빨간색 원을 봤다 해도 뭔가 어필할 정도로 금방 와 닿지 않는다.

마지막 질문은 바로 이것이다. 그래서 뭐가 어떻다는 건가? 데이터는 무엇을 보여주려 하는가? 스토리는 무엇인가?

질문 2: 질문을 하는 것에서 데이터를 어떻게 보여줄지 다시 디자인해 보는 것으로 넘어가자. 그래프 단위는 지사(支社) 만족도로 밝혀졌고 숫자가 높을수록 더 좋다. 금융 저축 회사가 업종 평균에 비춰 봤을 때 어느 정도인지 궁금할 것이다. 간단한 의사 결정으로 그래프의 자질구레한 부분을 모두 정리하고 금융 저축 회사와 업종 평균 관련 데이터 지점에만 중점을 둘 수 있다.

데이터 지점에서 데이터는 시간에 따른다. 점으로 도표화할 수 있지만 점을 연결해 선 그래프로 보여주는 편이 적절하다고 본다. 선은 시간에 따른 변화를 더 알기 쉽게 보여주고 선들이 서로 어떻게 상호 작용하는지 관심 가는 부분을 강조하는 데도 도움이 된다. 만약 한 선이 다른 선 위에 있다면 그 선들은 차이를 아는 데 도움이 된다. 그게 아니라면 '그래서 뭐가 어떻다는 건데?'라는 질문에 답하려 할 때 한 계열이 다른 계열과 교차하는 것이 흥미로운 일이 될 수 있음을 알게 된다.

그림 2.7b는 시각화 자료의 변경된 모습을 보여준다.

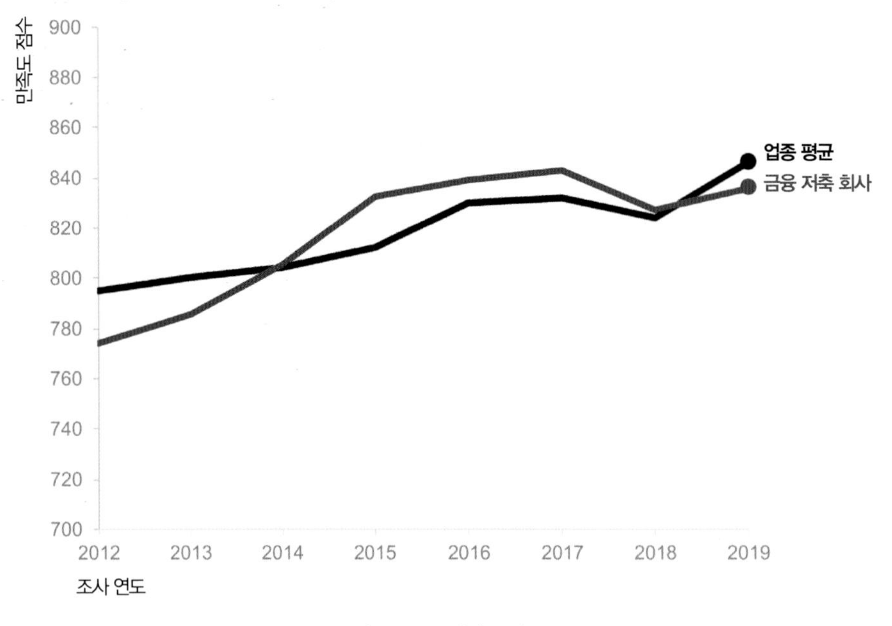

그림 2.7b 수정한 그래프

잡동사니를 정리하고 그래프를 선으로 바꾸고 나니 데이터에 집중하게 된다. 제목과 라벨 모두를 바로 붙여서 데이터를 해석하려 쓸데없는 가정을 할 필요가 없다. 제목 공간을 활용해 '그래서 뭐가 어떻다는 건데?'의 답을 넣었다.

해당 사업과 업종의 만족도가 오르락내리락하는 것을 이해하게 되면서 더 깊이 생각할 수 있었다. 라이브 미팅이나 프레젠테이션에서 선마다 혹은 시점마다 내용을 만들어 관련 상황 정보로 이야기할 때 청중의 관심이 집중되도록 할 수 있었다. 독립된 자료를 만들 필요가 있다면 변화를 유발한 것이 무엇인지 주석을 달아 텍스트를 직접 그래프에 넣었다. 앞으로 이런 전략을 사용한 몇 가지 사례를 살펴보게 된다. 4장에서 이번 예제를 다시 가져와 기존 데이터 전부를 가진 시나리오를 살펴볼 것이다.

자, 또 다른 그래프를 재설계하자.

연습 문제 2.8: 그래프에서 잘못된 것은 무엇인가?

때로 최선을 다해 그래프를 디자인해도 의도치 않게 청중에게 어려울 수 있다. 이런 때가 언제인지 하나의 사례를 살펴보고 어떻게 개선할 수 있는지 토의하자.

계속해서 금융 업종을 예로 들어, 고객 신용 리스크 관리consumer credit risk management 분석가로 일한다고 해보자. 예시 영역이 익숙지 않은 이들에게 설명하자면 대출을 받는 사람 중 돈을 갚지 않는 일부가 있다고 하자. 대출은 30일 기간 지연, 60일 기간 지연 등 다양한 수준의 연체로 넘어가게 된다. 일단 180일 기간 지연이 되면 '부실 대출Non-Performing Loans'로 분류된다. 체납 단계가 여기까지 이르면 아무리 징수 활동을 해도 많은 사람이 상환하지 않을 것이고 결국에는 손실로 남는다. 은행은 돈을 비축해 이런 잠재 손실을 대비해야 한다.

과거 신용 리스크가 101이라고 할 때의 데이터에 관해 이야기하자. 부실 대출NPL, NON-Performing Loan의 양과 대손 충당금Loan Loss Reserves의 시간에 따른 비교를 보여주는 그래프를 만들라고 요청 받은 상황이다. 그림 2.8a를 살펴보자. **정보를 얻는 과정에서 눈이 어디에서 어디로 움직이는지 주목하라. 그래프에서 혼란스러운 부분은 무엇인가? 어떻게 개선할 것인가?**

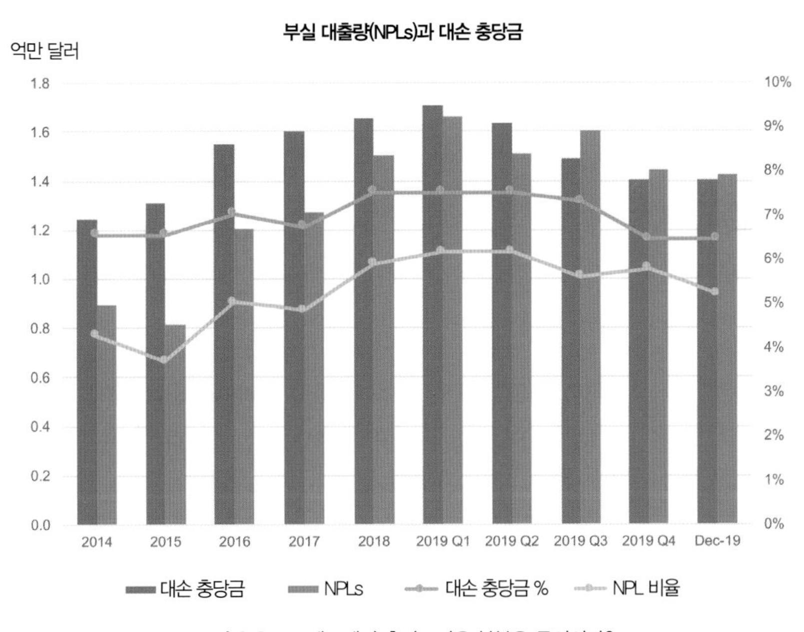

그림 2.8a 그래프에서 혼란스러운 부분은 무엇인가?

해결 방안 2.8: 그래프에서 잘못된 것은 무엇인가?

데이터를 어떻게 검토할지 생각하면서 데이터 해석을 위해 막대, 선, 그래프 하단의 범례 사이를 앞뒤로 계속해서 보는 것으로 시작했다. y축에 무엇이 있는지 쭉 훑어본다. 읽고 나서 생각해보니, 대손 충당금 %와 NPL 비율을 나타내는 선은 그래프 오른쪽에 있는 보조 y축을 기준으로 봐야 한다는 것을 알았다. 대손 충당금과 NPLs를 나타내는 막대는 왼쪽의 주主 y축을 기준으로 읽어야 한다는 의미다. 이런 부분이 필요 이상으로 어렵게 느껴진다.

대손 충당금 %와 NPL 비율로 돌아가 보자. 분모가 무엇인지 잘 모르겠다. 전체 대출 포트폴리오라고 추측은 되지만 명확했으면 한다! 또한 두 개 선이 어떤 가치를 더해 주는지도 불확실하다. 그다지 새로운 정보를 주지도 않는다. 다른 의사 결정을 할 만한 부가적인 상황 정보가 있을 수도 있지만 없으면 양, 즉 달러에 집중하고 비율을 보여줌으로써 혼란스러운 부분을 없애려 한다. 이렇게 결정하면 보조 y축은 없어진다(대체로 두 개 y축의 이용은 권하지 않는다. 보조 y축 이외의 대안적 접근 방법은 『데이터 스토리텔링』 2장을 참조하라).

이와 같은 일을 겪은 후 x축에 관심이 가기 시작했고 가장 큰 문제가 있음을 알아챘다. **시간 간격이 일정하지 않았다.** 처음에는(그리고 이후에 여러 차례…여러분은 문제를 눈치채지 못한 듯하다) 연도 단위로 x축을 읽기 시작했고 대부분 왼쪽에서 오른쪽으로 이동하게 마련이다. 하지만 각 라벨을 읽으면서 2018년 이후에는 시간 간격이 분기 단위로 바뀌었고 심지어 사사분기(Q4) 이후에는 12월 하나만 툭 튀어나왔다. 정말 바람직하지 않다!

이렇게 되기까지 사고 과정을 알 것도 같다. 12월은 아마 가장 최근 달일 것이다. 시간적 맥락상 연도를 보여주는 것도 좋지만 최근의 기간에서는 더 세분화(예를 들어 분기별, 월별)해 제시하는 것이 좋다고 생각했을 수 있다.

일정하지 않은 시간 간격의 사용은 실제로 많이 일어난다. 데이터를 소실해서라든가 혹은 단순히 어떤 일이 시간에 따라 일관성을 보이지 않아서일 수도 있다. 그런 상황에서는 시각적으로 표시해 청중에게 명확히 알려줘야 한다. 동일한 막대나 선을 연도와 분기를 나타내는 데 함께 사용해선 안 된다. 이렇게 하면 잘못된 해석과 거짓된 관찰 결과로 이끌기 쉽기 때문이다.

이런 챌린지를 극복하려면 두 가지 선택 사항을 고려해야 한다. 분기별 데이터가 모두 있다면 그것만으로도 도표를 만들 수 있다. 막대가 너무 많아 산만해 보이겠지만 기존에 선으로 그린 두 데이터 계열을 걷어내면 기존 막대를 없애고 데이터를 선으로 구성할 수 있다. 어떤 이유로 분기별 데이터를 보여주길 원치 않거나 혹은 보여줄 수 없는 상황이지만 하나의 그래프에서 모두 보여줘야 할 때는 x축에 각 연도를 같은 폭으로 두고 4개 분기도 같이 두는 방법을 선택할 수 있다. 나라면 연도에서 2019년을 아예 빼서 4개로 각각 나뉜 분기와 쓸데없이 중복되는 일이 없도록 할 것이다.

또 다른 대안은 데이터를 두 개 그래프로 나누는 것이다. 하나는 2014년부터 2019년까지 연도별 데이터를 보여주고 또 하나는 2019년만 4개 분기로 보여준다. 이렇게 하면 각각에 제목을 명확하게 달 수 있고 시간 구분에 따른 차이도 분명히 나타낼 수 있다. 또한 연도별 데이터보다 분기별 데이터를 조금 더 압축해 더 짧은 시간 간격이라는 것을 시각적으로 강조한다. 이러한 변경 사항을 포함한 개선안이 그림 2.8b에 있다.

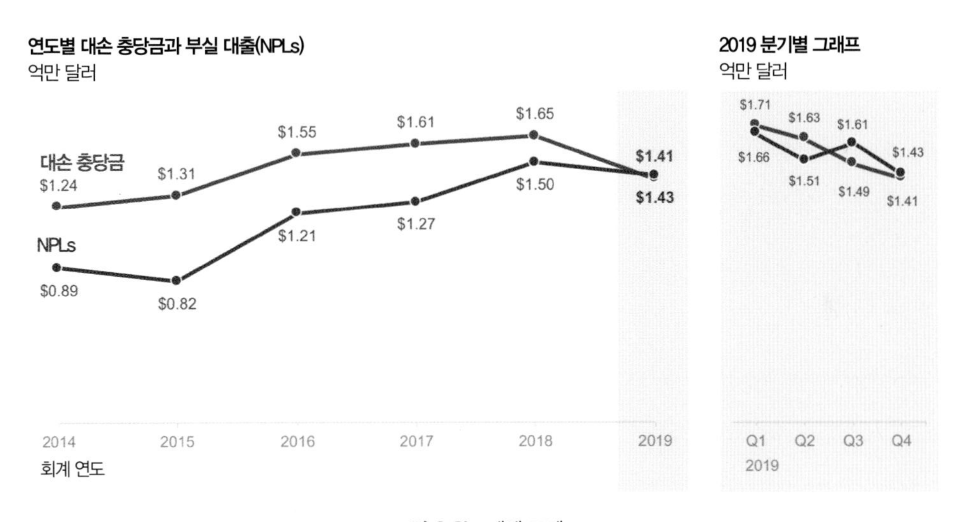

그림 2.8b 대체 그래프

이때 데이터에 라벨을 직접 붙임으로써 축을 보고 추정할 필요 없이 NPLs와 대손 충당금의 양을 비교할 수 있도록 했다! 유효 숫자를 소수점 둘째 자리까지 둬서 다른 높이의 두 지점이 같은 값을 가질 수 없게 했다(예를 들어 대손 충당금 선의 세 번째와 네 번째 지점은 반올림하면 모두 1.6M 달러지만 높이가 시각적으로 달라 혼란스러울 수 있다). 이로써 최근 분기별 숫자에 대한 작지만 의미 있는 차이를 쉽게 해석할 수 있다. 첫 번째 그래프의 마지막 데이터 지점(2019)과 오른쪽 그래프에 있는 2019년을 분기별로 나눈 것은 동일하게 음영 처리했다. 이런 방식으로 데이터를 보여주는 것은 y축 최젓값과 최곳값이 두 그래프에서 모두 같은 숫자라는 것을 나타내 청중이 분기별 데이터 지점과 연도별 지점을 상대적 높이에 따라 비교할 수 있도록 한다는 점에서 매우 중요하다.

이번 시각화 자료에서는 기존 그래프에서 작업한 많은 것을 없애 그래프를 이해하려고 애쓰는 대신 데이터에 집중할 수 있도록 했다. NPLs와 대손 충당금 간 차이가 시간에 따라 눈에 띌 정도로 좁혀지는 것을 알 수 있다. 둘 다 2018년까지 증가 추세를 보이다가 2019년에 감소했다. 2019년은 NPL 양이 처음으로 대손 충당금을 초과한 해였다. 분기별 기준으로 볼 때 삼사분기(Q3)와 사사분기(Q4)에 일어난 일이다. 매우 중요해 보이므로 어떤 조치를 취해야만 한다!

여기까지 나와 함께 연습했으니 이제는 스스로 몇 가지 사례에 도전할 시간이다.

연필과 종이를 손에 쥐자! 더 많이 그려보고 각자의 툴로 반복해보고 추가 연습 문제로 완벽하지 않은(less-than-ideal) 시각화 자료를 개선해보자.
기억 되살리기:
데이터와 그래프는 storytellingwithdata.com/letspractice/downloads에서 다운로드할 수 있다.

연습 문제 2.9: 그려보자

연습 문제 2.3에서 설명했듯이 데이터를 어떻게 보여줄지 생각해낼 최고의 도구는 빈 종이와 펜 혹은 연필이다. 중요한 도구들을 사용해 연습하자!

다음 데이터는 어떤 회사의 4가지 생산 제품에 대한 직 · 간접 판매팀의 계약 체결까지의 평균 시간(일수로 측정)을 나타낸다. 우선 데이터에 익숙해지도록 시간을 가져라.

빈 종이 한 장을 들고 와서 타이머를 10분에 맞추자. 데이터를 시각화하려면 얼마나 많은 접근 방법이 있는가? 그려라! (모든 구체적인 데이터 지점을 정확히 표시할 것을 걱정하지 말라. 각 시각화 자료가 어떻게 생겼는지 전체적으로 알아볼 수 있도록 빠르게 대충 그려도 된다). 타이머 시간이 끝난 후 스케치한 것을 검토하라. 어떤 것이 가장 마음에 드는가? 이유는 무엇인가?

계약 체결까지의 평균 시간 (일)

제품	직접 판매	간접 판매	전체 판매
A	83	145	128
B	54	131	127
C	89	122	107
D	90	129	118

그림 2.9a 계약 체결까지의 평균 시간

데이터에 어떤 추정을 하고 있는가? 얻고자 하는 추가 상황 정보는 무엇인가?

연습 문제 2.10: 여러분의 툴로 연습하기

1단계: 연습 문제 2.9에서 직접 만든 스케치로 다시 돌아가라. 하나를 고르고(추가로 더 골라도 된다) 데이터를 다운로드한 후 스스로 선택한 툴을 사용해 만들라.

2단계: 그래프를 만든 후, 잠시 멈추고 다음을 고려하라.

> **질문 1:** 스케치에서 무엇이 도움이 됐는가?
>
> **질문 2:** 그림을 그리는 과정에서 방해가 되거나 불만스러운 점이 있었는가?
>
> **질문 3:** 처음 스케치한 것과 자신의 툴로 그래프를 그린 것에 차이가 있었는가?
>
> **질문 4:** 앞으로 이 접근 방법(선택지를 그린 후 자신의 툴로 만드는 방법)을 활용할 수 있겠는가? 어떤 상황에서 하겠는가?

각자 생각을 요약해 글로 써라.

연습 문제 2.11: 시각화 자료 개선하기

이번에는 지역 건강 돌봄 센터에서 일하고 있고 최근 감기 백신 교육과 관리 프로그램에서 의료 센터 간 상대적인 성공도를 평가하고 싶다고 가정하자.

관련 지표가 보고되는 대시보드가 있어 동료가 데이터에서 다음 시각화 자료를 끌어냈다. 시간을 두고 그림 2.11을 검토한 후 질문에 답하라.

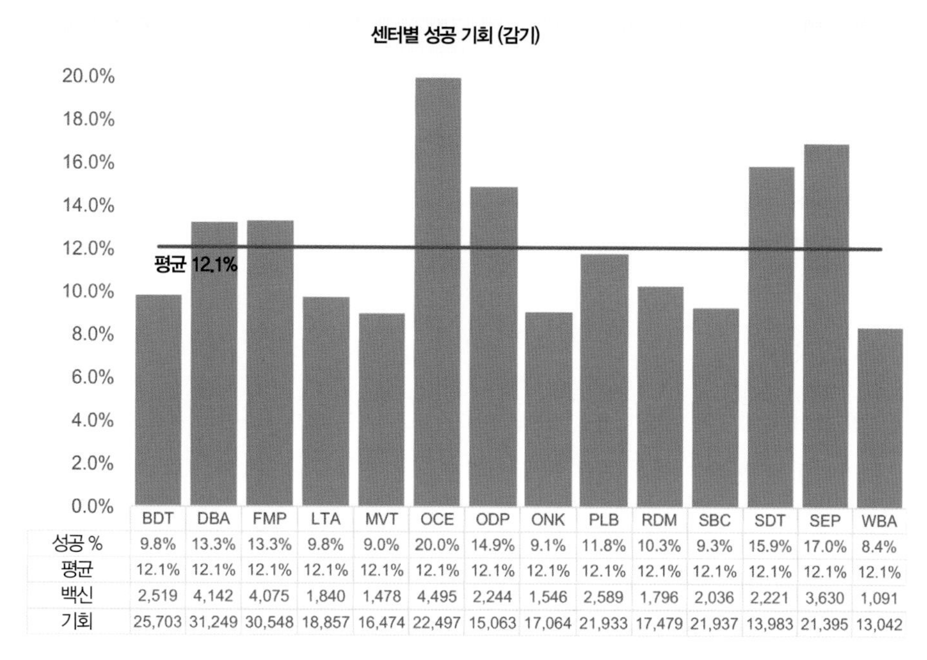

	BDT	DBA	FMP	LTA	MVT	OCE	ODP	ONK	PLB	RDM	SBC	SDT	SEP	WBA
성공 %	9.8%	13.3%	13.3%	9.8%	9.0%	20.0%	14.9%	9.1%	11.8%	10.3%	9.3%	15.9%	17.0%	8.4%
평균	12.1%	12.1%	12.1%	12.1%	12.1%	12.1%	12.1%	12.1%	12.1%	12.1%	12.1%	12.1%	12.1%	12.1%
백신	2,519	4,142	4,075	1,840	1,478	4,495	2,244	1,546	2,589	1,796	2,036	2,221	3,630	1,091
기회	25,703	31,249	30,548	18,857	16,474	22,497	15,063	17,064	21,933	17,479	21,937	13,983	21,395	13,042

그림 2.11 대시보드에 따라 만든 최초 시각화 자료

질문 1: 데이터는 어떻게 분류된 것인가? 다른 방법으로 분류할 수 있는가? 어떤 상황에서 데이터를 정렬하는 방법에 대해 다른 결정을 하겠는가?

질문 2: 현재 수평선으로 평균을 보여주고 있다. 어떻게 생각하는가? 다른 방법으로 평균을 보여줄 수 있는가?

질문 3: 목표가 있다면 어떻겠는가? 어떻게 목표를 포함하겠는가? 목표가 10%라고 해보자. 어떻게 보여줄 것인가? 이제 목표가 25%라고 해보자. 이때 보여줄 대상을 변경하게 되는가 아니면 보여줄 방법을 변경하게 되는가?

질문 4: 그래프는 데이터 테이블을 포함하고 있다. 효과적이라고 생각하는가? 그래프 안에 데이터 테이블을 끼워 넣는 것의 장단점은 무엇인가? 데이터 테이블을 유지하겠는가, 아니면 제거하겠는가?

질문 5: 그래프는 현재 백신을 맞은 비율을 보여준다. 백신을 맞지 않은 비율이라는 기회에 초점을 맞추길 원한다면 어떻게 시각화할 수 있겠는가?

질문 6: 데이터로 어떻게 그래프를 만들 것인가? 데이터를 다운로드하고 각자 선택한 툴로 적절한 그래프를 만들라.

연습 문제 2.12: 어떤 그래프를 선택할 것인가?

데이터 셋set of data이 무엇이든 여러 방법으로 그래프를 만들 수 있고 다양한 관점을 가질수록 다른 것들이 보이게 된다. 동일 데이터를 구성하는 다양한 그래프의 구체적 사례를 살펴보도록 하자.

종업원 조사에서 얻은 데이터를 시각화하려 한다고 가정하자. '나는 이곳에서 한 해 동안 일할 계획이 있다'라는 이직 관련 항목에 대한 작년과 올해의 종업원 응답을 비교해 보여주고자 한다. 그림 2.12a부터 2.12d는 정확히 동일 데이터를 4개 관점으로 다르게 나타낸다. 각각을 시간을 들여 자세히 본 후 다음 질문에 답하라.

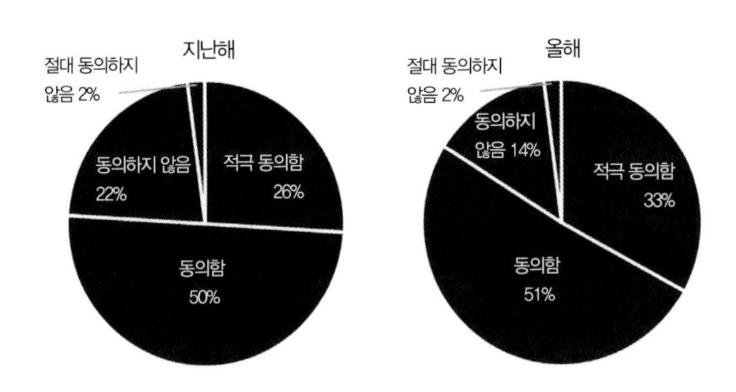

그림 2.12a 파이형

선택 항목 B: 막대형

"나는 이곳에서 한 해 동안 일할 계획이 있다"

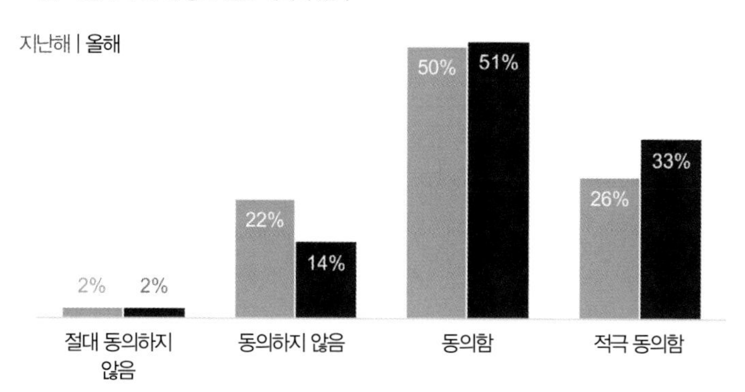

그림 2.12b 막대형

선택 항목 C: 두 개의 누적 막대형

"나는 이곳에서 한 해 동안 일할 계획이 있다"

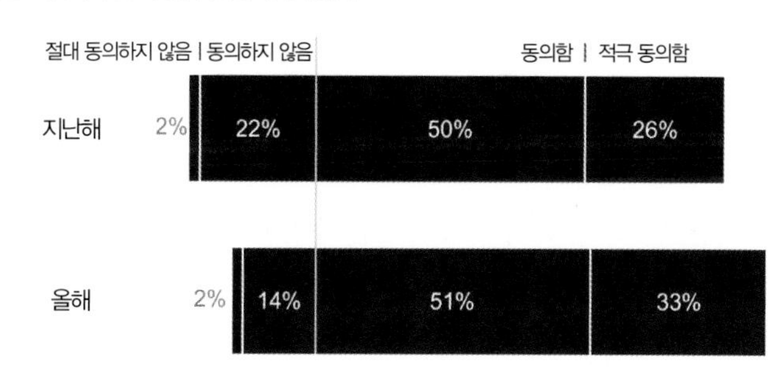

그림 2.12c 두 개의 누적 막대형

선택항목 D: 경사 그래프

"나는 이곳에서 한 해 동안 일할 계획이 있다"

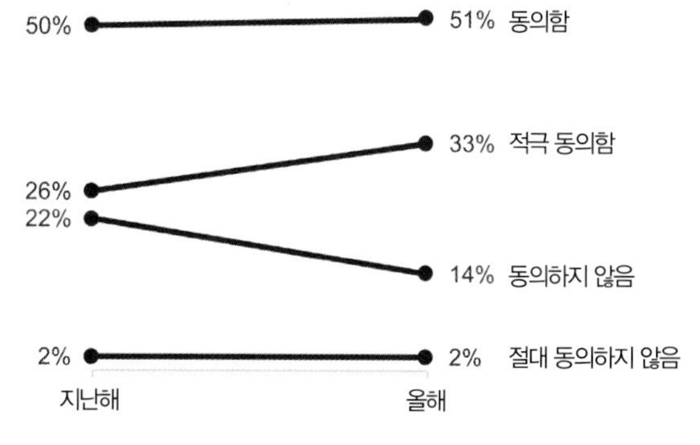

그림 2.12d 경사 그래프

질문 1: 각 그래프를 어떻게 생각하는가? 쉽게 알아보거나 비교할 수 있는 것은 무엇인가?

질문 2: 제시된 관점에서 어려운 것은 무엇인가? 알아챌 만한 한계나 고려할 사항이 있는가?

질문 3: 이 데이터로 의사소통하라는 업무 지시를 받았다면 어떤 것을 선택하겠는가? 이유는?

질문 4: 친구나 동료와 함께 다양한 선택 사항을 이야기하라. 마음에 드는 그래프가 상대방과 같은가, 아니면 다른가? 토의하는 동안 이전에 고려하지 못했던 흥미로운 점이 부각됐는가?

연습 문제 2.13: 그래프에서 잘못된 것은 무엇인가?

그림 2.13은 이메일 수신자에게 조사를 완료하도록 요청한 이메일 마케팅 캠페인의 응답률 및 완료율을 보여주고 있다.

1단계: 그래프에서 적절치 않아 보이는 세 가지를 나열하라. 어떤 점이 그런 챌린지를 주는가?

2단계: 나열한 3가지 각각에 해당 챌린지를 극복하는 방법을 설명하라.

3단계: 데이터를 다운로드하라. 각자 개요로 잡은 전략을 실행할 수 있는 시각화 자료를 만들라.

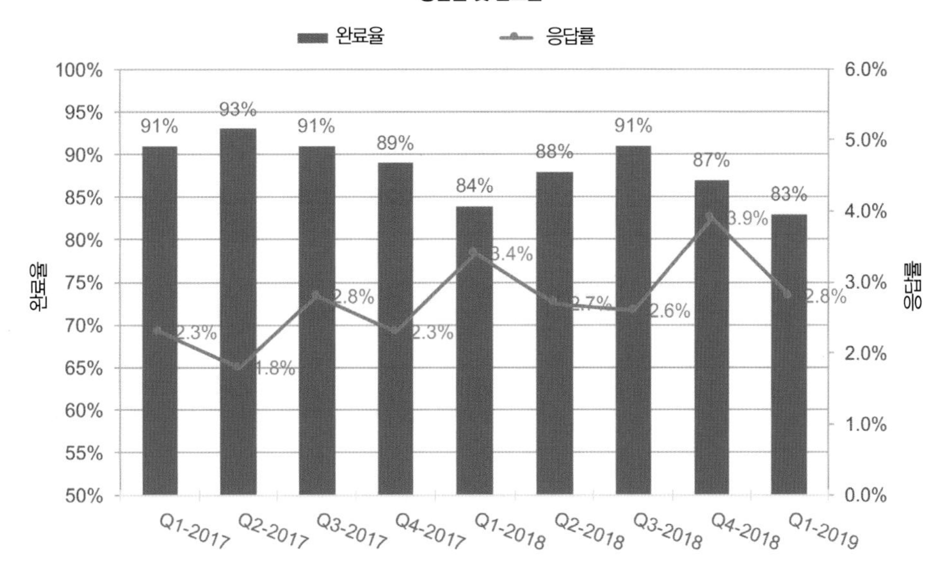

그림 2.13 그래프에서 잘못된 것은 무엇인가?

연습 문제 2.14: 시각화하고 반복하기

이제까지 본 여러 사례로 데이터 시각화는 청중들이 어느 순간 "아하!"하고 탄성을 절로 터트릴 정도로 마법 같은 이해의 순간이 오도록 도움을 줄 수 있다. 하지만 데이터의 뉘앙스와 청중에게 강조하고 싶은 것이 무엇인지 더 잘 이해하려면, 그리고 청중에게 더 효과가 있을 방법을 생각해내려면 데이터를 수많은 방법으로 들여다보면서 반복해야 한다. 시각화하고 반복하기를 연습하자.

의료 기기 회사에 일하면서 어떤 기기의 부속품을 켜고 끌 때 환자가 호소하는 통증 수준을 나타내는 데이터를 보고 있다고 가정하자. 그림 2.14는 관련 데이터를 보여준다.

환자가 호소하는 통증

통증 수준	기기 세팅	
	켬	끔
개선됨	58%	36%
변화 없음	32%	45%
나빠짐	10%	19%
전체	100%	100%

그림 2.14 시각화하고 반복하자

1단계: 목록을 만들라. 데이터 시각화에 제안할 방법들은 얼마나 되는가? 각 그래프는 어떤 효과를 주는가? 가능한 한 많이 나열하라.

2단계: 만든 목록에서 데이터를 시각화할 수 있는 네 개 이상의 그래프를 만들라(각자 선택한 툴로 그리거나 사실적으로 나타내라).

3단계: 다음 질문에 답하라.

> **질문 1:** 각 시각화 자료를 어떻게 생각하는가? 쉽게 비교할 수 있는 것은 무엇인가?
>
> **질문 2:** 각각에서 고려해야 할 사항이나 한계점은 무엇인가?
>
> **질문 3:** 데이터로 의사소통한다면 어떤 그래프를 쓰겠는가?

연습 문제 2.15: 사례로 배우기

다른 사람이 만든 데이터 시각화 자료로 좋은 점과 나쁜 점 모두를 포함해 많은 것을 배울 수 있다. 잘된 그래프를 보면 잠시 멈추고 생각하라. 어떤 점이 효과적인가? 실제 업무에 적용할 시사점은 무엇인가? 잘되지 않은 사례를 봐도 같은 일을 하라. 잠시 멈추고 무엇이 적절하지 않은지 실제 업무에서 비슷한 문제를 피하려면 어떻게 할 수 있는지 검토하라. 사례로 배우는 것을 연습하자.

잘된 그래프와 잘되지 않은 그래프를 미디어에서 찾아라. 해당 사례 각각에 대한 다음 질문에 답하라.

질문 1: 어떤 점이 좋은가? 효과적인 점은 무엇인가? 목록을 만들라!

질문 2: 사례에서 어떤 점이 좋지 않은가? 효과를 제한하는 것은 무엇인가? 어떻게 달리 접근하겠는가?

질문 3: 이 과정에서 앞으로 업무를 위해 일반화할 수 있는 시사점은 무엇인가?

연습 문제 2.16: #SWDchallenge에 참여하기

배울 수 있는 가장 좋은 방법은 해보는 것이다. #SWDchallenge는 매월 우리 블로그 독자들이 데이터 시각화와 스토리텔링 기술을 연습하고 적용하는 도전 과제다. 물론 여러분도 참여할 수 있다! 새로운 것을 시도하기에 안전한 공간이라고 생각하라. 새로운 툴, 기술 혹은 접근 방법을 테스트하라. 누구나 참여할 수 있고 배경, 경험 수준, 툴과 관계없이 모두 환영한다.

매달 초 storytellingwithdata.com에 새로운 주제를 발표한다. 참가자에게는 데이터를 찾고 시각화 자료 및 관련 해설을 만들어 공유하기 위한 제한 시간이 주어진다. 이제까지 그래프 형태를 달리 하는 것에 초점을 맞췄지만, 때로는 특정 주제나 시도에 팁을 주는 것으로 변화를 주곤 한다. 이는 여러분이 기술을 자유자재로 구사하면서 작업한 것을 다른 사람과 나누게 하는 흥미로운 이유가 된다.

제한 시간까지 제출된 모든 자료는 해당 월에 요약 게시물로 공유된다. 월별 도전 과제와 요약 게시물은 storytellingwithdata.com/SWDchallenge에 저장돼 있다.

도전 과제와 관련해 수행 가능한 많은 연습 문제가 있다. storytellingwithdata.com/SWDchallenge에 방문해 다음과 같은 자세로 하나(혹은 그 이상!)에 부딪혀보라.

- **참여하라!** 작업을 만들고 공유함으로써 라이브 도전 과제에 참여하라. 아니면 데이터 시각화 기술을 자유자재로 구사하는 데 영감을 줄 만한 과거의 것을 하나 골라라. 이런 과정은 스스로 할 수도 있고 동료 혹은 소규모 팀으로 진행할 수도 있다. 만든 것을 #SWDchallenge 태그를 붙여 소셜 미디어에 공유하라.
- **모방하라!** 아카이브에 있는 요약 게시물을 하나 골라 제출 자료를 검토하라. 마음에 드는 시각화 자료를 골라 각자 선택한 툴로 재창조 작업을 하라. 원래 만든 사

람과 다르게 해볼 만한 관점이 있는가?

- **평가하라!** 아카이브에 있는 요약 게시물을 하나 선택해 제출 자료를 자세히 보라. 효과적이라고 생각되는 3개를 고르고 잘된 점을 설명하라. 실제 업무에 적용할 시사점을 어떻게 일반화할 수 있을지 고민하라. 잘되지 않아 보이는 3개 디자인을 고르고 나타나는 문제와 극복하는 방법을 생각하라. 여러분 스스로 업무에서 극복할 수 있고 일반화할 수 있는 공통의 도전 과제는 무엇인가?
- **자신의 도전 과제를 실행하라!** 동료나 친구 그룹을 모으고 과거의(혹은 스스로 만든) 도전 과제를 하나 뽑고 나름의 생각대로 실행하라. 데이터를 찾고 시각화 자료를 만들 제한 시간을 모든 사람에게 설정한다. 서로 내용을 나눠라. 모두에게 각자 만든 것을 공유하고 다른 사람에게 피드백 받는 기회를 주면서 토의하라. 이 과정에서 앞으로 업무에 적용할 수 있는 시사점이 무엇인지 검토하라. 피드백 문화를 구축하는 데 이런 재미있는 과정이 얼마나 도움이 되는지 알고 싶으면 연습 문제 9.4를 보라.

직장에서 연습하기

직장에서 활용할 효과적인 시각화 자료를 선택할 때 이제까지 배운 다양한 사례를 어떻게 적용할 수 있는지 시도해 보자. 스스로 물어볼 질문과 피드백 얻는 방법도 포함된다.

프로젝트를 하나 마음에 두고 다음 연습 문제에 부딪혀보라!

연습 문제 2.17: 그려라!

데이터 시각화가 필요한 현재 프로젝트를 떠올려보라. 빈 종이와 펜 혹은 연필을 잡고 타이머를 10분으로 맞춰라. 데이터를 나타내는 방법에 대해 얼마나 많은 아이디어를 스케치할 수 있는지 보라.

타이머가 울리면 한 걸음 뒤로 물러나 만든 목록을 보라. 어떤 관점이 가장 마음에 드는가? 이유는?

다른 사람에게 스케치를 보여주라. 의사소통하고 싶어 하는 바를 설명하라. 어떤 시각화 자료를 가장 좋아하는가? 이유가 뭐라고 말하는가?

막힌다고 느껴지거나 혁신적인 접근 방법을 찾고 있고 해결에 어려움이 있다면 화이트보드가 있는 회의실에서 창의적인 동료 한두 명과 회의하라. 보여주고 싶어 하는 바를 말하라. 그리기 시작하라. 계속 그려라. 다른 관점을 만들 때마다 토의하라. 어떤 점이 잘된 것인가? 부족한 점은 무엇인가? 어떤 시각화 자료가 각자의 툴로 만들 가치가 있는가? 스스로 할 수 있는가? 아이디어를 실제로 만들 때 누가 혹은 무엇이 도움이 될 수 있는가?

연습 문제 2.18: 여러분의 툴로 반복하기

시간과 융통성을 갖고 데이터를 여러 다른 관점으로 반복한다면 뉘앙스를 더 잘 이해할 수 있게 된다. 그리고 청중이 어느 순간 '아하!'하고 탄성이 절로 날 정도로 마법 같은 이해의 순간을 경험하도록 데이터를 나타내는 어떤 방법이 도움이 될지도 알게 된다.

시각화하고 싶은 데이터를 정하라. 좋아하는 그래프 만들기 툴을 열어 다양한 시각화 자료를 만들기 시작하라. 데이터를 이해하려고 제안할 수 있는 방법은 얼마나 되는가? 타이머를 30분에 맞추고 그래프 만들기 툴로 반복해 데이터의 여러 관점을 만들라.

타이머가 울리면 각각을 평가하라. 장단점은 무엇인가? 청중이 원하는 것은 무엇인가? 어떤 것이 원하는 바를 쉽게 만드는가? 확신이 없다면 연습 문제 2.21로 바로 넘어가 다른 사람에게 피드백을 구하는 몇 가지 팁을 찾아라.

연습 문제 2.19: 질문을 고려하기

그래프를 만들 때 해당 그래프를 이해하기가 쉬운 것은 놀랄 만한 일이 아니다. 여러분은 데이터에 익숙해져 있고 봐야 할 게 무엇인지 그리고 중요한 게 무엇인지 잘 알고 있다. 그러나 청중까지 그러할 것이라 예상하지 말라. 그래프를 만든 후에 더 반복할 필요가 있는지 결정하려면 다음 질문을 해봐야 한다.

- **제시하려는 것은 무엇인가?** 데이터로 청중이 하길 원하는 것은 무엇인가? 직접 만든 시각화 자료가 원하는 바를 이루도록 도와주는가? 알아보기 가장 쉬운 중요 사항은 무엇인가? 어떤 비교가 가장 쉬운가? 데이터를 제시하는 방법을 고려해볼 때 어떤 것이 더 어려운가?
- **얼마나 중요한가?** 중요 쟁점이나 사람들이 흥미롭다고 생각할 일반적 사실이 있는가? 핵심은 무엇인가? 빠르고 간편하게 수긍할 만한 시나리오인가? 어느 정도 수준의 완벽함을 보장하는가? 어느 정도 수준의 정확도가 필요한가?
- **청중은 누구인가?** 청중은 여러분이 제시하는 데이터에 익숙한가? 아니면 아예 처음 보는 것인가? 청중들이 기존에 알고 있던 생각에 들어맞는가, 아니면 그들의 신념에 배치되는가? 청중은 데이터가 어떤 방법으로 제시되길 기대하는가? 새로운 것 혹은 미처 예상하지 못했던 것과 비교해 지금 상황이 일반적이라면 장단점은 무엇인가? 청중은 어떤 질문을 하겠는가? 그리고 여러분은 청중에게 매끄럽게 발표하려고 어떻게 예상하고 준비할 수 있겠는가?
- **청중이 그래프 형태에 익숙한가?** 청중에게 익숙지 않은 것을 활용할 때마다 장애물

을 하나씩 넣는 것이 된다. 그래프 읽는 방법을 설명할 만큼 충분한 시간 동안 청중을 잡아두고 듣게 하거나 스스로 이해할 수 있도록 시간을 쓰게 해야 한다. 덜 익숙한 것을 활용한다면 활용하는 이유도 있어야 한다. 이런 관점은 청중이 어려울 수 있던 것을 더 쉽게 이해하도록 해주는가? 아니면 데이터를 그래프로 만드는 더 익숙한 방법으로는 얻지 못했을 새로운 통찰력을 제공하는가? 고려할 사항이 또 있다. 그래프에 얼마나 많은 시간을 쓰길 원하는가, 즉 그래프의 데이터가 제시하는 것에 비해 그래프 자체를 이해하는 데 청중의 지적 능력을 얼마나 많이 쓰게 하고 싶은가?

- **정보를 어떻게 제시할 것인가?** 데이터로 이야기하고 상황 정보를 세우고 질문에 답하는 과정을 현장에서 직접 할 것인가, 아니면 스스로 이해할 수 있는 자료로 제공할 것인가? 특히 여러분이 없을 때 그래프가 나타내는 것이 무엇인지, 어떻게 읽어야 하는지, 그리고 청중이 데이터를 어떻게 처리하길 원하는지 청중에게 명확히 전달하는 단계를 계획적으로 진행해야 한다.

연습 문제 2.20: 큰 소리로 말하기

그래프나 슬라이드를 만든 후에 큰 소리로 말하는 연습을 하라. 라이브 세팅(회의나 프레젠테이션) 상태에서 데이터를 발표할 계획이라면 큰 스크린을 앞에 두고 마치 회의 석상에서 말하는 것처럼 연습하라. 설사 청중에게 스스로 이해할 수 있도록 자료를 보낸다 해도 그래프로 이야기하는 것은 중요한 이점이 될 수 있다.

우선 그래프를 어떻게 읽을지, 무엇을 보여줄지, 각각의 축이 무엇을 말하는지 설정하라. 그리고 데이터와 중요한 관찰 사항이 무엇인지 말하라. 말하다 보면 어떻게 반복해야 하는지 드러나게 된다. "이것은 중요하지 않다"나 "이건 무시해라"라고 말하는 것이 있다면, 이것은 뒤로 미뤄야 할(어떨 때는 완전히 없애야 할) 부분이라는 단서다. 아울러 데이터를 이야기할 때 여러분이 얼마나 주의를 끄는지 듣고, 그래프를 디자인하는 방법으로 어떻게 시각적으로 만들 수 있을지 고려하라.

데이터를 라이브로 발표한다면 큰 소리로 연습하는 것이 궁극적으로 더 부드럽게 전달하는 데 도움이 된다. 우선 혼자 하라. 괜찮다고 생각되면 다른 사람과 이야기하는 연습을 하고 피드백을 구하라. 다음 연습 문제(연습 문제 2.21)에 그래프에 대한 좋은 피드백을 얻을 수 있는 더 많은 조언이 있다.

크게 소리 내 말하는 것의 이점을 더 많이 알고 싶은가? 『데이터 스토리텔링』의 에피소드 6 팟캐스트(storytellingwithdata.com/podcast)를 들으면서 이 주제에 집중하라.

연습 문제 2.21: 피드백 구하기

그래프를 만들고 나면 스스로 매우 멋지다고 생각할 것이다. 누구보다 더 잘했다고 생각하는 것은 함정일 수 있다. 그래프를 만든 당사자이기 때문에 이해하기가 어렵지 않다. 하지만 청중에게도 똑같이 적용될까?

혹은 각자의 툴로 반복했던 시나리오는 어떤가. 데이터를 여러 가지 관점으로 만들었지만 가장 좋다고 확신할 수 없었던 시나리오 말이다.

어떤 상황이든 다른 사람에게 피드백을 구할 것을 권장한다.

시각화 자료 혹은 그래프를 만들고 나서 도움이 될 만한 친구나 동료를 찾아라. 상황 정보가 전혀 없는 사람이 좋다. 정보 습득을 위한 사고 과정에 대해 다음을 포함해 말해달라고 하라.

- 관심 가는 것이 무엇인가?
- 하고 싶은 질문은 무엇인가?
- 관찰된 사항은 무엇인가?

이런 대화를 하면 직접 만든 시각화 자료가 원하는 목적에 얼마나 기여할지 이해하는 데 도움이 된다. 그렇지 않다고 해도 여러분이 반복한 것 중 어느 부분에 집중해야 할지를 알려준다. 질문을 하라. 여러분이 선택한 디자인에 대해 토의하고 효과적인 부분이 무엇인지, 데이터에 그다지 익숙지 않은 다른 사람에게 분명히 와 닿지 않는 것이 무엇인지 이야기하라. 다양한 소스로 피드백을 구하는 것은 도움이 될 수 있다. 혼자보다는 완전히 다른 역할을 하는 다른 사람에게 피드백을 구하는 것이 언제 도움이 될지 생각하라.

또한 얼굴에 처음 드러나는 반응을 잘 살펴라. 아마 그 순간은 백만 분의 1초만큼 빨리 지나가고 사람들은 반응을 빠르게 거둘 것이다. 눈썹을 찡그리거나 입술을 핥는 등 일반적인 얼굴 찡그림 어떤 것이라도 눈치챈다면 뭔가 잘못되고 있다는 작은 신호가 된다. 이런 신호들에 주의를 기울여 시각화 자료를 다듬도록 하라. 누군가 그래프를 어려워할 때 그 사람이 문제라고 생각하지 말라. 정보를 더 쉽게 받아들이도록 방법을 고민하라. 제목이나 라벨을 조금 더 명확히 하거나 주의를 기울일 수 있도록 다른 색을 쓰거나 혹은 중점을 두는 부분에 더 쉽게 다가갈 수 있도록 다른 형태의 그래프를 선택할 수 있다.

효과적인 피드백을 주고받는 방법에 대한 추가 가이드는 연습 문제 9.3에서 볼 수 있다.

연습 문제 2.22: 데이터 시각화 라이브러리 구축하기

업무에서 만들고 사용할 효과적인 데이터 시각화를 위한 라이브러리를 모으고 구축하라. 혼자 할 수도 있고, 팀이나 조직에 훨씬 잘 어울리는 업무일 수도 있다. 쉽게 접근할 수 있도록 내용을 어떻게 구성할 것인지 깊이 고민하라(예를 들어 그래프 형태, 주제, 혹은 툴). 필요한 데이터를 다운로드할 수 있도록 하면 다른 사람이 업무에서 활용하면서 만들고 수정한 구체적 방법을 찾아볼 수 있다. 아울러 미디어, 블로그 혹은 #SWDchallenge 등 외부에서 구할 수 있는 효과적 사례를 덧붙일 수도 있다.

효과적인 데이터 시각화를 팀의 목표로 하라. 지속적으로 집중할 수 있도록 자신이나 동료의 효과적인 데이터 시각화 사례를 추천할 수 있는 정기적인 선의의 경쟁 대회를 열어라. 월별 혹은 분기별로 우승자를 정하고 해당 작업을 공유 라이브러리에 저장한다. 각 내용은 영감을 줄 수 있는 매우 훌륭하고 지속적인 자원이 된다. 어떤 사람이 일하다가 막혔을 때 가능한 아이디어를 찾고 훑어볼 수 있는 곳을 갖게 된다. 또한 신입 사원에게는 더더욱 훌륭한 자원으로 여러분의 작업 환경에서 효과적인 데이터 시각화 사례를 찾아 스스로 업무에 대한 적절한 목표를 세우는 데 도움이 된다.

연습 문제 2.23: 추가 자원 찾기

효과적인 그래프를 선택하거나 다른 사람이 만들어낸 것에서 영감을 얻고자 할 때 수많은 추가 자원이 있다. 연습하고 피드백을 구하고 꾸준히 반복하는 것이 성공의 열쇠이긴 하지만 어떤 그래프가 여러분의 구체적인 요구에 적절한지 알아내는 데 도움이 될 만한 차트 선택 사이트를 아래에 제시한다.

- **Chart Chooser**(Juice Analytics, labs.juiceanalytics.com/chartchooser) 원하는 차트 형태를 찾고자 할 때 이곳의 필터를 활용해 엑셀이나 파워포인트 템플릿을 다운로드하고 데이터를 삽입하라.
- **The Chartmaker Directory**(Visualizing Data, chartmaker.visualisingdata.com) 툴로 차트 매트릭스를 검색하고 해당 내용을 클릭해 해결 방안과 사례를 찾아라.
- **Graphic Continuum**(PolicyViz, policyviz.com/?s=graphic+continuum) 6개 카테고리에 90개 이상의 그래프 형태가 그룹으로 묶여 있다. 이와 관련해 Match It Game and Cards도 체크하라.
- **Interactive Chart Chooser**(Depict Data Studio, depictdatastudio.com/charts) 필터를 활용해 interactive chart chooser를 탐색하라.

영감을 얻으려면 다른 사람이 작업한 것을 검색해볼 수 있는 다음 사이트를 확인하라. 잠시 시간을 두고 찾아낸 각 그래프에서 어떤 점이 잘된 것인지(아니면 잘되지 않은 것인지) 생각해본 후 실제 작업에서 비슷한 관점을 어떻게 사용할 수 있을지(아니면 피할 수 있을지!) 검토하라.

- **Information Is Beautiful Awards**(informationisbeautifulawards.com) 매해 수상작들은 데이터 시각화 자료, 인포그래픽스, 인터랙티브즈 및 인포머티브 아트에서 탁월함과 아름다움을 보여준다. 이 아카이브는 수백 개의 데이터 시각화 자료를 담고 있다.
- **Reddit: Data Is Beautiful**(reddit.com/r/dataisbeautiful) 데이터의 시각적 발표 자료, 그래프, 차트, 그리고 지도 등이 있는 곳이다.

- **Tableau Public Gallery**(public.tableau.com/s/gallery) Tableau Public과 함께 만든 웹상의 놀라운 데이터 시각화 자료 사례들이 있다. 특히 드롭다운drop-down 메뉴를 활용해 Greatest Hits Gallery는 꼭 체크하라.
- **The R Graph Gallery**(r-graph-gallery.com) 영감을 얻거나 도움을 받고 싶은가? 여기에는 R 프로그래밍 언어를 활용해 만든 수백 개의 독특한 그래픽이 있다. 물론 코드도 포함이다.
- **Xenographics**(xeno.graphics) Xeno.graphics는 영감을 얻는 데 도움을 주고 외국어로 만들어진 자료에 대한 공포를 이겨내게 하며, 새로운 차트 형태를 널리 알리는 새롭고 혁신적이며 실험적인 시각화 자료를 담고 있다.

연습 문제 2.24: 토론해보자

2장의 수업과 연습 문제와 관련해 다음 질문을 생각하고 파트너나 그룹과 토의하라.

1. 테이블로 만드는 것과 그래프로 만드는 것은 어떤 차이가 있는가? 데이터를 테이블 형태로 제시하는 것의 장단점은 무엇인가? 테이블을 활용해 이해하게 하는 상황은 어떤 것인가? 테이블을 피해야 하는 시나리오가 있다면 어떤 것인가?
2. 데이터를 그래프로 만들 때 대체로 y축에 무엇을 제목과 라벨로 붙일지 혹은 아예 축을 없애고 데이터에 직접 라벨을 붙일지 결정해야 한다. 주어진 상황에서 어떤 것이 더 나은지 결정할 때 반드시 고려해야 할 사항은 무엇인가?
3. 데이터를 그래프로 만들 때 0이 아닌 기준선을 갖는 것이 허용되는 때는 언제인가?
4. 데이터를 그래프로 만들 때 종이가 왜 좋은 툴인가? 2장의 연습 문제에서 그림을 그릴 때 도움이 됐는가? 작업을 진행하면서 이런 기본 방법을 사용할 것인가? 왜 그런가? 혹은 왜 아닌가?
5. 주어진 데이터 셋을 여러 방법을 사용해 그래프로 만드는 목적은 무엇인가? 데이터를 반복해서 다른 관점으로 바라보는 것은 왜 중요한가? 이 일을 진행하려고 언제 시간을 낼 것인가? 이렇게 시간을 쓰는 것이 이해가 안 되는 때는 언제인가?
6. 『데이터 스토리텔링』과 이 책의 사례는 대부분 기본 차트에 기반한다. 다양한 선

형과 막대형이 기본이다. 훨씬 새롭거나 덜 익숙한 그래프를 사용하는 것은 언제 괜찮을까? 청중이 이전에 보지 못했던 그래프를 사용하는 장단점은 무엇인가? 이런 상황에서 성공을 보장하는 데 도움을 주는 것은 어떤 단계인가?

7. 여러분의 팀이나 조직이 이제까지 데이터를 그래프로 만든 방법에 변화가 필요하다고 생각하는 때가 있는가? 예상되는 저항이나 반발은 어떤 종류인가? 어떻게 이것을 이겨낼 수 있겠는가?

8. 2장에서 설명된 전략과 관련해 여러분 자신이나 팀에 하나의 구체적인 목표를 세운다면 무엇인가? 스스로(혹은 여러분의 팀)에게 목표를 어떻게 설명할 수 있겠는가? 누구에게 피드백을 구할 생각인가?

3장

잡동사니를 찾아내서 제거하기

그래프나 그래프를 포함하는 페이지와 슬라이드에 있는 모든 구성 요소는 인지적 부담cognitive burden을 준다. 각 요소를 처리하는 데 지적 능력을 써야 한다는 의미다. 시각적 의사소통을 하게 하는 요소를 통찰력 있게 살펴봐도 정보적 가치를 더하지 않는 것은 과감히 없애야 한다.

이번 수업은 간단하지만 영향력은 매우 크다. 있을 필요가 없는 것을 제거한다. 3장에서는 목표가 뚜렷한 몇 가지 연습 문제로 그렇게 하는 힘을 분명히 보여주고 경험하게 할 것이다.

잡동사니clutter를 찾아내서 제거하기를 연습하자!

우선 『데이터 스토리텔링』 3장의 주요 수업 내용을 복습하겠다.

『데이터 스토리텔링』 3장 우선 '잡동사니는 여러분의 적이다'를 요약해보자

잡동사니 공간을 차지하는 시각적 요소지만 이해하는 데는 도움을 주지 못하는 것

인지적 부담 새로운 정보를 배우는 데 필요한 정신적 노력

페이지나 스크린에 넣은 모든 구성 요소는 청중에게 인지적 부담을 준다.

따라서 정보를 더 주지 않는 내용은 포함하지 않도록 주의를 기울여야 한다.

(또 다른 형태의 잡동사니)

시각적 배열 부족 ↔ 여백을 맞추고 구성 요소를 정렬한다.

수평 및 수직 요소의 깔끔한 배치를 목표로 하고 사선 형태는 피하라.

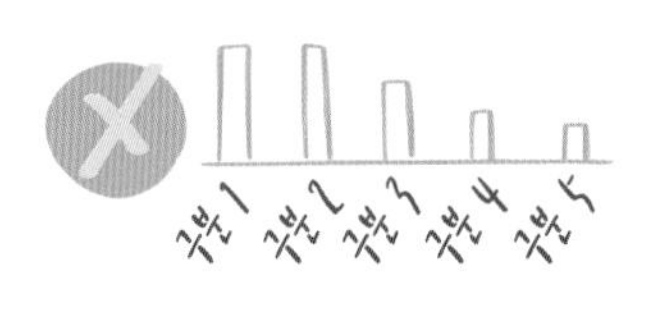

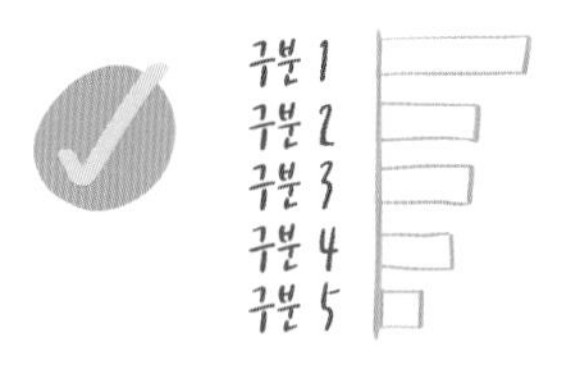

전략적이지 않은 대비의 사용

명확한 대비는 어디를 봐야 하는지 알려주는 신호다.

너무 많은 것을 만들지 말라. 그렇지 않으면 중요 포인트를 놓치게 된다.

게슈탈트의 원리

우리가 세상에서 인지하는 것을 어떻게 무의식적으로 배열하는지 설명하는 것

사람들이 어떻게 잡동사니를 찾아내서 제거하는지를 이해하는 데 이 원리를 활용할 수 있다.

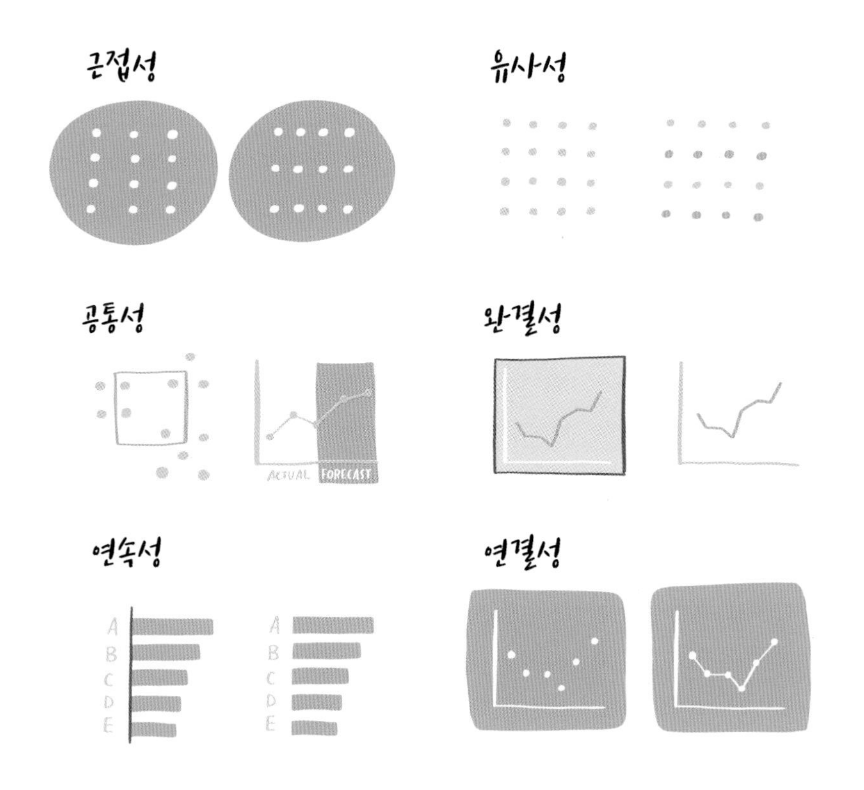

콜과 함께 연습하기

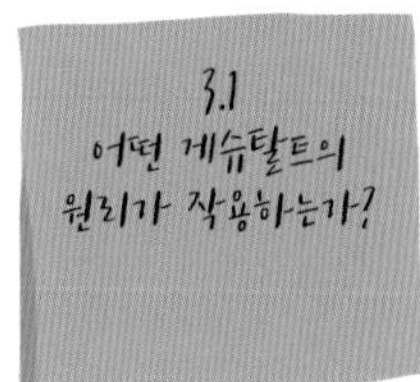

3.2
묶음과 그래프를
어떻게 묶을 수
있는가?

3.3
정렬과 여백
활용하기

3.4
잡동사니를
없애라!

스스로 연습하기

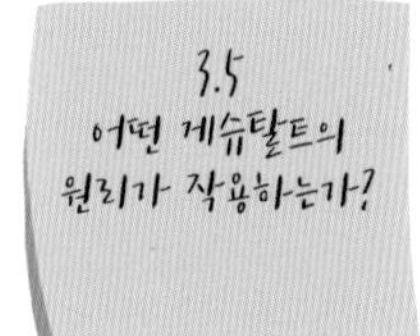

3.6
효과적인 시각화
자료 찾기

3.7
정렬하고 여백
활용하기

3.8
잡동사니를 없애라!

3.9
잡동사니를 없애라
(다시!)

3.10
잡동사니를 없애라
(한 번 더!)

직장에서 연습하기

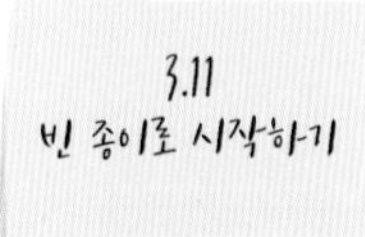

3.12
정말 필요한가?

3.13
토론해보자

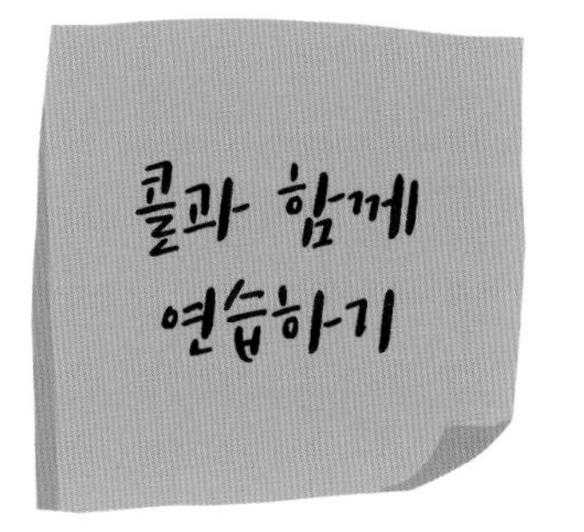

시각적 인식(Visual Perception)과 관련한 게슈탈트의 원리에 익숙해지는 것에서 시작해 원리를 어떻게 잡동사니를 없애는 데 활용할지 찾아보고 청중이 이해하기에 더 쉬운 시각적 의사소통 내용을 만든다.

연습 문제 3.1: 어떤 게슈탈트의 원리가 작용하는가?

게슈탈트의 원리는 우리가 인지하는 사물에 무의식적으로 질서를 제공하는 방법을 설명한다. 『데이터 스토리텔링』에서는 근접성, 유사성, 공통성, 완결성, 연속성, 연결성의 6가지 원리를 소개한다. 게슈탈트의 원리를 활용해 우리가 보여주는 서로 다른 구성 요소 간 연계를 더 명확히 보여줌으로써 청중의 시각적 의사소통을 더 쉽게 할 수 있다. (게슈탈트의 원리에 익숙지 않고 『데이터 스토리텔링』을 갖고 있지 않다면 연습 문제 3.1에서 해결 방안까지의 과정으로 상세하게 살펴보자.)

어떤 의약품 종류의 시간에 따른 실제 시장 규모와 예측 시장 규모(총매출액으로 측정)를 설명하는 다음 시각화 자료를 보라. **위에 언급한 게슈탈트의 원리 중 어떤 것을 찾을 수 있는가? 각각은 어디에서 어떻게 활용됐는가?**

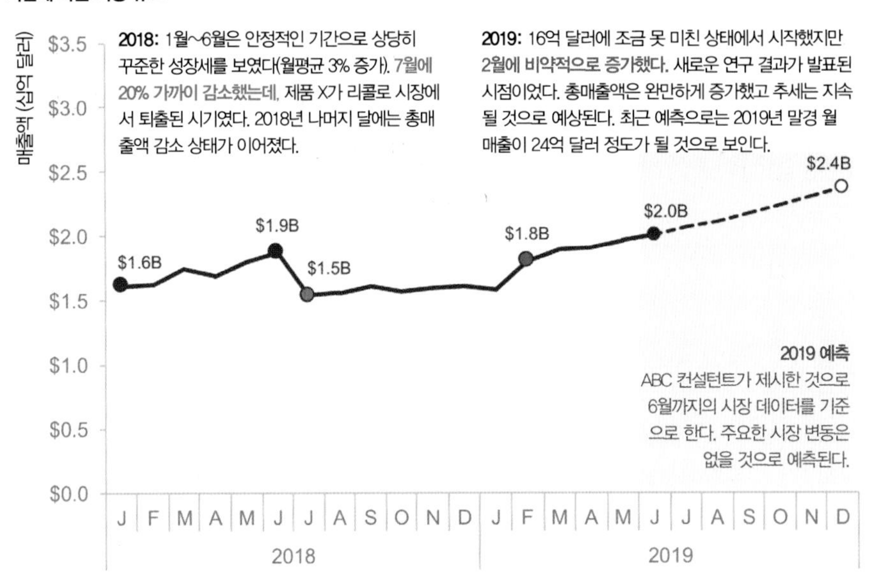

그림 3.1 어떤 게슈탈트의 원리가 작용하는가?

해결 방안 3.1: 어떤 게슈탈트의 원리가 작용하는가?

그림 3.1에서는 게슈탈트의 원리 6개를 모두 활용했다. 간단히 논의하자.

근접성: 근접성은 여러 방법으로 활용됐다. y축 제목과 라벨의 위치를 가깝게 해 구성 요소들을 함께 이해하도록 했다. 데이터 라벨과 데이터 마커를 가깝게 배치함으로써 서로 연관돼 있음을 명확히 나타낸다.

유사성: 색(오렌지색과 청색)의 유사성은 해당 문구가 설명하는 그래프의 데이터 지점과 상단 텍스트 내 문구를 시각적으로 묶는 데 활용된다.

공통성: 실제 과거 데이터와 예측 데이터를 분리하고 추가 세부 사항이 담긴 하단 문구와 연결하려고 그래프 오른쪽을 연회색으로 음영 처리해 공통성의 원리를 적용했다. x축의 2018년과 2019년 사이의 선 또한 공통성 효과를 준다.

완결성: 전체 시각화 자료는 완결성의 원리를 활용한다. 그래프의 주변 경계선은 따로 표시

할 필요가 없어 그리지 않았다. 완결성의 원리에 따라 개별 요소 세트를 하나의 인지 가능한 단위로 인식하기 때문이다. 따라서 그래프는 전체 중 일부로 나타난다. 구성 요소별 기준으로 보면 개별 텍스트 박스에도 완결성의 원리가 적용된다.

연속성: 그래프 오른쪽에 예측 데이터를 점선으로 나타낸 것은 연속성의 원리를 적용한 것이다. 이렇게 하면 선의 일부분을 시각적으로 구별되게 하면서 하나의 선으로도 '인지하게' 한다. 점선 자체가 예측에서는 흔한 일이긴 해도 잡동사니를 더하기 때문에(단일 실선에 비해 대시가 여러 개이므로) 묘사에 불확실성이 있다면 활용은 보류하기를 권한다.

연결성: 연결성의 원리는 선 그래프 자체에 적용돼 있다. 모든 월별 데이터 포인트를 연결해 전체 추세를 더 쉽게 보도록 했다. 각 축 또한 연결성의 원리를 적용해 시각적으로 y축의 달러와 x축의 시간을 연결했다.

게슈탈트의 원리를 활용한 것 중 직접 언급하지 않은 추가 사항이 있을지도 모른다. 개략적으로 설명한 것 중 몇 개를 파악했는가? 앞으로 어떻게 비슷한 전략을 이용할 것인가? 3장과 다른 장에 있는 연습 문제로 게슈탈트의 원리를 적용한 추가 사항을 살펴본다.

『데이터 스토리텔링』 3장의 다른 수업 내용으로 확장해 그림 3.1에서 시각화 자료에 효과를 주는 대비, 정렬 그리고 여백의 전략적 활용은 어떤 것인지 살펴본다. 디자인 구성 요소를 알면 연습 문제를 더 세밀하게 볼 수 있다. 우선 보여주려는 데이터에 문구를 연결하려면 게슈탈트의 원리를 어떻게 활용하는지 살펴보자.

연습 문제 3.2: 문구와 그래프를 어떻게 묶을 수 있는가?

설명할 목적으로 데이터를 이용해 의사소통할 때 주로 최종 결과는 슬라이드 자료이고 각 페이지에는 문구와 시각화 자료가 포함돼 있다. 한 슬라이드에 그래프가 있고 또 다른 슬라이드에는 문구가 있거나, 슬라이드 상단에 문구가 있고 문구 아래 한두 개 그래프를 제시한 고객 사례를 종종 접한다. 문구든 시각화 자료든 둘 다 중요하다. 문구는 상황 정보를 이해시키거나 뭔가를 설명하는 데 도움을 주고 그래프는 눈으로 내용을 확인하는 데 도움을 준다.

문제는 이렇게 하면 청중에게 상당한 부담을 줄 수도 있다는 점이다. 텍스트를 읽을 때 듣고 있는 내용의 근거를 찾으려면 그래프에서 봐야만 하는 데이터를 스스로 살펴봐야 한다. 문구가 얼마나 그래프와 연관되는지 혹은 상반되는지 스스로 이해해야 한다.

청중이 이런 작업을 하지 않게 하라. 청중을 위해 여러분이 작업하라!

텍스트를 데이터에 시각적으로 묶는 게슈탈트의 원리를 활용하는 것이 도움이 된다. 연습하자. 다음 시각화 자료를 살펴보라. **오른쪽 문구와 왼쪽 그래프를 묶으려면 어떤 게슈탈트의 원리를 이용할 수 있는가?** 이를 나열하고 각각을 어떻게 활용할지 설명하거나 그림으로 그려라. 해당 데이터로 의사소통한다면 어떤 것을 적용하겠는가?

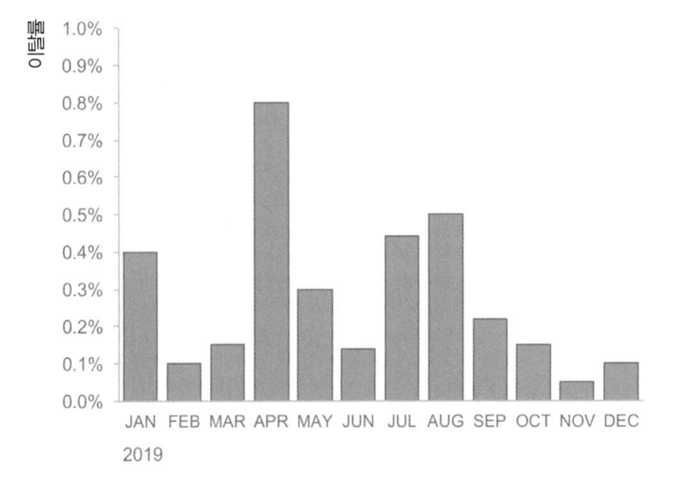

중요한 점

4월에 구조 조정이 있었다. 일이 없어진 건 아니지만 많은 사람이 떠나게 됐다.

종업원이 학교로 돌아가려고 떠나는 일이 흔한 여름철에 이탈률이 더 높은 경향을 보인다.

연휴의 영향으로 보통 11월과 12월에는 이탈률이 낮다.

그림 3.2a 문구와 그래프를 어떻게 시각적으로 묶을 수 있는가?

해결 방안 3.2: 문구와 그래프를 어떻게 묶을 수 있는가?

청중이 오른쪽 텍스트를 읽으면서 내용의 근거를 찾고자 할 때 그래프에서 어디를 봐야 하는지 도움이 되는 시각적 실마리가 하나도 없다. 읽어야 하고 생각해야 하고 그래프에서 찾아야 한다. 이번 사례는 매우 간단해 시간을 조금만 들이면 바로 이해할 수 있다. 하지만 청중이 '이해해야' 하는 것을 원치 않는다. 그림 3.2a의 시각화 자료가 암암리에 청중이 뭔가를 하라고 요구하는 작업을 찾아내고 대신 청중이 쉽게 이해할 수 있도록 작업을 최소화하거나 없애는 방향으로 시각화 자료를 디자인하고자 한다. 게슈탈트의 원리에 따라 관련된 사항을 묶으면 가능한 일이다.

데이터를 텍스트에 묶으려고 게슈탈트의 원리 중 근접성, 유사성, 공통성, 연결성의 4가지를 활용하는 아이디어를 설명한다. 각각을 토의하고 어떻게 적용할 수 있는지 살펴보자.

근접성. 설명하고자 하는 데이터와 가까운 위치에 텍스트를 둘 수 있다. 데이터를 읽는 능력을 방해하지 않으면서 가능한 한 최대로 설명하는 적절한 접근 방법이다. 그림 3.2b를 보라.

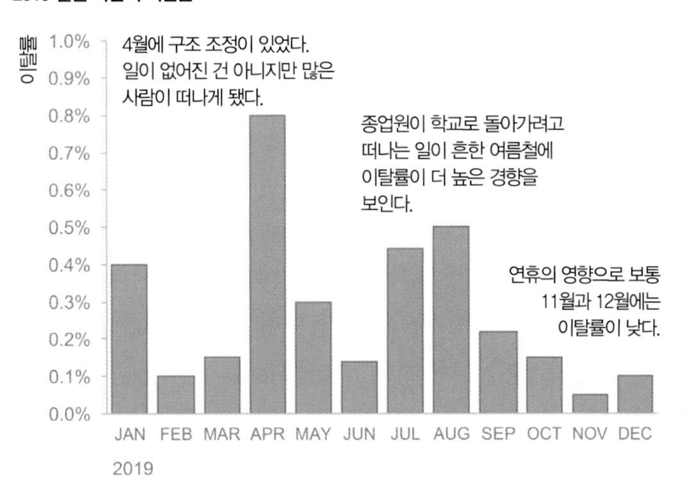

그림 3.2b 근접성

설명하려는 데이터에 텍스트를 가까이 뒀기 때문에 작업 일부를 덜어낼 수 있다. 그렇다 해도 정확히 어떤 데이터 지점을 설명하고 있는지 알려면 여전히 어떤 추정을 하거나 x축을 읽어야만 한다. 더 빨리 설명하고 싶다면 어떻게 해서든 개별 데이터 지점을 더 명확히 해야 한다. 그림 3.2c를 보라.

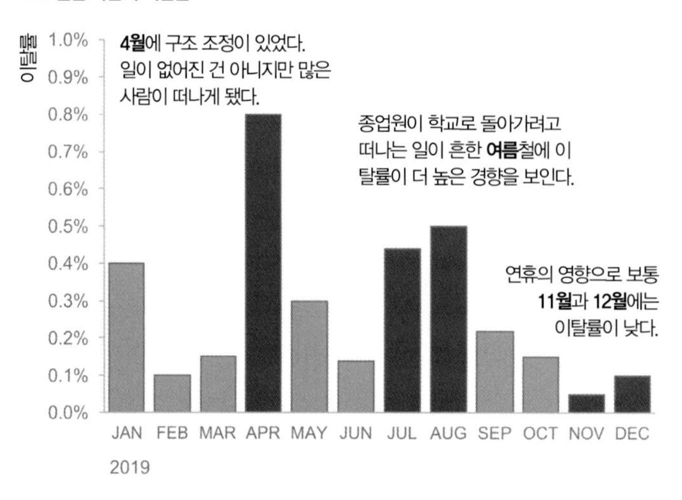

그림 3.2c 강조를 한 근접성

그림 3.2c에서 관심 대상인 지점을 더 진한 회색으로 하고 텍스트를 굵게 하면 텍스트에서 설명하는 다양한 내용을 읽을 때 어떤 데이터 지점이 중요 사항takeaways을 보여주는지 빨리 알아볼 수 있도록 돕는다. 그래프에 직접 텍스트를 넣으면 데이터 파악이 더 어려워질 수 있다. 아니면 그래프 내 텍스트가 어수선해 보이거나 텍스트를 넣을 공간이 부족할 지도 모른다. 그런 때는 아래 해결 방안 중 하나를 고려하라.

유사성. 오른쪽에 텍스트를 그대로 두되, 텍스트와 그래프를 비슷한 색으로 묶는 방법을 적용한다. 그림 3.2d를 보라.

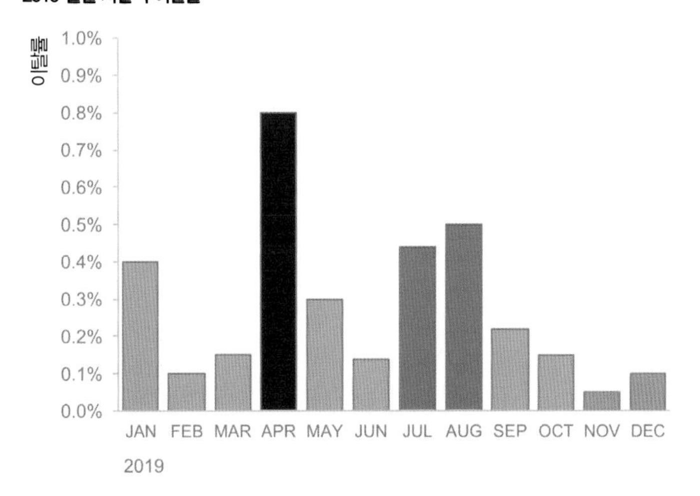

중요한 점

4월에 구조 조정이 있었다. 일이 없어진 건 아니지만 많은 사람이 떠나게 됐다.

종업원이 학교로 돌아가려고 떠나는 일이 흔한 **여름**철에 이탈률이 더 높은 경향을 보인다.

연휴의 영향으로 보통 **11월**과 **12월**에는 이탈률이 낮다.

그림 3.2d 유사성

그림 3.2d의 정보를 볼 때 눈이 계속 앞뒤로 왔다 갔다 해야 한다. 왼쪽 상단에서 시작해 오른쪽으로 쭉 훑어가다가 적색 막대에서 잠시 멈춘 후 오른쪽 텍스트의 첫 번째 단락에서 적색으로 '4월'이라고 적힌 것을 보게 된다. 계속해서 아래로 내려가며 읽다가 오렌지색 '여름'과 만나면 오렌지색 막대를 찾으려 왼쪽으로 눈을 돌려야 한다. 마지막으로 청색 막대에서 멈추고 막대를 설명한 텍스트를 찾아 읽어야 한다. 내게는 매우 자연스럽게 느껴지는 전략이라 자주 활용하는 편이다. 다른 선택지도 한번 살펴보자.

공통성. 설명하는 데이터로 텍스트를 둘러쌀 수 있다. 그림 3.2e를 보라.

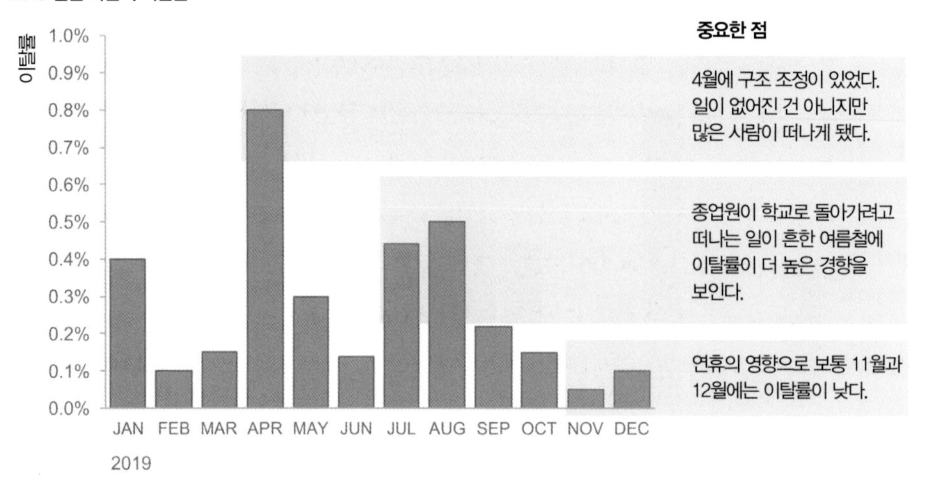

그림 3.2e 공통성

그림 3.2e에서 연한 음영 표시는 해당 데이터 지점이 해당 텍스트와 연관돼 있음을 의미한다. 만일 데이터가 다른 형태라면 적용하기에 썩 좋은 방법이 아니다. 예를 들어 9월을 나타내는 막대가 0.8%의 값이라고 가정하면 첫 번째와 두 번째 음영 영역에 걸치기 때문에 혼란을 줄 수가 있다. 실제로는 텍스트 중 특정 데이터 지점과 연관이 없는데 그중 하나와 반드시 연관시켜야만 한다고 생각할 수도 있다.

이 방법도 좋아하지만 앞에서 색의 유사성을 활용한 것에 비해 데이터를 이야기하는 데 도움을 주는 시각적 암시가 없다는 것이 또 다른 문제점이다. 만약 이 그래프를 라이브로 제시한다면 "적색 막대를 보면 그것이 나타내는 바는…" 혹은 "청색 막대가 여기에서 가리키는 것은…" 등으로 말하는 것이 유용하다. 음영 처리한 곳에 색을 넣으면 문제가 해결된다. 그림 3.2f를 보라.

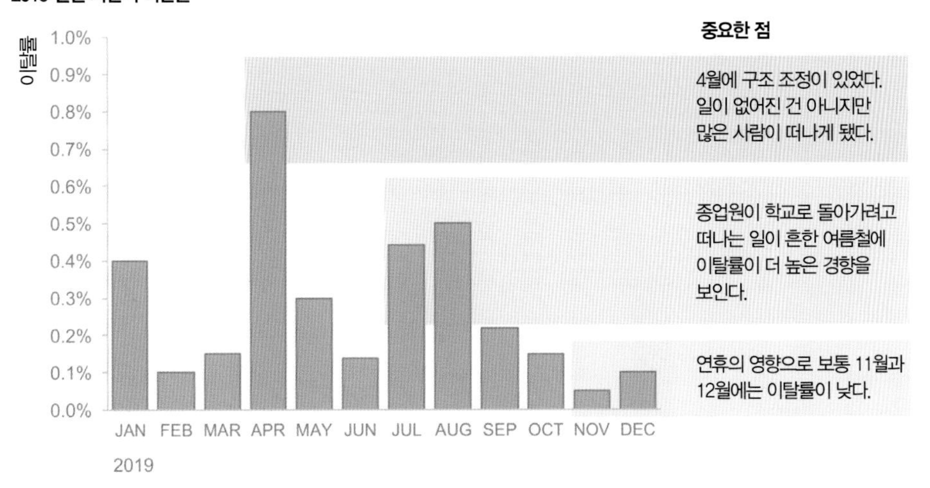

그림 3.2f 색 구분을 포함한 공통성

한 단계 더 나아가 음영 처리한 곳에 추가로 데이터와 문구를 비슷한 색으로 표시하면 어떤 데이터 지점이 어떤 텍스트와 연관되는지 명확히 알 수 있다. 그림 3.2g를 보라.

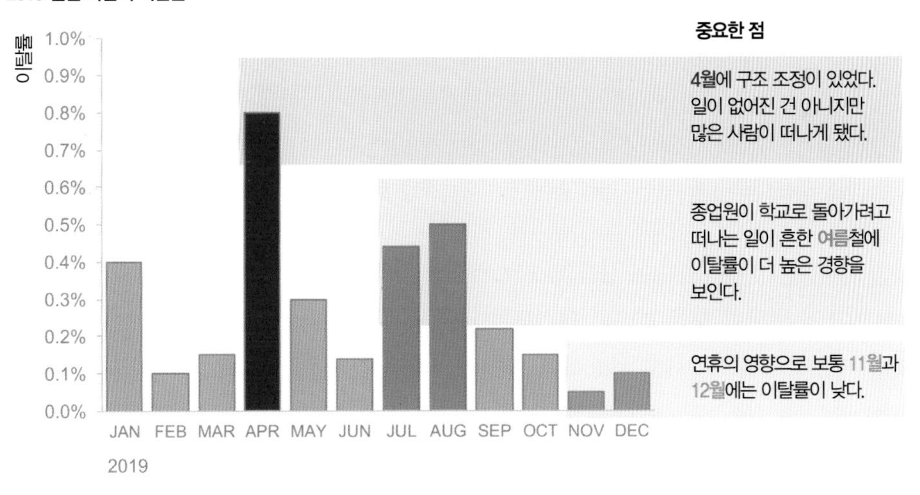

그림 3.2g 공통성과 유사성

연결성. 문구를 데이터에 묶는 또 하나의 방법은 직접 연결하는 것이다. 그림 3.2h에 설명하고 있다.

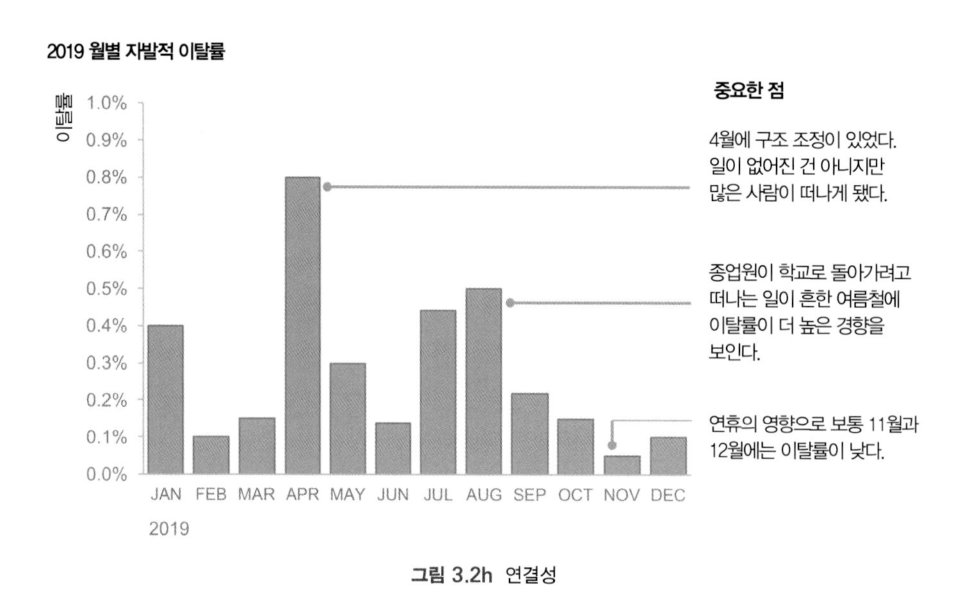

그림 3.2h 연결성

직접 연결하는 방법은 데이터 배치와 다양한 막대 높이를 고려할 때 적절하다. 몇 개 선線만 있고 막대에 선을 수평으로 맞출 때 가장 깔끔하게 보인다(대각선은 지저분해 보이고 이해하는 데 주의가 필요하다. 대각선을 사용해야 한다면 연결성보다 유사성을 활용하는 게 좋다). 선 자체는 주의를 기울여 그리지 않아도 된다. 두께가 얇고 색깔이 연한 연결선은 참고로 두고 데이터를 읽는 데 방해가 되면 안 된다.

그림 3.2h에서 해볼 만한 몇 가지 작업이 여전히 남아 있다. 8월 막대뿐 아니라 앞에 있는 7월 막대에 적용된 것을 보려면 텍스트의 가운데 영역을 읽어야 한다. 비슷한 과정이 12월과 마지막 중요 사항에도 필요하다. 유사한 색을 넣어서 쉽게 처리할 수 있다. 그림 3.2i를 보라.

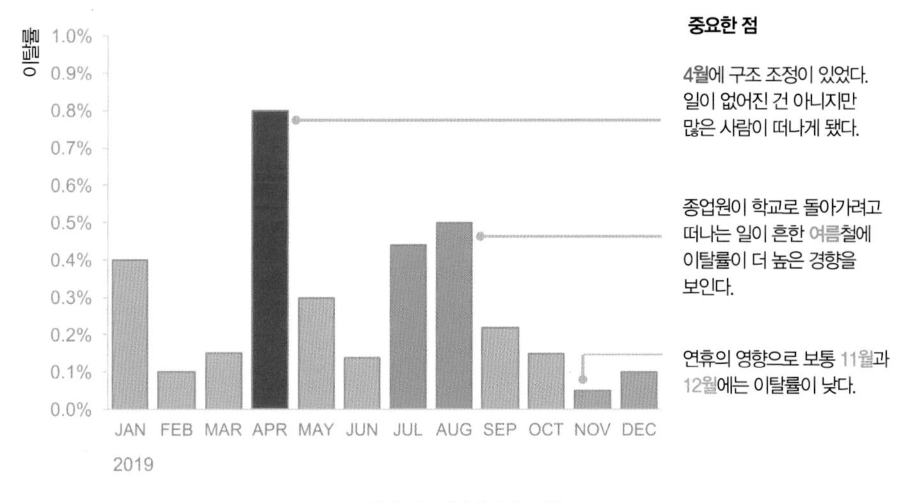

그림 3.2i 연결성과 유사성

그림 3.2i는 연결성과 유사성의 두 가지 원리로 어떤 데이터와 어떤 텍스트가 연관돼 있는지 명확히 보여준다.

이들 선택 사항 중 하나를 선택하라면(여러분은 아마 추가 선택 사항도 생각해 낼 것이다) 그림 3.2d에서 설명한 단순한 색의 유사성을 선호하는 편이다. 그림 3.2i의 관점은 2순위다. 내가 제안한 것과 유사하거나 다른 아이디어를 얼마나 제안했는가? 설명을 읽은 후에도 데이터로 의사소통하는 방법에 변함이 없는가?

이제까지 논의한 대로 유일한 올바른 답은 없다. 각자 다른 선택을 할 것이다. 청중이 쉽게 다가갈 수 있어야 한다는 것이 가장 중요하다. 텍스트와 데이터를 같이 보여줄 때 청중이 텍스트를 읽으면서 내용에 대한 근거를 찾으려면 데이터를 어디에서 살펴봐야 하는지, 그리고 데이터를 보면서 추가 세부 사항을 찾으려면 어디에서 텍스트를 살펴봐야 하는지 명확히 하라. 게슈탈트의 원리가 도움이 될 것이다.

연습 문제 3.3: 정렬과 여백 활용하기

아는 것을 구성하려고 게슈탈트의 원리를 살펴봤다. 이제 시각적 잡동사니도 없애야 한다. 구성 요소가 제대로 정렬되지 않고 여백이 부족하면 지저분해 보이기 마련이다. 어지럽혀진 방을 깨끗이 청소하는 것과 비슷한 개념이다. 모든 것을 제자리에 두면 마법이 일어난다. 같은 물건이 있지만 이제는 질서가 생겨 매우 조화롭게 보인다.

비슷한 노력을 그래프에 어떻게 적용할 수 있는지 설명하기 위해 간단한 연습을 하자. 시각적 디자인에서 얼핏 사소해 보이는 요소가 전체 형태와 우리가 만든 것에 대한 느낌뿐 아니라 청중이 쉽게 활용할 수 있는지에 커다란 영향을 줄 수 있다.

그림 3.3a를 보라. 각기 다른 프로모션(A, B, C)에 따라 의약품(제품 X) 처방전을 쓴 의사(처방자)와 관련한 데이터를 보여주는 슬라이드다. 경사 그래프는 왼쪽 반복 처방자(제품 X를 예전에 처방했던 의사)와 오른쪽 신규 처방자(제품 X를 처음 처방한 의사) 사이의 세 가지 프로모션 형태에 따른 전체 대비 퍼센트를 비교한다. 세부 사항은 그렇게 중요하지 않다. 데이터를 보여주는 가장 좋은 방법인지 아닌지 논의하는 편이 더 가치 있다. 세부 사항을 걱정하지 말고 현재 구성 요소를 어떻게 더 잘 정렬할 것인지에 초점을 맞추자.

시각화 자료를 개선하려면 정렬과 여백에 어떤 변화를 줄 생각인가? 제안할 만한 다른 변경 사항이 있는가? 목록을 적어라.

원한다면 해당 시각화 자료를 다운로드해 각자 개략적으로 서술한 변경 내용을 적용할 수도 있다.

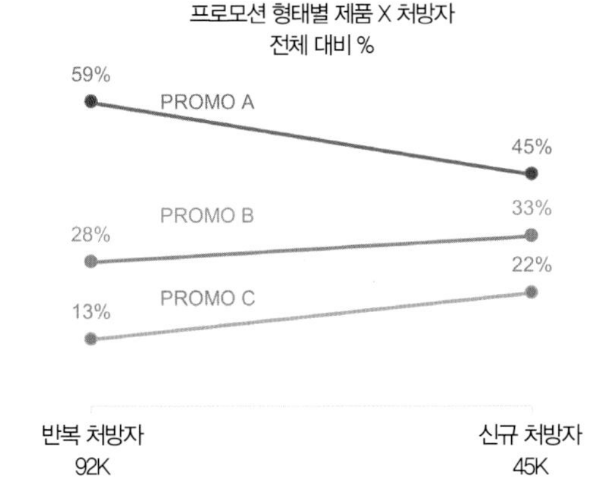

그림 3.3a 어떻게 하면 정렬과 여백을 더 잘 활용할 수 있을까?

해결 방안 3.3: 정렬과 여백 활용하기

그림 3.3a의 시각화 자료는 조금 엉성해 보인다. 마치 구성 요소를 슬라이드에 내동댕이친 것 같다. 정렬과 여백 활용에 잠깐 시간을 들여 간단한 변화를 준다면 한결 보기 좋아지고 정보를 더 쉽게 이해시킬 수도 있다.

정렬부터 논의하자. 슬라이드 텍스트는 모두 중앙에 정렬돼 있다. 개인적으로 중앙 정렬을 피하는 편이다. 구성 요소가 공간에 매달려 있는 것처럼 보일 수 있기 때문이다. 또한 텍스트가 여러 줄로 이어지면 가장자리가 들쭉날쭉해져 어수선해 보인다. 그래서 텍스트 박스를 좌측 혹은 우측 정렬해 구성 요소 간 수직 및 수평선이 깔끔하게 보이도록 하는 것을 선호한다. 그렇게 하면 공통성이라는 게슈탈트의 원리를 이용할 수 있게 된다. 공통성은 프레임을 만들 때 슬라이드 구성 요소를 함께 묶는 데 도움을 준다. 상단의 중요 사항, 그래프 제목, 왼쪽 x축 라벨(반복 처방자, 92K)까지 좌측 정렬로 한다. 그래프 내 데이터 라벨은 반복 처방자를 왼쪽에, 신규 처방자를 오른쪽에 놓는다. 아울러 프로모션 A, 프로모션 B, 프로모션 C라는 설명은 그래프 중간에서 빼내 오른쪽에 배치하고 각 지점 데이터 라벨과 마찬가지로 수평 나열한다(왼쪽 라벨의 왼쪽에 놓을 수도 있다. 대체로 청중이 집중하길 원하는 곳이 어디냐에 따라 선택이 달라진다). 마지막으로 오른쪽 텍스트는 좌측 정렬했다.

텍스트 대부분을 좌측 정렬했다(한 가지 예외는 신규 처방자와 45K라는 x축 라벨인데 그래프 오른쪽에 프레임을 만들려고 우측 정렬했다). 왼쪽이냐 오른쪽이냐 간에 정렬을 선택하는 것은 (드물게 중앙 정렬도) 페이지의 나머지 부분에 구성 요소가 어떻게 배치돼 있느냐에 따라 다르다. 기본 생각은 수평 그리고 수직선을 명확히 하는 것이다. 우측 정렬 텍스트가 더 좋을 때도 있는데 이 책에서 많은 사례를 확인하게 된다. 페이지 오른쪽에 텍스트를 우측 정렬하려 했지만 페이지 중앙에 들쭉날쭉한 모양으로 고정된 여백이 만들어지는 게 싫어 좌측 정렬하기로 마음을 바꾸었다.

또 다른 변경 사항은 여백이다. 그래프 제목을 위쪽으로 끌어올려 제목과 그래프 간 공간을 조금 남겼다. 그래프 넓이를 줄여 오른쪽의 다양한 데이터 계열에 라벨 붙일 공간을 만들었고 그래프와 오른쪽 텍스트 박스 사이에 약간의 공간도 생기게 했다. 여기에서 가장 큰 (그리고 가장 빨리 수행할 수 있는) 변경 사항은 오른쪽 텍스트에 줄 바꿈을 추가해 더 쉽게 훑어볼 수 있도록 하고 외관상 보기 좋게 만든 것이다.

모든 변경 사항이 적용된 그래프는 그림 3.3b에서 볼 수 있다.

전년도에 4만5천 명의 신규 처방자가 있었다.

반복 처방자와는 프로모션 형태에 따른 분포에 차이가 있어 보인다.

프로모션 형태별 제품 X 처방자
전체 대비 %

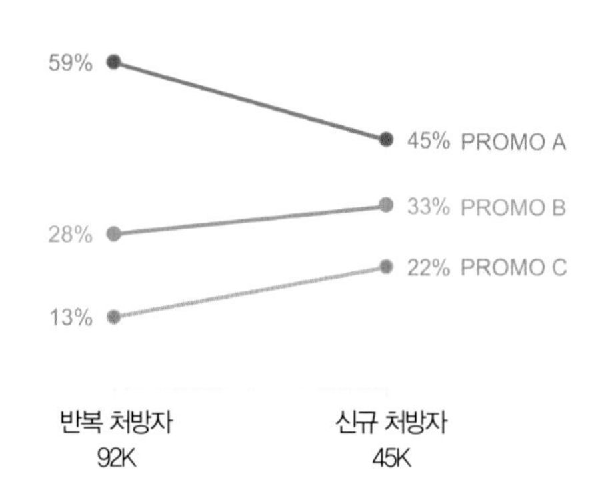

프로모션 A가 전체에서 가장 큰 부분을 차지하지만, 반복 처방자 비율보다 신규 처방자 비율이 낮다.

프로모션 B와 프로모션 C는 반복 처방자보다 신규 처방자에서 더 높은 비율을 보여준다.

미래 프로모션 전략을 위해 데이터를 어떻게 활용해야 하는가?

그림 3.3b 더 나은 정렬과 여백 적용

그림 3.3b와 그림 3.3a를 비교하라. 기존과 비교할 때 정돈된 그래프는 어떤 느낌을 주는가? 처음에는 부족해 보였으나 그림 3.3b에서 구조를 갖춘 느낌이 든다.

재설계를 할 때 여러분은 다른 결정을 할 수도 있으며 그것도 좋다. 정렬과 여백을 활용할 때 신중해야 한다는 것이 요점이다. 사소한 것들이 큰 영향을 줄 수 있다!

5장에서 시각적 디자인의 세부 사항에 관심을 둘 때 얻게 되는 이점을 설명하는 더 많은 사례를 살펴볼 것이다.

연습 문제 3.4: 잡동사니를 없애라!

데이터 시각화에서 잡동사니는 경계선, 그리드라인, 데이터 마커 등과 같은 불필요한 그래프 구성 요소에서 주로 비롯된다. 잡동사니는 시각화 자료를 복잡해 보이게 하고 청중이 이해하려고 해야 할 일을 증가시킨다. 필요 없는 부분을 없애면 데이터가 훨씬 눈에 잘 들어온다. 데이터 시각화에서 잡동사니를 없애는 이점을 상세하게 살펴보자.

그림 3.4a를 보라. 직·간접 판매팀이 계약 체결까지 걸리는 시간을 일 단위로 측정해 보여준다.

어떤 시각적 요소를 없앨 수 있는가? 인지적 부담을 줄이려면 보이는 것 혹은 보이는 방법에 어떤 변화를 줄 수 있는가? 잠시 생각해보고 노트하라. 시각화 자료에 얼마나 많은 변경 사항을 적용할 수 있겠는가?

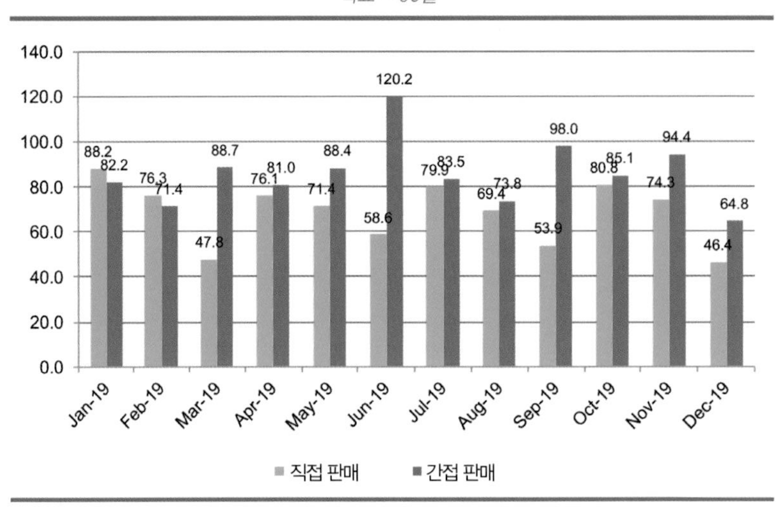

그림 3.4a 잡동사니를 없애자!

해결 방안 3.4: 잡동사니를 없애라!

계약 체결까지의 시간을 나타내는 그래프에서 변경하고 싶은 점을 15개 발견했다. 여러분의 목록에 적힌 항목이 15개 미만이라면 그림 3.4a로 되돌아가 1~2분 정도 더 들여다보면서 추가할 수정 사항이 있는지 확인하라.

준비됐는가? 해야 할 일을 한 단계씩 진행하면서 각 선택 사항에 담긴 사고 과정을 보여주고자 한다.

1. **굵은 선을 없애라** 제목과 그래프 사이, 그리고 그래프 아래쪽 굵은 수평선은 불필요하다. 완결성 원리에 따라 그래프는 이미 전체 중 일부로 보인다. 명확하게 보이려고 부분적으로 감쌀 필요는 없다. 대신 필요에 따라 여백을 활용해 다른 구성 요소에서 제목과 그래프를 떨어뜨려라.

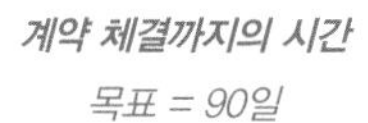

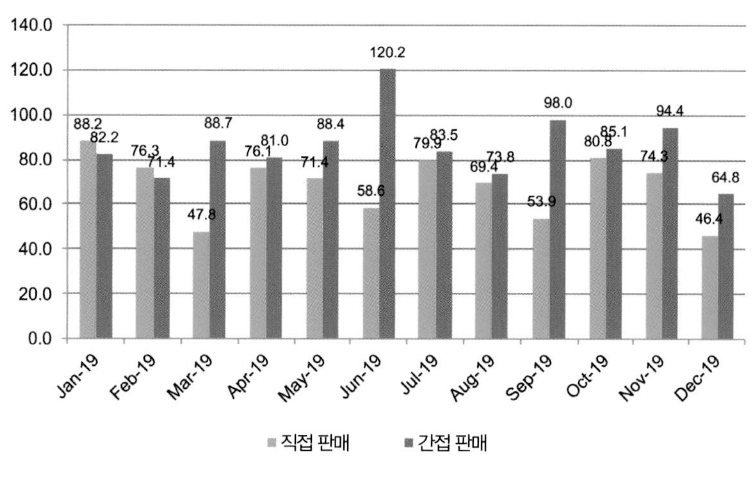

그림 3.4b 굵은 선을 없애라

2. **그리드라인을 없애라** 그리드라인은 불필요하다! 차트 경계선과 그리드라인을 없애는 간단한 단계가 데이터를 얼마나 돋보이게 하는지 놀라울 뿐이다. 그림 3.4c를 보라.

계약 체결까지의 시간

목표 = 90일

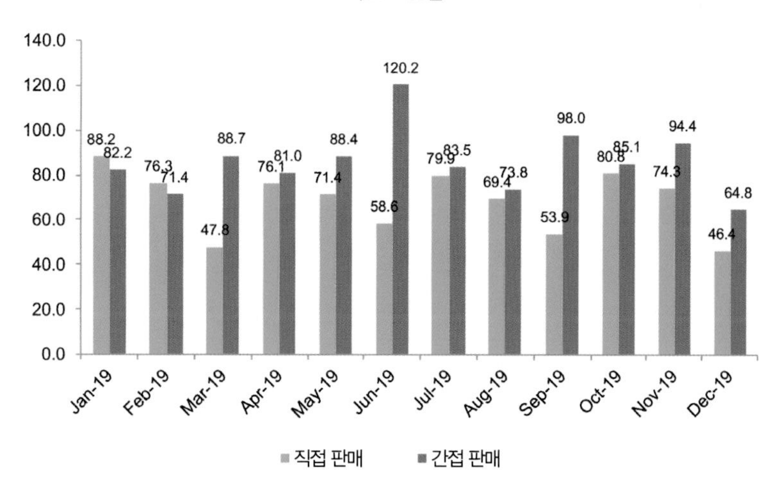

그림 3.4c 그리드라인을 없애라

3. **y축 라벨에서 소수점 아래 0을 빼라** 이건 정말 싫어하는 것이다! 소수점 뒤 0은 아무런 정보도 주지 않는다. 제거하라. 아울러 y축 라벨 간격도 바꿔본다. 20일마다 붙이는 라벨은 숫자 규격상으로는 괜찮지만 여기에선 날짜를 나타내므로 30일(대략 한 달)마다 붙이는 것이 좋을 듯하다. 그러나 30일 간격은 축이 너무 비어 보여 15일마다 라벨을 붙이기로 했다. y축에 제목도 붙여서 보고 있는 것이 무엇인지 알게 하자. 축에 제목을 직접 붙이면 청중이 데이터를 해석하려고 왼쪽을 계속 확인하거나 추정해야 하는 상황이 만들어지지 않는다.

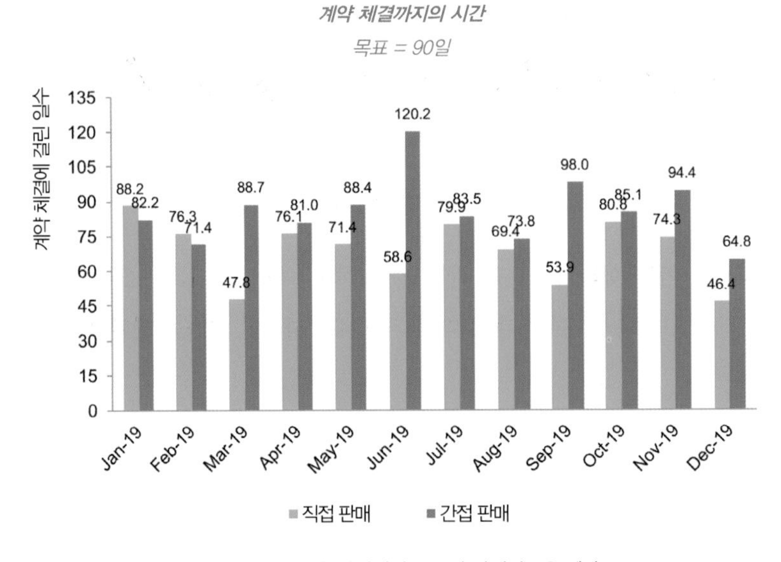

그림 3.4d y축 라벨에서 소수점 아래의 0을 빼라

4. **x축에 대각선으로 쓰인 텍스트를 없애라** 대각선으로 쓰인 텍스트는 혼란스러워 보인다. 게다가 수평으로 쓰인 텍스트보다 읽을 때 시간이 더 걸린다는 연구 결과가 있다(심지어 수직으로 쓰인 텍스트는 대각선 텍스트를 읽을 때보다 시간이 더 걸린다). 데이터로 의사소통하는 목적이 정보의 효율적 전달이라면 (그래야만 하는지 논쟁거리가 될 수 있겠지만) 가능한 한 수평으로 텍스트를 쓰겠다는 목표를 가져라.

대각선으로 쓰인 x축 라벨은 연도 내 모든 날짜를 반복한다는 문제가 있다. 이는 불필요한 공간 제약을 주기 때문에 날짜를 대각선으로 쓸 수밖에 없다. 주 x축 라벨은 월의 줄임말을 써서 이런 현상을 피할 수 있고 연도는 x축 대구분supercategory 라벨이나 제목으로 한다. 이때 간단히 x축에 연도(2019)를 제목으로 붙여 날짜 범위를 명확히 했다.

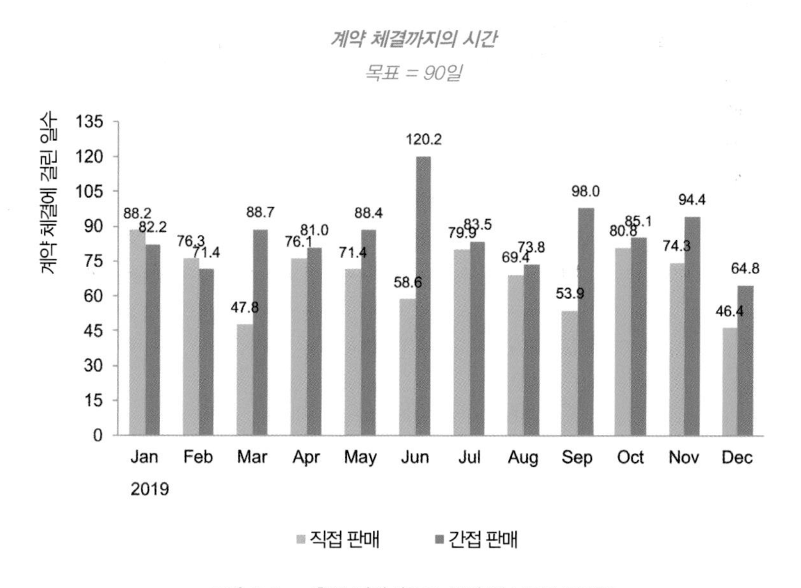

그림 3.4e x축에 대각선으로 쓰인 텍스트를 없애라

5. **막대를 두껍게 하라!** 제일 싫어하는 또 하나는 막대 사이 여백이 막대보다 클 때다. 막대를 두껍게 하라. 게슈탈트의 연결성 원리를 활용해 막대 사이의 거리를 줄이면 막대 간에 선을 눈으로 어림잡아 그려볼 수 있다(여러분 추천 목록에 막대형을 선형으로 바꾸는 것이 있다고 걱정 말라. 내 것에도 있다. 곧 확인하게 된다).

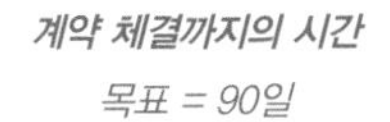

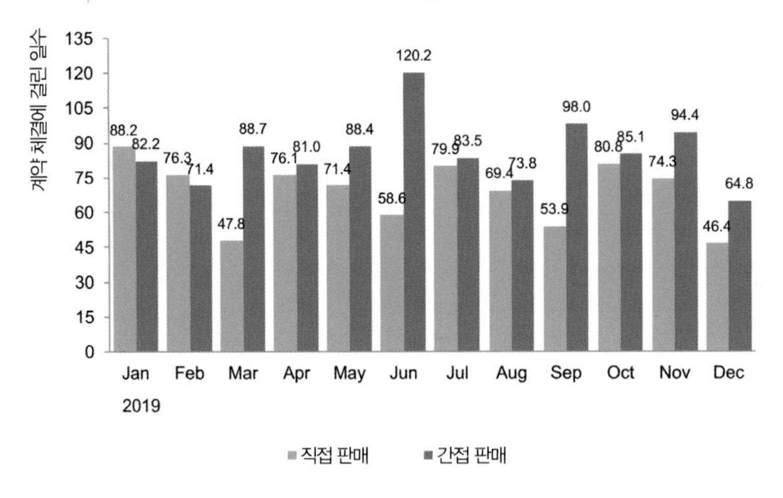

그림 3.4f 막대를 두껍게 하라!

6. **데이터 라벨을 막대의 끝 안에 넣어라** 막대를 두껍게 했기 때문에 막대 안에 데이터 라벨을 넣을 공간이 생겼다. 일종의 인지적 트릭이다. 이전 작업을 돌아보면(그림 3.4f) 각 막대 끝 바깥에 데이터 라벨을 둬서 막대와 라벨이 마치 두 개의 다른 구성 요소 같아 보인다. 이제 막대를 두껍게 했기 때문에 데이터 라벨을 넣을 공간이 확보됐다. 이전에는 명백히 다른 구성 요소처럼 보이던 막대와 라벨이 하나의 구성 요소로 보이게 된다. 실제 데이터를 하나도 줄이지 않고 인식되는 인지적 부담을 줄일 수 있다.

   각 데이터 라벨의 소수점 자리가 지닌 중요성을 앞에서 확인한 바 있다. 맥락에 따라 달라지는 부분이긴 하지만 숫자의 범주를 봤을 때 특이하지는 않다(앞서 언급했듯이 너무 많은 소수점이 전달하는 잘못된 정밀성false precision을 조심할 필요도 있다). 정밀성을 줄이면 막대 끝에 라벨을 더욱 깔끔하게 넣을 수 있는 이점이 더해진다. 라벨은 흰색으로 표시했는데(이전에는 검은색이었다), 이는 단순히 흰색이 주는 대조 효과가 좋아서다. 그림 3.4g를 보라.

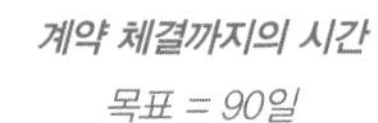

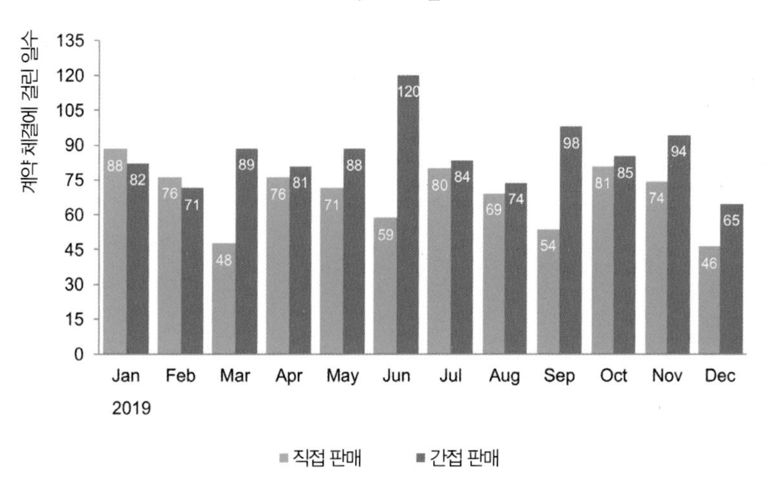

그림 3.4g 데이터 라벨을 막대의 끝 안에 넣어라

7. **데이터 라벨을 없애라** 이전 단계에서 막대 끝 안에 데이터 라벨을 반올림해 넣었다. 기억해야 할 것은 y축과 모든 데이터 지점의 라벨이 둘 다 필요하지는 않다는 것이다. 중복될 뿐이다. 데이터 시각화에서 축을 유지하면서 데이터를 직접 라벨링할지 아니면 둘을 일부 조합할지 결정하는 일은 흔히 발생한다. 결정할 때 염두에 둬야 할 주요 사항은 특정 숫자 값의 중요도다. 직접 판매에서 계약 체결까지의 시간이 11월에는 정확히 74일이 걸렸고 12월에는 정확히 46일이 걸렸다는 사실을 청중이 꼭 알아야 한다면 데이터를 직접 라벨링해 붙이고 y축을 없애야 한다. 그게 아니라 데이터 형태나 일반 추세 혹은 관련성에 초점을 맞추길 원한다면 축은 유지하되 데이터 라벨로 그래프를 어수선하게 하지 않길 권한다.

   여기에선 데이터 형태와 일반 추세가 정확한 숫자 값보다 더 중요해 보인다. 따라서 y축을 유지하고 각 막대에서 데이터 라벨을 없앤다.

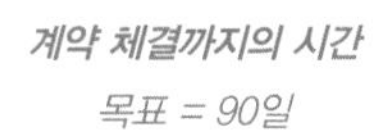

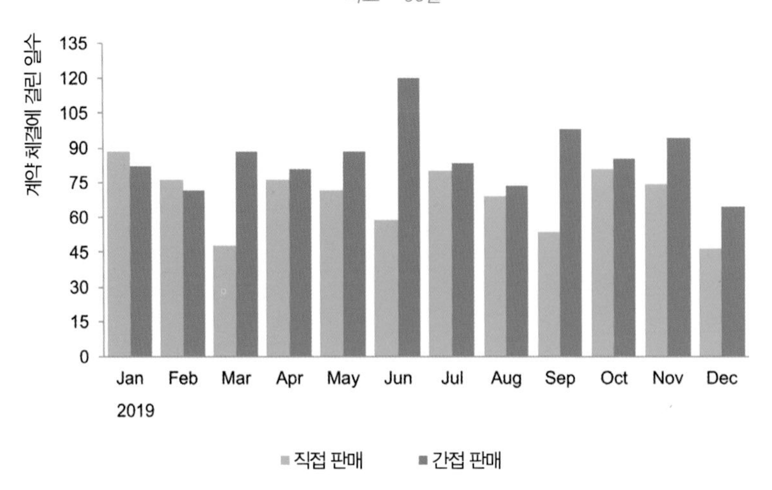

그림 3.4h 데이터 라벨을 없애라

8. **선 그래프를 만들라** '시간에 따른 데이터인데 선 그래프로 하면 안 될까?'라고 생각했다면 전적으로 동감한다. 막대형에서 선형으로 바꾸는 영향도를 확인하라. 잉크가 덜 들고 전체 디자인이 더 깔끔하게 느껴진다. 인지적 부담 관점에서 봤을 때도 커다란 성과를 거둘 수 있다. 24개 막대를 단 두 개의 선으로 대체할 수 있다.

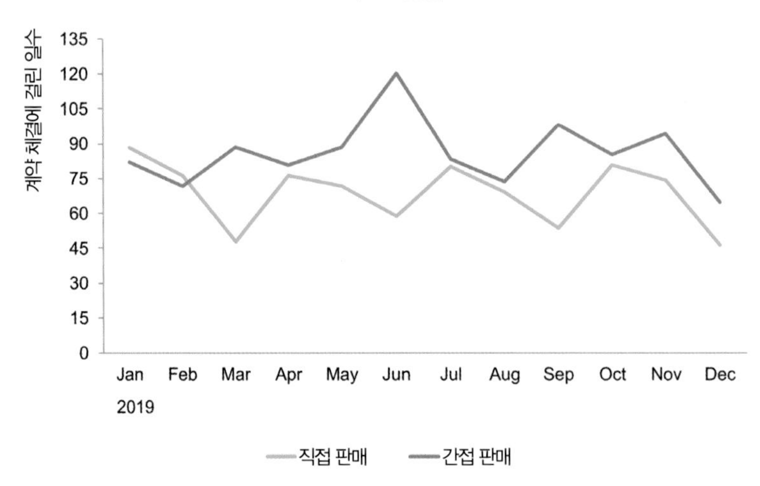

그림 3.4i 선 그래프를 만들라

9. **데이터에 직접 라벨링하라** 그림 3.4i로 되돌아가 범례의 정확한 위치를 찾아라. 범례를 찾으려면 눈으로 약간 훑어봐야 할 것이다. 그렇지 않은가? 이것도 일이다. 인지적 부담을 일으키는 기타 이슈를 줄이려고 수많은 단계를 거쳐왔기 때문에 더 분명히 보인다. 이것은 마치 정보의 설계자처럼 스스로를 파악하고 받아들이고자 하는 유類의 일이다. 청중이 보는 것을 이해하려고 노력을 기울일 필요가 없어야 한다.

   게슈탈트의 원리 중 근접성을 활용해 설명하는 데이터 옆의 오른쪽에 데이터 라벨을 둘 수 있다. 이렇게 하면 데이터 읽는 방법을 이해하려고 찾아 헤매지 않아도 된다.

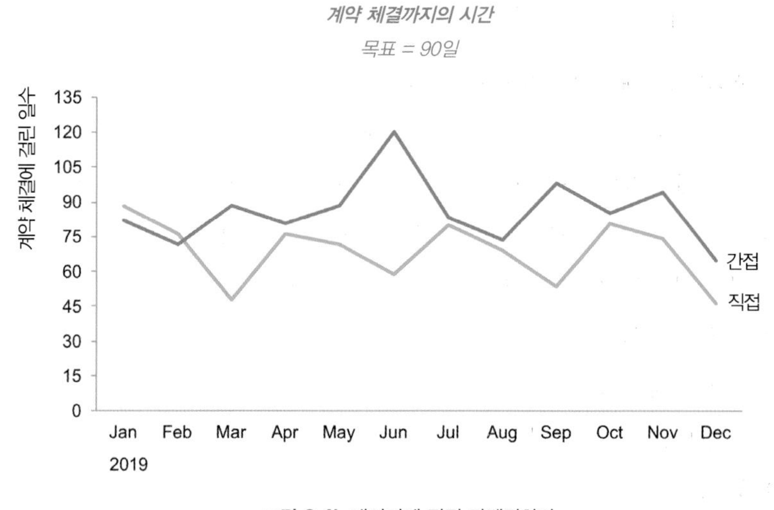

그림 3.4j 데이터에 직접 라벨링하라

10. **데이터 라벨을 데이터와 같은 색으로 하라** 설명하는 데이터 옆 오른쪽에 데이터 라벨을 붙이는 것으로 근접성을 사용했으니 유사성도 활용해보자. 설명하는 데이터와 데이터 라벨을 같은 색으로 맞춘다. 두 개가 연관성이 있다는 것을 청중이 알 수 있도록 하는 또 다른 시각적 단서가 된다.

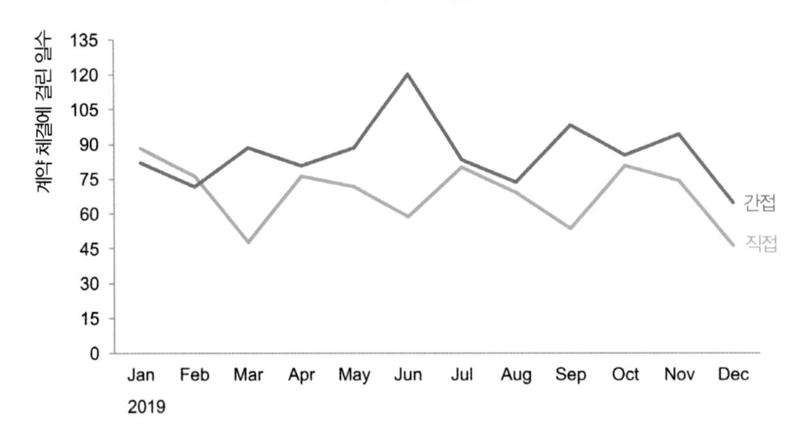

그림 3.4k 데이터 라벨을 데이터와 같은 색으로 하라

11. **상단 가장 왼쪽에 그래프 제목을 넣어라** 별다른 시각적 이유는 없으나 청중은 여러 분이 보여주는 페이지, 스크린 혹은 그래프 상단 왼쪽부터 시작해 'z자' 모양으로 지그재그 읽어 내려오면서 정보를 얻는다. 그러므로 상단 가장 왼쪽에 그래프와 축 제목 및 라벨을 맞추는 것이 좋다. 청중이 데이터 읽는 방법을 알고 나서 데이터 자체에 접근한다는 의미다. 연습 문제 3.3에서 밝혔듯이 텍스트 중앙 정렬을 가급적 피하는 편이다(그림 3.4k를 다시 보고 그래프 제목의 위치를 확인하라). 구성 요소가 공간에 매달린 것처럼 보이고 여러 줄로 텍스트를 쓰면 들쭉날쭉한 테두리가 만들어져 어수선해 보인다. 제목 위치를 바꾸고 불필요한 이탤릭체도 제외했다.

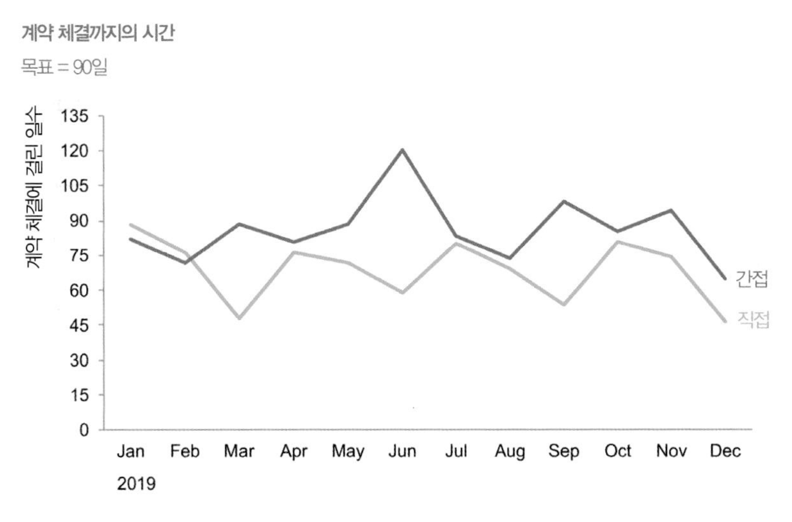

그림 3.4l 상단 가장 왼쪽에 그래프 제목을 넣어라

12. **제목에서 색을 빼라** 지금까지 그래프 제목은 청색이었다. 어느새 청색을 데이터의 간접 추세와 연결하고 있지 않았는가? 이것이 바로 게슈탈트의 원리 중 유사성이 적용된 예다. 자연스럽게 비슷한 색끼리 연결하게 된다. 여기에선 잘못된 관련성이므로 제목 전체에서 색을 빼내 잘못을 없애자(자연스럽게 관련 짓는 것을 활용하려고 제목에 색을 넣는 또 다른 접근 방법은 나중에 살펴본다).

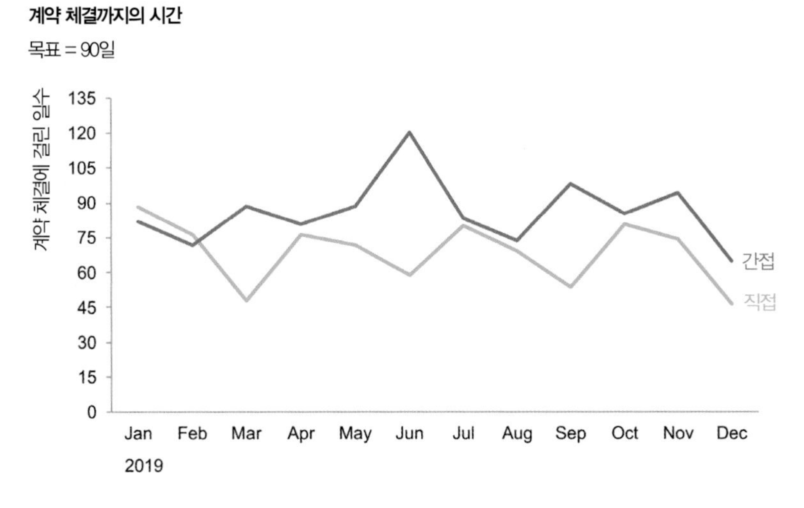

그림 3.4m 제목에서 색을 빼라

13. 그래프 안에 목표를 넣어라 부제목은 계약 체결까지 걸리는 시간에 대한 목표가 90일임을 알려준다. 목표를 데이터와 연관 짓기를 원한다면(목표 이상에 있는가? 이하에 있는가?) 여기에선 이게 맞는 것으로 보이므로 그래프에 직접 정보를 넣어 시각적으로 데이터와 비교할 수 있게 하면 심각하게 고민할 필요가 없어진다.

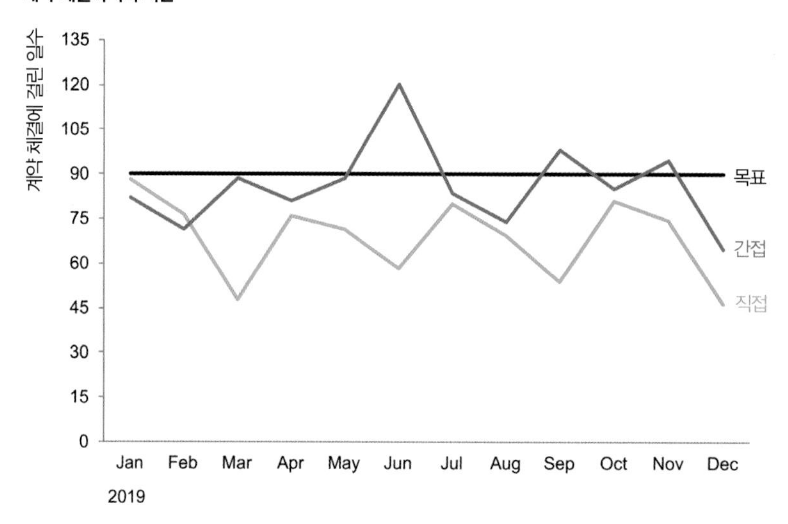

그림 3.4n 그래프 안에 목표를 넣어라

14. '목표'를 최상으로 시각화하려고 반복하라 이전 그래프에서 목표 라인은 아주 뚜렷하게 그어졌다. 다른 시각으로도 살펴보자. 진행하는 동안 여러 다른 방법이 다양한 지점에서 어떻게 유용할 수 있는지 스스로 반복하고 검토하는 시간을 갖도록 하는 좋은 사례다. 목표나 타깃을 표시하는 데 점선 이용을 좋아하지만 라인이 굵으면 시각적 잡동사니가 된다. 조금 얇은 선을 사용하면 강조가 덜 된다. 즉, 알아보긴 쉽지만 관심을 끌어내진 못한다. 또한 목표GOAL와 같이 짧은 문구는 모두 대문자로 표시하는 것을 선호한다. 대문자가 보기 쉽고 멋진 사각형 형태를 만들기 때문이다(반대로 대문자와 소문자가 혼합된 형태를 예로 들어 설명하면, 문자 l는 문자 a보다 세로로 더 길어서 위쪽에 깨끗한 선이 만들어지지 않는다).

목표 라인 반복 연습하기

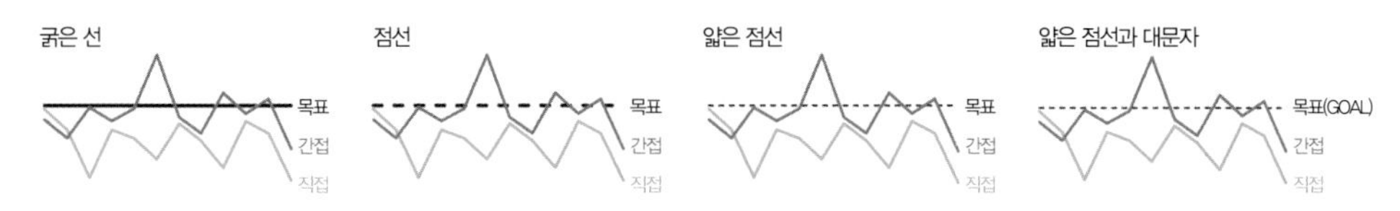

그림 3.4o 반복하기: 목표 라인을 각기 다른 포맷으로 만들기

마지막 그래프를 더 크게 해서 보자.

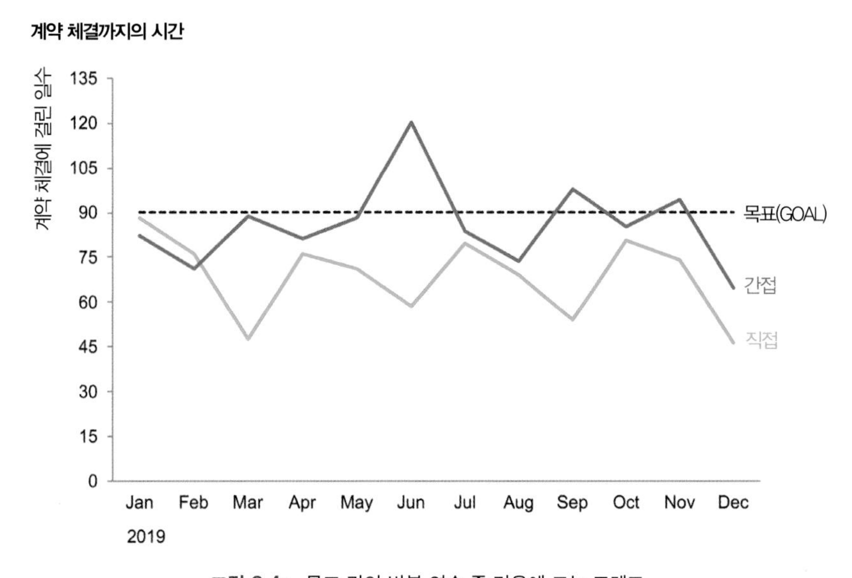

그림 3.4p 목표 라인 반복 연습 중 마음에 드는 그래프

15. 색을 없애라 그래프의 선과 선 사이에 공간 분리가 충분하다면 굳이 구분 지으려고 색을 사용할 필요는 없다. 모두 회색으로 표시했다. 주의를 집중시켜야 한다면 색을 다시 쓴다. 그것은 다음에서 해보자.

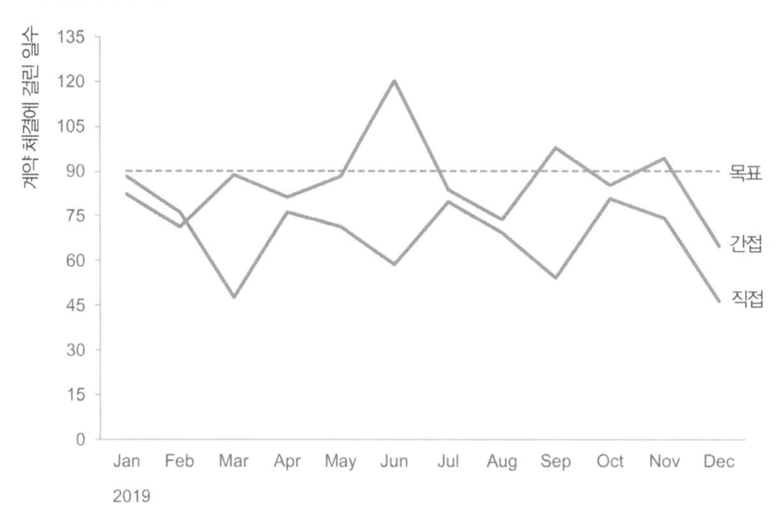

그림 3.4q 색을 없애라

주의 집중시키기 앞서 나가고 있긴 하지만 일단 여기까지 왔으니 같은 그래프로 끝까지 가는 게 맞을 것 같다. 이제부터는 단계에 숫자를 붙이지 않는다. 잡동사니 없애기는 하지 않을 것이기 때문이다. 이전 그래프에서 전부 배경으로 보내고 모두 회색으로 했다. 이제 청중의 관심을 어디에, 그리고 어떻게 돌릴 것인가 고민하게 된다. 데이터를 눈에 띄게 하는 방법에는 여러 가지가 있다. 여기에선 간접 데이터 계열에 주의를 끌어내겠다고 가정하자.

그림 3.4r은 이를 달성할 수 있는 하나의 방법을 설명한다.

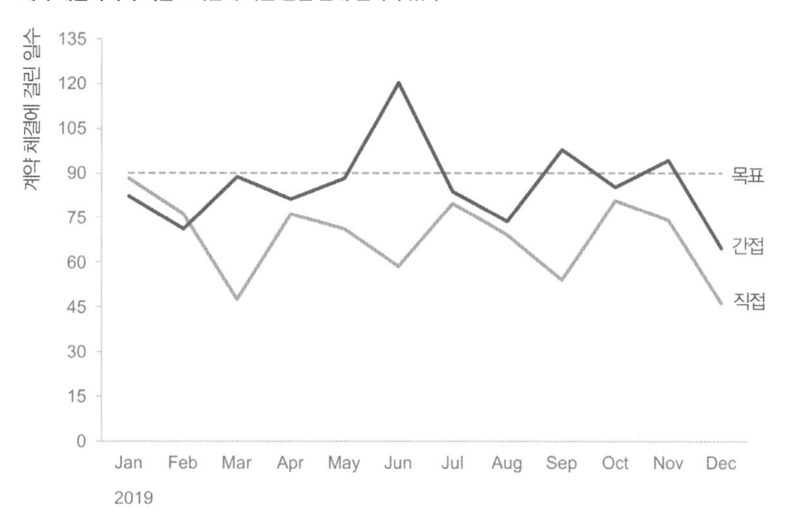

그림 3.4r 주의 집중시키기

그래프 위쪽에 비슷한 색으로 쓴 문구가 어떻게 그래프 내 간접 추세와 시각적으로 묶이는지 주목하라. 최초 그래프에서 청색 제목과 청색 추세를 묶으려 했던 것과 유사하겠지만 지금은 이해시키려 의도적으로 시도한다. 그래프 상단 문구를 읽으면서 청중은 데이터를 보기도 전에 무엇을 찾아야 하는지 알게 된다. 훑어보고 이해하기가 편하다는 관점에서 보면 몇 초만 들여다봐도 색이 있는 글자와 선이 주의를 끌어 간접 판매 계약을 체결하기까지의 시간이 변화한다는 중요 사항을 빠르고 확실하게 얻을 수 있다.

또 다른 측면으로 주의 집중시키기 같은 전략을 활용해 일부 강조된 중요 데이터 지점을 다른 지점으로 만들 수도 있다. 그림 3.4s를 보라.

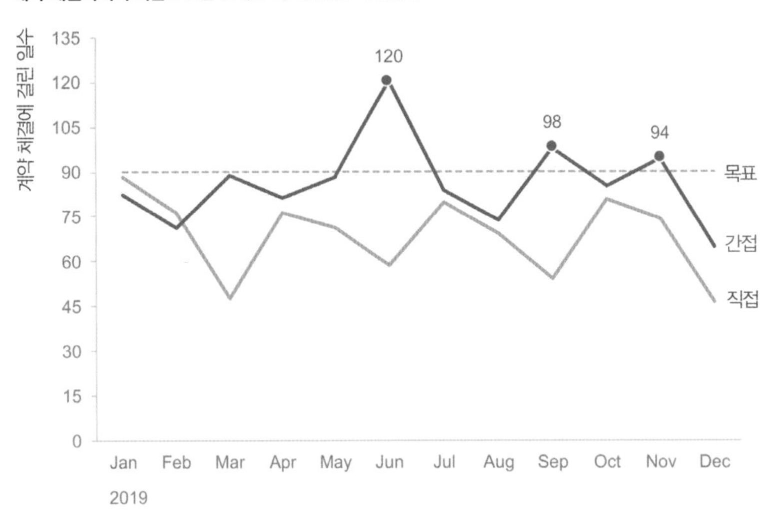

그림 3.4s 또 다른 측면으로 주의 집중시키기

직접 주의를 이끌려고 다른 색 사용하기 다른 색을 사용함으로써 이전 사례를 한 단계 더 좋아지게 할 수 있다. '좋음'을 녹색으로, '나쁨'을 적색으로 쓰는 것은 피하는 게 좋다. 색맹인 청중은 접근하기 어렵기 때문이다. 밝은 오렌지색은 적색과 마찬가지로 부정적 인상을 주면서 우리가 쓴 다른 색에 비해 매우 두드러져 보인다(청색은 특정 음영을 선택했는데 고객의 브랜드 이미지와 맞기 때문이다).

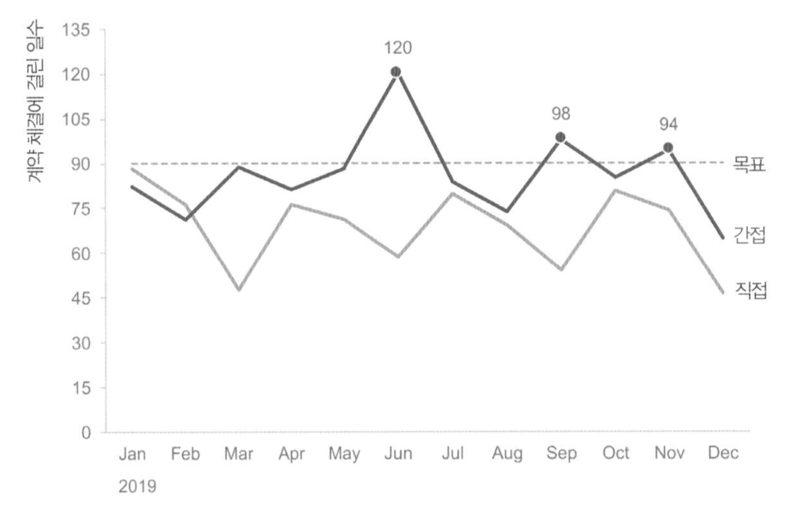

그림 3.4t 직접 주의를 이끌려고 다른 색 사용하기

다른 중요 사항에 주의 집중시키기 목표를 달성하지 못한 횟수가 우리가 원하는 가장 중요한 것이 아니라면 메타 중요 사항에 직접 주의를 끌어낼 수도 있다. 간접 판매와 직접 판매 모두 대부분 목표를 달성했다. 이런 점을 명확히 보여주려고 문구와 색을 이용할 수 있다. 마지막 데이터 마커와 라벨을 넣으면 12월 간접 판매와 직접 판매의 계약 체결까지의 시간을 서로 비교할 때, 그리고 목표 대비 비교할 때 어느 정도인지 확실히 비교할 수 있다.

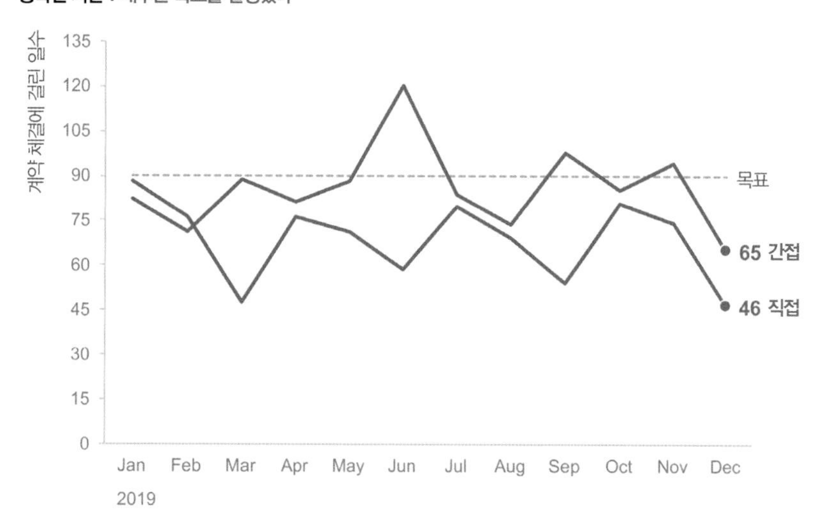

그림 3.4u 다른 중요사항에 주의 집중시키기

4장에서는 주의를 집중시키게 만드는 더 많은 전략을 살펴볼 것이다.

자, 다음으로 넘어가 스스로 연습 문제를 풀어보도록 하자.

작은 변화가 모여 큰 영향을 줄 수 있다. 인지적 부담을 줄이고 시각화 자료를 상호 작용하기 더 쉽게 만드는 방향으로 말이다. 계속해서 잡동사니를 파악하고 없애는 연습을 이어간다.

연습 문제 3.5: 어떤 게슈탈트의 원리가 작용하는가?

지금까지 여러 사례에서 논의하고 그림을 그려본 바와 같이, 게슈탈트의 원리는 없애야 하는 잡동사니가 무엇인지에 대한 근거를 제공하고 구성 요소끼리 다양한 방법으로 연결 지어 우리가 보는 것을 체계적으로 만들 수 있게 한다. 이제까지 다뤘던 근접성, 유사성, 공통성, 완결성, 연속성, 연결성의 6가지 원리를 생각해보자. 그리고 다음 시각화 자료를 살펴보라.

그림 3.5에서 어떤 게슈탈트의 원리가 이용됐는가? 어디에, 어떻게 이용됐는가? 각각 어떤 영향을 미쳤는가?

성장 유형별 지갑 점유율[1]

성장 유형	계좌 수	수입 분배 기회 (백만 달러)	수입 유지 기회 (백만 달러)
급성장세	407	$1.20	$16.50
성장세	1,275	$8.10	$101.20
안정세	**3,785**	**$34.40**	**$306.30**
하락세	**1,467**	**$6.50**	**$107.20**
급하락세	623	$0.40	$27.70
총합	7,557	$50.60	$558.90
안정세 및 하락세 추이	총 계좌 수의 **69%**	수입 분배 기회의 **81%**	수입 유지 기회의 **74%**

그림 3.5. 어떤 게슈탈트의 원리가 작용하는가?

1 한 기업에 할당된 소비자 한 명의 가처분 소득 비율 - 옮긴이

연습 문제 3.6: 효과적인 시각화 자료 찾기

효과적이라고 믿는 그래프 사례를 찾아라. 각자 작업에서 찾을 수도 있고 다른 사람의 작업이나 미디어, storytellingwithdata.com 혹은 기타 소스에서 찾을 수도 있다. **게슈탈트의 원리가 이용됐는가?** 이용됐다면 어떤 것이, 어떻게 활용됐는가? 목록으로 만들라! 파악한 게슈탈트의 원리가 무엇을 이루는 데 도움을 주는가? 이 밖에 그래프에서 마음에 든 것은 무엇인가? 무엇이 그래프를 효과적으로 만드는가?

각자의 평가를 요약한 한두 개 구문을 써라. 다음을 참조하라.

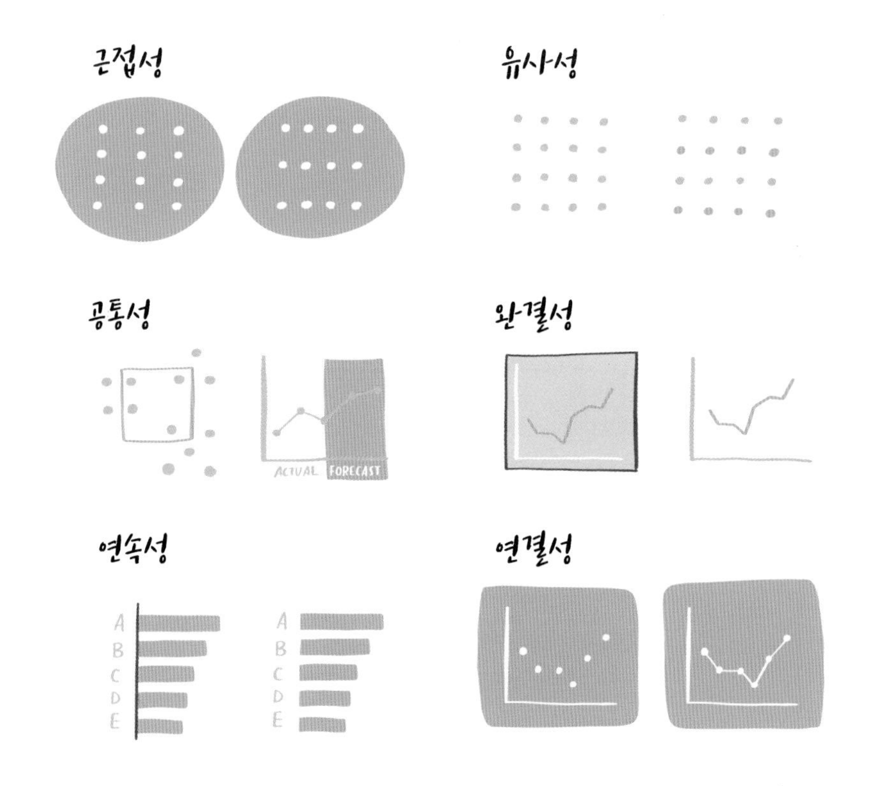

연습 문제 3.7: 정렬과 여백

정렬과 여백, 두 가지는 잘 적용했더라도 쉽게 눈에 띄지 않는 시각적 디자인의 요소다. 하지만 잘 적용되지 않았을 때는 결과물인 시각화 자료에서 바로 알 수 있다. 데이터와 메시지가 산만해 체계적이지 않아 보이거나 세부 사항에 대한 주의 부족이 드러난다.

그림 3.7은 어느 식료품 제조 회사에서 다양한 음료수 공정의 확장 가능성을 조사한 결과를 토대로 소비자 감성 추이를 보여주고 있다.

1단계: 정렬과 여백을 효과적으로 사용하려면 어떤 상세한 변경 사항을 권할 수 있는지 살펴보고 목록으로 만들라.

2단계: 3장에서 다뤘던 다른 연습 문제로 돌아가 생각하라(게슈탈트의 원리, 잡동사니 없애기, 대조 적용하기 등을 이용하라). 잡동사니를 없애든가 혹은 다른 방법으로 시각화 자료를 개선하려면 취할 수 있는 단계가 무엇인가?

3단계: 데이터를 다운로드해 기존 그래프를 여러분이 권장하는 방법으로 변경하거나 마음에 드는 툴에 데이터를 넣어 구성 요소를 정렬하고 여백을 활용해 잡동사니가 없는 시각화 자료를 만들라.

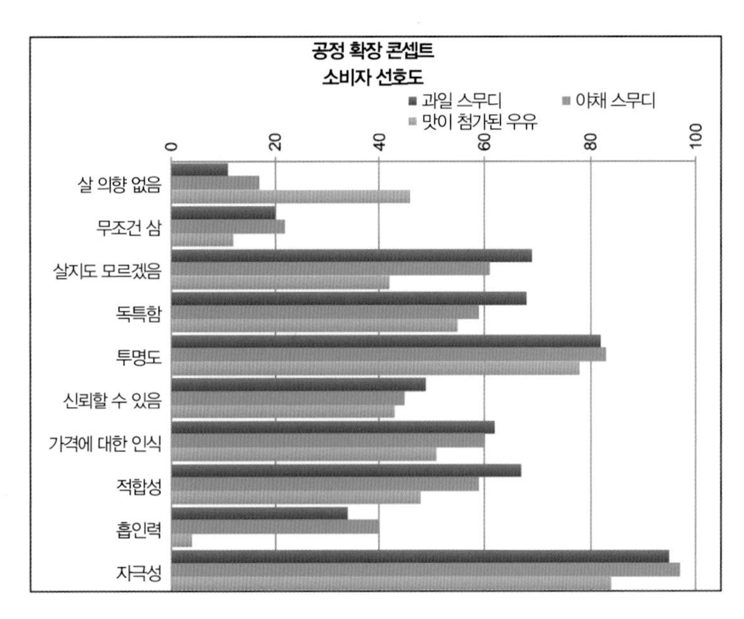

그림 3.7 여백과 정렬로 어떻게 시각화 자료를 개선할 수 있는가?

연습 문제 3.8: 잡동사니를 없애라!

여러 사례로 봤듯이 필요하지 않은 것을 시각화 자료에서 파악하고 없애는 것은 매우 큰 가치를 지닌다. 없애는 각 구성 요소로 말미암아 데이터가 더욱 눈에 띄게 되고 공간적으로도 자유롭게 돼 중요사항을 추가할 수 있게 된다. 계속해서 시각적 디자인에서 잡동사니를 파악하고 없애는 중요한 기술을 연습하자. 제시하는 몇 가지 사례에서 이제까지와 조금 다른 형태의 잡동사니를 파악할 기회를 얻게 된다.

그림 3.8은 시간에 따른 고객 만족도 점수를 나타내고 있다. **없애야 할 불필요한 시각적 구성 요소는 무엇인가?** 인지적 부담을 줄이기 위해 할 수 있는 기타 변경 사항은 무엇인가? 그래프에서 잡동사니를 없애려면 해야 할 변경 사항을 노트하라.

한 걸음 더 나아가려면 데이터를 다운로드해 기존 그래프에서 권장한 내용을 변경하거나 마음에 드는 툴에 데이터를 적용해 잡동사니가 없는 시각화 자료를 만들라.

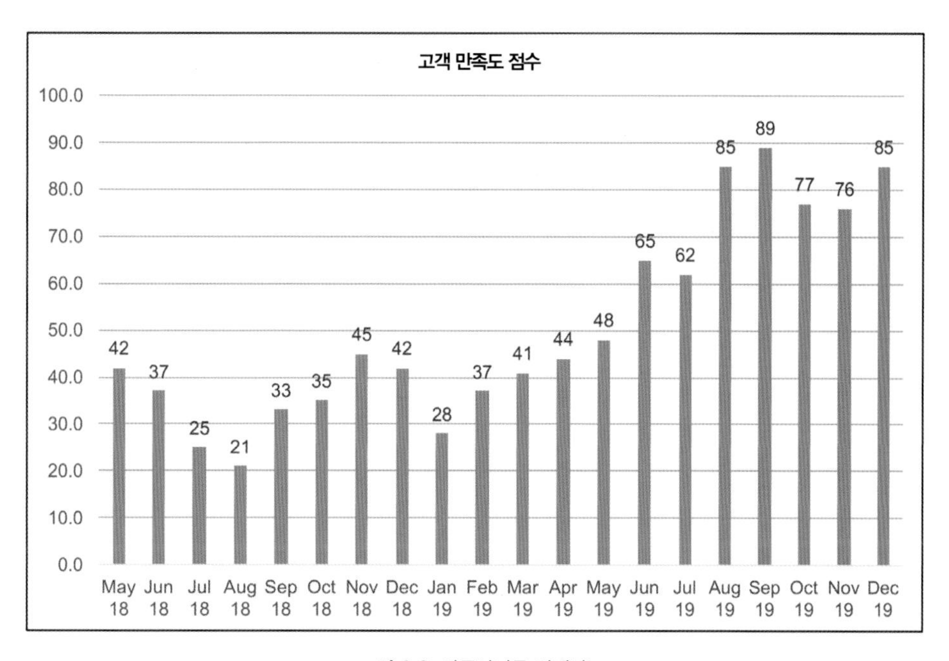

그림 3.8 잡동사니를 없애자!

연습 문제 3.9: 잡동사니를 없애라 (다시!)

잡동사니는 다양한 형태를 지닌다. 개선할 수 있는 또 다른 그래프의 사례를 살펴보자.

그림 3.9는 전국 체인의 대리점에서 팔린 월별 자동차 수를 보여준다. **없애야 할 불필요한 시각적 구성 요소는 무엇인가?** 인지적 부담을 줄이기 위해 할 수 있는 기타 변경 사항은 무엇인가? 그래프에서 잡동사니를 없애려면 해야 할 변경 사항을 노트하라.

한 걸음 더 나아가려면 데이터를 다운로드해 기존 그래프에서 권장한 내용을 변경하거나 마음에 드는 툴에 데이터를 적용해 잡동사니가 없는 시각화 자료를 만들라.

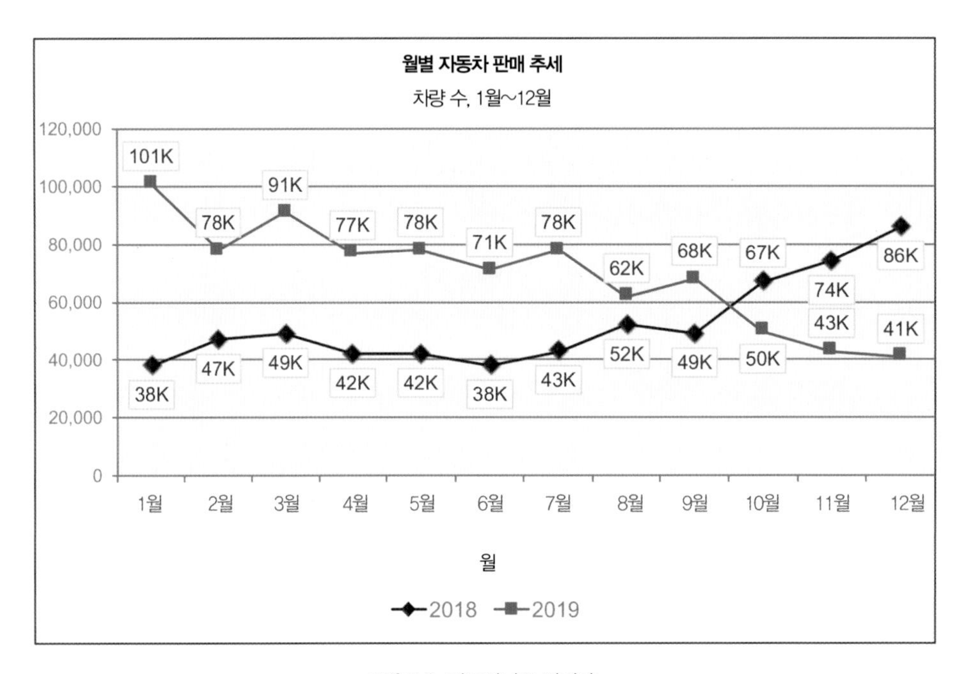

그림 3.9 잡동사니를 없애자!

연습 문제 3.10: 잡동사니를 없애라 (한 번 더!)

잡동사니를 파악하고 없앨 수 있는 또 한 번의 기회가 있다. 그림 3.10은 어느 은행에서 상품별로 자동 납부 방법을 사용하는 고객의 비율을 보여준다. **없애야 할 불필요한 시각적 구성 요소는 무엇인가?** 인지적 부담을 줄이기 위해 할 수 있는 기타 변경 사항은 무엇인가? 그래프에서 잡동사니를 없애려면 해야 할 변경 사항을 노트하라.

한 걸음 더 나아가려면 데이터를 다운로드해 기존 그래프에서 권장한 내용을 변경하거나 마음에 드는 툴에 데이터를 적용해 잡동사니가 없는 시각화 자료를 만들라.

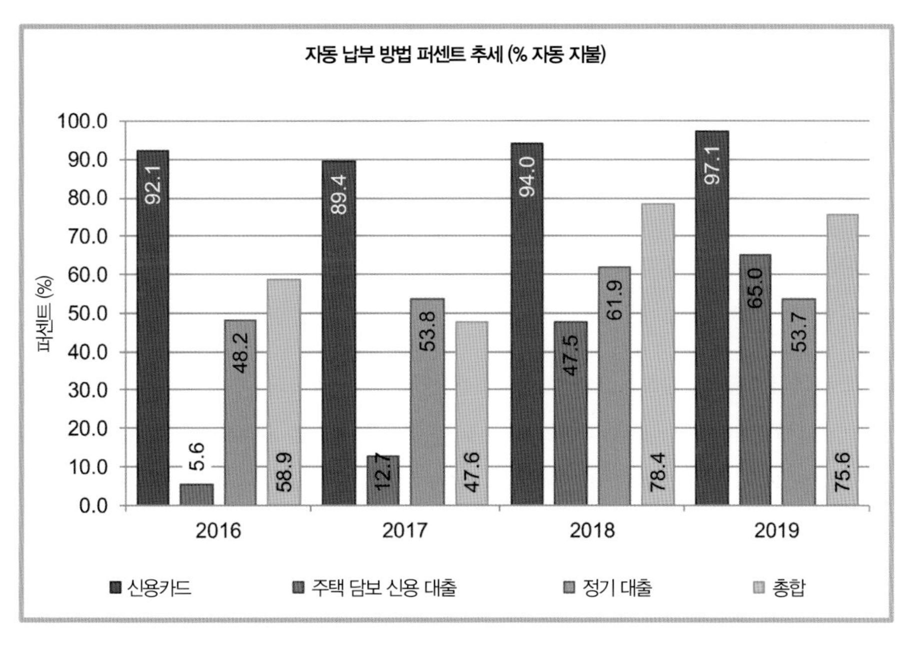

그림 3.10 잡동사니를 없애자!

직장에서 연습하기

적용할 두 가지 간단한 팁과 고려해야 할 질문 사항으로 잡동사니 없애기 연습을 마무리하려 한다. 효과적인 의사소통 방법에 불필요한 구성 요소를 개입시키지 말라!

연습 문제 3.11: 빈 종이로 시작하기

시각화 자료에서 잡동사니를 만들어내는 요인은 우리가 사용하는 툴일 때가 많다. 그림을 그릴 때 펜이나 연필로 한 획 그리는 것조차 노력이 필요한 일이다. 가치가 없으면 그런 노력을 조금도 하지 않는다. 말하자면 아무 정보도 주지 않는non-information-carrying 구성 요소가 나름의 방식으로 우리 디자인에서 자리를 잡는 것이 더 어렵다는 의미다.

2장에서 브레인스토밍과 반복을 위해 데이터의 다양한 그래프로 그림 그리기를 이용했던 것과 같이 잡동사니를 없애는 관점에서도 그리기의 이점은 있다.

데이터로 의사소통하는 데 필요한 프로젝트를 생각하라. 데이터와 의사소통하기를 원하는 것에 익숙해지는 데 시간을 투자하라. **스스로 빈 종이를 가져와 시각화 자료를 스케치하라.** 필수적이지 않은 것을 포함했는지 살펴보라. 일단 종이에 직접 그려본 후 아이디어 실현에 이용할 수 있는 전문가나 툴이 무엇인지 판단하라.

연습 문제 3.12: 정말 필요한가?

어떤 것을 한데 모으는 데 시간을 들이고 나면 새로운 시각으로 무엇을 없애야 할지 결정하는 일이 어려울 수 있다. 시각화 자료를 만든 뒤 잠시 멈추고 스스로에게 다음과 같이 질문하라. 아니면 정기 보고서나 대시보드에서 기존 시각화 자료를 가져와 잡동사니를 없애면 얼마나 개선될 수 있는지 평가하라.

- **없앨 수 있는 시각적 잡동사니는 무엇인가?** 각자 제시한 데이터나 메시지를 방해하는 불필요한 구성 요소가 있는가? 대개 경계선이나 그리드라인을 없앨 수 있다. 불필요하게 복잡한 면이 있는가? 어떻게 단순화하겠는가? 일처럼 느껴지는 것은 무엇인가? 어떻게 고칠 수 있겠는가? 인지적 부담을 줄이기 위해 할 수 있는 기타 변경 사항은 무엇인가?
- **간소화할 수 있는 불필요한 정보가 있는가?** 제목을 명확히 하고 모든 것에 라벨을 붙이는 것은 중요하다. 하지만 없앨 수 있는 불필요한 부분을 찾아라. 예를 들어 축이나 데이터 라벨이 여러분의 니즈에 딱 맞는지 판단하라. 둘 다 필요하지는 않다. 단위는 명확히 보여줘야 하지만 모든 데이터 지점에 붙일 필요는 없다. 간소화하기를 도우려면 제목을 효과적으로 붙여라.
- **보여주는 모든 데이터가 필요한가?** 그래프나 발표 자료에 있는 각 데이터를 훑어보고 필요한지를 스스로에게 질문하라. 어떤 데이터를 없애기로 했다면 잃을 수 있는 상황 정보는 무엇인지 고려하라. 어떤 때는 여전히 의미가 통한다. 보여주기에 적절한 시기는 언제인지 생각하라. 중요한 비교 지점은 무엇인가? 모두 똑같이 중요한가? 총합이나 빈도가 주는 의미가 무엇인지 생각하라. 일별 데이터를 주별로, 월별 데이터를 분기별로 하면(예를 들어) 단순화돼 중요한 추세를 알아보기가 더 쉬워진다.
- **배경으로 보낼 것은 무엇인가?** 차트나 페이지에 있는 모든 구성 요소가 똑같이 중요하지는 않다. 직접 관심을 일으키는 데 도움을 주려고 아무런 메시지도 주지 않는 non-message-impacting 구성 요소를 회색으로 만들어 배경으로 밀어내면서 전략적 대조를 적용할 수 있는 부분은 어디인가?
- **피드백을 구하라.** 동료에게 시각화 자료를 보여주고 여러분이 대답할 수밖에 없는 핵심 질문을 해달라고 요청하라. 여러분 스스로 "이건 무시해"와 같은 말을 하거나 동료가 여러분이 생각한 지점이 확실한지 묻는다면, 이는 덜 중요한 구성 요소를 배경으로 보내거나 완전히 없애는 등 시각화 자료를 다듬는 데 이용할 수 있는 구두 신호verbal cues라고 보면 된다. 변경하고 나서 다른 사람에게도 같은 과정을 밟아라. 피드백을 반복해서 받으면 작업은 좋은 수준에서 매우 좋은 수준으로 올라간다.

연습 문제 3.13: 토론해보자

3장의 수업과 연습 문제와 관련해 다음 질문을 생각하고 파트너나 그룹과 토의하라.

1. 잡동사니를 파악하고 없애는 것은 왜 중요한가? 앞으로 시각적인 의사소통 자료에서 없앨 잡동사니의 일반 형태는 무엇인가? 잡동사니를 없애는 데 시간을 쓰는 것이 적절하지 않을 때는 언제인가?
2. 게슈탈트의 원리를 살펴보라. 실제 업무에서 더 많이 이용하고 싶은 것은 어느 것인가? 어떻게 할 생각인가? 업무에서 해당 원리를 사용하는 방법이 적절하지 않거나 불명확한 지점이 있는가?
3. 여러분의 그래프 애플리케이션이 시각화 자료에 흔히 추가하는 잡동사니가 있는가? 툴을 더 효율적으로 이용하려면 잡동사니 없애는 과정을 어떻게 간소화할 수 있겠는가?
4. 시간에 따른 데이터 추이를 막대형으로 만든 몇 가지 사례를 살펴봤다. 잡동사니를 없앤다는 관점에서 데이터를 선 그래프로 보여주는 것의 이점은 무엇인가? 이렇게 하는 것이 적절할 때는 언제인가? 어떤 시나리오에서 막대형을 유지하게 되는가?
5. 3장에서 앞으로 적용할 계획이 있는 수업 내용 중 하나의 팁을 선택하라면 무엇인가? 어디에서 어떻게 이용할 것인가? 주어진 전략을 '실행하지 않을' 예외 사항을 예측할 수 있는가?
6. 구성 요소를 정렬하고 여백을 유지하면서 전략적 비교를 적용하라. 이렇게 하면 그래프가 좋아지는가 아니면 더 좋은 방법이 있는가? 이런 종류의 세부 사항에 대한 관심이 중요한가? 이유는 무엇인가?
7. 잡동사니가 바람직할 수 있는 상황을 생각해낼 수 있는가? 언제, 왜 바람직한가?
8. 3장에서 설명된 전략과 관련해 여러분 자신이나 팀에 하나의 구체적인 목표를 세운다면 무엇인가? 스스로(혹은 여러분의 팀)에게 목표를 어떻게 설명할 수 있겠는가? 누구에게 피드백을 구할 생각인가?

4장

주의 집중시키기

청중이 어디를 보길 원하는가? 단순한 질문이지만 그래프와 그래프를 포함한 페이지를 만들 때 흔히 고려하지 않는 부분이다. 청중이 어디에 주의를 기울여야 할지, 그리고 순서를 대체로 어떻게 할지 명확히 하려고 시각화 자료에서 계획된 단계를 취한다. 여기에 사전 주목을 이끄는 속성preattentive attributes, 즉 색, 크기, 위치 등을 전략적으로 활용할 수 있다. 데이터를 볼 때 모두가 같은 것을 보진 않는다. 하지만 공들여 생각해 만든 디자인 단계로 청중이 올바른 지점에 집중할 수 있도록 도울 수는 있다.

주의 집중시키기를 연습하자!

우선 『데이터 스토리텔링』 4장의 주요 수업 내용을 복습하겠다.

『데이터 스토리텔링』 4장 우선 '청중의 주목을 이끌어라'를 요약해 보자

여러분의 두뇌를 보라

여러분이 보는 방법을 간략히 요약한 그림

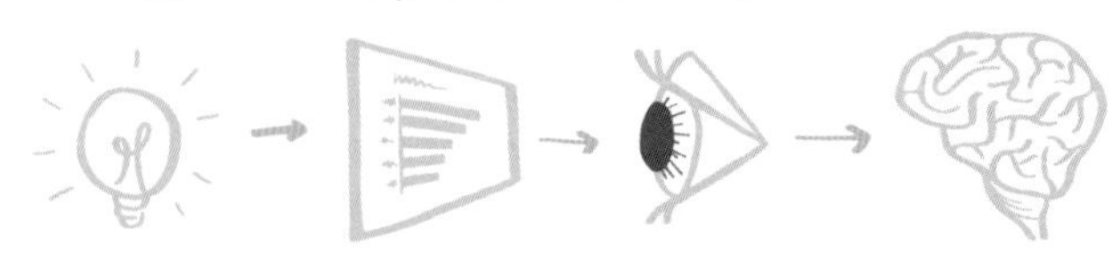

기억의 세 가지 유형

아이콘* | 단기 | 장기

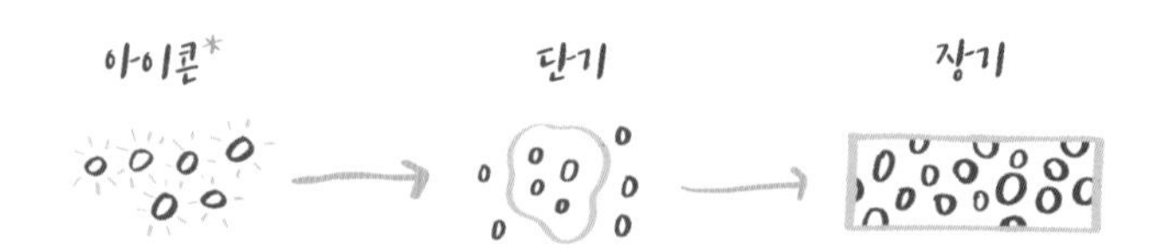

아이콘*: 전달하기 전 몇 분의 일 초도 안 되는 순식간

* 사전 주목을 이끄는 속성을 알아채라!

단기: 사람들은 한 번에 약 4가지 정보를 보관할 수 있다.

정보는 사라져서 잊혀지거나 장기 기억으로 이동한다.

장기: 청중에게 다가가려고 시도하는 것

스토리가 도움이 된다. 이에 대해서 곧 더 많은 이야기를 하게 된다.

사전 주목을 이끄는 속성

시각적 체계를 찾아 만들어내는 신호는 정보 처리 과정을 쉽게 한다.

방향 | 형상 | 선 길이 | 선 폭

크기 | 곡선 | 마크 추가 | 울타리 치기

색조 | 명암 | 공간 위치 | 움직임

기억하라

기억해야 할 구체적인 속성

크기 — 상대적 크기의 차이는 상대적 중요도를 나타낸다.

색조(색) — 가끔 쓰면 청중의 주의를 끌어낼 수 있는 가장 전략적인 도구가 된다.

공간 위치 — 다른 시각적 암시가 없다면 상단 왼쪽에서 시작해 페이지를 Z모양으로 지그재그 내려오며 정보를 얻는다.

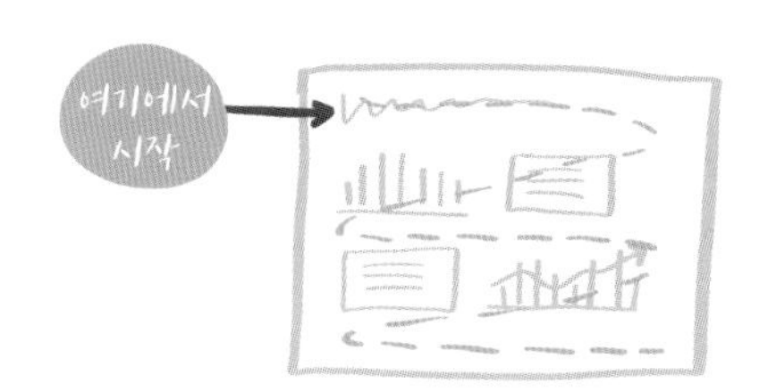

자연스러운 구성으로 작업할 목적이라면 중요 정보는 상단 왼쪽에 두라. 아니면 어떤 순서로 읽어야 할지를 명확히 밝혀라.

시선을 이끄는 곳은 어디인가?

사전 주목을 이끄는 속성을 전략적으로 활용하고 있는지 평가하기 위한 테스트

눈을 감아라.

그런 다음 눈을 뜨고 슬라이드나 그래프를 다시 보라.

시선이 가는 곳을 기록하라.

아마 청중의 시선도 똑같은 곳으로 갈 것이다.

필요하면 평가하고 자료를 변경하라.

콜과 함께 연습하기

4.1
시선을 이끄는 곳은
어디인가?

4.2
주의 집중하기

4.3
주의를 이끄는
다양한 방법

4.4
모든 데이터를
시각화하기

스스로 연습하기

4.5
시선을 이끄는 곳은
어디인가?

4.6
테이블 데이터에
집중하기

4.7
주의를 이끄는
다양한 방법

4.8
어떻게 주의를
집중시킬 수
있는가?

직장에서 연습하기

4.9
시선을 이끄는 곳은
어디인가?

4.10
여러분의 툴로
다양한 연습하기

4.11
어디에
집중해야 하는지
이해하기

4.12
토론해보자

콜과 함께 연습하기

주의 끌어내기를 더 잘 이해하려고 몇 개의 그림을 살펴보는 것으로 시작한다. 청중이 보길 원하는 것을 명확히 하고 이를 위해 계획된 단계를 거치면서 청중의 주의를 집중시키려고 비슷한 관점을 실행에 옮기는 연습을 한다.

연습 문제 4.1: 시선을 이끄는 곳은 어디인가?

종종 청중의 관심을 효과적으로 끌어내고 있는지 알아보려고 간단한 전략을 쓰곤 한다. '시선을 이끄는 곳은 어디인가' 테스트다. 방법은 어렵지 않다. 그래프나 슬라이드를 만든 후 눈을 감거나 다른 곳을 보라. 다시 돌아와 여러분의 시선이 어디에 제일 먼저 가는지 기록하라. 청중 또한 비슷한 곳에 시선이 머물 것이다. 이 방법은 주의를 올바른 곳으로 이끌고 있는지를 테스트하고 필요하면 주의를 변경하려고 활용할 수도 있다.

이미지 몇 개로 테스트를 연습하고 데이터로 의사소통할 때의 시사점을 논의하자.

다음 각각에서 우선 눈을 잠시 감았다가 뜨고 사진을 보되, 제일 먼저 시선이 가는 곳에 주의를 집중하라. 왜 그곳이라고 생각하는가? 연습에서 배운 것을 데이터 시각화에 일반화해 적용할 수 있는가? 각각을 한두 문장 혹은 짧은 단락을 써서 설명하라.

그림 4.1a 시선을 이끄는 곳은 어디인가

그림 4.1b 시선을 이끄는 곳은 어디인가

그림 4.1c 시선을 이끄는 곳은 어디인가

그림 4.1d 시선을 이끄는 곳은 어디인가

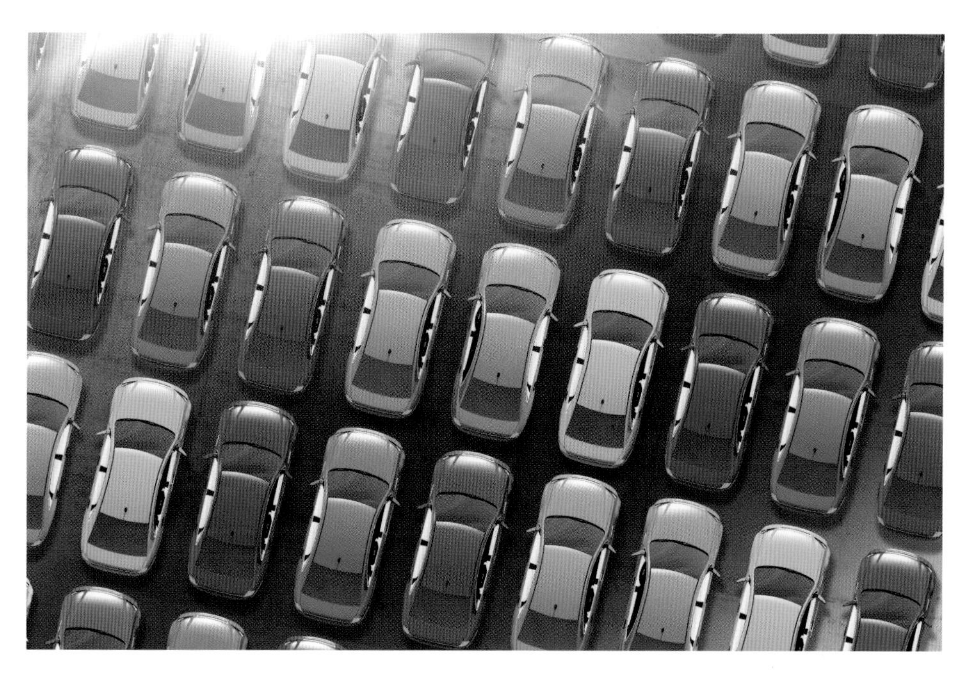

그림 4.1e 시선을 이끄는 곳은 어디인가

해결 방안 4.1: 시선을 이끄는 곳은 어디인가

나는 이 테스트가 매우 즐겁다. 주변 환경의 무엇이 관심을 불러일으키는지, 관찰에서 얻은 지식을 어떻게 일반화할 수 있는지를 알아가는 과정은 흥미롭다. 앞에 제시한 이미지에서 시선이 처음으로 머무는 곳이 어딘지 확인하고, 데이터로 의사소통할 때 비슷한 관점을 적용하는 몇 가지 아이디어를 하나씩 이야기할 것이다.

그림 4.1a: 오른쪽 속도 제한 신호 표지에 바로 눈이 간다. 이유는 여러 가지다. 신호 표지 앞면이 사진의 나머지 구성 요소에 비해 크다. 흰색 바탕에 크고 굵은 검은색 숫자가 있는 것도 인상적이다. 신호에서 적색이 관심을 일으키는 것은 주변 환경과 다르기 때문이다. 또한 적색은 반드시 주의를 기울여야 할 경계경보라고 훈련받아왔기 때문이기도 하다. 하지만 적록 색맹인 사람에게는 적색이 같은 효과를 주기 어렵다. 청중 모두가 여러분이 제시하는 것을 충분히 알아들을 수 있도록 하고 주의를 끌어내려면 신호를 어느 정도 중복하는 것이 유용할 수 있다. 결론적으로 신호 표지의 가장자리에 흰색 윤곽을 적용해 주변 환경과 구분을 지었다.

이런 구성 요소를 데이터 시각화와 구성 요소를 포함하는 페이지에 어떻게 적용할지 살펴보자. 크기, 활자체, 색, 울타리 치기enclosure와 같은 구성 요소는 가끔씩 사용하면 청중에게 어디를 봐야 할지 신호를 주면서 상대적 중요도를 나타낼 수 있다.

그림 4.1b: 눈이 태양으로 갔다가 차로 갔다가 다시 태양으로 가게 된다. 태양에 집중하면 주변 시야peripheral vision에 차가 보인다. 관심이 차로 옮겨간다 해도 여전히 시야 바깥으로 밝은 태양을 볼 수 있다. 데이터 시각화에 여기에서 배운 점을 적용한다면 그래프나 슬라이드에서 동시에 여러 개를 강조할 때 일어나는 긴장감은 알고 있어야 한다.

그림 4.1c: 제일 먼저 퀸스 브롱크스Queens Bronx라는 표지에 눈이 간다. 몇 가지 이유가 있다. 사진의 약간 흐릿한 구성 요소에 비해 표지판은 잘 보인다. 표지 위로 태양 빛이 비치고 있어 강조되고 있다. 다른 신호보다 크다. 크기가 크고 상대적으로 글자 수가 적기 때문에 여백이 많고, 그래서 혼잡한 주변 환경에 비해 매우 두드러져 보인다. 표지 배열에서도 제일 먼저 보이기 때문에 시선이 처음에 퀸스 브롱크스 표지에 가고 나서 오른쪽으로 이동한다는 것을 알 수 있다. 표지 자체에서 다양한 방법으로 두드러져 보이게 하는 사전 주목을 이

끄는 여러 가지 속성들, 즉 굵은 글씨, 모두 대문자, 화살표, 노란색 등에도 주목하라. 색에 관해서라면 스테이튼 랜드Staten land 표지의 '출구만Exit Only' 부분도 주의를 끌고 있다. 이 사진에는 많은 것이 담겨 있어 모든 사람이 처음에 같은 것을 보게 하는 과정이 복잡할 수 있다. 그럼에도 여기에서 배울 점은 있다.

데이터를 시각화할 때 어떻게 비슷한 관점을 적용할 수 있을까? 주요한 구성 요소를 두드러지게 해 알아볼 수 있게 하라. 비슷한 것 중 하나를 두드러지게 보이도록 전략적으로 강조하라. 더 중요할수록 더 크게 하라(당연한 얘기겠지만 중요도가 비슷한 요소는 비슷한 크기로 만들라). 한 페이지 내 구성 요소를 어떻게 체계화하는지 인지하고 여러분이 바라는 방향으로 청중의 시선을 이끌도록 노력하라.

그림 4.1d: 노란색 차에 눈이 바로 간다. 그림 4.1d로 되돌아가 다시 연습하기를 부탁한다. 시선이 처음으로 가는 곳과 그다음으로 움직이는 곳이 어디인지 주목하라. 나는 차에 시선이 먼저 갔다가 아래쪽의 길 왼편으로 옮겨갔다. 어쩌면 다른 사람들은 차를 본 후 곡선 도로를 따라 오른쪽 상단으로 시선이 갔을 수 있다. 상단 왼편이나 하단 오른편에 있는 나무에는 시선이 그다지 오래 머물지 않았다.

그래프와 슬라이드를 고려할 때 의도하든 의도하지 않든, 어떻게 주의를 끌어낼 수 있는지 알고 싶다. 청중이 보기를 원하는 것에서 주의를 분산시키는 방향으로 이끌지 않도록 하라.

그림 4.1e: 다채로운 색의 차를 모아놓으니 눈을 어디에다 둬야 할지 모를 정도다. 색이 청색, 노란색, 적색 등 여러 가지다. 모든 사람에게 적절한 색의 자동차를 보여주길 원하는 자동차 딜러에게는 색이 풍부한 것이 좋은 목표일 수 있지만, 데이터를 시각화하는 측면에서는 좋은 목표가 아니다. 너무 많은 것을 각각 다르게 보이도록 하면 색에 있는 사전에 주목을 이끌 만한 전략적 가치를 잃어버리게 된다. 음영이 너무 많아도 청중의 눈이 집중할 수 있는 대조를 충분히 만들어내기 어렵다. 색은 가끔씩 쓰면 청중의 관심을 우리가 이끄는 방향으로 끌어내는 데 가장 효과적인 방법이 된다. 일례로 그림 4.1f를 확인하라.

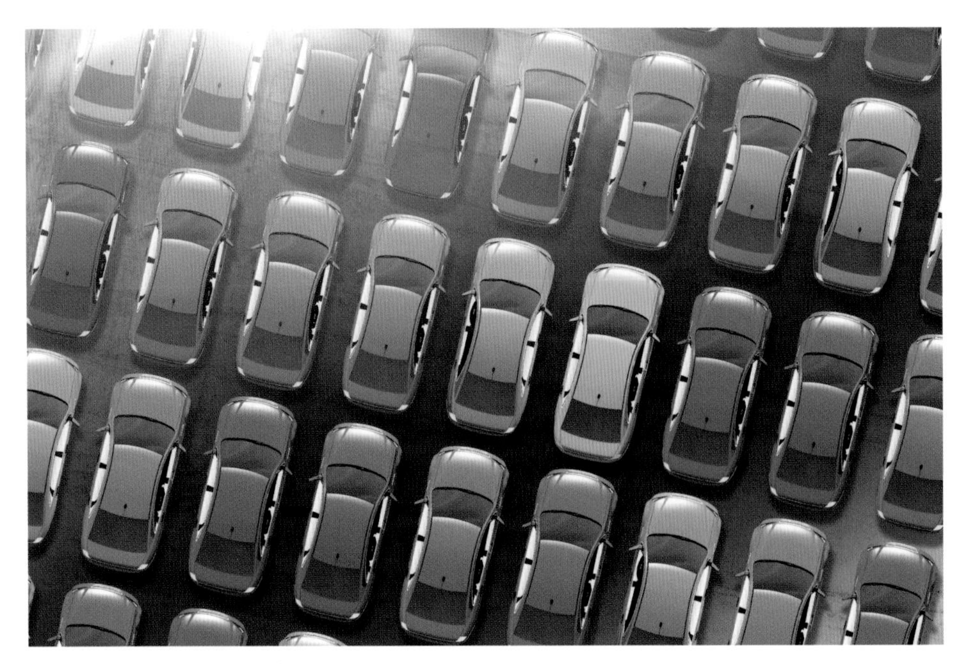

그림 4.1f 시선을 이끄는 곳은 어디인가

연습 문제 4.2: 주의 집중하기

어떻게 주의를 집중시킬지 그리고 연습 문제 4.1에서 배운 점을 그래프에 적용할 수 있는지 계속해서 살펴보자. 데이터를 시각화할 때 강조할 수 있는 다양한 중요 사항이 있다. 때로 같은 그래프를 여러 번 보여주는 것도 유용할 수 있다. 데이터의 다양한 뉘앙스를 청중에게 보여주면서 집중하길 원하는 포인트나 해당 포인트를 강조하는 각 사례를 제시하는 것이다. 말할 때나 해당하는 텍스트를 읽을 때 데이터에서 어디를 봐야 할지 정확하게 알려줄 수 있다. 구체적 사례로 어떻게 할 수 있는지 연습하자.

다음 시각화 자료는 애완동물 사료 제조 업체가 만드는 고양이 먹이 브랜드의 연도별 변화('YoY'는 달러로 환산한 매출량 변화를 퍼센트로 나타낸 것)를 보여준다. 질문에 답하고 데이터를 다운로드해 여러분의 전략을 각자의 툴로 적용하라.

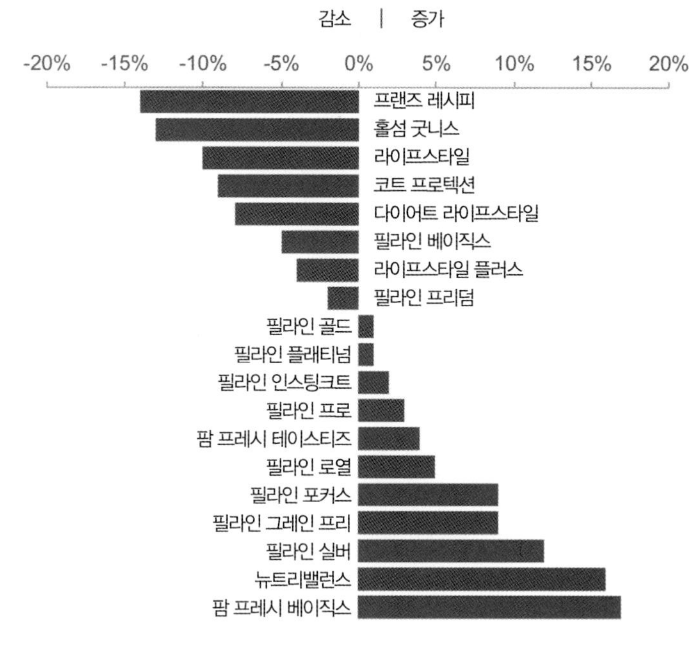

그림 4.2a 이 그래프에 주의를 집중시키자

질문 1: 데이터를 라이브로 발표하는데 라이프스타일 브랜드 라인(라이프스타일, 다이어트 라이프스타일, 라이프스타일 플러스)의 이야기로 시작하고 싶다고 해보자. 청중이 해당 데이터를 보도록 하려면 시각적으로 어떻게 표시하겠는가?

질문 2: 다음으로 필라인 브랜드 그룹, 즉 브랜드명에 '필라인Feline'이 들어간 모든 브랜드를 이야기하고 싶다고 가정하자. 고양이 먹이 중 필라인 브랜드에는 보라색 로고가 들어간다. 청중이 여기에 집중할 수 있도록 하려면 어떻게 표시하겠는가?

질문 3: 이제는 연도별 하강 곡선을 그리는 브랜드를 이야기하고자 한다. 청중의 관심을 어떻게 이끌 수 있겠는가?

질문 4: 감소하는 경향의 브랜드 내에서 특히 가장 많이 감소한 브랜드 두 개, 즉 프랜즈 레시피와 홀섬 굿니스를 이야기하고 싶다고 하자. 어떻게 하겠는가?

질문 5: 매출량이 연도별로 증가하는 브랜드를 이야기하려 한다고 가정하자. 청중의 관심을 어떻게 이끌 수 있겠는가? 감소하는 브랜드에 주의를 이끌던 방법과 유사한 점은 무엇인가? 비교했을 때 다른 점은 어떤 것이 있는가?

질문 6: 앞에서 설명한 각 중요 사항들, 즉 라이프스타일 브랜드, 필라인 브랜드, 매출량이 감소하는 브랜드(가장 많이 감소한 브랜드 구분) 및 매출량이 증가하는 브랜드(가장 많이 증가한 브랜드 강조)를 강조하는 최종 종합 그래프를 만들고자 한다. 어떻게 하겠는가? 그래프를 설명하는 텍스트와 어떻게 짝을 지을 것인가? 텍스트와 데이터의 연관성을 어떻게 명확하게 밝힐 수 있겠는가?

해결 방안 4.2: 주의 집중하기

이번 연습 문제에서 관심을 이끌어내는 것을 자유롭게 이용할 수 있는 두 가지 구성 요소가 있다. 데이터 자체와 다양한 브랜드를 열거한 데이터 라벨이다. 색과 굵은 활자체는 이 사례에서 관심을 끌기 위한 주요 도구가 된다. 내가 만든 그래프에서는 강조하고자 하는 중요 사항을 간략히 설명하려고 제목 텍스트를 이용할 것이고 제목에 포함된 기존 세부 사항 일부를 부제목으로 이동시켰다.

질문 1: 라이프스타일 브랜드를 강조하려고 데이터 지점과 라벨을 검은색으로 하기로 했다. 다른 색도 괜찮지만 기타 상황 정보가 없어 처음 그래프를 유지하기로 했다. 해결 방안을 더 진행하면서 색 및 관련 고려 사항을 이용할 수 있는 더 많은 방법을 살펴볼 것이다.

구체적 데이터 지점을 제대로 돋보이게 하려고 다른 데이터와 라벨은 연한 음영을 가진 회색으로 했다. 또한 제목 텍스트를 굵은 검은색으로 맞춰 중요 사항을 간략하게 표시했다.

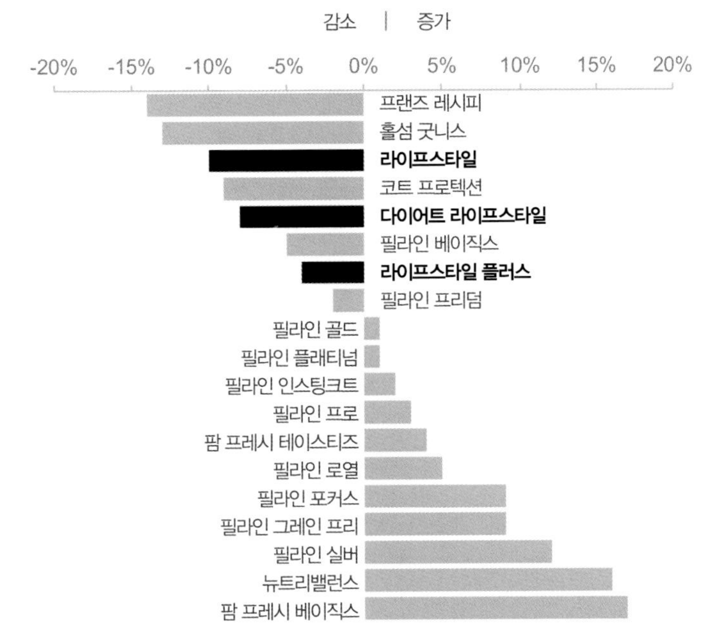

그림 4.2b 라이프스타일 브랜드 라인에 집중하기

질문 2: 브랜드 색이 보라색이라면 필라인 브랜드 라인을 강조하려고 보라색을 사용할 수 있다. 또한 브랜드 라벨을 굵은 활자체로 하고 그래프 제목도 같이 맞춘다. 색조 혹은 색이라는 사전 주목을 이끄는 속성과 (색) 유사성이라는 게슈탈트의 원리를 이용해 공간적으로 떨어져 있는 구성 요소를 한데 묶는다. 다른 게슈탈트의 원리로 위치를 활용할 것을 고려해 그래프 제일 상단에 필라인 브랜드를 놓을 수도 있겠지만, 이렇게 하면 신중하게 배치한 순서에 혼선을 주고 그래프를 이해하기 어렵게 만든다.

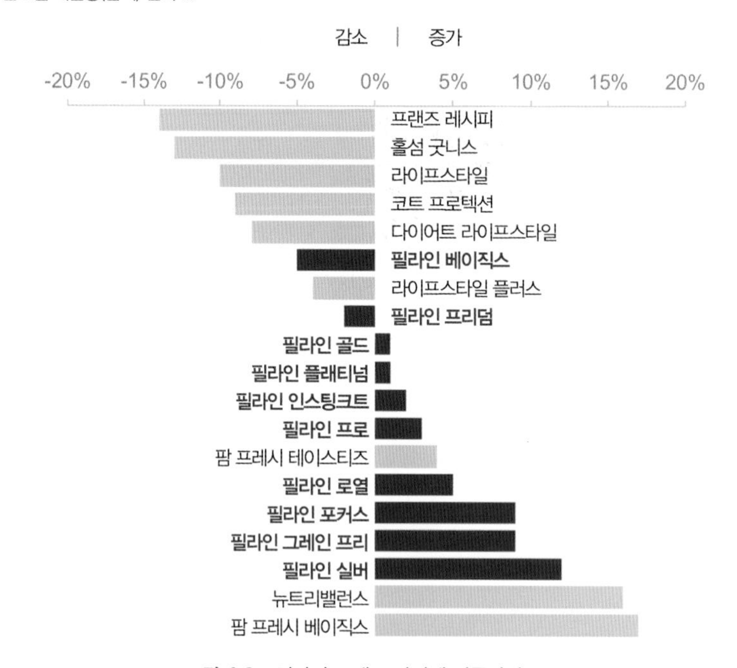

그림 4.2c 필라인 브랜드 라인에 집중하기

질문 3: 연도별 판매가 감소 추세를 보이는 브랜드에 관심을 이끌어내려면 부정적인 면을 강조하는 색을 선택해야 한다. 개인적으로 나쁜 의미에는 적색, 좋은 의미에는 녹색을 사용하는 것을 피하는 편이다. 색맹인 사람이 접근하기 어렵기 때문이다(적록 색맹이 가장 일반적이며 인구의 거의 10%에 영향을 미친다). 따라서 부정적인 의미에는 오렌지색을, 긍정적인 의미에는 청색을 쓰곤 하는데 이렇게 해도 여러분이 바라는 의미를 얻을 수 있다고 생각한다. 그림 4.2d를 보라. 감소 추세의 브랜드를 강조하려고 오렌지색을 사용했다. 그래프 제목, 데이터 지점, 브랜드 라벨뿐 아니라 감소 추세Decreased라는 상단 제목에도 오렌지색을 썼다. 데이터 라벨을 굵은 활자체로 하지는 않았다. 오렌지색만으로도 충분히 관심을 끌어내고 있어 굵은 활자체까지 더하면 조금 과하다는 느낌이 들어서다.

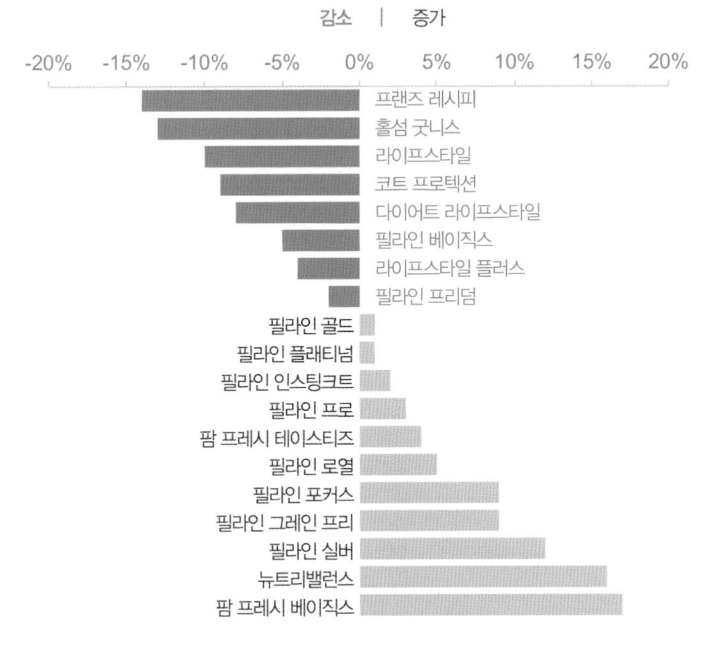

그림 4.2d 감소 추세 브랜드에 집중하기

질문 4: 가장 많은 감소 추세를 보이는 두 개 브랜드에 관심을 끌어내려고 둘만 오렌지색으로 하고 나머지는 모두 회색으로 할 수 있다. 하지만 그림 4.2d에서 여기까지 왔다면 다른 방법도 적용할 수 있다. 모든 감소 추세 브랜드를 오렌지색으로 유지하는 대신 가장 많이 감소한 두 브랜드에 관심을 끌어낼 수 있도록 명암intensity에 변화를 준다. 그림 4.2e를 보라.

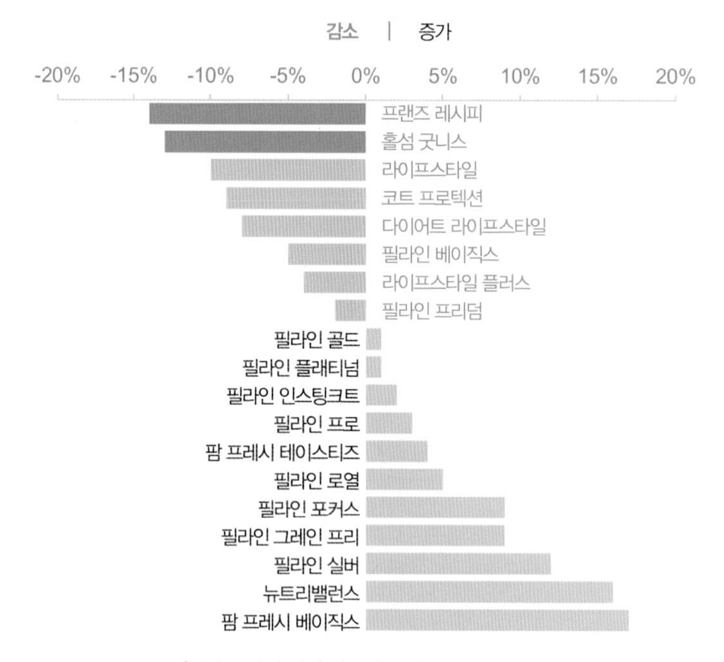

그림 4.2e 가장 많이 감소한 브랜드에 집중하기

질문 5: 매출량 증가 추세를 보이는 브랜드에 관심을 끌어내려고 청색을 사용했다. 이유는 질문 3의 대답으로 이미 설명했다. 그림 4.2f를 보라.

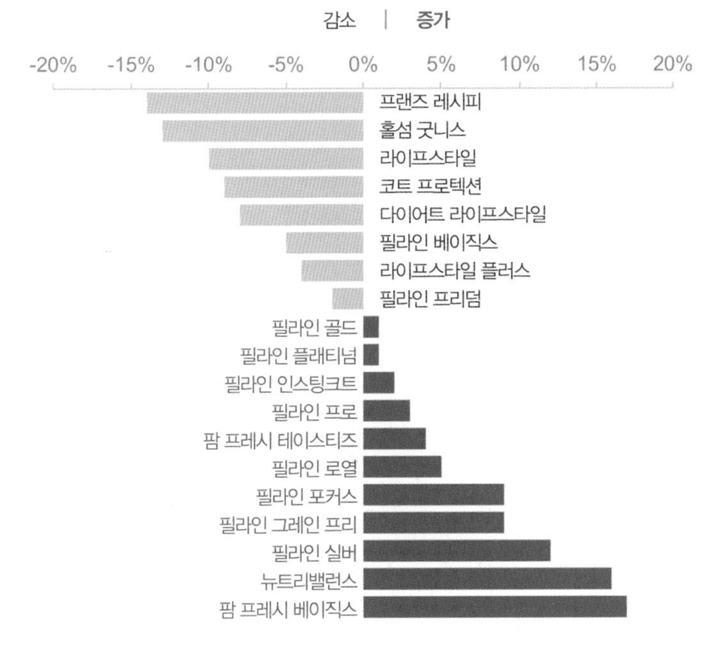

그림 4.2f 증가 추세 브랜드에 집중하기

질문 6: 결론적으로 여러 가지 관찰 내용을 모아보면 두 가지 종합 슬라이드를 만들 수 있다. 이렇게 스스로 정보를 만들어내는 과정은 실제 라이브 환경에서 발표할 때와 진행 상황이 유사할 수 있다. 텍스트가 대부분 서술적이라는(혹은 지어낸 것이라는!) 것에 주목하라. 우리가 본 변화와 아마도 공유할 관련 정보, 결정해야 할 구체적 포인트, 또는 유도할 논의 등을 이끌어내려면 상황 정보를 추가로 넣는 것이 이상적이다.

이렇게 하면 하나의 슬라이드에 너무 많은 내용을 집어넣는 것 같아서 이전에 단계별로 밟았던 모든 것을 강조하려고 데이터 보는 관점을 두 가지로 나눴다. 그림 4.2g와 4.2h를 보라.

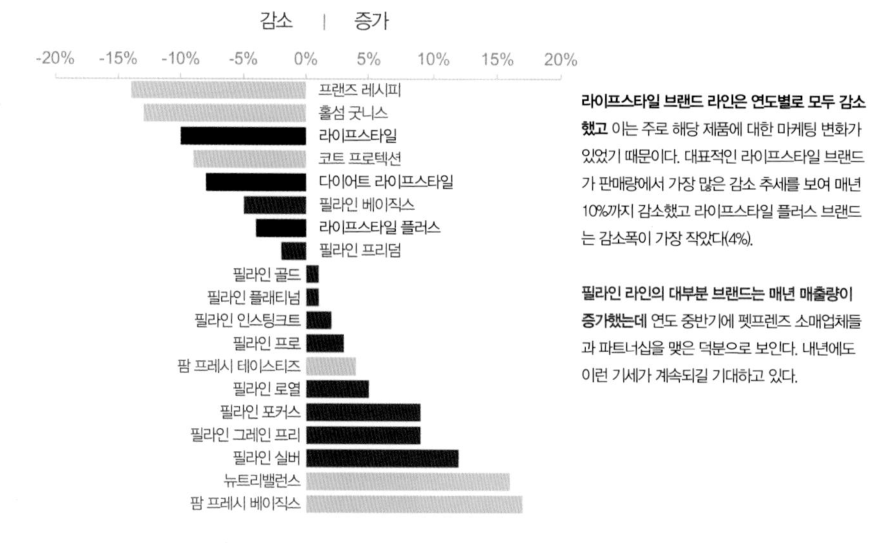

그림 4.2g 종합 슬라이드 #1: 라이프스타일 및 필라인 브랜드

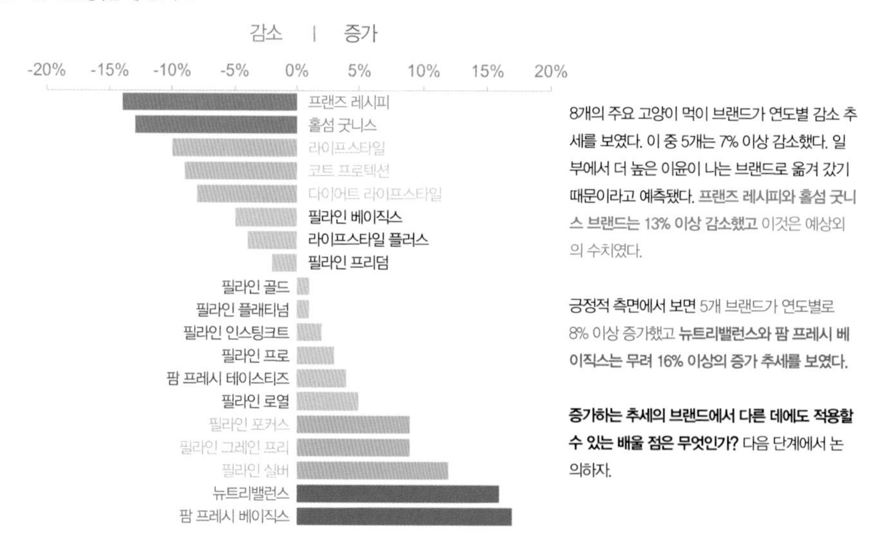

그림 4.2h 종합 슬라이드 #2: 감소 및 증가 추세 브랜드

연습 문제 4.3: 주의를 이끄는 다양한 방법

연습 문제 4.2에서 보았듯이 색을 가끔 쓰면 청중의 관심을 원하는 방향으로 이끄는 데 도움이 된다. 하지만 색이 이용할 수 있는 유일한 시각적 구성 요소는 아니다. 더 넓게 보면 사전 주목을 이끄는 속성 모두가 시각적 디자인을 효과적으로 만들어내는 데 매우 중요한 도구다. 색(색조)뿐 아니라 크기, 위치, 명암 같은 것으 주의 깊게 쓰이고 가끔 쓰인다면, 청중의 관심을 이끌어내고 대비를 만들어내는 데 도움이 된다. 즉, 청중의 관심을 이끌려고 하는 시각적 디자인에는 다양한 속성이 있고 환경이나 제약 사항을 고려해 다양한 전략이 적용된다. 구체적 사례를 보고 청중이 우리가 원하는 방향으로 관심을 보이도록 이끌 수 있는 여러 가지 방법을 찾아보자.

다음 그래프를 살펴보라. 시간에 따른 매입 경로acquisition channel별 전환율conversion rate을 나타낸 그래프다. 청중의 주의를 위탁Referral 라인으로 이끌고 싶다고 가정하자. 사전 주목을 이끄는 속성을 어떻게 활용할 수 있는가? **청중의 주의를 집중시키려고 얼마나 다양한 방법을 이용할 수 있는가?** 목록을 만들라! 더 나아가 각자 선택한 툴을 활용해 목록으로 만든 전략을 적용하라.

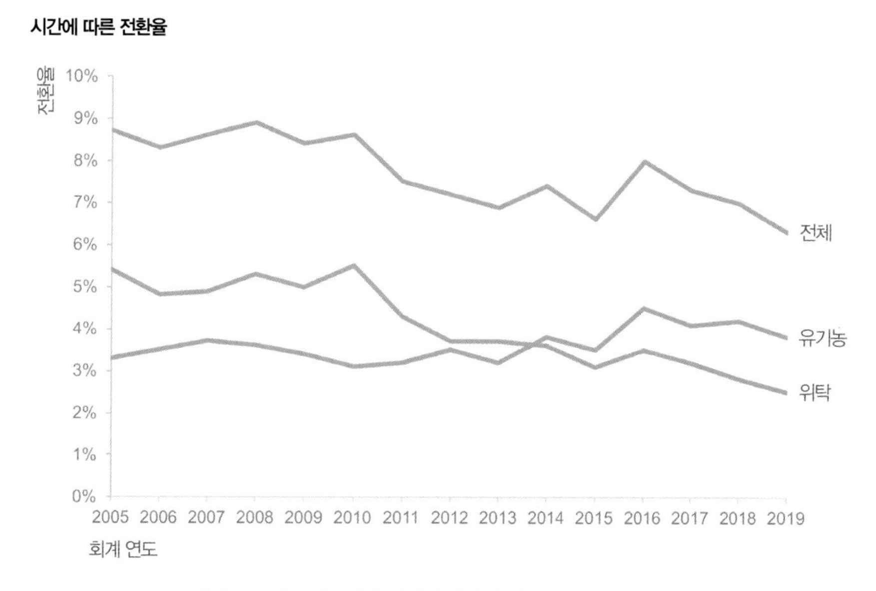

그림 4.3a 이 그래프에서 어떻게 위탁 라인에 주의를 집중시킬 수 있는가?

해결 방안 4.3: 주의를 이끄는 다양한 방법

청중이 위탁 추세에 초점을 맞추도록 '15가지' 방법을 제시해 설명하고자 한다. 여러분의 목록이 이보다 짧은가? 그렇다면 다시 돌아가 더 많은 아이디어를 낼 수 있을지 살펴보라.

준비됐는가? 주의를 이끌 수 있는 다양한 방법을 살펴보자. 처음에는 아무거나 대입하는 방식brute force options으로 시작해 차츰 뉘앙스를 살리는 방향으로 진행하겠다.

1. **화살표** 청중이 보길 바라는 지점, 즉 위탁 라인을 직접 가리키려고 화살표를 이용한다.

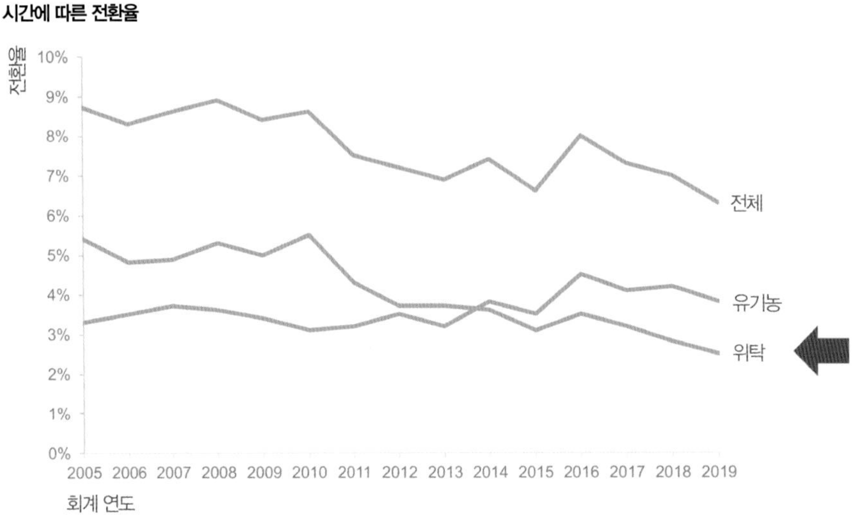

시간에 따른 전환율

전환율

10%
9%
8%
7%
6%
5%
4%
3%
2%
1%
0%

2005 2006 2007 2008 2009 2010 2011 2012 2013 2014 2015 2016 2017 2018 2019

회계 연도

전체
유기농
위탁

그림 4.3b '여기를 보세요' 화살표

2. **동그라미** 위탁 라인에 동그라미를 칠 수 있다. 그렇다. 또 하나의 직접 수단blunt tool이다. 화살표와 동그라미를 쓰는 두 접근 방법을 똑같이 좋아하고 싫어한다. 누구든 데이터를 보고 "여러분이 '여길' 보기를 원합니다"라고 하면 실제로 그렇게 된다는 사실을 좋아한다. 화살표나 동그라미는 추가 구성 요소임에도 자체로는 아무런 정보 가치를 전달하지 못한다는 것이 문제다. 그런 관점에서 잡동사니를 추가하는 것일 수 있다. 그래도 없는 것보다는 낫다. 즉, 아무것도 없는 것보다 청중의 관심을 이끌어내는 직접 수단이라도 있는 편이 낫다. 하지만 중요성을 나타내려고 데이터의 관점을 변경할 수 있다면 그게 훨씬 낫다.

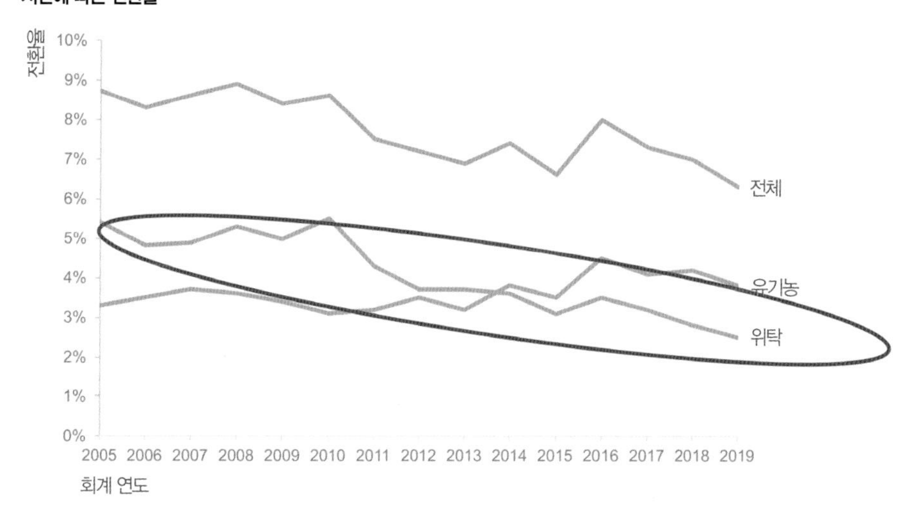

그림 4.3c 데이터에 동그라미 치기

3. **투명한 흰 박스** 아무거나 대입하는 방식을 한 가지만 더 보고 근사한 방법으로 넘어가자. 투명한 흰 박스 사용하기는 스크린샷을 찍어야 하는데 데이터 디자인을 변경할 수 없을 때 유용하다. 투명한 흰 박스를 사용해 배경으로 밀어내고 싶은 모든 것을 덮어라. 이렇게 하면 덮인 것은 명암이 약해지는 반면, 주의를 끌어내고 싶은 것은 명암이 그대로 남는 효과가 있다. 그림 4.3d를 보라.

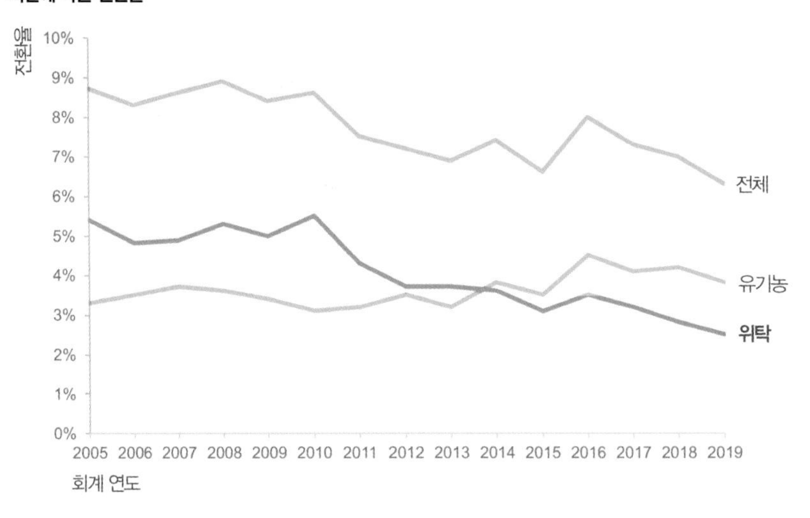

그림 4.3d 투명한 흰 박스로 다른 모든 것을 덮어라

데이터 형태에 따라 전체적으로 다 덮으려면 몇 개의 박스나 다른 형태의 박스를 이용해야만 할 수도 있다. 그림 4.3d를 자세히 살펴보면 그래프 중간에 선들이 겹치는 부분이 완벽하게 작업 되지 않아 유기농 라인이 완전히 가려지지 않았다. 그림 4.3e를 보면 여러 가지 투명한 흰 박스(일부는 데이터에 잘 맞추려고 회전시킨 것도 있다)를 검은색 라인으로 나타냈고, 작업이 잘 되게 하려면 가끔씩 장난monkeying도 쳐야 함을 알 수 있다.

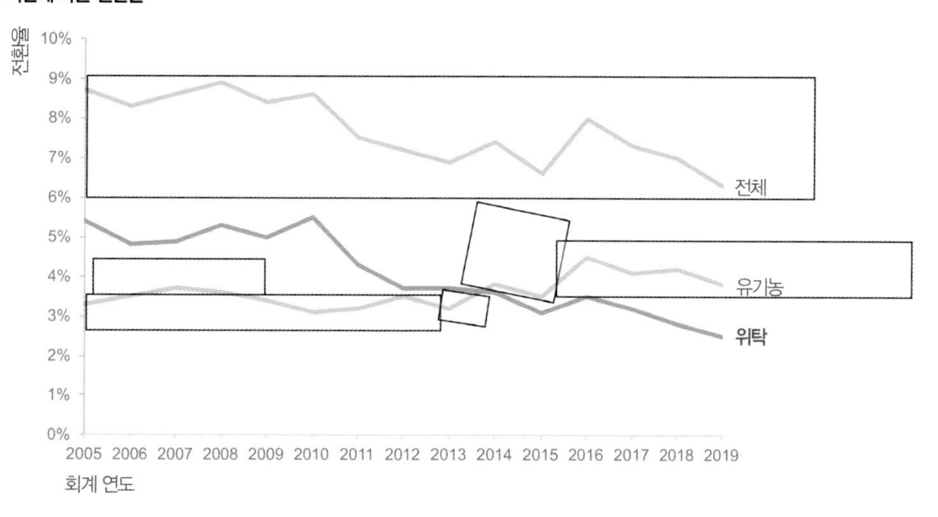

그림 4.3e 투명한 흰 박스 강조하기

아무거나 대입하는 방식이긴 하지만 여러분이 처한 제약 상황에 따라 유용할 수도 있다. 이제 관심을 끌어낼 수 있는 더 근사한 접근 방법을 살펴보자.

4. **선을 진하게 하기** 위탁 라인을 조금 더 진하게 하거나 다른 라인을 더 가늘게 하거나 또는 둘을 조합할 수 있다. '위탁'이라는 단어를 조정할 수도 있다. 여기에선 텍스트를 굵게 해 진하게 보이도록 했다.

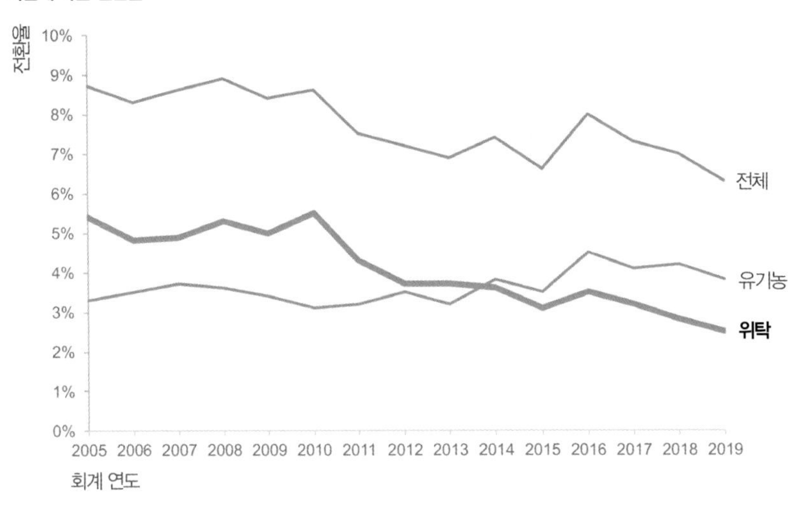

그림 4.3f 선을 진하게 하기

5. **선 스타일 바꾸기** 선 스타일을 다양하게 하는 것은 뭔가 다르게 보이게 하면서 관심을 끌어내는 또 하나의 방법이다. 점선이나 대시선은 실선과 함께 쓰면 상당히 관심을 끈다. 문제는 인지적 부담의 관점에서 하나의 구성 요소(선)를 수많은 조각으로 토막 냈다는 점이다. 말하자면 시각적 노이즈를 추가하게 된다. 설명하기에 불확실성이 있으면 점선을 사용하라고 권한다. 예를 들어 예측이나 예견, 혹은 어떤 종류의 목표나 목적 같은 것이다. 이때 점선을 사용해서 얻는 불확실성이라는 시각적 감각이 추가로 생기는 시각적 잡동사니를 대신한다.

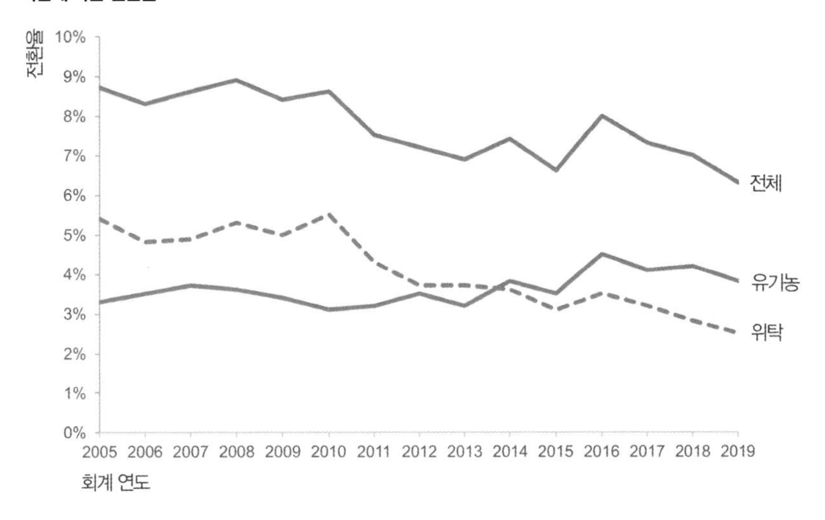

그림 4.3g 선 스타일 바꾸기

6. **명암에 영향 주기** 강조하려는 선의 색을 더 어둡게 만들 수 있다. 그림 4.3h를 보라.

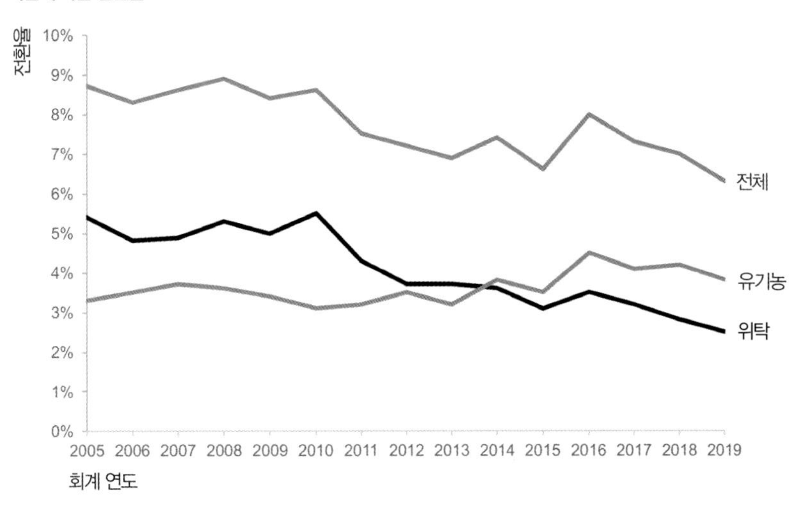

그림 4.3h 선을 더 어둡게 만들기

7. **다른 데이터 앞쪽에 배치하기** 위치는 사전 주목을 이끄는 속성이다. 선 그래프는 그림으로 나타낸 데이터로 각 자리를 차지하는 것이므로 데이터 순서를 바꿀 수 없다. 하지만 다른 데이터 뒤에 놓이지 않도록 할 수는 있다. 그림 4.3h에서 그래프 중간을 보면 회색 유기농 라인이 위탁 라인 앞을 가로지르고 있다. 위탁 라인을 앞쪽으로 끌어와 고칠 수 있다(대체로 데이터 계열 순서에 따라 좌우되므로 대부분의 툴로 수정할 수 있다). 그림 4.3i를 보라.

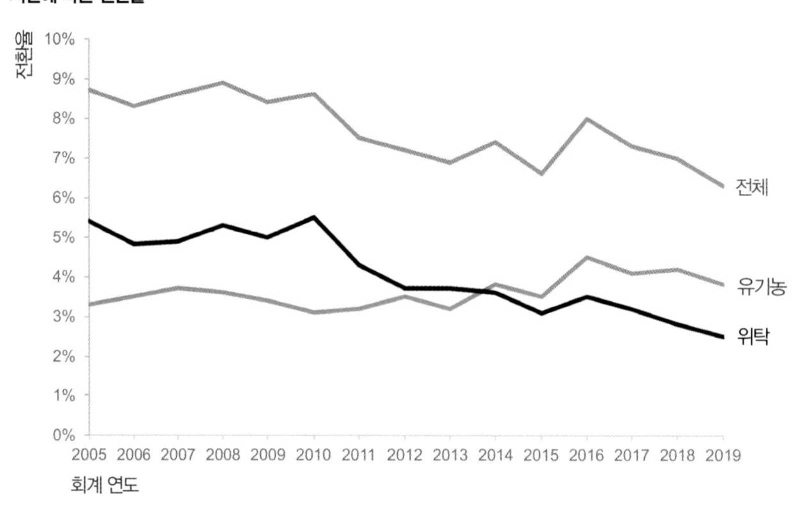

그림 4.3i 다른 데이터 앞쪽에 배치하기

8. **색조 바꾸기** 청중이 집중하길 원하는 라인의 색조 혹은 색을 변경하고 나머지는 모두 회색으로 남겨둔다. 그림 4.3j를 보라.

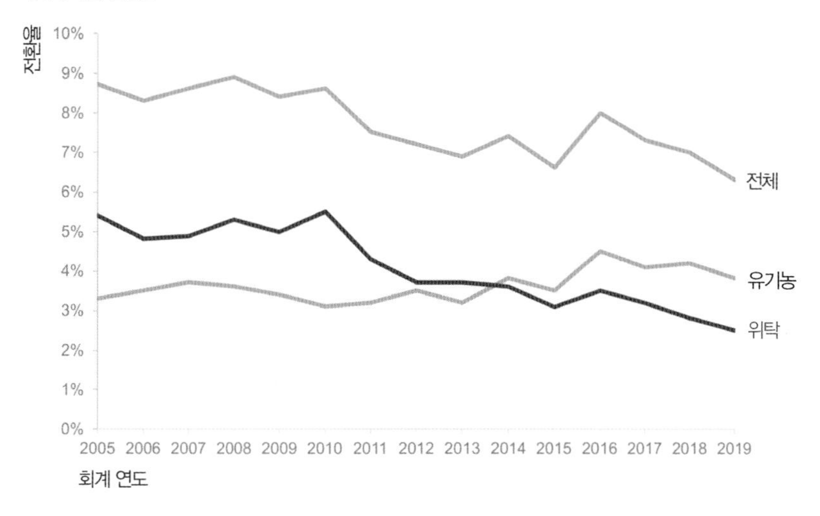

그림 4.3j 색조 바꾸기

9. **청중에게 사전 지식을 주는 문구 사용하기** 그림 4.3k에서 위탁 데이터 관련 제목에 중요 사항을 추가했다. 청중은 추가 내용을 읽고 그래프에서 위탁 라인을 찾아야 함을 알게 된다. 6장에서 스토리 맥락상 문구 이야기를 할 때 중요 사항을 제목에 다는 방법에 대한 더 많은 사례를 보게 된다.

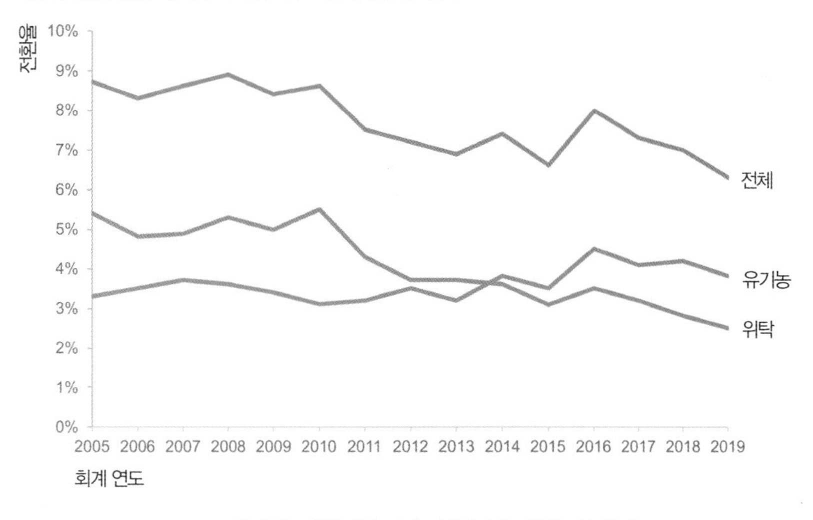

그림 4.3k 청중에게 사전 지식을 주는 문구 사용하기

10. **다른 데이터 없애기** 청중이 보길 원하는 데이터에 집중하게 하는 방법으로 다른 모든 데이터를 없애고 확인할 수 있는 라인 하나만 남기는 것이 있다. 보여주는 데이터가 전부 필요한지 아닌지를 항상 따져봐야 한다. 하지만 데이터 없애기를 논의할 때마다 잃게 될 상황 정보는 무엇인지, 그리고 의사소통에 필요하다면 이런 교환tradeoff이 적합한지 또한 고려하라.

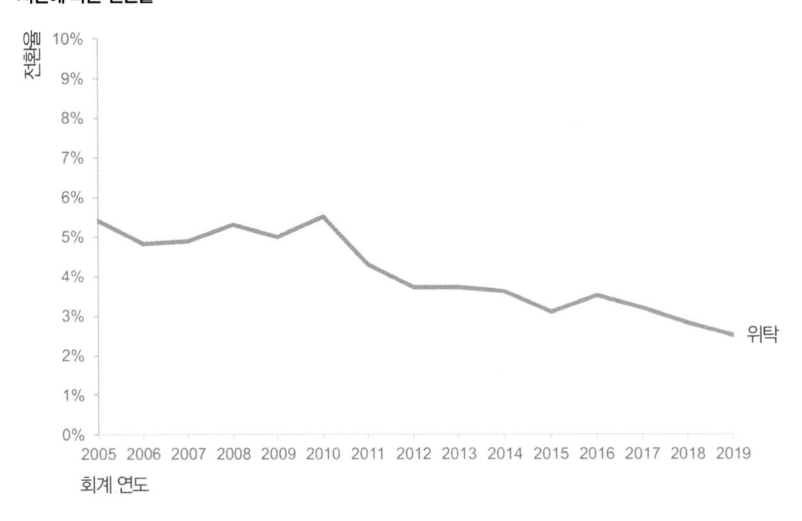

그림 4.31 다른 데이터 없애기

11. **나타나기 애니메이션** 고정 상태의 책에서 보여주긴 어렵지만, 움직임은 가장 큰 관심을 불러일으키는 사전 주목을 이끄는 속성으로 라이브 환경에서 매우 잘 작동한다(그래프를 보여주는 동안 다양한 관점으로 휙휙 넘길 수 있다). x축과 y축만 있는 빈 그래프에서 시작한다고 상상해보자. 전체 전환율을 나타내는 라인을 추가한 후 토의하라. 다음으로 유기농 전환율 라인을 추가하고 이야기하라. 마지막으로 위탁 라인을 추가할 수 있다. 없다가 나타난다는 단순한 사실만으로도 관심을 끌기에 충분하다.

    움직임의 문제는 역시 쉽게 싫증 난다는 것이다. 내가 추천하는 애니메이션은 나타나기, 사라지기 및 투명하게 하기뿐이다. 날아오기, 튀기 혹은 서서히 사라지기 등은 의미 없이 화려하기만 하고 또 하나의 시각적 잡동사니 형태가 된다.

12. **데이터 마커 추가하기** 데이터를 모두 보여주는 그래프로 되돌아가서 데이터 마커를 추가해 관심을 끌어낼 수 있다. 그림 4.3m을 보라.

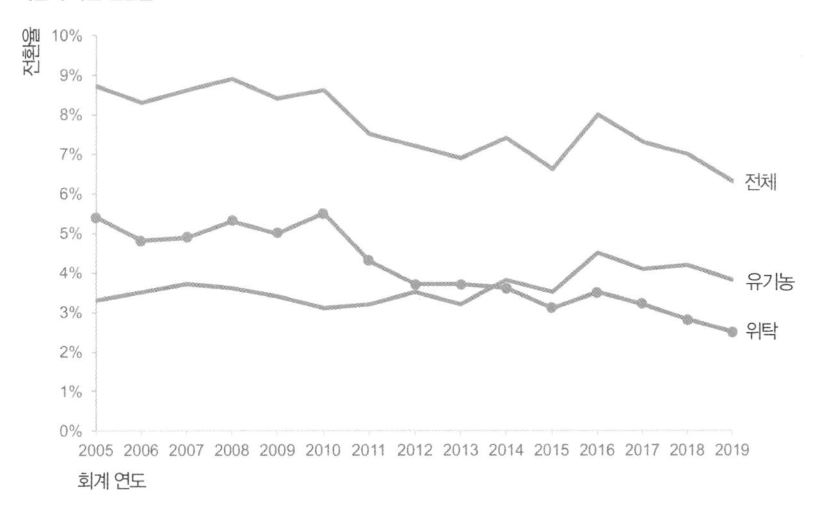

그림 4.3m 데이터 마커 추가하기

13. **데이터 라벨 추가하기** 한 걸음 더 나아가 강조하고 싶은 라인 위의 다양한 지점에 데이터 라벨을 추가할 수도 있다. 추가된 라벨은 청중에게 이렇게 말한다. "이봐요. 이 부분의 데이터는 정말 중요하거든요. 그래서 여러분의 이해를 도우려고 숫자 몇 개를 추가하기까지 했다니까요." 그림 4.3n을 보라. 청중이 집중하길 원하는 데이터에 추가 상황 정보를 설명하거나 뉘앙스를 나타내는 텍스트 주석을 달아 비슷한 효과를 얻을 수 있다.

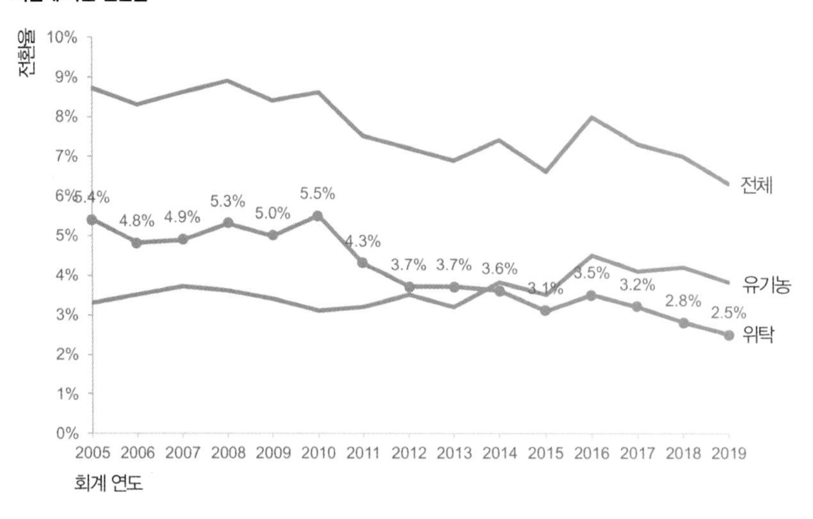

그림 4.3n 데이터 라벨 추가하기

모든 데이터 지점마다 마커와 라벨을 추가하면 결국 잡동사니 가득한 번잡한 상황이 될 수 있다. 말하자면, 마커와 라벨을 어떤 지점에 놓을지 선택해 가끔 써야 청중이 데이터 내에서 비교하기가 쉽다. 다음 사례에서 확인해보자.

14. **종점에 마커와 라벨 적용하기** 그림 4.3o처럼 각 선의 종점에 마커와 라벨을 넣으면 청중이 가장 최근 데이터 지점에서 전환율이 서로 얼마나 다른지 쉽고 명확하게 비교할 수 있다. 위탁 라인에 특별한 주의를 끌어낼 수 없는 방법이지만 다음 단계에서 재시도해볼 것이다.

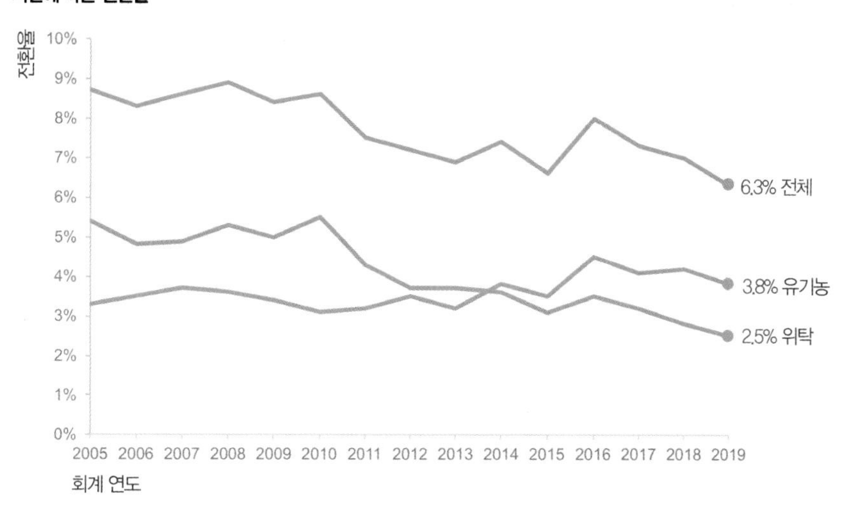

그림 4.3o 종점에 마커와 라벨 적용하기

15. **사전 주목을 이끄는 속성 여러 개를 조합하기** 청중이 보길 원하는 것을 정말 명확하게 하려고 사전 주목을 이끄는 속성 여러 개를 활용할 수 있다. 그림 4.3p에서 청중에게 사전 지식을 주려고 제목에 문구를 사용하고(설명하는 데이터와 동일한 색을 썼고 이것은 게슈탈트의 원리 중 유사성을 적용한다), 청중이 관심을 기울이길 원하는 선을 더 진하게 하고, 색을 입히고, 데이터 마커와 라벨을 추가할 수 있다. 주석도 넣어 관심 대상인 데이터의 추가 상황 정보를 설명할 수도 있다.

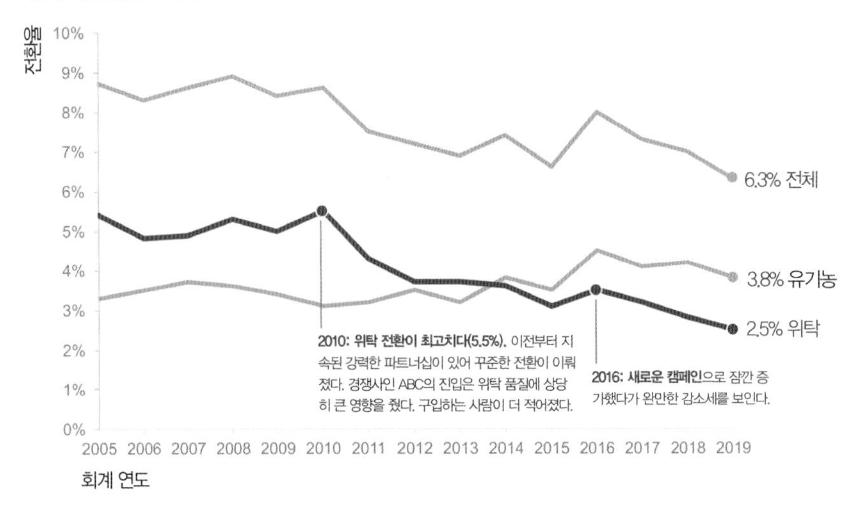

그림 4.3p 사전 주목을 이끄는 속성 여러 개를 조합하기

그림 4.3p로 '시선을 이끄는 곳은 어디인가?'를 연습하라. 시선이 제일 먼저 가는 곳은 어디인가? 다음은 어디인가? 그다음은 어떤가?

눈을 감았다가 뜨고 나서 그림 4.3p를 보면 제일 먼저 적색의 제목 텍스트에 눈이 간다. 그리고 그래프의 적색 선으로 넘어간다. 오른쪽으로 이동하면서 위탁 전환율과 유기농 및 전체 간 가장 최근 데이터 지점(2019)을 쉽게 비교할 수 있다. 눈을 왼쪽으로 움직이면서 설명하는 주석을 보고 추가 세부 사항을 읽을 수 있다. 이렇게 사전 주목을 이끄는 속성을 사용해 관심을 이끌고 시각적 체계를 만들어 전체 시각화 자료를 청중이 더 쉽게 소화할 수 있도록 했다. 성공!

연습 문제 4.4: '모든' 데이터를 시각화하기

2장에서 봤던 사례를 다시 보기로 하자. 금융 저축 회사에 근무한다고 가정하고 경쟁사와 은행 성과를 비교하는 시나리오를 기억할 것이다. 여러분 은행과 경쟁 은행 몇 개의 시간에 따른 은행 지수(지사 만족도) 관련 데이터가 있다. 그림 4.4a는 기존 그래프다.

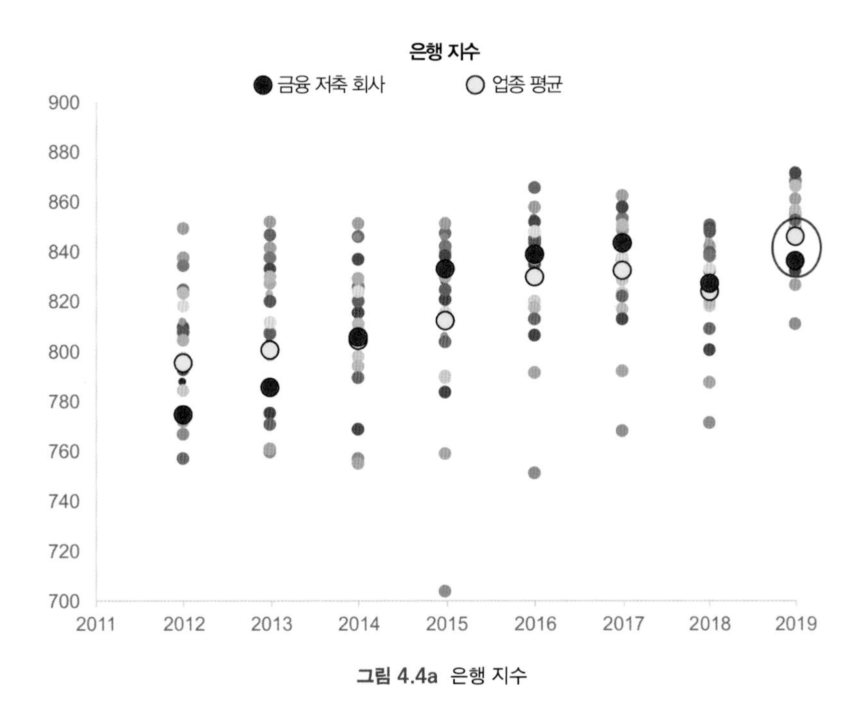

그림 4.4a 은행 지수

점도표에서 선 그래프로 변경하는 접근 방법은 이전에 살펴본 바 있고 하나의 평균 선을 두고 모든 경쟁사의 데이터를 요약했다(해결 방안 2.7을 참조하라).

만약 모든 데이터를 보고 싶다면 어떻게 하겠는가? 큰 변화를 주지 않고도 할 수 있는 방법이 있는가? 데이터를 다운로드하고 마음에 드는 그래프를 만들라.

해결 방안 4.4: '모든' 데이터를 시각화하기

대부분 데이터를 배경으로 밀어내면 꽤 많은 데이터를 잘 보여줄 수 있다.

워크숍에서 아무리 말을 해도 사람들은 회색의 힘을 실감하지 못했다. 이처럼 드러나지 않는 색은 지금 있을 필요는 있지만 대단한 관심을 끌어낼 필요는 없는 것(축 라벨, 축 제목, 아무 메시지도 주지 않는 데이터)에서 잘 작동한다. 회색을 전략적으로 사용하면 어떻게 도움이 되는지 그림 4.4b에서 확인하라.

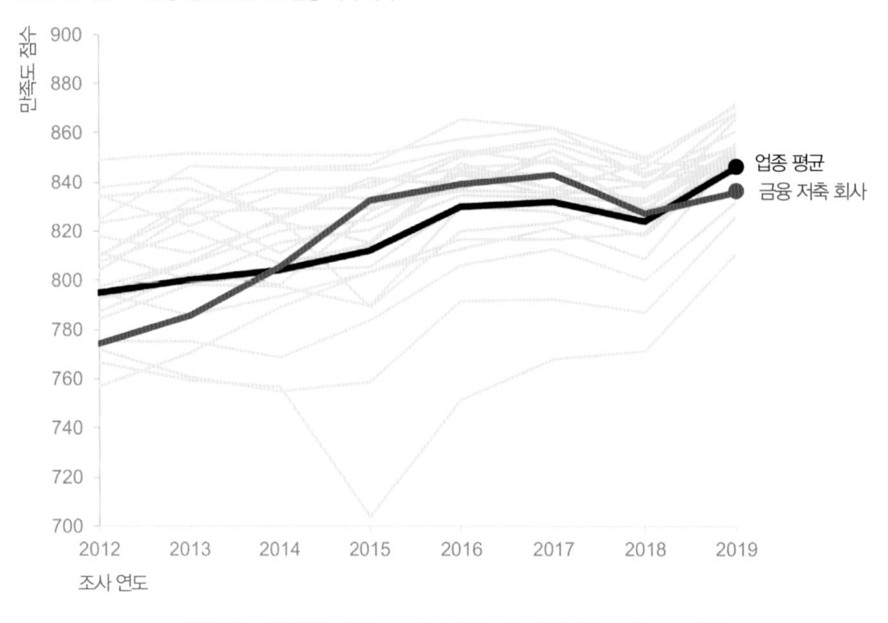

그림 4.4b 대부분을 배경으로 밀어내면 모든 데이터를 보여줄 수 있다

경쟁 은행을 회색으로 하는 것에 더해 해당 데이터 관련 라인을 업종 평균과 금융 저축 회사보다 더 가늘게 했다. 중요도를 낮출 수 있는 또 하나의 방법으로 참고는 되지만 관심을 끌어내진 못하게 한다. 만약 파악하고 싶은 개별 경쟁 은행이 있다면 어려워질 수 있다(언뜻 번잡하게 되리라 예상되는 방법이지만 라이브 프레젠테이션에서 가끔씩 강조해 다양한 경쟁 은행을 다 돌아보거나 정적인 방식static view으로 한두 개 라벨을 붙일 수도 있다). 금융 저축 회사 대 특정 경쟁사의 구도가 중요하다면 이 방법은 데이터를 보기에 가장 좋은 방법은 아니다. 다양한 은행에 대한 가장 최근 데이터 지점에만 초점을 맞춰 하나의 수평 막대 차트로 그릴 수도 있다.

지금의 관점을 유지하면서 한 걸음 더 나아가보자. 업종 평균 및 금융 저축 회사 뿐 아니라 모든 데이터에 주의를 집중시키려고 최근 연도의 데이터 지점을 만들고자 한다. 여기에 다른 색을 사용했다. 그림 4.4c를 보라.

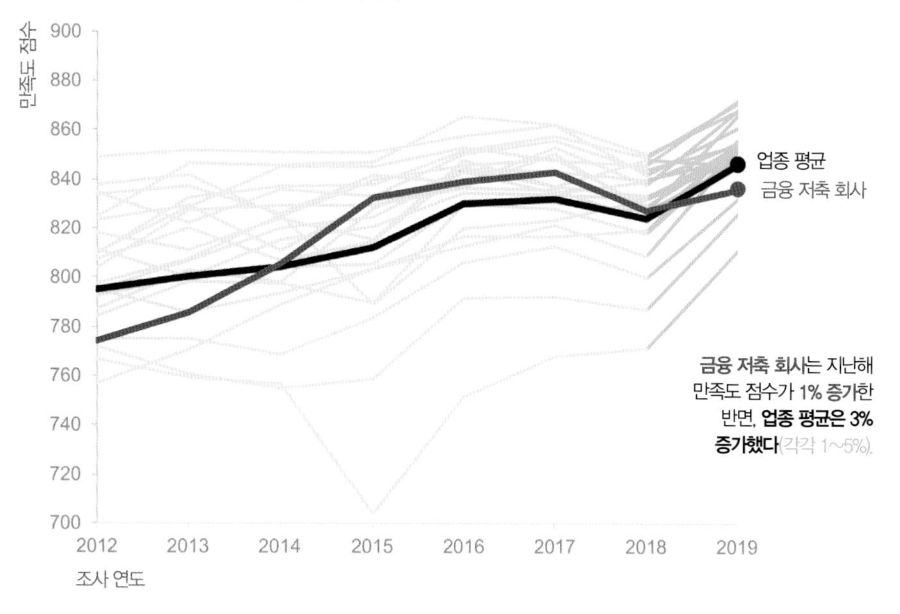

그림 4.4c 가장 최근 연도별 기간에 초점을 맞출 수 있다

많은 데이터를 보여줄 때 가끔 강조하면 주의를 직접 끌어낼 수 있다. 자신의 업무에 어떻게 적용할 수 있을지 고려하라.

주의를 집중시키는 것과 관련한 몇 가지 연습 문제 풀이를 봤다. 이제 스스로 부딪혀 연습 문제를 푸는 단계로 넘어가자.

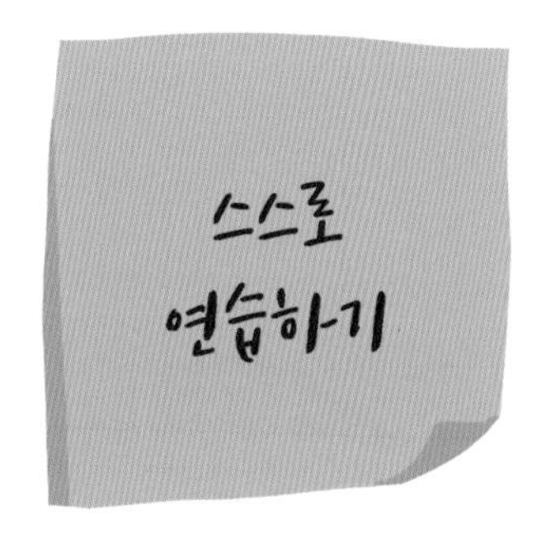

의사소통할 때 주의를 끄는 것이 무엇이고 어떻게 활용할 수 있는지에 대한 중요 세부 요소를 이해하려면 더 많은 그림을 보도록 하자. 방법이 단 하나만 있는 것은 아니다. 많은 방법이 있고 다음 연습 문제에서 계속 살펴본다.

연습 문제 4.5: 시선을 이끄는 곳은 어디인가?

그래프나 슬라이드에서 눈이 제일 처음 머무는 곳을 파악하면, 가장 중요한 부분에 전략적으로 주의를 집중시키려고 사전 주목을 이끄는 속성을 사용할지 결정하고 분명한 시각적 체계를 만드는 데 도움이 된다. 단순한 테스트로 몇 가지 연습을 더 해보자.

다음 시각화 자료들을 자세히 보라. **각각을 가까이 들여다보기도 하고 멀리 떨어져 바라보기도 한 후 다시 돌아와 시선이 어디에 가장 먼저 가는지 기록하라.** 왜 그런가? 데이터로 효과적인 의사소통을 하는 방법에 일반화할 수 있는 이런 방식에서 무엇을 배울 수 있는가? 이미지별로 질문에 대한 답을 짧게 적어보라.

그림 4.5a 시선을 이끄는 곳은 어디인가?

그림 4.5b 시선을 이끄는 곳은 어디인가?

그림 4.5c 시선을 이끄는 곳은 어디인가?

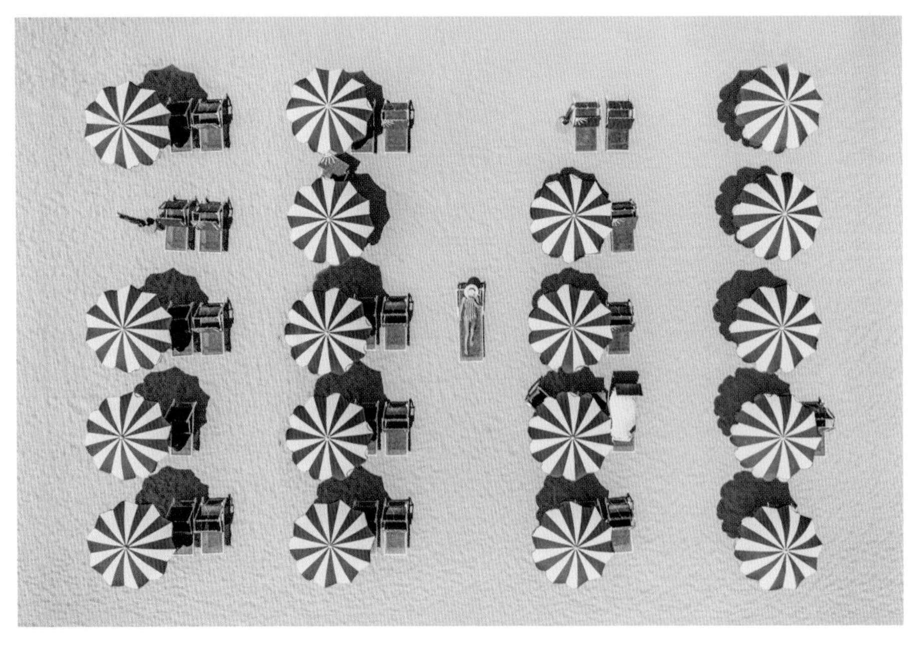

그림 4.5d 시선을 이끄는 곳은 어디인가?

그림 4.5e 시선을 이끄는 곳은 어디인가?

그림 4.5f 시선을 이끄는 곳은 어디인가?

연습 문제 4.6: 테이블의 데이터에 집중하기

지금까지 4장에서 본 사례는 모두 이미지나 그래프였지만 사전 주목을 이끄는 속성은 테이블에서 주의를 끌어낼 때도 활용할 수 있다. 다음 테이블을 보라. 어느 유명한 커피 브랜드의 매출량 상위 10위 고객에 대한 최근 4주 동안의 매출량 데이터를 보여주고 있다. 다음 질문에 답하라.

웨이크업 커피

상위 10위 고객: 1월 31일까지 4주간 매출량

고객	매출량	이전 대비 변화량 %	평균 UPC 수	ACV 판매 %	파운드당 가격
A	$15,753	3.60%	1.15	98	$10.43
B	$294,164	3.20%	1.75	83	$15.76
C	$21,856	-1.20%	1.00	84	$12.74
D	$547,265	5.60%	1.10	89	$9.45
E	$18,496	-4.70%	1.00	92	$14.85
F	$43,986	-2.40%	2.73	92	$12.86
G	$86,734	10.60%	1.00	100	$17.32
H	$11,645	37.90%	1.00	85	$11.43
I	$11,985	-0.70%	1.00	22	$20.82
J	$190,473	-8.70%	1.00	72	$11.24

UPC란 국제 표준 상품 코드로 바코드 기호다.
ACV란 연간 전체 판매량으로 0에서 100까지 퍼센트로 나타낸다.

그림 4.6 이 테이블에서 주의를 집중시키는 연습하기

질문 1: 매출량이 테이블에서 가장 중요한 데이터이고 나머지는 추가로 상황을 설명하거나 청중이 보기를 원한다고 생각해 남겨둔 데이터라고 가정하자. 매출량을 이미 데이터의 첫 번째 열에 배치했지만 주의를 끌려면, 혹은 데이터를 더욱 손쉽게 처리하려면 할 수 있는 다른 것은 없는가?

질문 2: 고객 D는 다른 고객에 비해 매출량 측면에서 대단히 크지만 테이블만 봐서는 이를 이해하는 데 시간이 걸린다. 어떻게 청중이 고객 D에게 더 빨리 관심을 두도록 이끌 수 있겠는가? 해당 열이 나머지와 구별되게 만들 수 있는 구체적 전략 3개를 목록으로 만들라. 가장 마음에 드는 것은 어떤 것이고 이유는 무엇인가?

질문 3: 계속해서 고객 D에 초점을 맞춰보자. 고객 D의 값에서 파운드당 가격이 낮다는 것

을 강조하고 싶다면 어떻게 하겠는가? 이를 어떻게 해낼 수 있겠는가?

질문 4: 다시 처음으로 돌아가서 테이블 내 파운드당 상대적 가격에 주의를 집중시키고 싶다고 하자. 해당 열을 배치하는 곳과 데이터열의 순서를 정하는 방법에서 달라지는 것이 있는가? 청중이 여기에 초점을 맞추게 하려면 보여줄 수 있는 방법 3가지는 무엇인가?

질문 5: 정리한 대로 바꿔보라. 데이터를 다운로드하고 각자 선택한 툴로 한번 해보라.

연습 문제 4.7: 주의를 이끄는 다양한 방법

논의한 바대로 우리가 보여주는 데이터 어디에 청중이 관심을 기울여야 하는지 보여주는 방법에는 여러 가지가 있다.

다음 사례는 시간에 따른 어느 제품의 시장 점유율을 보여준다. 청중의 관심을 우리 제품에 집중시키고 싶다고 가정하자. 사전 주목을 이끄는 속성을 어떤 방법으로 사용할 수 있는가? **청중의 관심을 집중시키려면 얼마나 다양한 방법을 쓸 수 있는가?** 목록으로 만들라!

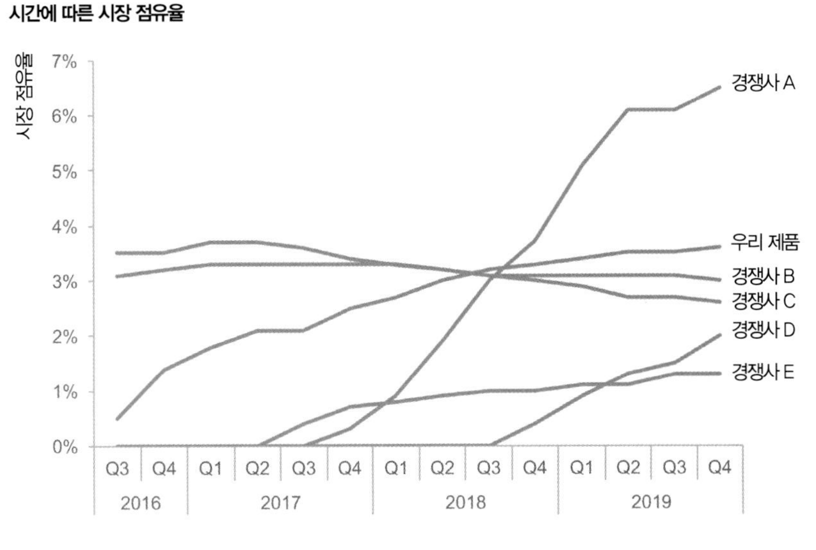

그림 4.7 이 그래프에서 어떻게 우리 제품에 관심을 이끌어낼 수 있는가?

한 걸음 더 나아가 데이터를 다운로드하고 각자 선택한 툴을 활용해 목록으로 만든 전략을 적용하라.

연습 문제 4.8: 어떻게 주의를 집중시킬 수 있는가?

지금까지 테이블과 선으로 주의를 집중시키는 방법을 연습했다. 다음은 막대를 이용하는 방법을 시도해보자.

2장의 사례로 돌아가 보자. 지역 건강 돌봄 센터에서 일하고 있고 최근 감기 백신 교육과 관리 프로그램에서 의료 센터 간 상대적인 성공도를 평가하고 싶다고 가정하자. 그림 4.8은 기존 그래프를 약간 수정한 버전이다.

평균 이상을 기록한 의료 센터에 청중의 관심을 끌어내길 원한다고 해보자. 사전 주목을 이끄는 속성을 어떤 방법으로 사용할 수 있는가? **청중의 관심을 집중시키려면 얼마나 다양한 방법을 쓸 수 있는가?** 목록으로 만들라!

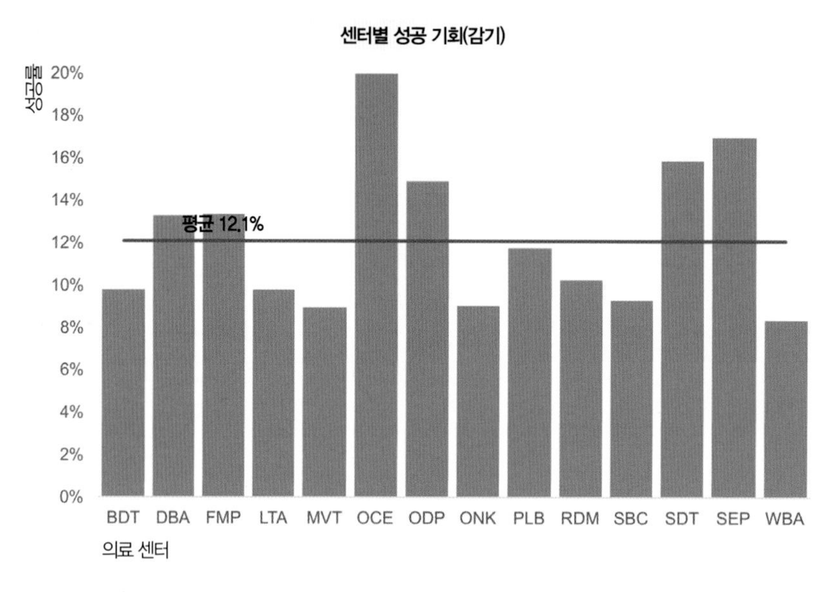

그림 4.8 평균 이상을 기록한 의료 센터에 주의를 집중시키려면 어떻게 해야 하는가?

한 걸음 더 나아가서 데이터를 다운로드하고 관심을 끌어내려 목록으로 만든 다양한 방법을 각자의 툴로 적용하는 연습을 하라.

직장에서 연습하기

주의를 집중시키려면 우리가 사용하는 툴로 그래프의 다양한 면을 수정하는 방법을 알아야 한다. 가장 먼저 어디에 초점을 맞출지도 생각해야 한다.
다음 연습 문제들은 시각적인 의사소통을 할 때 관심을 이끌어 내는 데 도움이 된다.

연습 문제 4.9: 시선을 이끄는 곳은 어디인가?

여러분의 눈과 관심은 청중의 좋은 최초 대용물이다. 그래프나 슬라이드를 만든 후 가까이 들여다보기도 하고 멀리 떨어져 바라보기도 하라. 되돌아와서 시선이 어디에 제일 먼저 머무는지 기록하라. 청중이 가장 먼저 관심 두기를 원하는 지점과 일치하는가? 일치시키려면 어떤 변화를 줘야 하는가? 사전 주목을 이끄는 속성을 일부 활용해 관심도 이끌고 시각적 체계도 만드는 방법을 고려하라.

여러분이 데이터를 설계한 당사자이기 때문에 벌써 다 아는 내용이고, 따라서 청중에게는 없을지도 모르는 관점에 초점을 맞출 수 있음을 인지하라. 이 점을 고려해 '시선을 이끄는 곳은 어디인가?' 테스트를 연습하고 만족할 만한 결과가 나올 때까지 반복한 후 다른 사람의 도움을 구하라. 친구 또는 동료에게 직접 만든 그래프나 슬라이드를 보여주고 제일 먼저 시선이 어디로 가는지 물어보라. 원하는 바로 그 자리인가? 얻어낸 정보를 이용해 필요한 만큼 계속 반복하라.

청중의 시선이 제일 먼저 어디로 가는지와 함께 정보를 어떻게 처리하는지 이야기하게 하라. 가장 먼저 관심을 보이는 것은 무엇인가? 그다음은? 무슨 질문을 하는가? 무엇을 관찰하는가? 해당 데이터와 정보에 익숙지 않은 사람에게서 내용을 얻게 된다면, 무엇을 하고 어디에 어떻게 변화를 줘야 할지에 대한 중요한 통찰력을 가질 수 있다. 이로 인해 청중은 여러분이 제시한 정보에서 어디를 봐야 하는지, 어떤 프로세스를 거쳐야 하는지를 알게 된다.

연습 문제 4.10: 여러분의 툴로 다양한 연습하기

데이터를 시각화하는 데 활용할 수 있는 툴은 다양하다. 모든 툴은 나름의 장단점이 있다. 이 책이나 『데이터 스토리텔링』 안에 담긴 다양한 전략을 충분히 적용해 효과적으로 데이터를 시각화하고 의사소통하려면 툴에 대해 알아야 한다. 어떨 때는 코드 작성을 뜻할 수도 있다. 코드의 장점은 일단 작성하고 나면 나중에 다른 목적에 맞게 고칠 수 있는 코드 라인이나 묶음이 될 수 있다는 것이다(승勝!). 드롭다운 메뉴와 툴의 선택이 적절하게 조합되는 것을 의미할지도 모른다(매번 복사하거나 응용해야 한대도 괜찮다. 경험상 빨라진다).

어떤 상황이든 툴을 알아가는 연습을 하자. 그렇게 되면 해당 툴로 더 나은 뭔가를 할 수 있다.

직접 만든 그래프를 가져와라. 무엇이든 좋다. 활용하기에 좋고 손에 딱 잡히는 작업 사례가 없더라도 괜찮다. 이 책의 연습 문제 중 무엇이든 데이터를 선택해 다운로드하면 이용할 만한 그래프를 만들 수 있다. 선 그래프나 막대 차트를 만들라. 선택한 툴로 다음을 수행할 방법을 생각하라.

굵게/두껍게: 그래프에서 텍스트 부분을 선택해 굵게 하라. 한 줄의 실선이나 막대를 주변에 있는 것보다 두껍게 하라.

색: 전부 회색으로 만드는 것에서 시작하라. 그다음 한 줄의 실선이나 막대 계열을 선택해 청색으로 하라. 다른 하나를 선택해 조직의 주요한 브랜드 색과 매치하라. 선 그래프의 한 지점이나 계열 중 하나의 막대와 같은 개별 데이터 지점을 정해 해당 지점만 색을 바꿔라.

위치: 구성 요소를 이동시키는 연습을 하자. 막대 차트로 작업한다면 막대 순서를 재배치하라. 오름차순으로도 해보고 내림차순으로도 해보라. 선 그래프로 작업 중이라면 선을 서로 교차하게 하고 하나를 선택해 나머지보다 앞에 혹은 뒤에 위치하도록 이동하는 방법을 생각하라.

점선 혹은 대시선: 보여주는 것에 점선이나 대시선을 만들 수 있는 라인이 있는가? 분명히 있다. 선 그래프로 작업 중이라면 라인 중 하나의 스타일을 어떻게 변경할지 생각하라. 막대 차트가 앞에 놓여 있다면 막대 중 하나(혹은 그 이상)의 경계선에 어떻게 적용할지 결정

하라.

명암: 특정 데이터는 최대로, 나머지는 그보다 약한 강도로 명암을 달리 하라. 투명도를 적용하거나 패턴 혹은 명암이 덜한 색을 간단히 선택해 조절할 수 있다. 이런 효과를 내기 위해 데이터 형식을 바꿔 적용할지, 투명 박스나 기타 형태를 이용할지, 이용한다면 어떻게 할지를 생각하라.

데이터 지점에 라벨 붙이기: 전체 데이터 계열에 라벨을 추가하는 것으로 시작하라. 다음에는 추가한 라벨을 주변으로 옮길 방법을 고려하라. 선 그래프라면 데이터 계열 위쪽에 넣었다가 다시 아래쪽에 놓아보라. 막대 차트라면 막대 위에 붙였다가 막대 끝 안쪽에 밀어 넣어보라. 단일 데이터 지점(혹은 두 개 데이터 지점)에만 라벨을 붙이고 싶다면 어떻게 접근할지 결정하라. 만약 (코드 작성이 아니라) 그래프 애플리케이션을 사용 중이라면 한 번에 하나씩 추가하거나 개별 라벨을 없앨 수 있는 탐색(brute force) 솔루션이 있다. 프로세스를 능률적으로 하려고 또 하나의 데이터 계열을 추가할 수도 있다(예를 들어, 보이지 않게 하면서 라벨에 대한 위치 선정을 활용할 수도 있다).

여러분의 툴로 작업하는 방법에서 더 배우고 싶은 것은 무엇인가? 목록을 작성하고 어떤 자원(동료, 스마트 온라인 검색, 수업이나 개별 교습)이 목적을 달성하는 데 도움을 줄 수 있는지 파악하라. 어떤 툴이든 배움에는 시간이 필요하다. 하지만 대부분 그렇듯이 알찬 시간이 된다. 툴을 사용해 필요한 것을 충족시켰을 때보다 더 큰 만족감을 느끼기는 힘들다!

연습 문제 4.11: 어디에 집중해야 하는지 이해하기

『데이터 스토리텔링』과 이 책은 일반적인 큰 가정 하나가 있다. 데이터를 완전히 분석했고 청중과 소통하고 싶은 구체적 사안이 이미 있다는 가정이다. 나는 탐색적 분석과 설명적 분석 사이의 특징을 비교하곤 하는데, 전자는 이미 끝냈다고 가정하고 후자를 가르치는 데 초점을 맞춘다. 이때 다음과 같은 질문에 이르게 된다. 먼저 어디에 주의를 집중해야 할지 어떻게 이해하고 있는가?

가르치는 것은 더 어려운 부분이고 결국 설명적 의사소통으로 초점을 맞추고자 하는 것은 예술이나 과학과 같은 영역에 속한다. 탐색적 분석과 설명적 분석을 분명히 나누려고 해도 실제로는 명확히 갈라지지 않는다. 오히려 하나의 프로젝트 과정에서 각각을 왔다 갔다 하곤 한다. '어디에 초점을 맞추고 있는가?'라는 질문이 생길 때 스스로 물어보고 방향을 잡을 수 있는 몇 가지 질문이 있다. 다음 (불완전한) 목록을 살펴보라.

- 데이터를 취합하는 것은 언제가 적당한가?
- 데이터를 해체하는 것은 언제, 어떻게 해야 하는가?
- 올바른 시간 스케줄은 무엇이라고 생각하는가? 어디까지 추적해야 하는가?
- 데이터를 어떻게 분류하는 것이 합당한가? 비즈니스 부문, 지역, 제품, 신분 혹은 기타 카테고리를 살펴보라. 어느 점에서 유사한가? 어느 점에서 다른가? 왜 그런가?
- 기대한 것과 일치하는가? 다르다면 어떤 것에서 다른가?
- 각각 다른 것이 어떻게 서로 연결되는가? 어떤 것이 다른 것을 유도하는가?
- 어떤 비교가 의미 있거나 통찰력을 갖게 하는가?
- 적용하지 않은 상황 정보 중 유용한 것이 있는가? 여러분에게 누가 이것을 질문할 수 있겠는가?
- 데이터를 보고 다른 사람이 가질 수 있는 질문은 무엇인가?
- 여러분이 세운 가정은 무엇인가? 가정이 틀렸다면 얼마나 큰일이 되는가?
- 혹시 놓치고 있는 부분이 있는가? 데이터는 대체로 전체 스토리를 이야기하지 않는다. 놓치고 있는 부분을 발표하거나 이해시키려 할 때 어떻게 할 수 있겠는가?
- 과거가 미래와 같을까 아니면 다를까?

연습 문제 4.12: 토론해보자.

4장의 수업과 연습 문제와 관련해 다음 질문을 생각하고 파트너나 그룹과 토의하라.

1. 데이터를 시각화하고 의사소통할 때 주의를 끌려고 자유롭게 할 수 있는 설계의 구성 요소는 무엇인가? 어떤 것이 가장 효과적이라고 생각하는가, 그리고 이유는 무엇인가?
2. '시선을 이끄는 곳은 어디인가?' 테스트는 무엇인가? 언제, 왜 사용하는가?

3. 텍스트, 테이블, 포인트, 선 및 막대로 관심을 끌어내는 방법은 무수히 많다. 주의를 집중시키고 싶은 곳을 청중에게 알려주기 위한 일반적 방법은 무엇인가? 다양한 그래프 형태에 따라 이것을 달성하는 방법은 얼마나 달라지는가?
4. 그래프에서 사용하는 색상을 선택할 때 마음에 두는 중요 사항은 무엇인가? 좋아하거나 피하는 색 조합이 있는가? 이유는 무엇인가?
5. 설명적 의사소통을 하려고 가끔씩 강조하는 것과 데이터를 탐색하려고 대시보드를 설계하는 것 사이에 어떤 차이가 있는가? 강조하려는 구체적 중요 사항이 있을 때와 비교해 대시보드 내 색 활용에는 어떻게 접근해야 하는가?
6. 시각적 체계란 무엇인가? 데이터 시각화와 시각화를 포함하는 페이지에서 시각적 체계를 만드는 것은 왜 유용한가?
7. 강조는 왜 가끔씩 써야 효과적인가?
8. 4장에서 설명된 전략과 관련해 여러분 자신이나 팀에 하나의 구체적인 목표를 세운다면 무엇인가? 스스로(혹은 여러분의 팀)에게 목표를 어떻게 설명할 수 있겠는가? 누구에게 피드백을 구할 생각인가?

5장

설계자처럼 생각하기

훌륭한 디자인이 무엇인지는 한눈에 알 수 있다. 하지만 스스로 설계자라고 여기지 않는다면 어떻게 훌륭한 디자인을 실제로 만들어낼 수 있겠는가? 『데이터 스토리텔링』은 여러분이 설계자처럼 생각하도록 도움을 주는 네 가지 주제, 즉 행동유도성affordances, 심미학aesthetics, 접근성accessibility, 채택acceptance을 다룬 바 있다. 5장에서는 각 개념의 적용을 연습하고 시각화 자료를 받아들일 만한 것에서 특별한 것으로 바꾸는 데 사소한 변화가 얼마나 도움을 줄 수 있는지 설명한다. 우선 용어들이 의미하는 바를 잠시 상기해보자.

시각적 디자인에서 **행동유도성**은 우리가 보여주는 것을 처리하는 방법을 명확히 한다. 3장과 4장에서 연습한 수업 내용에 담겨 있다. 즉, 관련 사항을 시각적으로 한데 묶고, 덜 중요한 구성 요소는 배경으로 밀어내면서 중요한 것을 앞으로 당기는 것을 말한다. 청중의 관심을 의도적으로 여러분이 원하는 곳으로 유도하라.

시각화 자료의 **심미학**에 시간을 쏟는 것은 사람들이 여러분 작업에 더 많은 시간을 쓰게 하거나 참지 못하고 지나치게 하는 결과를 낳을 수 있다. 세부 사항에 관심을 기울이면 겉으로는 사소하게 보이는 구성 요소가 훌륭한 경험을 더하기도 하고 형편없는 경험을 더하기도 한다. 훌륭한 경험을 더하려면 가차 없이 편집해야 한다.

사람들은 각양각색이고, **접근성**은 이를 인지해 각기 다른 기술과 능력을 갖춘 사람들이 활용할 수 있는 디자인을 만들어내는 것을 의미한다. 앞서 색맹을 언급하기도 했지만 이는 아주 피상적인 부분에 불과하다. 디자인을 더욱 탄탄하게 만드는 데 도움이 될 만한 연습 문제를 풀 것이다. 그래프의 접근성을 폭넓게 개선하는 데 도움이 되는 한 가지 간단한 사항이 있다. 문구를 현명하게 사용하는 것이다.

마지막으로 시각적 디자인은 청중이 **채택**해야 역할을 다한다고 볼 수 있다. 이를 더 가능하게 만들려면 할 수 있는 일을 살펴본다.

설계자처럼 생각하기를 연습하자!

우선 『데이터 스토리텔링』 5장의 주요 수업 내용을 복습하겠다.

『데이터 스토리텔링』 5장 우선 '설계자처럼 생각하기'를 요약해보자

형식은 기능을 따른다

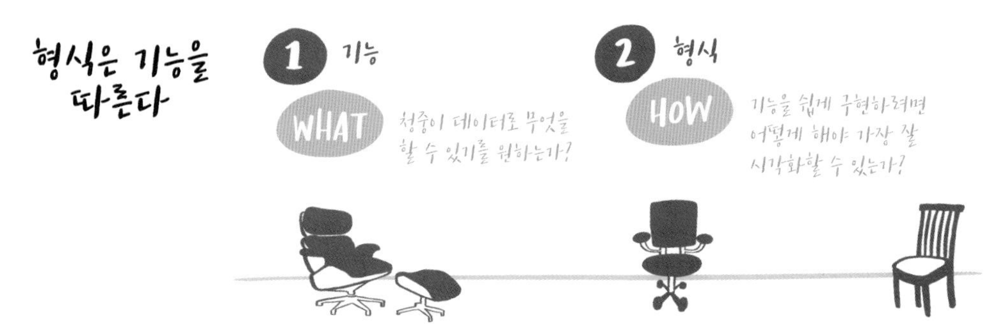

행동유도성

사용법을 명확히 알려주는 디자인 측면

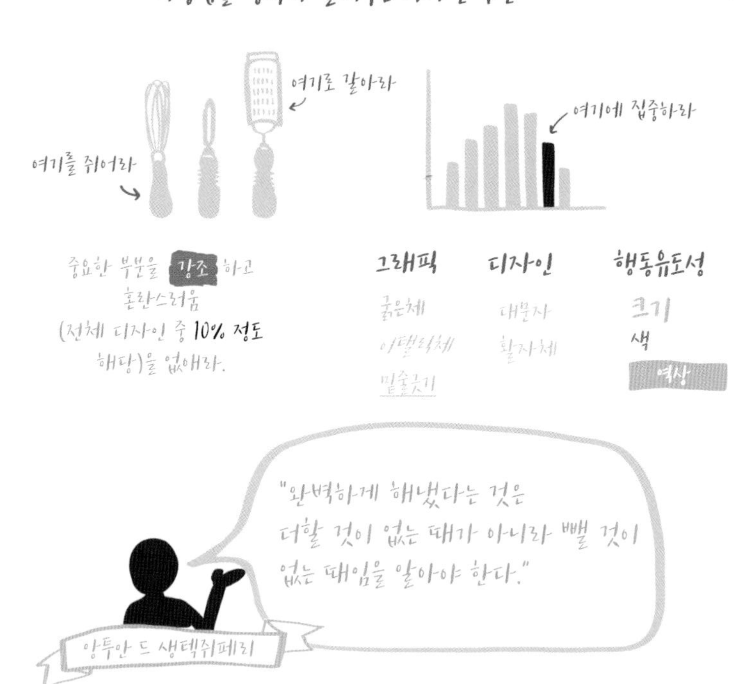

접근성

매우 다양한 기술력을 지닌 사람들이 사용할 수 있는 디자인

1. 읽기 쉽게 하라.
2. 말끔함을 유지하라.
3. 직관적 언어를 사용하라.
4. 불필요한 복잡성을 없애라.

심미학

시각적으로 더 매력적인 디자인은 사용하기에 더 쉽게 느껴지고 더 선뜻 받아들여진다.

그렇다!

1. 색을 스마트하게 활용하라.
2. 정렬에 주의하라.
3. 여백을 활용하라.

채택

효과적인 설계가 되려면 목표로 한 청중이 해당 설계를 채택해야 한다.

1. 장점을 분명히 표현하라.
2. 나란히 보여줘라.
3. 여러 선택 사항을 제공하거나 의견을 구하라.
4. 영향력 있는 청중을 확보하라.

콜과 함께 연습하기

5.1
문구를 현명하게 사용하기

5.2
더 잘하라!

5.3
세부 사항과 디자인에 직관적으로 주목하라

5.4
스타일 있게 디자인하라

스스로 연습하기

5.5
관찰하고 모방하라

5.6
사소한 변화로 큰 효과를 줘라

5.7
어떻게 하면 개선할 수 있겠는가?

5.8
브랜드화하라!

직장에서 연습하기

5.9
문구로 데이터에 접근 가능하게 하라

5.10
시각적 체계를 만들라

5.11
세부 사항에 관심을 쏟아라!

5.12
더욱 접근 가능하게 디자인하라

5.13
여러분의 디자인을 채택하게 하라

5.14
토론해보자

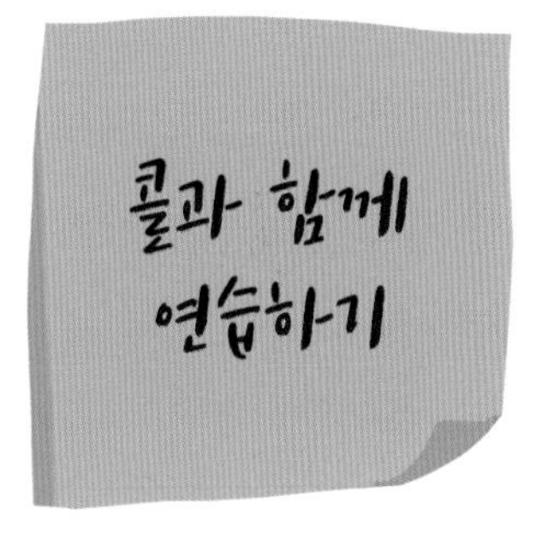

그래프와 함께 쓰는 문구(words)는 그래프를 이해하는 데 중요한 역할을 한다. 이 점을 강조하는 연습 문제로 시작해서 시각화 자료를 개선할 수 있는 다른 디자인 관점을 활용해 연습한다. 여기에는 세부 사항에 관심을 두는 것과 브랜딩을 구체화하는 작업이 포함된다.

연습 문제 5.1: 문구를 현명하게 사용하기

데이터로 의사소통할 때 사람들은 때로 문구를 넣을 자리가 없다거나 최소한으로 써야 한다는 잘못된 믿음을 갖고 있다. 데이터로 의사소통하는 데 사용하는 숫자와 그래프는 청중이 이해하도록 만드는 데 상당히 중요한 역할을 한다. 그래프에 텍스트를 넣으면 보고 있는 것을 이해하게 도와주고 데이터에 대한 청중의 인지도를 구성하는 데 도움이 된다.

간단한 연습 문제로 그래프 내 문구의 중요성을 알아보자.

그림 5.1a를 자세히 살펴보면 세탁 세제 4개 브랜드의 시간에 따른 판매량을 보여준다는 것을 알 수 있다. 그래프에는 이미 문구가 들어가 있다. 이것으로 충분한가? 더 현명하게 문구를 사용할 수 있겠는가? 데이터를 볼 때 이러한 질문을 유념한 후 다음 단계를 완성하라.

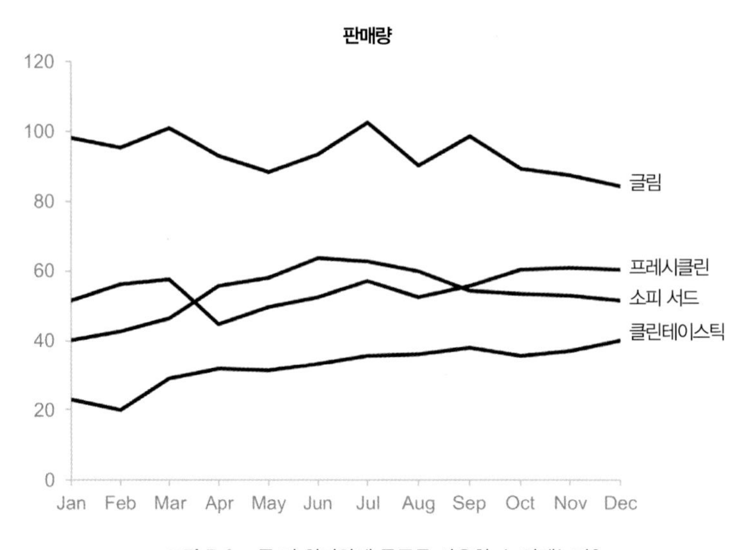

그림 5.1a 좀 더 현명하게 문구를 사용할 수 있겠는가?

1단계: 그림 5.1a의 데이터에 관한 질문 사항은 무엇인가? 목록으로 만들라! 데이터를 해석하려면 어떤 가정을 해야 하는가?

2단계: 1단계에서 제시한 질문에 답하려면 그래프에 어떤 문구를 추가해야 하는가? 보여주는 것이 완벽해지도록 자유롭게 추가하고 제목과 라벨에도 변화를 줘라.

3단계: 그래프에 다른 문구를 넣으면 데이터 해석이 어떻게 바뀔 수 있는가? 시각화 자료가 나타내는 것을 달리 이해하게 하려면 축 제목과 기타 텍스트를 어떻게 바꿔야 하는가? 모든 그래프에 문구가 있어야만 한다는 것은 어떤 영향을 주는가? 이번 연습 문제에서 배운 것을 한두 문단으로 요약해 써라.

4단계: 직접 연습해보려면 그림 5.1a를 사용하거나 데이터 혹은 그래프를 다운로드하라. 직접 선택한 툴로 원래 그래프에 텍스트를 추가하거나 새로운 그래프를 만들고 해당 정보에 접근하기 쉽도록 문구를 현명하게 사용하는 것을 연습하라.

해결 방안 5.1: 문구를 현명하게 사용하기

그래프를 만들 때 세부 사항은 거의 항상 명확하다. 그러나 이 세부 사항이 청중에게는 반드시 명확한 게 아니라서 상황 정보에 대한 청중의 기대나 이해가 달라질 수도 있다는 것이 문제다. 데이터 이해를 돕는 텍스트가 없을 때 여러분이 이 연습 문제에서 해야 하는 것처럼 청중도 추정하게 된다. 필요 이상으로 머리를 써야 할 뿐만 아니라 추정 자체가 틀릴 우려도 있다.

이번 연습 문제의 접근 방법을 소개하면서 문구 선택에 따라 데이터 해석이 얼마나 크게 달라질 수 있는지 설명하겠다.

1단계: 데이터에 대한 4가지 주요 질문 사항이 있다.

- **y축은 무엇을 그래프로 만든 것인가?** 판매량을 나타내는 제목에서 알 수 있지만 충분히 설명되지 않는다. 실제 팔린 물품 단위 그대로인가? 아니면 팔린 물품을 백 단위로 나타낸 것인가? 그것도 아니라면 판매금액을 나타낸 것일 수도 있다. 예를 들어 천만 달러 혹은 백만 파운드 같은 금액 말이다.

- **x축은 무엇을 그래프로 만든 것인가?** 월 라벨은 명백히 시간을 가리키지만 역시 설명이 부족하다. 어떤 시간의 기간인가? 이전 데이터를 돌아보고 있는가? 미래로 향하고 있는가? 아니면 둘의 조합인가?
- **4개 브랜드를 더 폭넓은 맥락으로 본다면 무엇이겠는가?** 특별한 웹사이트나 특정 상점에서 팔리는 4개 브랜드 모두를 대표하는가? 특정 제조 업체의 주요한 4개 브랜드인가? 아니면 더 큰 인구수에 대한 상위 혹은 하위 4개 브랜드인가?
- **데이터는 어떤 영역을 대표하는가?** 어떤 기준 체계가 없다면 강건한 표현robust representation(예를 들어 전 세계 판매량 혹은 미국 판매량)이라고 가정할 수 있다. 하지만 어떤 하위 구분, 즉 도시, 주 혹은 지역, 특정 생산 라인, 특정 제조 업체 혹은 특정 상점 체인 같은 것이 될 수 있다.

위 질문에 답하는 다양한 관점에 따라 어떻게 완전히 다른 데이터 해석을 가져오는지 생각하라. 다음에서 더 상세하게 보도록 하자.

2단계: 그림 5.1b는 1단계의 질문에 대한 답으로 그래프에 문구를 추가하는 하나의 방법을 보여준다.

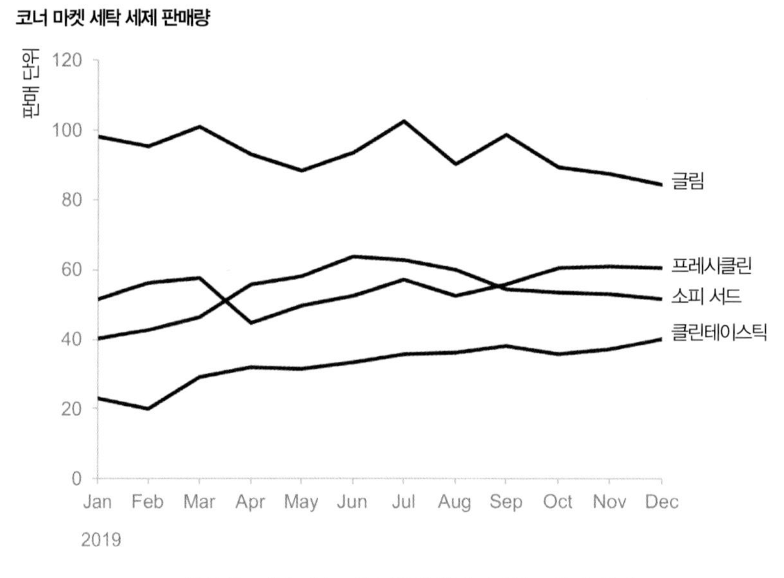

그림 5.1b 제목 텍스트를 명확히 하면 이해를 도울 수 있다

그림 5.1b에서 그래프가 특정 상점에서 팔린 세탁 세제 4개 브랜드의 단위 판매량을 나타낸다고 가정했다. 제목으로도 명확히 밝혔다. 즉, 그래프의 제목을 설명하는 방향으로 바꾸고 y축과 x축에 축 제목을 추가했다.

그래프에 텍스트를 추가해 만든 특정 디자인 선택을 살펴보자. 그래프 제목을 왼쪽 정렬했다. 보통의 'z' 모양으로 지그재그 읽기에 대한 논의는 벌써 여러 번 했다(연습 문제 2.1과 3.4의 해결 방안과 『데이터 스토리텔링』에서). 관련 내용을 상기해보자면, 다른 시각적 암시가 없을 때 청중은 정보를 얻으려고 그래프 상단 왼쪽에서 시작해 'z' 모양으로 지그재그를 그리며 내려온다. 상단 왼쪽에 그래프 제목을 둠으로써 청중은 제목과 먼저 만난 후 실제 데이터를 보게 된다. 상단(y축)과 왼쪽(x축)에 축 제목을 둔 것도 같은 이유다.

축 제목의 정렬은 세부 사항까지 신경을 썼다. y축 제목은 제일 큰 y축 라벨과 나란히 상단에 정렬했고 x축 제목은 축 가장 왼쪽의 라벨과 나란히 왼쪽에 뒀다. y축 제목은 모두 대문자로 했다(대개 축 제목은 이렇게 한다). 대문자는 높이가 같아서 (대문자와 소문자를 혼합하면 높이가 들쭉날쭉해지는 것과 비교해) 깔끔한 네모 형태를 만들어 준다. 이런 프레임을 그래프에 넣는 것을 좋아한다. 또한 축 제목은 회색으로 해서 보고 있는 것을 명확하게 해주되 부적절한 관심을 끌거나 데이터에서 다른 데로 관심을 돌리는 일이 없도록 했다.

3단계: 또 다른 문구를 쓰면 데이터가 뜻하는 바가 무엇이고 표시하는 것이 무엇인지 완전히 다른 해석을 할 수 있다. 그림 5.1c를 보라.

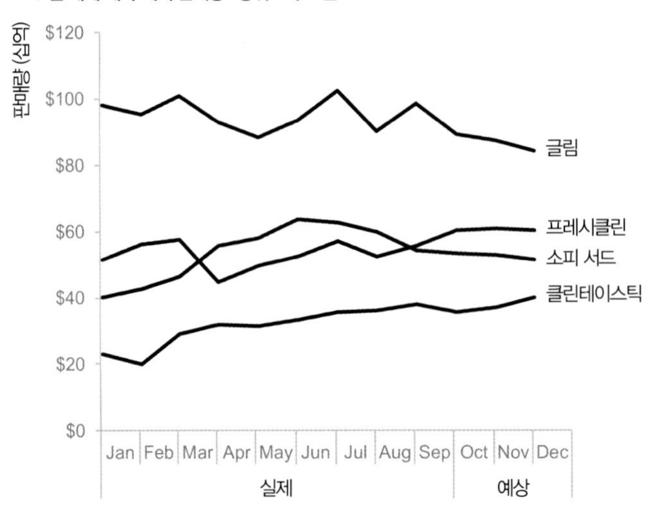

그림 5.1c 다른 텍스트를 쓰면 해석이 완전히 달라질 수 있다

이번 그래프는 모든 그래프에 있어야만 하는 문구에 관한 내용을 포함한다. 두 가지 가이드라인으로 일반화할 수 있다. 모든 그래프는 제목이 있어야 한다. 슬라이드 자료로 의사소통할 때 그래프에는 설명하는 제목을 사용하고 슬라이드에는 중요 사항을 제목으로 사용한다(후자는 6장에서 더 설명할 기회가 있다). 이것이 유일한 선택지는 절대 아니다. 다만 그래프 제목이 설명적이면서 중요 사항을 강조하는 사례를 이 책에서 확인했을 뿐이다. 특정 보고서나 프레젠테이션에서 제목 붙이는 방법은 일관성 있게 하라.

모든 축은 제목이 있어야 한다. 이 가이드라인에는 예외가 거의 없다. 명확하게 제목을 붙여라. 그러면 청중이 이해하려고 머리를 열심히 쓰거나 보고 있는 것을 추정할 필요가 없다.

문구는 시각화 자료를 청중이 이해하기 쉽게 해준다. 문구를 사용하라!

연습 문제 5.2: 더 잘 하라!

데이터를 시각화하려고 이용하는 그래프 애플리케이션은 다양한 시나리오를 충족시키려고 만들어졌다. 초기 세팅이 시나리오 중 어느 하나의 니즈를 정확히 충족시키는 일은 드물다는 의미다. 우리가 파고들 수 있는 부분이 이것이다. 맥락에 대한 이해와 디자인 감각이 있으면 초기 세팅을 무수히 개선할 수 있다. 이로써 정보를 더 쉽게 이해하게 하고, 어떤 정보를 보고, 어떤 정보에 시간을 써야 하는지를 더 즐겁게 할 수 있도록 돕는다.

각자의 툴로 만든 초기 결과물을 개선하고 청중에게 더 바람직한 경험을 주려면 수업 내용을 디자인에 어떻게 활용할지 생각하면서 사례를 분석하자. 그림 5.2a는 특정 지역의 시간에 따른 대리점별 차량 판매 수를 나타내고 있다.

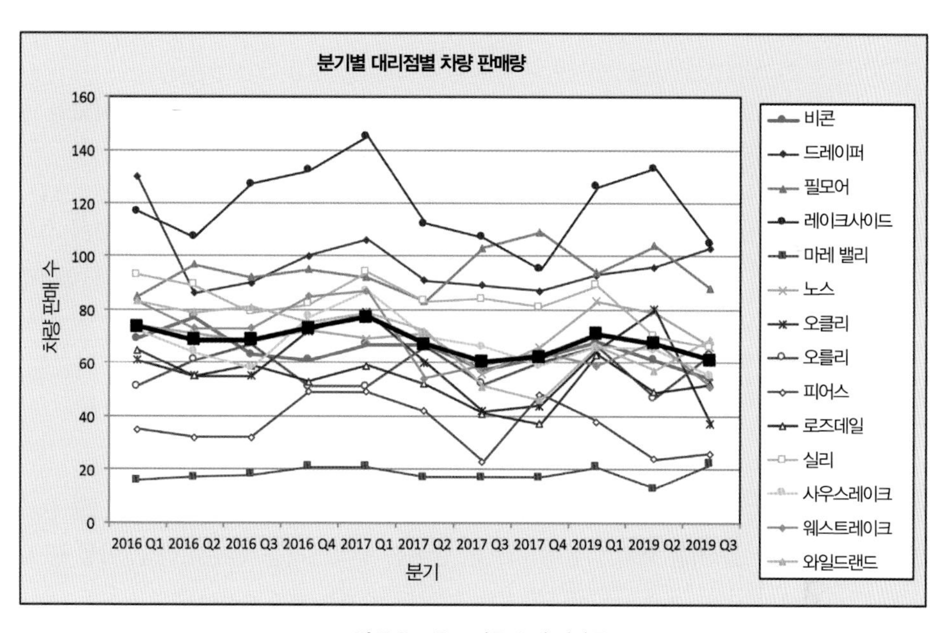

그림 5.2a 툴로 만든 초기 결과물

1단계: 우선 위 그래프에 단순히 반응해보자. 그래프가 어떤 느낌을 주느냐는 관점에서 볼 때 어떤 문구가 마음에 들어오는가? 그래프가 불러일으킨 감정 목록을 짧게 만들라.

2단계: 그래프의 데이터로 의사소통할 필요가 있다면 어떻게 바꿀 것인가? 상세하게 설명하라.

- **문구 사용**: 이미 논의한 대로 문구는 데이터를 해석하기 쉽게 만든다. 어떤 문구를 사용할 것인가 뿐만 아니라 어디에 놓을 것인가도 고려해야 한다. 시각화 자료에서 제목 위치나 제목 자체를 어떻게 바꿀 것이며 이유는 무엇인가? 이번 사례에서 문구가 사용된 방법을 개선할 수 있는 다른 방법이 있는가?
- **시각적 체계**: 가끔씩 강조하고, 중요하지 않거나 아무런 메시지도 주지 않는 구성 요소를 배경으로 밀어내면 도움이 된다는 것은 익히 알고 있다. 여기에선 어떻게 할 것인가? 정보나 디자인의 관점 중 어떤 부분에 초점을 맞출 것인가? 그리고 어떤 것을 중요하지 않게 처리하거나 없앨 것인가?
- **전체 디자인**: 현재 산만해 보이는 디자인 구성 요소가 있는가? 어떻게 하면 정렬과 여백을 효과적으로 활용할 수 있는가? 정보의 전체 디자인을 어떻게 바꾸라고 권할 것인가?

3단계: 데이터와 그래프를 다운로드하라. 각자 선택한 툴로 대략 생각해둔 변경 사항을 적용해 시각화 자료를 다시 만들라.

4단계: 대리점을 관리하는 관리팀에게 공유하려고 폭넓은 자료에 적합하며 데이터에 초점을 맞춘 슬라이드 한 장을 만들라는 요청을 받았다고 상상해보자. 보여주는 것이나 보여주기로 선택한 방법에 어떤 영향을 주는가? 이해를 도우려고 어떤 추가 문구를 넣을 수 있겠는가? 다른 디자인 고려 사항은 무엇인가? 각자 선택한 툴로 슬라이드를 만들라.

해결 방안 5.2: 더 잘하라!

1단계: 이번 그래프를 처음 보고 마음에 떠오른 단어는 당황스러움, 혼란스러움, 어쩔 줄 모르겠음, 착잡함 등이다. 데이터로 의사소통할 때 피하고 싶은 반응뿐이다!

2단계: 청중이 정보를 더 잘 얻을 수 있게 하면서 더 즐거운 경험을 할 수 있도록 그래프를 다시 만들려면 어떻게 접근할 것인지를 다음에서 자세히 설명하고 있다.

문구 사용: 모든 그래프에 제목이 붙는 것을 선호하지만 그렇다고 해서 그래프와 축 제목을 중앙 정렬하고 싶은 것은 아니다. 오히려 모든 제목을 상단 가장 왼쪽에 나란히 맞춰 청중

이 상단 왼쪽에서 시작하면서 시각화 자료를 읽는 방법을 접한 후 데이터에 다가가길 원한다. 깔끔한 네모 구조가 가능하므로 y축 제목과 그래프 제목은 모두 대문자로 해서 그래프를 만들었다. x축은 분기라는 제목이 필요 없어 보인다. 개별 라벨만으로 의미가 명확히 드러나기 때문이다. 따라서 x축 제목은 없앴다. 연도 반복이 x축 라벨의 쓸데없는 반복을 만들고 있으므로 축 라벨에서 연도를 대구분으로 뺐다.

시각적 체계를 만들려면 그래프에서 무엇에 초점을 맞춰야 할지 결정해야 한다. 원래 관심이란 상충하는 것이므로 어느 하나에 초점을 맞추기가 어렵다. 지역 평균이 원래 그래프에서 중요해 보여 더 굵은 검은색 선으로 표시했다(물론 해당 선이 모든 다른 선, 색 및 모양만큼 두드러지게 눈에 띄지는 않지만). 나머지는 모두 배경으로 보냈다. 관심의 분산을 막으려고 회색 배경, 경계선 및 그리드라인도 모두 없앴다. 아무런 정보도 주지 않는non-information-bearing 구성 요소를 없애면 데이터가 더 두드러져 보이고 시각화 자료에서 전체적으로 어수선한 느낌을 덜 받도록 하는 데 도움이 된다.

전체 디자인에 적용 가능한 추가 변경 사항 측면에서 보면 현재는 오른쪽에 있는 알파벳 순서로 된 색인과 색인이 설명하는 데이터 사이를 왔다 갔다 하면서 봐야 한다. 개인적으로 청중이 이런 작업을 하지 않길 바란다. 문제를 해결하려고 보통 취하는 방법은 라인에 직접 라벨을 붙이는 것이다. 여기에선 라인들이 가깝게 붙어 있어 어려운 일일 수도 있다. 일단 시도해보고 라벨을 붙이는 과정 중에 조금 창의적으로 되려고 한다. 이 작업은 특정 대리점의 진행 상황을 보기에는 썩 좋지 않으나(별개의 그래프에 넣거나 한 번에 하나 혹은 둘만 강조하지 않는다면), 그래프 오른쪽에 각 그룹의 라벨을 붙임으로써 가장 최근 데이터에서 가장 높은 것, 가장 낮은 것, 중간에 있는 것을 알아볼 수 있게 한다.

3단계: 그림 5.2b는 이러한 변경 사항을 포함한 시각화 자료를 보여준다.

시간에 따른 차량 판매량

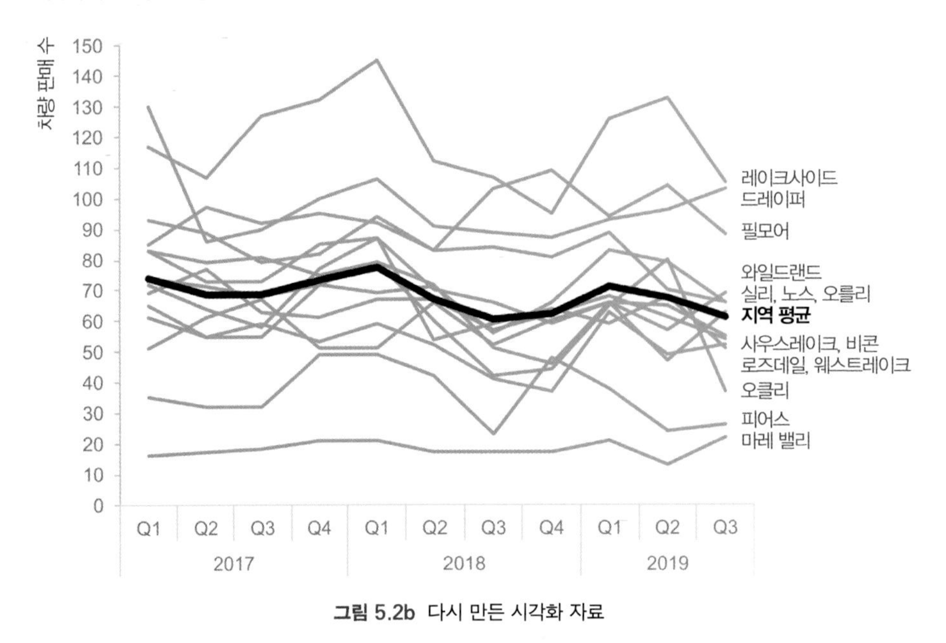

그림 5.2b 다시 만든 시각화 자료

그림 5.2b에서는 청중이 쉽게 지역 평균에 초점을 맞출 수 있을 뿐 아니라 대리점별 시간에 따른 범위와 분포를 알 수 있다. 하지만 특정 소매상에게 어떤 일이 있었는지 더 상세하게 이해하는 것이 중요하다면 내용을 파악하기가 조금 어렵다. 문제를 해결하려고 그래프를 수정하는 데 노력을 더 기울이기보다 데이터에 대한 다른 관점으로 내용을 늘리는 게 낫다. 곧 이를 살펴보겠다.

4단계: 의사소통 수단으로 단 한 장의 슬라이드를 써야 한다면 이해하기 쉽도록 주변에 더 많은 문구를 넣어 "그래서 뭐가 어떻다는 건데?"라는 질문에 답하고자 한다. 시각화 자료에 여백과 정렬을 유념하면서 제목과 텍스트를 함께 활용하고 해당 페이지에 명확한 구조를 만든다. 또한 시각적 체계를 만들고 정보를 훑어보기 쉽게 하려면 가끔씩 강조한다. 관련 구성 요소를 한데 묶어 청중이 이해하는 과정을 쉽게 할 수 있다. 그림 5.2c를 보라.

지역별 차량 판매량: **상반된 결과**

지역 평균은 전체적으로 하향세

모든 대리점별 전체 차량 판매 수(제시되지 않음)는 2017년 일사분기 1,000대 이상에서 2019년 삼사분기 857대(약 17% 감소)로 시간에 따라 감소했다. 대리점별 평균 차량 판매 수도 시간이 따라 감소했다.

시간에 따른 차량 판매량

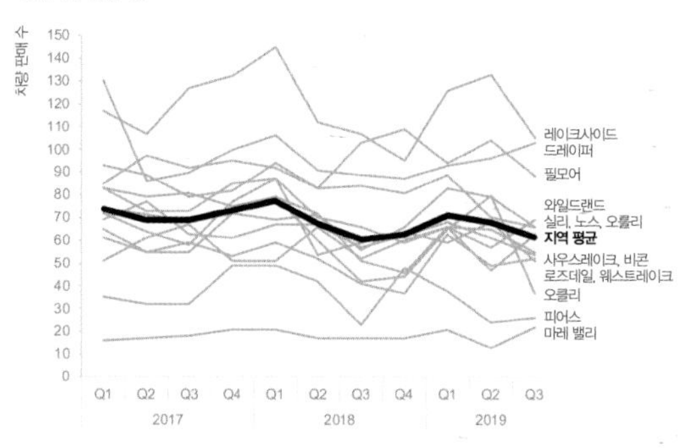

대리점별 뚜렷한 차이

최근 분기를 보면 **레이크사이드, 드레이퍼 및 필모어의 차량 판매 수가 가장 많았던** 반면(각각 105, 103, 88대), **오클리, 피어스 및 마레 밸리의 차량 판매 수가 가장 적었다**(각각 판매량이 40대 미만).

2019년 3사분기 대리점별 차량 판매

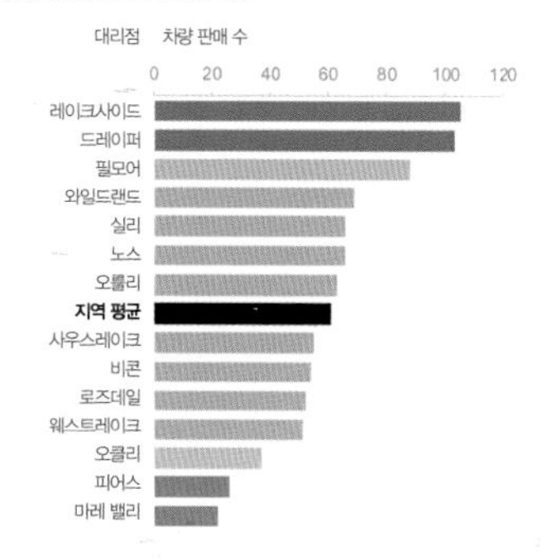

데이터 출처: 판매량 데이터베이스, 2019년 9월 30일까지 지역 대리점 현지에서 팔린 차량 수 포함

그림 5.2c 한 장의 슬라이드로 프레젠테이션하기

그림 5.2c에서 가장 최근에 다양한 대리점별 차량 판매 수가 어떤지 비교한 결과를 수평 막대그래프로 표시한 것을 하나 더 추가했다. 이 시기가 가장 연관성이 높고 각각에서 시간에 따른 전체 관점을 다 볼 필요는 없다고 가정하고 있다(왼쪽을 보면 상대적으로 쉽게 높은 것과 낮은 것을 알아볼 수 있지만, 중간 것을 구분하는 것이 중요하다면 현재 디자인으로는 알 수가 없다).

명확하고 간결한 제목을 붙이고 설명하는 텍스트를 넣는 등 그래프 주변에 텍스트를 더 많이 추가해 청중에게 강조하고자 하는 것을 명확하게 나타내고자 했다. 여백과 정렬을 활용해 양쪽에 걸친two-sided 레이아웃을 만들었다. 한 걸음 뒤로 물러나 청중이 정보를 어떻게 처리할지 생각해보면, 상단 왼쪽에서 시작해 슬라이드 제목부터 읽은 후 아래쪽으로 내려와 '지역 평균은 전체적으로 하향세'를 읽고, 관련 내용을 설명하는 그래프 아래쪽 검은색 선을 본다. 그다음은 대체로 오른쪽으로 시선을 돌려 '대리점별 뚜렷한 차이'라는 제목에 멈추거나 청색과 오렌지색 텍스트에 머문다. 마지막으로 오른쪽 그래프의 아래쪽으로 내려가 왼쪽 그래프와 연관된 검은색 평균을 보고 동시에 위 문구와 색이 유사한 청색과 오렌지색 막대를 본다.

그림 5.2c에서 왼쪽 그래프를 한 번 더 반복할 때 2019년 삼사분기의 위와 아래 3개 대리점(오른쪽에서 확인)에 청색과 오렌지색을 입힌 것처럼 적용하려고도 했다. 일관적인 것을 선호하지만 이렇게 하면 왼쪽의 지역 평균에 관심을 끌어내는 것과 크게 상충할 수도 있다고 생각해 색은 오른쪽 그래프에만 적용하기로 했다.

주요 포인트는 시각화 자료와 시각화 자료를 담고 있는 페이지 및 전체 구조에 대한 고려에 있다. 툴의 초기 세팅에 무조건 의존하지 말라. 그래프를 만들 때는 훨씬 많은 작업이 필요하다. 생각을 많이 하면서 디자인하면 청중에게 더 나은 경험을 제공하고 성공적인 의사소통의 가능성을 높일 수 있다.

연습 문제 5.3: 세부 사항과 디자인에 직관적으로 주목하라

다음 사례는 연습 문제 5.2에서 마무리했던 것과 유사한 양쪽에 걸친 구조를 이용했다. 하지만 명확한 구조가 성공에 필요한 유일한 사항은 아니다. 세부 사항에 관심을 두는 것이 시각적 디자인을 효과적으로 만드는 아주 중요한 관점이다. 또 다른 사례를 이용해 세부 사항에 관심을 기울이고 생각을 많이 하면서 디자인을 선택하면 시각적 의사소통이 어떻게 향상되는지 살펴보자.

소규모 사업장을 대상으로 하는 주문형 인쇄 회사를 운영한다고 가정하자. 추구하는 지표는 고객 접점customer touchpoints, 즉 근무자가 고객과 직접 접촉하는 빈도수로 총합 기준과 고객별 기준을 본다. 주요 접속 형태는 전화, 메신저 그리고 이메일의 세 가지가 있다.

여러분의 동료가 시간에 따른 고객 접점을 요약한 다음 슬라이드를 만들어 와서 피드백을 요청했다. 그림 5.3a를 찬찬히 살펴본 후 다음 단계를 밟아라.

전체 및 고객별 접점은 변화 없음

전체 접점은 약 500K로 약간 증가 추세 (연간 3.8% 증가)

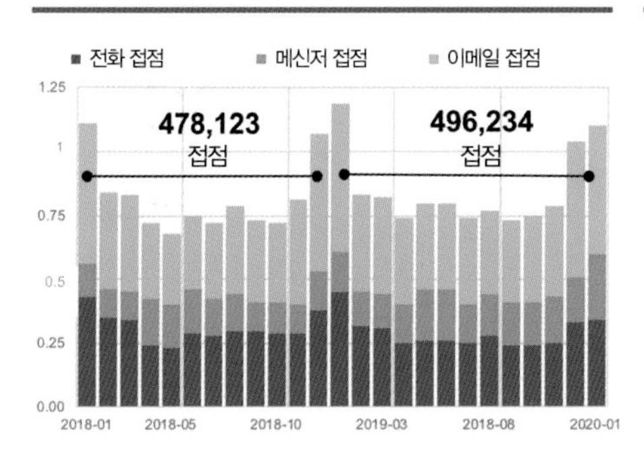

고객별 접점은 과거 3년간 변화 없음

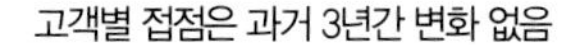

	전화	메신저	이메일	전체
January '18	0.43	0.13	0.55	1.11
January '19	0.45	0.16	0.58	1.19
January '20	0.29	0.26	0.5	1.10

그림 5.3a 여러분 동료의 원래 슬라이드

1단계: 동료가 만든 슬라이드 디자인에 대해 세부 사항에 관한 관심과 관련해 어떤 피드백을 줄 생각인가? 생각한 바를 적어라. 무엇을 변경하라고 권할지 뿐 아니라 이유에도 초점을 맞춰라. 이제까지 논의한 디자인 원리를 활용해 피드백을 작성하라.

2단계: 다시 돌아가서 데이터가 어떻게 디자인됐는지 생각하라. 왼편에 누적 막대형이 있고 오른쪽에 테이블이 있으며 추가 숫자들을 텍스트로 넣어둔 디자인이다. 데이터를 보여주는 방법에 변경할 것이 있는가? 청중에게 더욱 직관적인 방식으로 데이터를 어떻게 디자인하겠는가? 아이디어를 써라.

3단계: 원래 시각화 자료와 데이터를 다운로드하라. 각자 선택한 툴로 피드백한 것과 아이디어를 포함해 슬라이드를 다시 만들라.

해결 방안 5.3: 세부 사항과 디자인에 직관적으로 주목하라

1단계: 우선 세부 사항에 대한 관심이 시각적 디자인에서는 매우 중요하다는 것을 말해두고자 한다. 대체로 그래프나 슬라이드는 청중이 실제로 보는 분석 과정의 일부일 뿐이다. 사람은 의도하든 의도하지 않든 직접 관찰할 수 있는 부분을 기반으로 관심 있는 세부 사항의 전체 수준을 추정하는 경향이 있다. 시각화 자료와 해당 자료를 담은 페이지가 전체 작업의 장점을 함축하도록 만들라!

세부 사항에 대한 관심과 관련해 일관성과 정렬 그리고 직관적인 축 라벨의 세 가지 영역에 피드백을 집중하고자 한다. 그럼 하나씩 살펴보자.

일관성은 세부 사항에 대한 관심과 관련해 중요한 관점이다. 별다른 이유 없이 이해하기 어렵다면 접근 방법을 일관성 있게 하라. 무작위로 디자인 구성 요소를 변경하거나 일관성 없는 것을 불필요하게 넣는 것은 주의를 분산시키고 대충 한 것처럼 보일 수 있다. 이때, 눈에 들어오는 구체적 사항은 다음과 같다. 그래프의 y축 라벨과 테이블의 이메일 셀에서 소수점 자릿수가 일관적이지 않다. 또한 날짜 표시 방법이 그래프와 테이블에서 동일하지 않고 심지어 테이블 안에서조차 일관적이지 않다!

정렬에 대해서는 앞서 논의했다시피 중앙 정렬은 대체로 어수선해 보인다. 그래프와 테이블에서 중앙 정렬한 문구를 보면 알 수 있듯이 여러 줄일 때 양옆이 들쭉날쭉하게 된다. 개인적으로 테이블 숫자는 중앙 정렬로 유지하더라도(테이블을 유지한다면 좀 더 짧게!) 수직 정렬은 일관성 있게 한다. 수직 방향에서도 일관적으로 중앙에 둔다(현재는 테이블 날짜는 위쪽 정렬하고 숫자는 수직 방향으로 중앙 정렬한 상태다). 페이지의 전체 구성 요소는 더 잘 배열할 수 있다. 테이블 위의 선은 필요 없고 가장 오른쪽에 있는 오렌지색 박스는 강조하려는 셀에 더 잘 맞게 크기를 조절하는 게 낫다.

현재 디자인에 대한 피드백 중 마지막 주요 사항은 그래프의 **직관적인 축 라벨 붙이기**다. 지금은 x축이 5개월마다 라벨링돼 있다. 이렇게 구성한 이유를 유추하기란 어렵지 않다. 모든 포인트에 라벨을 붙일 공간이 충분하지 않고, 특히 날짜가 긴 형식이라면 더욱 그렇다. 라벨을 어떤 주기로 선택하느냐를 충분히 고려해야 하지만 라벨을 일부에만 붙이는 것도 방법이다. 보이는 데이터에 근거해 직관적으로 주기를 선택하라. 예를 들어 7포인트마다 라벨을 붙이는 것은 일별 데이터에는 괜찮고(한 주가 7일이니까) **혹은** 일 대신에 주별로 라벨을 붙이는 것도 괜찮다. 월별 데이터는 3개월 혹은 6개월마다 붙이는 게 훨씬 직관적이다. x축에 시간을 넣을 공간이 제한적이라면 분기별 혹은 연도별로 라벨을 붙일 수도 있다. 연도를 대구분으로 끌어낸 후 월은 약자로 쓰고 텍스트를 세로로 정렬하거나 혹은 각 월의 첫 자만 사용해 텍스트를 수평으로 유지해도 된다. 나는 해결 방안으로 후자의 방법을 사용할 것이다. 유일하거나 더 선호되는 접근 방법이 있는 것은 아니다. 직관적이고 도움이 되면서 청중이 읽기 쉬운 축 라벨을 선택하라.

피드백으로 한 가지 더 얘기하자면, 그래프 각 구분 라벨에서 '접점'이라는 말을 빼서 중복을 줄이고 데이터에 라벨을 직접 붙여 청중이 범례와 데이터를 설명하는 그래프 사이를 왔다 갔다 하지 않도록 할 것이다. 색도 바꿀 수 있는 여지가 있지만 전체 디자인을 봤을 때 그대로 두기로 했다.

그림 5.3b는 간략히 요약한 변경 사항을 반영해 다시 만든 그래프를 설명하고 있다.

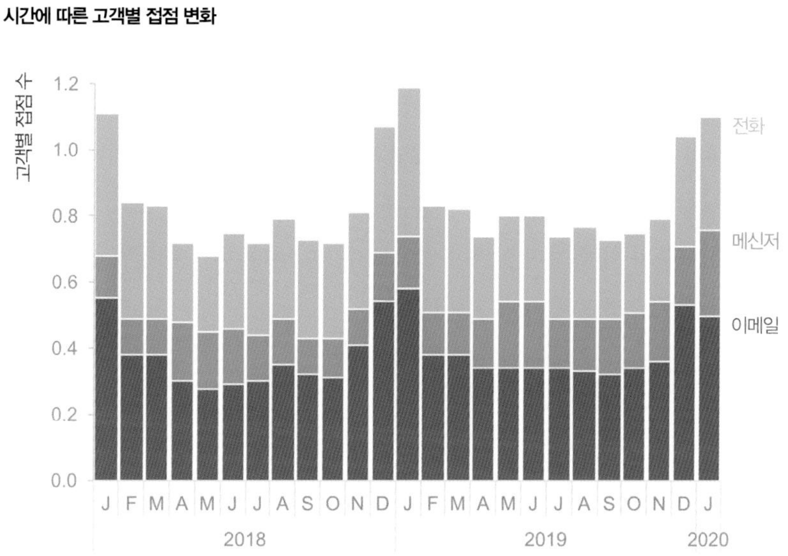

시간에 따른 고객별 접점 변화

그림 5.3b 세부 사항에 더 관심을 기울여 다시 디자인한 그래프

2단계: 한 걸음 물러나 이해하기 쉬운 방법으로 데이터를 디자인할 때 추천하는 더 광범위한 변경 사항이 있다. 어떻게 해야 **데이터를 이해하기 쉽게 디자인**할 수 있을지 다음으로 넘어가 살펴보자.

그림 5.3a로 돌아가면 수많은 숫자가 보인다. 제목에도 있고 그래프에도 있고 테이블에도 있다. 사실 모든 숫자가 필요하지는 않다. 우선 접점의 전체 수를 이야기하자. 제목에도 언급돼 있고 그래프에 텍스트와 숫자로도 들어가 있다. 해당 정보가 매우 중요하다면 차라리 별도의 슬라이드로 내보내서 그래프로 만드는 것이 낫다(지금 설명하는 2년 치 숫자보다 훨씬 많은 데이터를 포함한다). 그렇지 않다면 그래프를 잡동사니로 만드는 것보다는 오히려 추가

상황 정보를 문구로 포함하는 게 낫다.

관심을 다시 테이블로 돌려보면 테이블은 새로운 정보를 하나도 추가하지 못한다. 여기 보이는 데이터는 왼쪽 그래프의 1월에 이미 들어가 있다. 관심있는 숫자가 있다면 숫자를 따로 두기보다 데이터와 함께 직접 그래프에 넣기를 추천한다. 나는 이런 숫자들이 중요하다고 생각하지 않는다. 뒤로 물러나 '스토리'를 생각하면 데이터를 바라보는 다른 관점이 생긴다. 말할 스토리와 초점 맞추길 원하는 곳을 더 잘 이해하게 되고 그것을 어떻게 청중에게 명확하고 알기 쉽게 전달할 것인가도 이해하게 된다.

데이터를 시각화할 수 있는 다른 방법에 초점을 맞추자. 누적 막대형에서 우려되는 한 가지는 누적 막대의 아래쪽 첫 번째 데이터 계열과 총 데이터(막대 전체 높이)만을 쉽게 비교할 수 있다는 사실이다. 만약 누적 막대 위쪽 데이터 계열에 흥미로운 점이 있다 해도 변화하고 있는 다른 부분의 위에 쌓여 있어서 알아보기가 어렵다. 비교를 훨씬 쉽게 할 수 있도록 누적 막대를 선으로 바꿨다. 그림 5.3c를 보라.

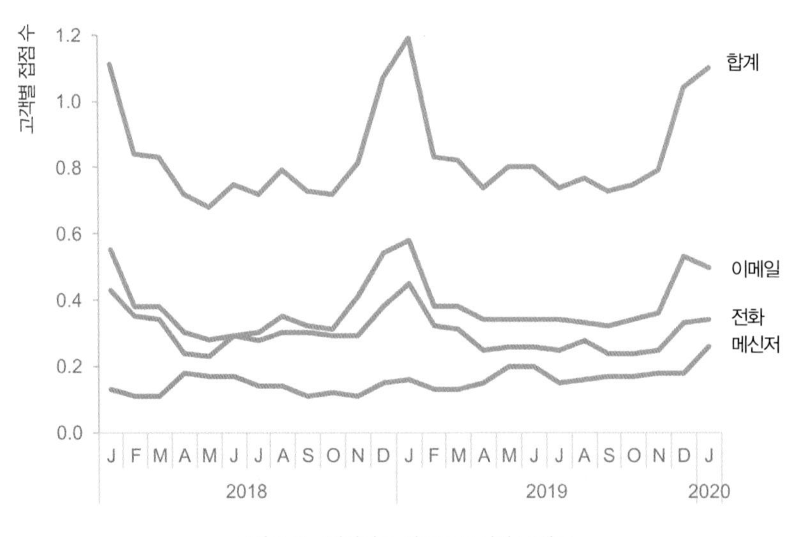

그림 5.3c 데이터를 선으로 표시한 그래프

그림 5.3c에서 카테고리를 누적하지 않고 각 접점 형태, 즉 이메일, 전화, 메신저를 선으로 그래프화했다. 합계를 나타내려고 선을 추가했다. 그래프에서 색을 완전히 없애 버렸기 때문에 모든 데이터를 같은 중요도로 보면서 초점을 맞출 적합한 곳을 파악할 수 있다. 이후 단계에서 일부 색은 다시 추가한다.

데이터를 봤을 때 깜짝 놀랄만한 일은 누적 막대형 이상으로 나타나는 명백한 계절성 seasonality이다. 계절성을 명확히 보길 원한다면(혹은 일부에선 계절성 부족) 연도별로 다른 선을 사용하고 x축에 하나의 연도에 들어가는 월, 즉 1월부터 12월을 사용하는 것이 작업하기 좋다. 카테고리별로 이렇게 한다면 변경했을 때 많은 선이 사용된다. 개별 데이터를 여러 개 그래프로 나눌 필요도 있다. 하지만 데이터 분포를 보면 하나의 그래프에서 작업할 수 있다. 그림 5.4d를 보라.

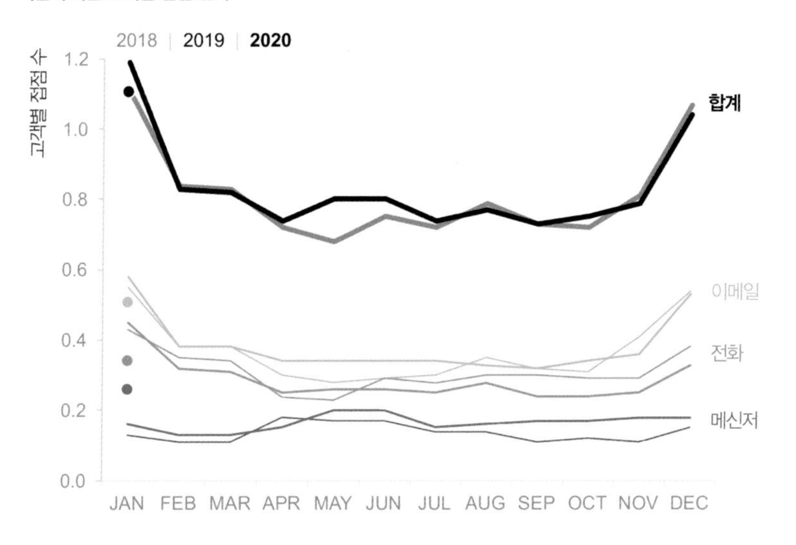

그림 5.3d 계절성을 더 잘 보려고 x축을 월별 캘린더로 변경

그림 5.3d에서 x축을 1월에서 12월까지로 변경했고 각 연도를 고유 선으로 구성했다. 각각의 같은 색 그룹 내에서 가는 선은 2018년을, 굵은 선은 2019년을 나타내고 왼쪽 원형 포인트는 2020년 중 1월만 나타낸다. 전체 접점에서 일관적인 계절성을 보이는데, 1월과

12월에는 고객별 접점이 훨씬 높고 나머지 달에는 상대적으로 낮은 것에 주목하라. 그래프가 마음에 썩 들지 않더라도 걱정하지 말라. 다음 단계로 나아갈 수 있도록 돕는 과도기적 단계일 뿐이다.

가장 최근의 데이터 지점이 2020년 1월이므로 우리가 2020년 2월에 있다고 가정하자. 2020년 전체의 데이터 형태(앞서 언급한 대로 시작과 끝이 더 높고 중간이 낮은 형태)와 더불어 x축을 조정하고자 한다. 보통의 달력 연도(1월~12월)가 아니라 7월부터 다음 해 6월까지로 바꿔 최근 달을 연도별로 비교하기 더 쉽게 만든다. 일부 데이터를 없애고 2020년에 하나 있는 어정쩡한 데이터 지점을 해결해 선을 '올해'와 '지난해'로 단순화한다. 그림 5.3e를 보라.

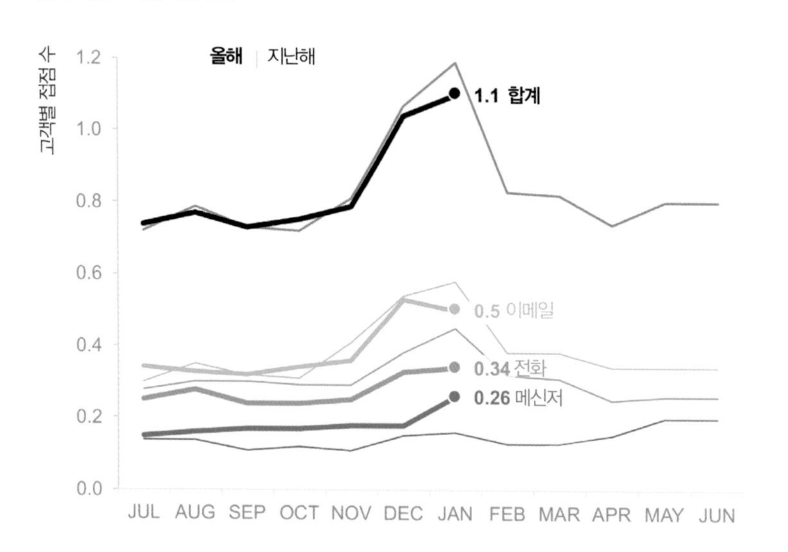

그림 5.3e x축 범위를 7월부터 6월로 변경

이런 관점에서 보면 이전에는 와닿지 않았던 두 가지 사항을 관찰할 수 있다. 우선 합계를 보자. 올해와 지난해의 추세가 거의 일치하는 것을 알 수 있다. 하지만 1월의 고객별 접점 수는 지난해보다 낮았다. 아래로 내려와 살펴보면 이메일과 전화 접점이 지난해보다 올해 더 낮은 경향을 보인다. 그러나 메신저 접점은 다르다. 메신저 접점은 지난해와 비교했을 때 올해가 일관적으로 더 높았고 차이는 1월에 더 커지는 추세다.

그림 5.3e에서 라벨의 소수점 자리가 다양해졌음을 알아챘을 것이다. 숫자 크기에 따라 합계와 이메일은 소수점 첫째 자리까지로 했고 전화와 메신저는 소수점 둘째 자리까지로 했다. 작지만 의미가 있을 수 있는 차이를 평가할 수 있고 각기 다른 높이의 두 지점에 같은 숫자(여기에선 0.3)를 라벨로 붙여 혼돈을 주는 것을 피할 수 있다.

3단계: 모든 것을 종합하고 문구를 그래프 옆에 배치한 최종 슬라이드는 그림 5.3f와 같은 형태가 된다.

전체 접점은 변화 없이, 메신저로 전환 중

고객 접점에는 명확한 계절성이 있고 **1월이 최고조**다.
이메일과 전화는 해가 갈수록 감소하는 반면, **메신저 접점은 점차 증가하고 있다.**

논의하자. **이 사실이 앞으로의 전략과 목적에 어떤 영향을 미치는가?**

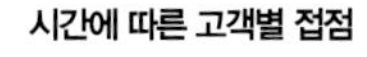

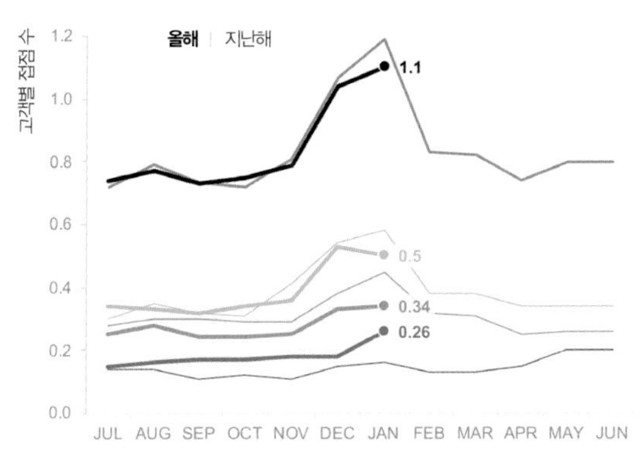

총계는 최근 몇 달간 지난해 추세와 유사한 경향을 보였고, 1월의 고객별 접점 수가 조금 낮아졌다.

이메일은 계속해서 접점 수가 가장 높은 상태이나, 1월은 지난해보다 조금 낮은 경향을 보인다(0.50 vs. 0.58).

고객별 접점 수가 0.34인 전화 또한 해마다 감소하고 있다(지난해 동일 시기에는 0.45).

메신저 접점은 최근 몇 개월간 꾸준히 증가하는 추세를 보였다. 현재는 0.26에 불과하지만 총합 내 비율이 증가하고 있고 해가 갈수록 거의 두 배씩 증가하는 모습이다. 여기에 상황 정보를 더 추가하라(예를 들어 바라든 바라지 않든 계속될 것으로 기대된다 등).

그림 5.3f 다시 디자인한 슬라이드

정보를 라이브 세팅에서 말해야 한다면 슬라이드에서 그래프에 초점을 맞추고 그래프를 하나씩 보여줄 것이다(6장과 7장에서 이번 사례를 살펴본다). 하지만 정보를 줄 수 있는 슬라이드가 단 한 장이라면(전달할 더 많은 자료에 들어갈 슬라이드 한 장이라면) 슬라이드 주변에 모든 문구를 배치해 이해를 도울 것이다. 추가한 문구는 대부분 상세한 설명이다. 이상적으로는 이런 주석을 이용해 추가 상황 정보를 주고, 보고 있는 것이 적합한지, 기대했던 것인지 등에 대한 체계를 제공한다. 문구는 설명하고자 하는 데이터와 비슷한 색으로 통일했다. 그 결과 청중이 문구를 읽을 때 데이터의 관련 근거를 어디에서 찾아야 할지 알 수 있고 반대도 마찬가지가 된다. 색, 상대적 크기, 페이지 내 위치 등을 사용해 시각적 체계를 만들고 정보를 훑어보는 데 도움을 줬다.

디자인의 모든 관점을 충분히 고려하면 메시지를 명확히 전달하는 데 도움이 되므로 청중이 데이터를 더 쉽게 사용하도록 할 수 있다.

연습 문제 5.4: 스타일 있게 디자인하라

데이터로 의사소통할 때 디자인 스타일에 영향을 줄 수 있는 것 중 '브랜드'를 언급하지 않았다. 회사는 나름의 브랜드를 만들려고 상당히 많은 시간과 비용을 들이곤 한다. 로고, 색, 폰트, 템플릿, 그리고 관련 스타일 가이드라인. 이것을 활용하라고 요구되는 것 이상으로 데이터를 시각화하는 방법에 브랜딩을 적용하는 것은 가치 있는 일이다. 브랜드는 통합된 모습을 만들고 데이터로 의사소통하는 데 어떤 개성 같은 것을 느끼게 하며 심지어는 더할 수도 있다. 그래프에 브랜딩을 적용하는 것을 연습하자!

연습 문제 3.1에서 다음 그래프를 살펴본 바 있다. 그림 5.4a는 특정 제품에 대한 시간에 따른 시장 규모를 나타낸다. '데이터 스토리텔링하기'의 일반적인 모양과 느낌이 적용됐다. 폰트는 아리얼체Arial이고 제목은 상단 왼쪽에 위치한다. 축 제목은 모두 대문자다. 대부분의 구성 요소는 회색이고 직접 주의를 기울여야 할 곳에만 색을 적용했다(부정적인 퇴출 및 관련 데이터 지점은 오렌지색, 긍정적인 데이터 지점과 관련한 코멘트는 청색).

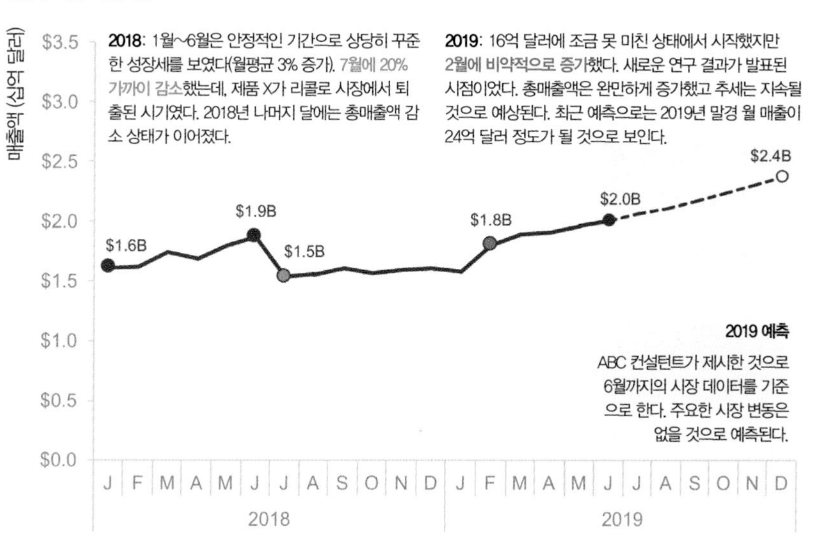

그림 5.4a '데이터 스토리텔링' 브랜딩 양식을 적용한 그래프

데이터와 그래프를 다운로드해 다음을 완성하라.

1단계: 유나이티드 항공사와 유사한 어떤 브랜드에서 일하면서 시장 규모를 포함한 연간 보고서를 내야 한다고 상상해보자. 일부 조사를 수행하는 것에서 시작하라. 유나이티드 항공사 웹사이트를 방문하고, 구글 이미지를 검색하고, 관련 그림을 찾아라. 브랜드를 설명할 수 있는 10가지 형용사를 목록으로 만들라. 그림 5.4a를 유나이티드 항공사와 유사한 스타일로 브랜딩해 다시 만들라. 색과 폰트를 선택하는 데 이것이 얼마나 영향을 주는지 고려하라. 그 밖에 브랜드가 그래프의 디자인을 변경하는 데 얼마나 영향을 주겠는가?

2단계: 1단계 과정을 다시 해보자. 이번에는 코카콜라에 근무하는 분석가라고 가정하자. 우선 조사를 일부 수행하고 브랜드 관련 구문이나 느낌의 목록을 만들면서 연습 문제를 반복하라. 그런 다음, 조사 결과를 토대로 브랜딩해 그래프를 다시 만들라. 어떤 것을 변경했는가? 여러분의 디자인에 브랜드 색인 빨간색을 어떻게 넣겠는가?

해결 방안 5.4: 스타일 있게 디자인하라

1단계: 유나이티드 항공사 웹사이트를 보고 관련 이미지를 구글에 검색할 때 떠오르는 단어는 깨끗한, 고전적인, 선이 굵은, 청색의, 조종 가능한, 열린, 간소한, 단순한, 진지한, 체계적인 등의 형용사다. 로고는 진한 청색 배경에 굵은 흰색의 대문자 텍스트를 중앙 정렬로 하고 나머지는 더 밝고 음영 처리가 된 청색을 사용하고 있다. 이런 느낌과 구성 요소를 그래프 디자인에 적용할 수 있다. 그림 5.4b를 보라.

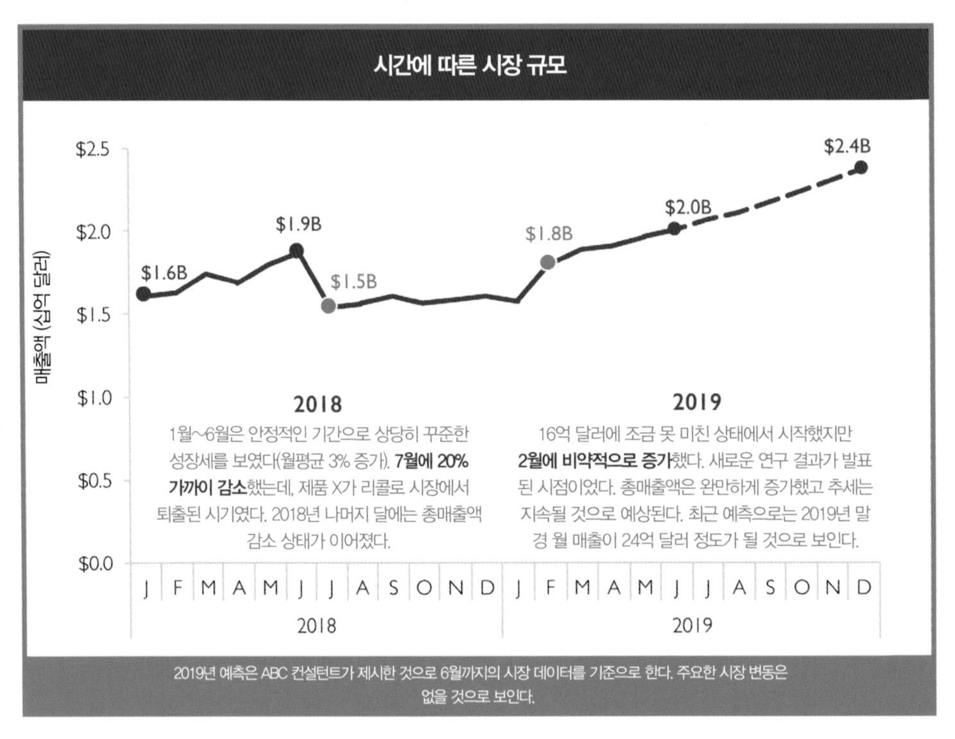

그림 5.4b 유나이티드 항공사의 영향을 받은 브랜딩

초기에 주요하게 변화시킨 것은 색과 폰트였다. 전체적으로 진한 청색과 연한 청색을 사용했고 그래프 축은 예외로 했다. 축 제목과 라벨은 검은색을, 축 선은 회색을 선택했다. 선택한 폰트(길 산스체Gill Sans)는 아리얼체보다 공간을 조금 더 차지한다. 데이터 선 위에 있는 텍스트 박스가 번잡해 보이는 점을 보완하려고 텍스트 박스를 데이터 아래로 옮겼다. 그리고 y축 최고치를 낮춰 선을 상향 이동함으로써 텍스트 박스를 재배치하기 위한 데이터 선

아래의 공간을 확보할 수 있었다. 그래프 아래에 각주를 달았다.

텍스트 대부분을 중앙 정렬했다(깔끔한 모서리 구조를 좋아해서 큰 텍스트 박스는 좌측과 우측 정렬을 활용하곤 했다. 하지만 어떨 때는 그래프 나머지 부분과 어울리지 않는다고 느껴졌다). 유나이티드 항공사의 로고와 브랜드는 깨끗한 조직의 이미지를 함축한다고 느껴서 그래프 제목 뒤에 청색 사각형을, 그래프 주변에 청색 경계선을 추가해 분명하게 보이도록 했다. 데이터 선도 굵게 했는데 굵은 제목 텍스트와 균형을 맞추고 싶었기 때문이다. 설사 주요한 브랜드 색이 청색(SWD와 유사)이라 해도 이러한 변경 사항을 적용해 다시 브랜딩한 그래프는 기존의 그림 5.4.a와는 많이 다르게 느껴진다.

2단계: 다음으로 코카콜라 브랜드에서 영감을 얻어보자. 캔과 병의 라벨, 로고, 그리고 광고를 살펴봤다. 브랜드 관련 문구로는 적색, 은silver, 원형, 고전적인, 굵은, 달콤한, 놀기 좋은, 국제적인, 다양한, 물기가 있는(캔에 종종 보이는 물방울!) 등을 떠올렸다. 적색 배경을 집중적으로 사용하면 흰색 텍스트와 가끔 쓰는 검은색과 대비를 이룬다는 것을 알았다. 텍스트는 대체로 중앙 정렬이고 모두 대문자인 굵은 텍스트를, 모두 대문자이지만 굵은 체가 아닌 조금 작은 텍스트로 둘러싸는 조합이 자주 나타난다. 문구는 최소한으로 썼다. 모든 구성 요소를 다시 디자인한 그래프에 적용한다. 그림 5.4c를 보라.

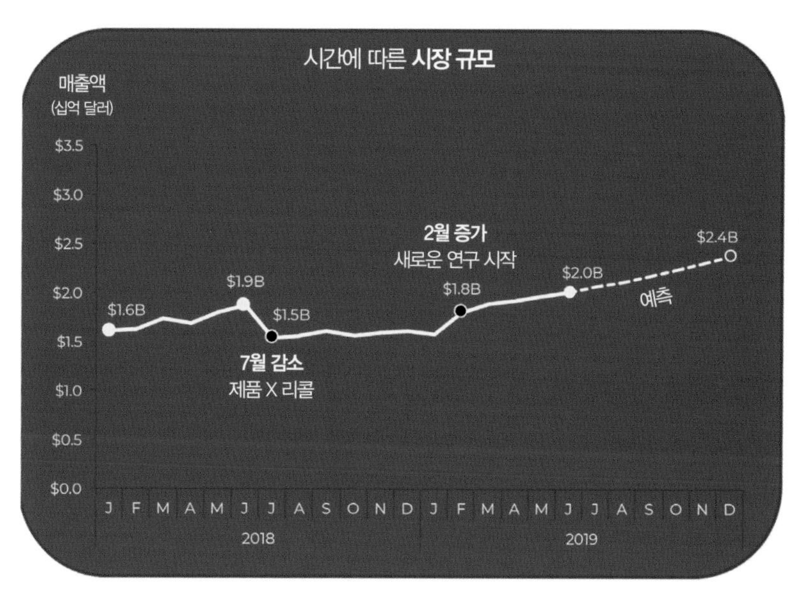

그림 5.4c 코카콜라의 영향을 받은 브랜딩

적용하지 않기로 한 코카콜라 브랜드의 한 측면은 코카콜라 로고 내 필기체 텍스트다. 로고로는 좋지만 그래프 관련 텍스트에서 나의 우선순위는 가독성에 있다.

텍스트는 읽기에 충분히 커야 하고 읽기 쉬운 폰트여야 한다. 캔과 병의 라벨에서 본 텍스트(몬트세라트체Montserrat, 다운로드 가능한 프리 폰트)와 유사한 산스세리프체sans serif font를 선택했다. 로고에서 얻은 둥글둥글한 느낌을 주려고 둥근(사각형이 아니라) 배경 형태를 선택했다.

그림 5.4c의 적색 배경은 너무 진하다. 우리가 그래프만 보거나 그래프가 슬라이드에 하나씩만 보인다면 괜찮을 수 있다. 만약 하나의 페이지에 여러 개 그래프가 있거나 청중이 인쇄해서 보길 원한다면, 조금 더 연한 '다이어트 코크' 버전을 선택하는 게 좋다. 그림 5.4d를 보라.

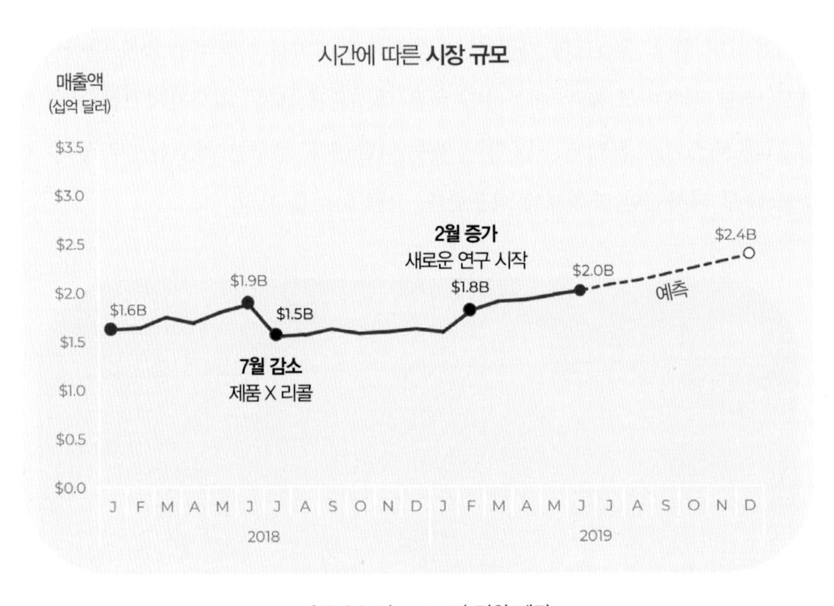

그림 5.4d 잉크 소모가 덜한 배경

그림 5.4d에서 나는 연한 회색 배경을 선택했다. 이것은 코카콜라 디자인 중 일부에 적용된 은색과 유사하다. 연한 배경을 사용하면 검은색이 더 두드러져 보이기 때문에 기존 자료보다 검은색 요소를 조금 더 사용했다. 축 선과 같은 구성 요소에는 흰색을 사용해 회색

배경에 스며들도록 했다(적색보다는 많이 두드러져 보였다). 그래프 제목과 데이터에만 브랜드 색인 적색을 사용했다.

브랜드 색인 적색은 회색 및 가끔 사용하는 검은색과 잘 어울리고, 그림 5.4d에서 보는 것처럼 매우 매끄러워 보인다. 색에서 적색과 녹색을 각각 나쁜 것과 좋은 것 혹은 부정적인 것과 긍정적인 것으로 생각하는 경향이 있다. 색맹을 고려하면 찬성할 수 없기도 하고 브랜드 색이 적색인 조직에서는 특히 낙담이 되기도 한다. 만약 브랜드와 긍정적인 부분을 연계하고 싶은데 브랜드 색이 적색이라면 부정적인 혹은 나쁜 것과 적색을 연관 짓지 말라. 대안이 있다면 적색을 좋은 것으로, 검은색을 나쁜 것으로 사용하는 것이다. 앞의 그래프에서 일반 데이터에는 빨간색을 썼고 퇴출에는 검은색을 썼는데(나쁘다 혹은 좋다를 언급하지 않고) 이것도 하나의 선택지가 될 수 있다.

한 걸음 뒤로 물러나서 요약해보자. 데이터로 의사소통하는 데 브랜딩을 적용하는 것은 가치 있는 일이 될 수 있다. 조직의 고객과 일한다면 여기에서 했던 것과 유사한 조사를 어떻게 수행할 수 있는지, 배운 것을 디자인에 어떻게 잘 통합할 수 있는지 생각하라. 여러분 조직의 브랜드라면 많은 회사는 스타일 가이드가 있어 브랜드와 취할 수 있는 선택지가 무엇인지를 더 잘 이해하는 데 활용할 수 있다. 성가신 제약 사항으로만 여길 것이 아니라 데이터로 의사소통하는 데 창의력과 응집력을 일으킬 수 있는 지침으로 보고 활용하라.

스스로 연습하기

효과적인 데이터 시각화 자료를 모방하면 상당히 많은 것을 배울 수 있다. 초점을 맞춘 연습 문제로 시작해 완벽하지 않은 시각화 자료를 개선하려고 직관적으로 디자인하는 연습을 계속해나간다.

연습 문제 5.5: 관찰하고 모방하라

자주 하는 조언 중 하나는 주변에서 만나는 데이터 시각화의 사례를 단순히 관찰하라는 것이다. 잠시 멈춰서 찬찬히 살펴보라. 괜찮은 사례에서 실제 업무에 모방할 수 있을 만큼 잘 만들어진 점은 무엇인가? 그럭저럭 만들어진 사례에서 만든 사람은 쉽게 저지를 수 있으나 여러분은 피할 수 있는 함정은 무엇인지 파악하라. 효과적인 측면을 연습하자.

단순히 잠시 멈춰 서서 무엇이 잘 된 것인지 이해하려 하기보다, 한 발 더 나아가서 파악한 효과적인 사례를 모방하고 재창조해 우리의 툴로 효과적인 디자인을 만들어내는 방법을 배울 수 있다. 이 과정을 구체화하는 관심 수준이 우리 업무에서 생각을 더 많이 하게 하고 시각적 디자인 기술과 스타일을 더 세련되게 하는 데 도움이 된다. 모든 것을 연습하자!

우선 다른 사람이 만든 시각화 자료(그래프 혹은 슬라이드) 중 효과적이라고 생각되는 자료를 찾아라. 직장 동료, 미디어, storytellingwithdata.com, 혹은 기타 사례 모두 해당된다. 사례를 하나 선택해 다음 과정을 밟아라.

1단계: 앞서 논의한 디자인의 네 가지 측면을 고려하라. (1)행동유도성affordances, (2)심미학aesthetics, (3)접근성accessibility, (4)채택acceptance. 각자 선택한 시각화 자료를 토대로 연습 목적에 필요한 추정을 했을 때, 만든 사람은 자신의 디자인에서 선택한 것으로 각 측면을 어떻게 설명했는가? 디자인의 네 가지 측면을 각각 어떻게 달성했는지 설명하는 몇 개 구문을 써라.

2단계: 다시 돌아가서 여러분이 선택한 사례는 '왜' 효과적인가? 이전에 상세히 설명하지는 않았으나 작동이 잘 되는 사려 깊은 디자인의 구체적 구성 요소가 있는가? 대체로 이렇게 알게 된 것을 실제 업무에 어떻게 적용할 수 있겠는가?

3단계: 선택한 사례에 이상적이지 않다고 생각하거나 다르게 할 수 있었다고 생각되는 점이 있는가? 생각을 요약해 두 개 구문 정도로 써라.

4단계: 각자 선택한 툴로 파악한 시각화 자료를 재구성하라. 우선 세부 내용(글씨체, 색, 전체 스타일)을 가능한 한 최대로 모방하는 작업을 하라.

5단계: 다른 방식으로 접근했다면 더 좋았으리라 생각하는 점을 3단계에서 요약한 관점에 포함해 별개 버전을 만들라. 4단계와 5단계 결과물을 나란히 두고 여러분의 시각화 자료를 살펴보라. 어떤 것이 더 좋아 보이는가, 그리고 이유는 무엇인가?

연습 문제 5.6: 사소한 변화로 큰 효과를 줘라

흔히 우리가 디자인한 데이터 의사소통 자료가 청중에게 대단한 혹은 그리 대단치 않은 경험을 주는 데 기여하는 수많은 사소한 사항이 있다. 사소한 변화가 시각적 디자인을 개선하는 데 커다란 영향을 미친다는 의미다. 하나의 사례를 보고 개선 사항을 어떻게 추가해야 우리 작업이 그저 받아들여질 만한 것에서 특별히 우수한 것으로 바뀌는 데 도움을 줄 수 있는지 연습하자.

여러분이 광고 대행사에서 근무하고 어떤 고객이 최근 6주간 광고 캠페인을 평가해달라는 요청을 했다고 가정하자. 초점을 맞춰야 할 데이터는 증가한 도달 범위incremental reach로 '광고 노출impressions 1,000회당' 해당하는 숫자를 측정한다. 최근에 다른 고객 대상으로 비슷한 분석을 한 동료가 있어 시작할 때 맨땅에 헤딩하지 않고 동료의 시각화 자료를 여러분의 데이터로 업데이트했다. 그런 다음, 편집하고 가다듬고자 한다.

그림 5.6은 여러분이 만든 시각화 자료를 보여주고 있다. 세부 사항에 익숙해질 만한 시간을 가진 후 다음을 완성하라.

광고 노출 1,000회당 증가한 도달 범위

캠페인 이후 디지털 플랫폼이 TV 광고에 노출되지 않았던 새로운 시청자들에게 성공적으로 도달했음이 입증됐다.

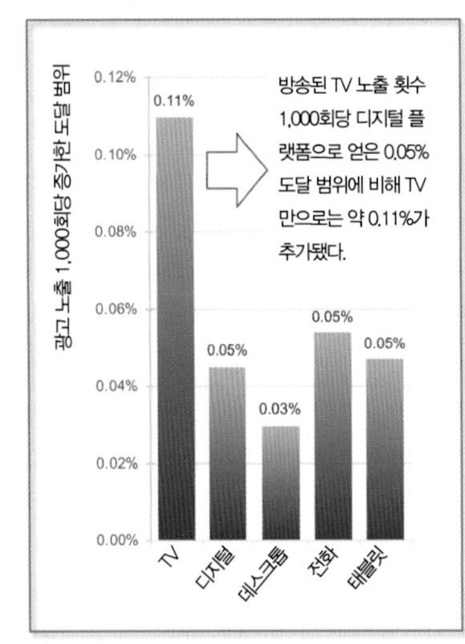

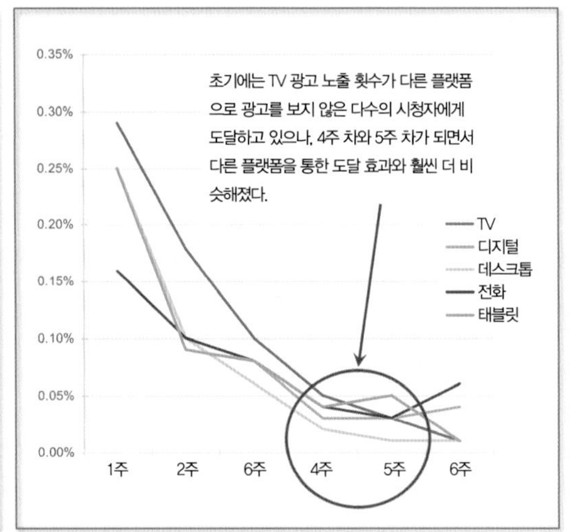

그림 5.6 여러분이 만든 원래 슬라이드

1단계: 우선 잘 작동하고 있는 것이 무엇인지 고려하라. 현재 데이터 관점에 대한 생각은 어떠한가?

2단계: 관심을 끌고 설명을 도와주려고 그림 5.6에서는 여러 단계를 수행했다. 잘 작동하는 것은 어떤 것인가? 어디를 어떻게 조정하겠는가?

3단계: 없애야 할 잡동사니는 무엇인가? 배경으로 밀어낼 구성 요소는 무엇인가?

4단계: 5장에서 배운 점을 고려하면 기타 디자인 선택 사항에서 무엇에 의문이 생기는가? 추가로 무엇을 변경하겠는가?

5단계: 데이터와 최근 그래프를 다운로드하라. 각자 선택한 툴을 활용해 위의 단계에서 요약한 변경 사항을 적용해 시각화 자료를 다듬어라.

연습 문제 5.7: 어떻게 하면 개선할 수 있겠는가?

연습 문제 5.3에서 가정한 주문형 인쇄 회사에서 일하면서 고객 접점 데이터를 보고 있다고 해보자. 회사가 고객과 어떻게 상호 작용하는지는 흥미로운 주제 중 하나다. 제품의 경쟁적 전망competitive landscape도 흥미로운 주제가 될 수 있다. 경쟁적 전망이라는 관심 영역으로서 여러분의 동료는 주요 경쟁사의 시간에 따른 시장 점유율 데이터를 취합해달라는 요청을 받았다.

동료가 그림 5.7과 같은 슬라이드를 들고 와서 피드백을 요청했다.

그림 5.7을 자세히 살펴본 후 다음을 완성하라.

상위권 경쟁자들은 여전히 존재하고, XBX 비즈니스 활용이 증가하는 추세다

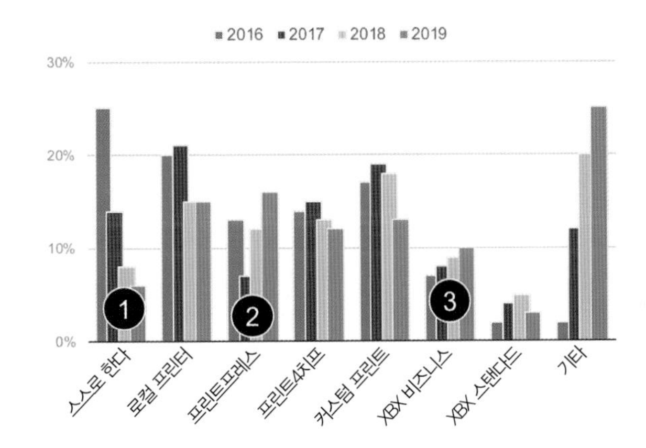

⊙ **사내 솔루션 활용은 계속 감소하는 추세다.** 고객 기반을 옮기면서 혼합됐기 때문이라고 추정한다.

⊙ **프린트프레스의 중요도가 높아지고 있다.** 오퍼링의 특성(통합적이고 품질이 높음) 때문에 더 큰 위협이 되고 있다.

⊙ **XBX의 비즈니스 중심 오퍼링은 점점 증가 추세**를 보이는 반면, 프린트4치프와 커스텀 프린트는 감소 추세를 보인다. 이와 동시에 XBX는 스탠다드 오퍼링에서 하락세를 보였다.

그림 5.7 어떻게 하면 개선할 수 있겠는가?

1단계: 슬라이드에서 여러분이 권장하는 디자인 개선 사항 5개를 목록으로 만들라. 무엇인지 말하고 이유도 설명하라. 여러분의 아이디어로 얼마나 상세하게 디자인을 개선할 수 있는가?

2단계: 데이터를 다운로드하고 각자 선택한 툴로 요약한 변경 사항을 적용해 수행하라.

3단계: 문서만 전달해야 하는 것과 비교해 라이브 미팅에서 자료를 제시할 때는 어떻게 해야 할지 고려하라. 두 가지 상황에서 접근 방법은 어떻게 달라져야 하는가? 설명하기 위해 몇 개 문구를 써라.

연습 문제 5.8: 브랜드화하라!

연습 문제 5.4에서 봤듯이 회사나 개인의 브랜드를 데이터로 의사소통하는 방법에 통합할 수 있는 여러 가지 방법이 있다. 폰트, 색, 기타 구성 요소를 선택하면 쉬워질 수 있다. 어떨 때는 로고를 통합하거나 커스터마이징한 슬라이드 혹은 그래프 템플릿의 활용을 의미하기도 한다. 그래프에 브랜딩을 어떻게 통합하는지 연습하자.

애완동물 사료 제조 회사에서 일한다고 가정해보자. 다음 그림 5.8의 그래프는 라이프스타일이라는 특정 브랜드 라인에서 시간에 따른 고양이 사료 판매량(전체 대비 %로 표시)을 나타내고 있다. 다음을 완성하라.

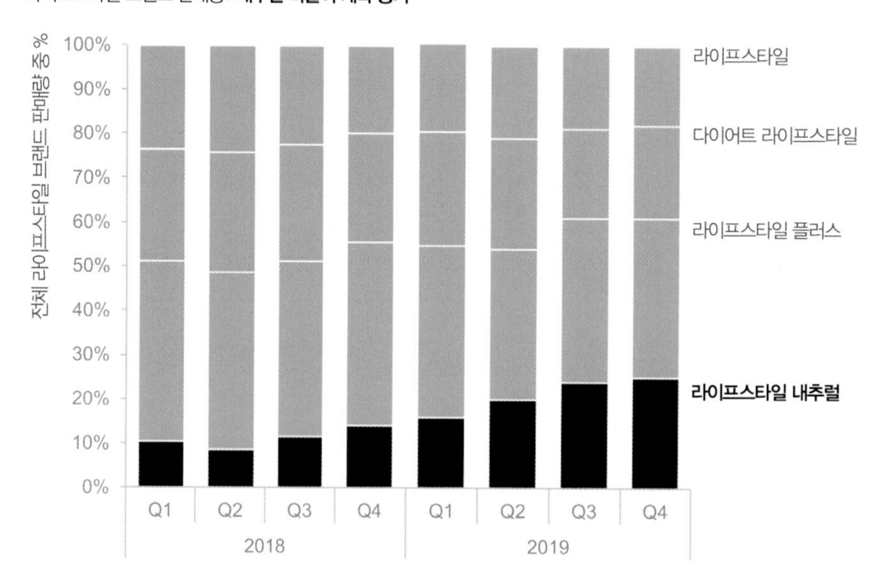

그림 5.8 브랜드화하라!

1단계: 알고 있는 두 개 브랜드를 찾아라. 사례와 반드시 관련 있을 필요는 없다. 회사 브랜드일 수도 있고 스포츠 팀일 수도 있다. 스타일이 서로 다른 두 개를 선택하면 훨씬 재밌고 좋은 연습이 된다. 브랜드 관련 이미지를 찾아 각각의 모양과 느낌을 설명하는 형용사 10개를 목록으로 만들라. 각 브랜딩 구성 요소를 통합해 시각화 자료를 두 개로 재구성하라.

2단계: 한 걸음 뒤로 물러나서 만들어낸 두 개의 시각화 자료를 비교하라. 각각 어떤 느낌인가? 1단계에서 구체화한 형용사를 생동감 있게 만드는 데 성공했는가? 데이터로 의사소통하는 방법에 브랜드는 어떤 영향을 줄 수 있는가? 장단점은 무엇인가? 여러분의 생각을 몇 개 구문으로 써라.

3단계: 여러분 회사나 학교의 브랜드를 생각하라. 어떤 설명(descriptor)을 붙일 수 있겠는가? 그래프를 브랜드와 일치하도록 스타일링해 다시 만들라. 더 나아가 브랜드를 적용한 그래프를 슬라이드에 통합하고 추가한 구성 요소(제목, 텍스트, 로고, 색)에 브랜드를 일관성 있게 적용하라.

4단계: 데이터를 시각화하고 데이터로 의사소통할 때 고려해야 할 브랜드 구성 요소를 어떻게 일반화하겠는가? 그렇게 하면 어떤 이점이 있는가? 데이터로 의사소통할 때 브랜드와 일치시키고 싶지 '않은' 시나리오가 있는가? 여러분의 생각을 몇 개 구문으로 써라.

직장에서 연습하기

접근성, 세부 사항에 대한 관심, 채택 얻기 등이 잘 작동하면 실행을 끌어내는 능력이 향상되고 사람들은 우리가 만든 것에 더 많은 시간을 할애하게 된다. 업무 프로젝트를 하나 골라서 다음 연습 문제로 설계자처럼 생각하는 연습을 하라.

연습 문제 5.9: 문구로 데이터에 접근 가능하게 하라

스스로 만든 그래프를 보면 보고 있는 것이 무엇인지 잘 알 수 있다. 무엇에 관심을 기울이고 어떻게 해석하고 무엇을 없애야 할지와 같은 것들 말이다. 하지만 지금까지 논의한 것처럼 청중에게도 반드시 같은 방식으로 명확한 것은 아니다. 문구를 잘 활용하면 청중이 데이터를 이해하기 쉽게 하고, 질문이 생기기 전에 답을 얻게 하고, 여러분과 같은 결론으로 이끌어가는 것을 돕는 전략적 도구가 될 수 있다.

문구는 데이터를 접근 가능하게 한다!

권장 사항: 주요 포인트를 강조하는 텍스트를 활용하라

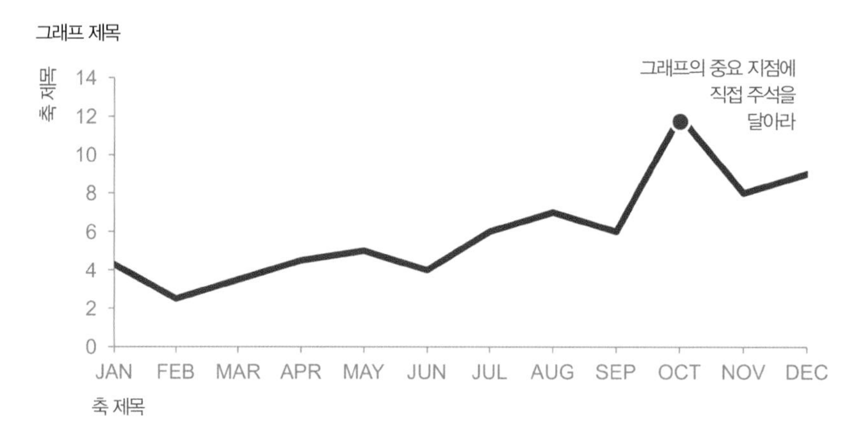

데이터를 보여줄 때는 날짜를 포함한 데이터 출처, 필수 가정, 혹은 방법론(여러분의 상황과 청중을 고려한)에 대한 각주를 달아야 한다.

그림 5.9 문구를 현명하게 사용하라

꼭 보여줘야 하는 몇몇 문구가 있다. 모든 그래프에는 제목이 있어야 하고 모든 축에도 제목이 있어야 한다. 여기에 예외는 거의 없다(예를 들어 x축이 월이면, 축 제목에 '그해의 월'이라고 붙일 필요는 없을지도 모른다. 하지만 연도는 명확히 할 필요가 있다!). 축 제목을 직접 붙이는 것을 디폴트로 하면 청중이 보고 있는 것을 추정하거나 추측할 필요가 없다. 또한 동일한 데이터를 보는 사람이라고 해서 동일한 결론에 쉽게 이른다고 생각하지 말라. 청중에게서 끌어내고 싶은 결론이 있다면 설명 목적으로 데이터를 활용할 때 있어야만 하는 문구로 정의하라. 해당 문구를 두드러지게 하려면 사전 주목을 이끄는 속성에 대해 아는 것을 이용하라. 크게, 굵게 만들고 페이지 상단과 같이 우선순위가 높은 장소에 배치하라.

페이지 상단(그림 5.9에서 '문구는 데이터를 접근 가능하게 한다!' 부분)은 매우 소중한 자산이다. 페이지나 스크린을 볼 때 청중이 가장 먼저 마주치는 부분이다. 그런데 이런 소중한 자산을 서술적 제목에 사용하곤 한다. 페이지 상단의 공간을 적극적 제목active title에 활용하라. 중요 사항을 배치해 청중이 무심코 지나치지 않도록 하라. 또한 이곳은 페이지 나머지에 따라오는 부분의 체계를 잡는 역할도 한다. (앞으로 6장에서 중요 사항 제목 붙이기를 살펴보고 연습한다.)

보여주는 데는 도움이 되지만 주의를 이끌어내는 데는 필요하지 않은 것을 생각하라. 예를 들어 데이터를 보여줄 때 데이터 출처나 해당 기간(혹은 데이터를 추출한 시기), 가정, 방법론의 세부 사항 같은 구체적 내용의 목록은 각주로 다는 것이 유용하다. 이것은 청중이 데이터를 해석하고 신뢰하는 데 도움이 될 수 있을 뿐 아니라 앞으로 비슷한 것을 복제하고 만들 필요가 있는 이벤트에서 참고 자료를 제공하기도 한다. 중요하지만 주의를 끌어내야 할 다른 것과 경쟁 관계에 둘 필요가 없는 것에 해당한다. 이런 텍스트는 더 작게, 회색으로, 페이지에서 우선순위가 낮은 위치, 예를 들어 하단 같은 곳에 둔다.

그래프 혹은 슬라이드를 만든 후, 다음 질문을 쭉 따라가면 문구를 현명하게 사용했는지 확인하는 데 도움이 된다.

- 주요 핵심 사항은 무엇인가? 청중이 무심코 지나치지 않도록 문구로 잘 정의했는가?
- 그래프에 제목은 있는가? 청중이 데이터를 봤을 때 적절한 기대치를 갖기에 충분할 정도로 설명이 되는 제목인가?

- 모든 축에 라벨과 제목이 제대로 붙어 있는가? 그렇지 않다면 청중에게 명확히 보여주기 위해 어떤 단계를 취해야 하는가?
- 중요하지만 주요 무대에 오르지 않아도 되는 세부 사항 목록이 각주에 있는가? 그렇지 않다면 무엇을 해야 하는가?
- 한 걸음 뒤로 물러나 보자. 문구의 양은 청중과 의사소통하는 데 적절한가? 대체로 라이브로 발표하는 슬라이드에는 문구를 적게 넣고, 자료만 보낼 때는 문구를 더 넣는다. 어떤 상황이든 문구의 수준이 데이터로 의사소통하는 데 잘 맞는가?

연습 문제 5.10: 시각적 체계를 만들라

행동유도성은 의사소통하고 있는 데이터와 청중이 어떻게 상호 작용하는지 이해하는 데 도움이 되는 시각적 디자인 관점이다. 시각적 체계를 만들고 의사소통을 면밀히 살펴볼 수 있도록 구성 요소 일부에 관심을 끌어내고 나머지는 배경으로 밀어낼 수 있다. 잘했는지 알아볼 간단한 테스트를 원하는가? 눈을 가늘게 뜨고 차트의 전체 느낌을 살펴보라. 이렇게 하면 디자인에 새로운 시각을 얻을 수 있을 만큼 인식이 변하게 된다. 가장 중요한 구성 요소는 가장 먼저 보이고 가장 두드러져 보여야 한다.

시각적 체계를 잘 만드는 방법으로 더 구체적인 팁을 주자면, 중요한 부분을 강조하고 산만한 부분을 없애기 위한 『데이터 스토리텔링』의 다음 내용(리드웰, 홀든 및 버틀러의 책 『유니버설 디자인 원리』에서 인용)을 처음부터 끝까지 읽어보라. 해당 사항을 다음 프로젝트에 어떻게 적용할 수 있을지 결정하라.

중요한 부분을 강조하라

- **굵은체**, *이탤릭체* **및** 밑줄 긋기: 구성 요소를 구별하려면 제목, 라벨, 캡션 및 단문에 활용하라. 이탤릭체와 밑줄 긋기보다 굵은체를 선호하는 경향이 있다. 디자인에 최소한의 변화noise만 주면서도 선택한 구성 요소를 분명하게 강조하기 때문이다. 이탤릭체도 최소한의 변화를 주긴 하지만 굵은체만큼 두드러지지 않고 가독성도 떨어진다. 밑줄 긋기는 변화가 크고 가독성에도 썩 좋지 않아서 가끔씩 써야 한다(아니면 전혀 안 쓰는 방향으로).

- **대소문자**와 활자체: 단문에서 대문자를 쓰면 쉽게 알아볼 수 있어 제목이나 라벨 및 키워드keyword에 적용하면 효과적이다. 강조 기법으로 폰트를 달리 하는 것은 피하는 게 좋다. 심미학을 해치지 않으면서 주목할 만한 차이를 얻기가 어렵기 때문이다.
- 색은 가끔씩 이용할 때와 다른 강조 기법(예를 들어 굵은체)과 함께 쓸 때 일반적으로 효과가 있는 강조 기법이다.
- **역상** 은 관심을 끌어내는 데는 효과적이지만 디자인에 상당한 변화를 줄 수밖에 없으므로 가끔씩 이용해야 한다.
- **크기**는 관심을 끌어내고 중요성을 암시하는 또 하나의 방법이다.

산만한 부분을 없애라

- **모든 데이터가 똑같이 중요하지는 않다.** 별로 중요하지 않은 데이터나 구성 요소를 없애서 공간과 청중의 관심을 현명하게 활용하라.
- **세부 사항이 꼭 필요하지 않으면 요약하라.** 여러분은 세부 사항 모두에 익숙하겠지만 청중에게는 익숙지 않을 수 있다. 요약이 타당한지 고려하라.
- **스스로에게 물어보라.** 이것을 없애면 변하는 것이 있는가? 없는가? 그럼 바로 빼라! 만드느라고 열심히 애썼기 때문에 유지하고 싶은 마음을 물리쳐라. 메시지를 지원하지 않는다면 의사소통의 목적에도 기여하는 바가 없다.
- **필요하지만 아무런 메시지도 주지 않는 것은 배경으로 밀어내라.** 부연 설명을 덜 강조하도록 사전 주목을 이끄는 속성에 대한 지식을 이용하라. 회색을 쓰면 잘 맞는다.

연습 문제 5.11: 세부 사항에 관심을 쏟아라!

직접 만든 시각화 자료를 마주쳤을 때 청중이 느끼는 전체적 경험을 만들어내려면 많은 구성 요소가 추가된다. 어떤 디자인은 편하고 세련된 데 반해, 어떤 것은 투박하고 복잡하다고 느낀 적이 있는가? 세부 사항에 면밀한 관심을 쏟는 것은 청중이 우리의 시각화 자료를 만족스럽게 만날 수 있도록 하는 데 도움을 준다. 시각화 자료에서 고려해야 할 상세한 관점을 모았다. 그래프 혹은 슬라이드를 만든 후 다음을 전부 적용하라.

- **정확한 스펠링, 문법, 구두점 및 계산을 사용하라** 말할 것도 없이 이런 종류의 문제가 있는 사례를 자주 접한다. 스펠링을 잘못 쓴 것은 다른 사람에게 피드백을 구해 여러분의 작업을 다른 시각으로 봐야 하는 훌륭한 이유가 된다. 작업을 할 때 뇌에서 오류를 수정해버리기 때문에 실제로 저지른 실수를 찾지 못할 수도 있다! (불행히도 아무 생각 없이 한 실수가 청중의 관심을 의도치 않게 집중시키는 결과를 낳기도 한다.) 스펠링을 스스로 점검하는 트릭에 거꾸로 읽기가 있다. 이렇게 하면 대충 볼 수가 없어 실수를 찾기가 더 쉽다. 정말 이상한 폰트를 집어넣어도 비슷한 효과를 거둘 수 있다. 계산 결과를 보여줄 때 정확한지 반드시 확인하라. 앞뒤가 안 맞는 계산 결과보다 신뢰를 저버리는 일은 없다!
- **구성 요소를 정확히 정렬하라** 가능한 한 모든 구성 요소를 수평과 수직 구조로 깔끔하게 하는 것을 목표로 하라(대각선 구조는 피하라. 어수선해 보이고 눈길을 끄는데다 텍스트를 읽는 속도도 더디다). 테이블 구조를 이용하거나 여러분이 사용하는 툴에 있는 그리드라인 혹은 자를 사용해 라인을 정확하게 맞춰라. 앞서 언급했다시피, 개인적으로 그래프 제목과 축 제목을 상단 가장 왼쪽에 놓는 것을 좋아한다. 이렇게 하면 그래프 구성이 좋아진다(특히 축 제목을 전부 대문자로 하면 대문자와 소문자가 혼합된 형태보다 깨끗한 사각형 모양을 이루게 된다). 보통 'z' 모양의 지그재그 읽기 방식으로 위치를 잡는 것은 청중이 실제 데이터를 접하기 전에 데이터를 어떻게 읽을지 알 수 있다는 것을 의미한다. 보너스인 셈이다!
- **여백을 전략적으로 활용하라** 여백을 두려워하거나 여백을 채워야 한다고 생각하지 말라. 여백은 여백이 없는 곳을 두드러지게 하는 데 도움이 된다. 대상을 구분하는 데 여백을 이용하라. 적절한 정렬과 더불어 여백은 그래프나 페이지에 체계적인 구조를 만드는 것을 도울 수 있다.
- **연관 있는 것을 시각적으로 함께 두라** 누군가가 데이터를 볼 때 관련 정보에 대한 설명 텍스트를 어디에서 찾아야 할지 명확하게 하라. 텍스트를 읽을 때 설명하는 것에 대한 근거 데이터를 어디에서 찾아야 할지도 명확하게 하라. 3장에서 구성 요소를 시각적으로 한데 묶어 두는 방법에 대해 다뤘던 게슈탈트의 원리를 되살려 보라. 특히 상세한 설명을 위해 연습 문제 및 해결 방안 3.2를 다시 한번 보라.

- **이해가 되도록 일관성을 유지하라** 뭔가 다르면 사람들은 이유를 궁금해한다. 청중이 이해하려고 불필요하게 머리를 쓰게 하지 말라. 유사한 방식으로 대상을 그래프로 만드는 것이 맞으면 그렇게 하라. 한 지점에 관심을 끌어내려고 특정 색을 사용했다면 변경할 만한 이유가 따로 없는 한 다른 곳에도 일관성 있게 적용하라.
- **시각화 자료의 전체 '느낌'을 유심히 관찰하라** 뒤로 물러나 생각하라. 시각화 자료가 어떻게 보일까? 무거워 보일까 아니면 복잡해 보일까? 어떻게 쉽게 할 수 있을까? 잘 모르겠다면 다른 사람에게 피드백을 구하라. 작업한 것을 설명하는 데 어떤 형용사를 써야 할지 물어보고 필요에 따라 개선하라.

연습 문제 5.12: 더욱 접근 가능하게 디자인하라

다음은 SWD 블로그에 있는 에이미 세잘의 방문 게시글에서 인용했다. 여러분도 storytellingwithdata.com에 가면 '접근이 쉬운 것이 더 좋은 데이터 시각화 자료다'라는 제목의 글을 읽을 수 있다. 웹사이트에는 수많은 사례가 담겨 있고 추가 자료가 링크돼 있다.

흔히 차트와 그래프를 만들 때 우리는 스스로를 이상적인 유저라고 생각한다. 이는 데이터를 타깃 유저target users보다 많이 알고 있을 뿐만 아니라 다른 유저가 우리와 다른 제약이 있을 수 있어 문제가 된다.

포괄적인 디자인 원칙과 접근성은 데이터 시각화를 디자인할 때 더 많은 청중이 여러분의 그래픽을 이해하도록 도와줄 수 있으므로 고려해야 할 중요한 점이다. 접근성을 마음에 두고 디자인하는 것은 심지어 장애가 없는 사람들도 시각화 자료를 더 쉽게 이해하게 도와줄 수 있다.

시각화 자료에서 텍스트로 명확하게 하고, 분명하게 라벨링하고, 어떤 사항을 파악할 수 있도록 다양한 방법을 적용하는 것은 장애가 있는 사람이든 아니든 그래프를 해석하기 더 쉽게 만든다. 시각적 의사소통에 접근성의 원리를 더하는 쉬운 방법이 있다. 아래에 5가지 간략한 원리가 제시돼 있다.

1. **대체 텍스트를 추가하라** 대체 텍스트alternative text(주로 alt text라고 쓴다)는 이미지를 볼 수 없을 때 나타낸다. 시각 장애가 있는 사람이 사용하는 보조 기술인 스크린 리더기screen reader는 사람이 이미지를 보는 대신에 대체 텍스트를 큰 소리로 읽어 준다. 유저가 놓친 내용을 이해하는 데 도움이 전혀 안 되는 '그림13.jpg' 대신 유용한 대체 텍스트가 있다는 것은 중요한 일이다. 스크린 리더기는 유저가 속도를 높이거나 건너뛰는 일 없이 대체 텍스트를 소리로 읽어주므로 정보가 실명적이되 간결해야 한다. 좋은 대체 텍스트는 차트가 무엇인지를 하나의 구문으로 표현하고 일부분만 볼 수 있는 제한 시력을 가진 유저를 위해 차트 형태를 포함한다. 또한 CSV나 기타 기계 판독 데이터machine-readable data 형식에 링크를 걸어 둬서 시각 장애가 있는 사람이 스크린 리더기를 이용해 차트 데이터 탭으로 이동할 수 있게 해야 한다.
2. **중요 사항을 제목으로 하라** 유저는 제일 먼저 그래프 제목을 읽는다고 연구 결과에 나와 있다. 또한 시각화의 의미를 해석하라고 요청받으면 그래프 제목을 바꿔 말하는 경향이 있다. 그래프 제목이 중요 사항을 포함하면 차트를 이해하기 위한 인지적 부담이 줄어든다. 제목의 일부로 그래프의 중요 사항을 제일 먼저 읽으면 데이터에서 찾아야 할 것이 무엇인지 바로 알게 된다.
3. **데이터에 직접 라벨을 붙여라** 유저에게 인지적 부담을 줄일 수 있는 또 하나의 방법은 범례를 사용하기보다 데이터에 직접 라벨을 붙이는 것이다. 범례에 있는 것과 그래프 내 색깔을 일치시키기 어려운 색맹이나 시각 장애가 있는 유저에게 대단히 유용하다. 데이터와 범례를 맞추려고 앞뒤로 훑어봐야 하는 번거로움도 줄어든다.
4. **형태와 색 대비를 확인하라** 북유럽계에서 남자는 8%, 여자는 0.5%가 색맹의 문제가 있다. 하지만 우리는 저시력low vision이고 시력에 영향을 주는 다양한 상태의 유저도 고려해야 한다. 웹 문서 접근성 지침Web Content Accessibility Guidelines(www.w3.org)에는 스크린상 가독성을 위해 필요한 대비와 텍스트 크기를 명시하고 있다. 대비와 크기 표준을 지킬 수 있도록 도와줄 만한 여러 툴이 있다. 예를 들어 색상 팔레트 접근성 평가기Color Palette Accessibility Evaluator 같은 것이다.

5. **여백을 활용하라** 여백은 여러분의 친구다. 그래픽에 정보가 너무 빽빽하게 들어가 있으면 읽기가 어렵고 압박감을 느끼게 된다. 차트 섹션 사이에 틈을 두는 것이 도움이 된다(예를 들어 누적 막대 섹션 주변에 흰색으로 윤곽선을 그린다). 여백을 현명하게 사용하면 별개 섹션 사이를 색에 의존하지 않고도 경계를 짓고 구분하는 데 도움을 줘서 가독성을 높인다. 유저가 서로 다른 섹션을 알아볼 수 있는 색 사이의 차이를 구분하도록 도와줘 접근 가능한 색 선택을 보완할 수도 있다.

이는 그래프를 모든 사람이 쉽게 이해하도록 도와줄 수 있는 몇 가지에 불과하다. 여러분이나 이상적인 유저뿐만 아니라 모든 사람이 시각화 자료의 포인트를 이해할 수 있도록 노력해야 한다. 접근성을 고려하면 모두에게 더 나은 산출물을 만들 수 있다.

다음에 데이터로 의사소통할 필요가 있을 때 여기에서 제시한 팁을 참조해 적용하라!

연습 문제 5.13: 여러분의 디자인을 채택하게 하라

사람들은 변화를 싫어한다. 인간 본성의 단순한 사실이다. 항상 어떤 방식으로 데이터를 보여주고 사람들이 그것에 애착을 갖게 된다는 시나리오가 있다면 사람들이 일 처리를 달리 하도록 어떻게 설득하겠는가? 청중에게서 저항이 있으면 무엇을 해야 하는가?

이것이 변화 관리 과정이다. 1장의 연습 문제에서 청중을 고려하고 동기를 부여하는 것이 무엇인지 이해하려고 노력했던 것과 마찬가지 방법으로 할 수 있다. 청중은 영향을 주고 싶은 행동을 가진 대상이 된다. 무엇보다도 청중이 우리 디자인에 마음을 열도록 설득하려면 디자인에 작업한 방식으로 할 필요가 있다.

청중의 마음을 변화시키려 할 때 좋지 않은 방법은 이렇게 말하는 것이다. "방금 이 책을 읽었다. 그리고 우리가 잘못해 왔다는 것을 알았다. 정말 책과 똑같이 살펴봐야만 한다." 쉬워 보이지만 설득력도 없고 자극도 안 된다. 따라서 여러분이 보스이고 사람들이 여러분 말을 따라야 하는 게 아니라면(설사 그렇다 해도 접근 방법에서 더 섬세해져야 한다!) 이해관계자나 동료가 변화하는 데 영향을 줄 수 있도록 작업해야 한다.

『데이터 스토리텔링』이 출처인 몇 가지 전략과 두세 가지 새로운 아이디어로 데이터 시각화 디자인을 채택하는 데 활용할 수 있다.

- **새로운 혹은 다른 디자인의 장점을 분명히 설명하라** 때로는 단순히 대상이 왜 달라야 하는지 솔직히 말하는 것이 청중에게 더 편하게 느껴질 수 있다. 다른 방법으로 데이터를 검토해 얻을 수 있는 새롭거나 개선된 관찰점이 있는가? 아니면 청중이 변화에 마음을 열 수 있도록 도와줄 다른 장점을 설명할 수 있는가?
- **자료를 나란히 제시하라** 다른 접근 방법이 지금까지 사용한 방법보다 확실히 낫다면 서로 옆에 두고 보여주는 것으로 입증할 수 있다. 이전과 이후를 보여주고 지금 방식으로 왜 변경했는지 설명하고 이전에 제시한 것과 다른 접근 방법을 연결해라.
- **여러 개의 선택 사항을 주고 의견을 구하라** 디자인을 처방하려 하기보다 몇 가지 선택 사항을 주고 동료나 (해당하면) 청중에게 필요성에 가장 잘 들어맞는 디자인이 무엇인지 피드백을 구하라. 진행 과정에 이해관계자를 참여시켜라. 결과적으로 해결 방안을 더 신뢰하게 된다.
- **청중 가운데 영향력 있는 멤버vocal member를 위원회에 합류시켜라** 영향력 있는 청중을 파악해 여러분의 디자인이 채택될 수 있도록 일대일로 이야기하라. 피드백을 구하고 해당 내용을 넣어라. 옹호자champions, 즉 여러분 팀 밖에서 여러분이 원하는 바를 지원하고 다른 사람에게 영향을 주는 데 도움을 줄 수 있는 사람을 파악하라. 청중이나 청중의 동료 중 한두 명의 영향력 있는 멤버를 얻을 수 있다면 다른 사람들도 따르게 된다.
- **익숙한 것에서 시작해 다른 것으로 옮겨가라** 라이브 세팅에서 특히 효과적인 전략이다. 청중에게 익숙한 관점에서 시작하고 다른 것으로 옮겨가서 새로운 시각화 자료가 보여주는 것이 무엇인지 혹은 새로운 방법으로 대화 구도를 잡는 데 어떻게 도움이 되는지를 강조하고, 다른 관점이 기존과 어떻게 연관되는지 명확히 하라. 그래프가 잘 만들어지면 그래프를 이야기하느라 많은 시간을 소모하지 않아도 되고, 데이터가 보여주는 내용을 논의하는 데 시간을 더 쓸 수 있다. 이렇게 하면 전체적인 대화 수준을 유용한 방향으로 변경하는 게 가능하다.
- **대체하지 말고 늘려라** 초기 단계에서는 어떤 것도 변경하지 말고 그대로 두라. 새로

운 관점을 추가해 나가라. 예를 들어 정기 보고서를 다시 디자인하기보다는 일단 그대로 유지하라. 이때 중요한 몇 개의 슬라이드를 통합하거나 가장 좋은 사례를 추가해 이메일 내용에 넣어서 보내라. 잘되면 청중에게 이렇게 말하는 효과가 있다. "우리는 아무것도 변경하지 않았다. 데이터도 그대로이고 여러분과 함께 살펴보게 돼 기쁘다. 하지만 벌써 시간을 많이 썼으므로 (『데이터 스토리텔링』 및 이 책에 포함된 수업 내용을 적용해) 여러분이 초점을 맞춰야 할 부분을 여기에 제시했다." 청중은 효과적인 방법으로 올바른 것에 집중한 여러분의 능력을 신뢰하므로 데이터에 대한 의존도를 줄일 수 있고 오랜 시간에 걸쳐 청중과 공유해야 할 것을 줄일 수 있다.

위에 언급한 것 중 어떤 것을 여러분의 상황에 적용해 원하는 변화를 이끌고 청중이 시각적 디자인을 채택하게 할 수 있는지 생각하라. 성공하려면 스스로 어떻게 준비할 수 있을지 생각하라. 청중, 즉 여러분의 디자인을 받아들이는 데 영향을 주길 원하는 사람을 알아가고 무엇이 청중의 행동을 이끄는 데 도움을 줄 수 있는지 살펴보라. 왜 변경해야 하는지가 아니라 청중이 왜 그렇게 하길 원하는지를 생각하라. 무엇보다 나름의 접근 방법을 작동시켜라. 청중을 알아가는 것에 도움을 줄 수 있는 1장의 연습 문제를 참조하라.

아울러 싸울 만한 가치가 있는 싸움을 하고 있는지 생각하라. 큰 전투로 시작해서는 안 된다. 낮은 데서 열매를 따면서 우선 작은 승리를 이뤄라. 시간이 지나면서 신뢰를 쌓게 될 것이고 더 큰 변화를 주려고 할 때 동료와 청중의 존중을 얻어 변화를 손쉽게 실현하게 된다.

연습 문제 5.14: 토론해보자

5장의 수업과 연습 문제와 관련해 다음 질문을 생각하고 파트너나 그룹과 토의하라.

1. 데이터 시각화를 이해하기 쉽게 만드는 데 문구가 어떤 역할을 하는가? 모든 그래프에 제시돼야 하는 텍스트는 어떤 종류인가? 예외 사항은 어떤 것이 있는가?
2. 디자인에서 시각적 체계를 만들 때 중요한 사항을 강조하는 것과 어떤 사항은 덜 강조하는 것 둘 다 중요하다. 덜 강조하려 할 때 그래프와 슬라이드의 어떤 구성

요소가 좋은 후보군이 되겠는가? 이런 요소를 시각적으로 어떻게 배경으로 밀어낼 수 있는가?

3. 데이터 시각화와 관련해 사려 깊은 디자인을 어떻게 설명하겠는가?
4. 데이터로 의사소통하려 할 때 접근성은 무엇을 의미하는가? 디자인을 접근성 있게 하려면 어떤 단계를 취할 수 있겠는가?
5. 그래프를 예쁘게 만들려고 시간을 들일 가치가 있는가? 왜 그런가 혹은 왜 아닌가?
6. 데이터로 의사소통하려 할 때 개인 혹은 회사의 브랜드는 어떤 역할을 하는가? 장점이 있다면 무엇인가? 단점은 어떤 것인가?
7. 데이터를 시각화하려는 방법이나 그래프를 변경하고자 할 때 저항에 부딪힌 적이 있는가? 어떻게 했는가? 성공했는가? 이런 일이 벌어질 때 청중에게 영향을 주려고 활용할 수 있는 전략은 무엇인가? 다음에 이런 상황이 생기면 어떻게 하겠는가?
8. 5장에 설명된 전략과 관련해 여러분 자신이나 팀에 하나의 구체적인 목표를 세운다면 무엇인가? 스스로(혹은 여러분의 팀)에게 목표를 어떻게 설명할 수 있겠는가? 누구에게 피드백을 구할 생각인가?

6장

스토리 말하기

스프레드시트의 데이터나 슬라이드의 사실은 당연히 우리와 함께 계속 있지 못한다. 그래서 쉽게 잊힌다. 반면에 스토리는 기억된다. 효과적인 시각화 자료와 스토리의 잠재성이 함께 한다면 청중은 본 것에 더해 듣거나 읽은 것을 기억해낼 수 있다. 스토리는 강력한 힘을 발휘한다. 6장에서는 실제로 스토리를 활용해 데이터로 의사소통하는 방법을 살펴본다.

우리끼리 하는 얘기지만, 내 수업 순서는 때로 사람들을 놀라게 한다. 스토리의 일부 구성요소는 1장에서 상황 정보를 살펴볼 때 언급했던 내용과도 연관된다. 왜 그때 스토리를 논의하지 않았을까? 내 입장에선 상황 정보로 시작해 청중 그리고 메시지로 이어지는 흐름이 자연스러운 진행 방향이다. 설사 여러분이 전체 과정을 다 마치지 못하고 스토리를 적용하지 못한다고 해도 도움이 될 것이다. 데이터와 함께 많은 시간을 보내기 전에 미리 이런 일을 하는 것은 가치 있는 일이다. 데이터 시각화 과정을 목표로 삼고 더 효율적으로 만드는 데 도움이 된다. 하지만 데이터에 시간을 쓰고, 데이터를 잘 알게 되고, 다른 사람이 알 수 있도록 도움을 주려면 무엇을 이용해야 하는지 파악한 후 다시금 빅픽처를 보고 가장 최선으로 청중에게 의사소통하는 방법을 생각해야 할 시기가 온다. 이 순간이 스토리가 작동하기 시작하는 바로 그 순간이다.

문구words, 긴장tension, 기승전결narrative arc은 청중의 관심을 끌어내고, 신뢰를 쌓고, 행동을 고무하는 데 이용할 수 있는 구성 요소다. 이는 데이터 스토리를 기억하게 하고 다시 말할 수도 있게 해서 청중에게 메시지를 전달하는 데 도움이 된다. 6장에서는 데이터를 보여주는 것뿐만 아니라 전체 스토리에서 데이터를 중심 포인트로 만드는 중요성을 강조하는 데

보탬이 될 만한 연습 문제를 시도한다.

스토리 말하기를 연습하자!

우선 『데이터 스토리텔링』 6장의 주요 수업 내용을 복습하겠다.

『데이터 스토리텔링』 6장 우선 **'스토리텔링 학습'**을 요약해보자

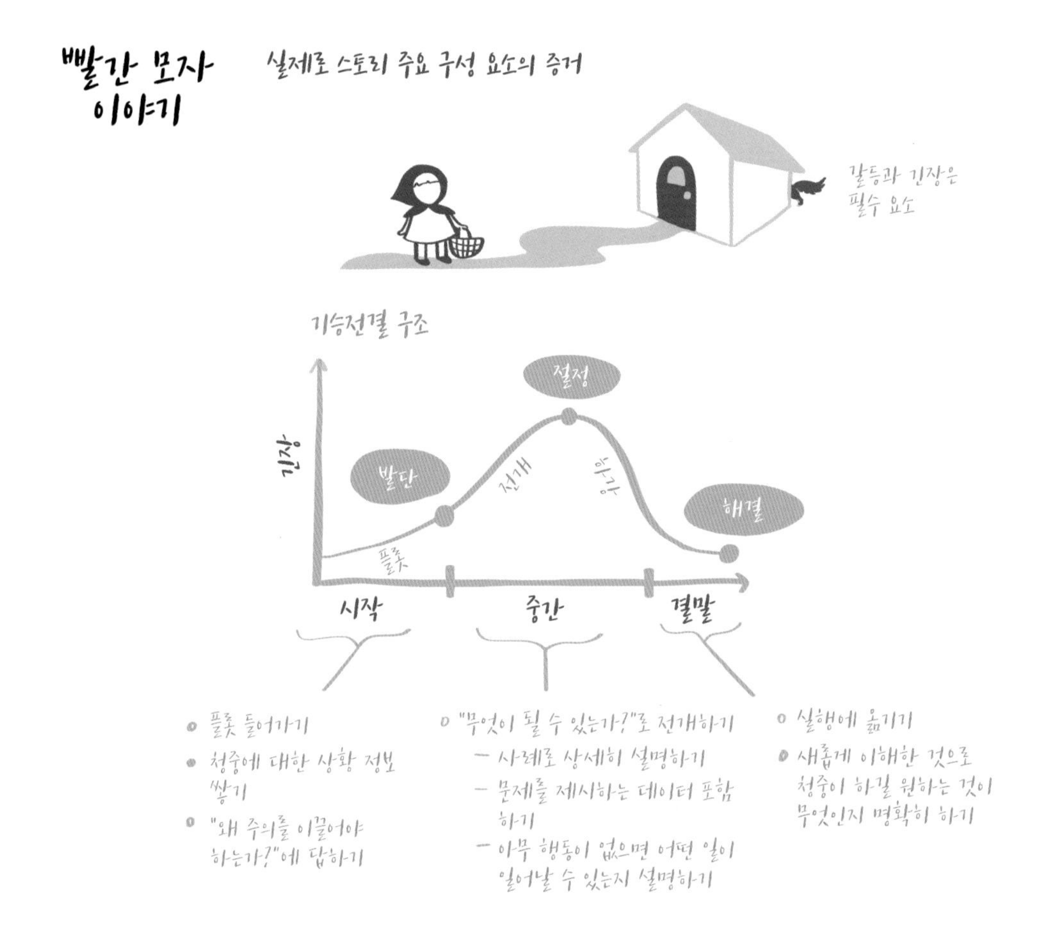

서사 구조 의미가 통하고 관심을 끄는 순서로 스토리를 이야기하는 글(문어)이나 말(구어) (혹은 둘 다)

서사 흐름

스토리의 순서…청중을 이끄는 길

시간 순서대로

문제 → 데이터 취합
↓
데이터 분석 → 새로운 사실 발견
↓
조치 권유

결말부터 시작하기

실행에 옮기기
↓
입증 포인트 #1 → 입증 포인트 #2
↓
기타

말로 하는 서사 vs. 글로 쓰는 서사

청중이 하길 원하는 역할을 분명히 밝혀라.

서면 보고서

라이브 프레젠테이션

청중이 스스로 내용을 관련성 있게 만든다… "그래서 뭐가 어떻다는 건데?"를 명확히 하는 데 글로 쓰는 서사를 이용한다.

여러분이 말하는 문구로 "그래서 뭐가 어떻다는 건데?"를 명확히 하고 이를 보강하려고 시각화 자료를 활용한다.

반복

단기 메모리에서 장기 메모리로 이동하는 것을 돕는다.

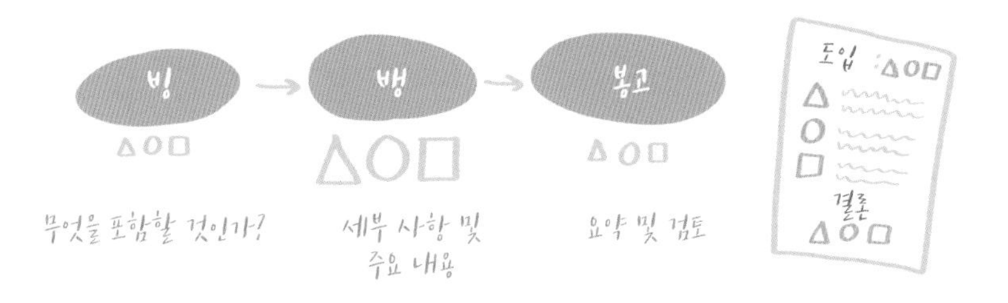

콜과 함께 연습하기

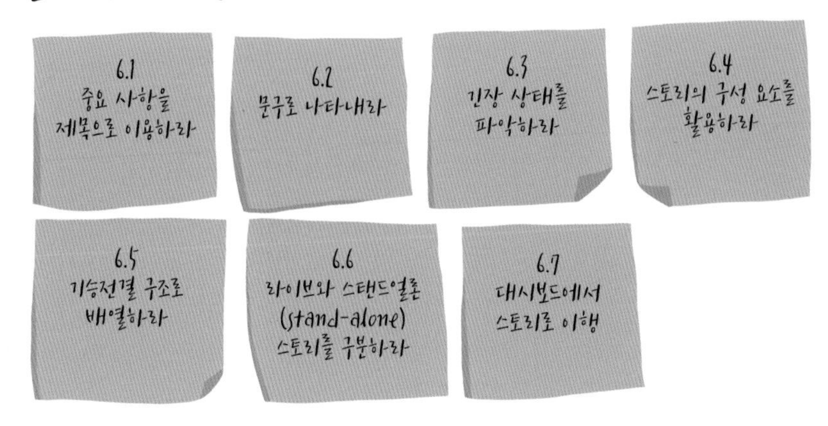

스스로 연습하기

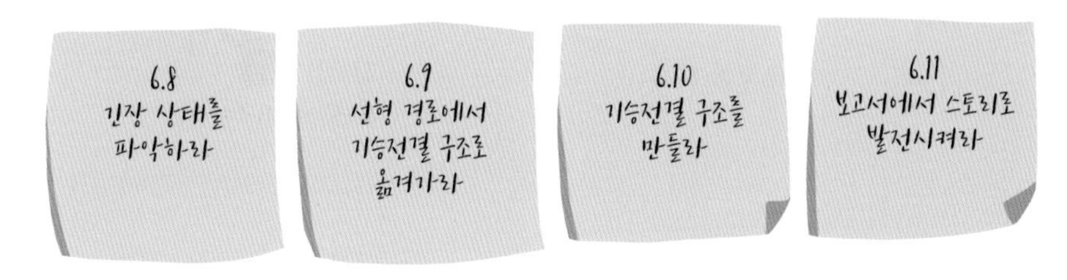

직장에서 연습하기

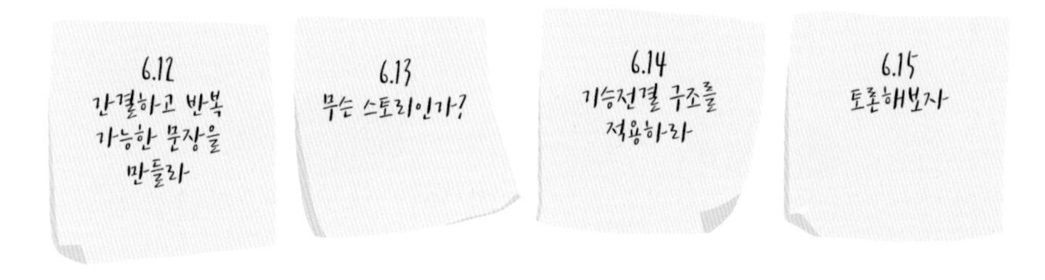

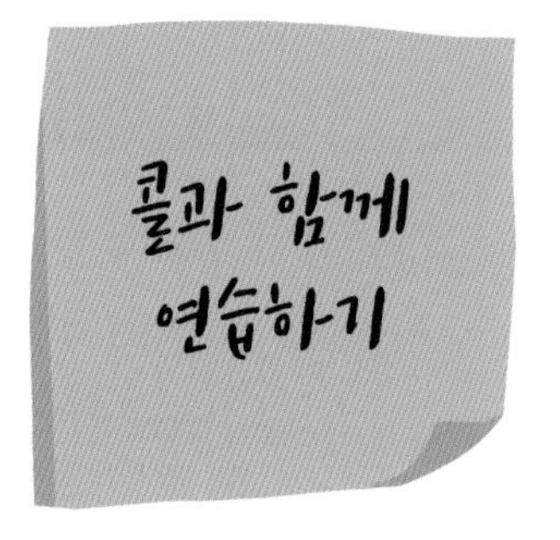

메시지를 명확하게 하는 것과 해당 메시지를 어떻게 말할 것인가에 대한 문구를 놓고 두 가지 구체적인 전략을 살펴보는 것으로 시작하고자 한다. 그리고 긴장 상태를 이야기한 후, 데이터 스토리를 만들고 의사소통을 하기 위한 강력한 도구로써 기승전결 구조(narrative arc)를 소개한다.

연습 문제 6.1: 중요 사항을 제목으로 이용하라

5장의 연습 문제(5.1과 5.9)로 설명했다시피 텍스트는 데이터로 의사소통할 때 중요한 역할을 한다. 문구는 청중이 데이터를 이해하도록 도와주기 때문이다. 슬라이드 제목은 문구를 잘 이용하기 위한 하나의 중요한, 그리고 대체로 잘 활용되지 않는 장소를 나타낸다.

어떤 슬라이드를 상상하라. 대체로 상단에 제목이 있다. 제목을 위한 공간은 소중한 자산이다. 청중이 페이지를 볼 때 가장 먼저 만나는 곳이다. 큰 스크린에 투사하든, 컴퓨터 모니터에 띄우든, 종이로 출력을 하든 말이다. 설명하는 제목에 이렇듯 소중한 자산을 사용할 때가 많다. 하지만 나는 액션 타이틀action title 사용을 좋아한다. 주요 핵심 사항이 있다면 제목으로 두라. 청중은 제목을 절대 놓치지 않을 것이다!

효과적인 제목은 그래프에서 보는 것을 더 잘 기억하게 하고 더 잘 되살리는 데 도움을 준다는 연구가 있다. 또한 주요 핵심 사항이 들어있는 제목은 청중에게 적절한 기대치를 갖게 한다. 잘만 활용하면 뒤에 나오는 페이지 나머지 부분의 체계를 잡아준다.

중요 사항을 제목으로 만들고 제목을 어떻게 바꾸면 청중이 데이터의 다른 관점에 초점을 맞출 수 있게 이끄는지 연습하자. 그림 6.1은 우리 회사와 상위 경쟁자들의 순추천고객지수Net Promoter Score, NPS를 나타내고 있다. NPS는 고객의 목소리(VOC)를 분석하는 데 이용하는 일반적인 측정 방법으로 숫자가 크면 클수록 더 좋다.

무슨 스토리인가?

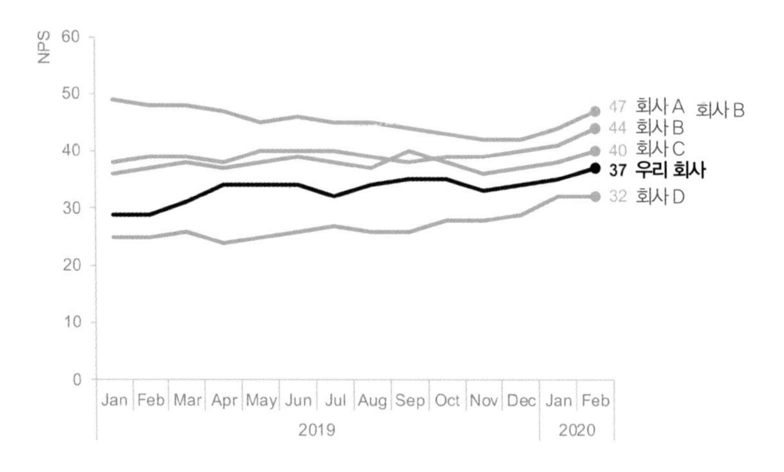

그림 6.1 무슨 스토리인가?

1단계: 상단에 놓인 "무슨 스토리인가?"라는 질문에 답하려면 중요 사항을 제목으로 만들라. 적어보라. 제목은 청중이 그래프에서 무엇에 집중하게 하는가? 한두 문장으로 써라.

2단계: 슬라이드에서 '다른' 중요 사항을 제목으로 만들고 1단계의 이후 활동을 반복하라.

3단계: 직접 만든 중요 사항 제목이 청중에게 어떤 감흥을 줄지 고려하라. 청중이 이 데이터를 어떻게 '느껴야 할지' 나타내고 있는가? 만약 그렇다면 어떻게 나타내고 있는가? 또 그렇지 않다면 긍정적 혹은 부정적 메시지를 전달하기 위해 제목을 어떻게 다시 붙여야겠는가?

해결 방안 6.1: 중요 사항을 제목으로 이용하라

무슨 스토리인가? 스토리를 실제 스토리의 뜻으로 말하지 않을 때 물어보는 질문이다. 오히려 '요점이 무엇인가?', '중요 사항은 무엇인가?', 혹은 '그래서 뭐가 어떻다는 건데?'를 뜻한다. 내게는 이것이 설명하는 목적으로 데이터를 보여줄 때마다 있어야 하는 최소 수준의 '스토리'다. 주요 포인트를 명확하게 하려고 제목 공간을 이용할 수 있다.

1단계: 슬라이드에서 제목을 '**NPS는 시간에 따라 증가하고 있다**'라고 붙일 수 있다. 청중은 문구를 읽고 난 후 오른쪽으로 갈수록 상향 증가하는 선을 찾는 데 집중하게 된다. 그래프를 보자마자 우리 회사에 관심이 생겨 제목에서 읽은 문구를 그림에서 확인한다.

2단계: 다른 제목으로 '**NPS: 우리는 경쟁자들과 비교해 4위에 있다**'라고 붙일 수도 있다. 청중은 그래프로 가서 오른쪽 끝의 1, 2, 3을 세기 시작하다가 '오, 4등에 진짜 있네'라고 할 것이다. 문구는 그래프에서 무엇이 나올지 생각하게 하고, 그래프는 제목의 문구를 보강한다.

3단계: 제목 공간을 청중에게 기대감을 주는 것으로 활용할 수도 있다. 이것은 좋을까? 나쁠까? 이전에 제시한 제목에는 없었다. 슬라이드 제목을 '**훌륭해! NPS가 시간에 따라 증가하고 있어**'로 붙였다고 상상하라. '**좀 더 노력해야 한다: 여전히 상위 3등 안에 못 들고 있다**'라고 제목을 붙였을 때와는 데이터를 보고 느끼는 바가 달라진다. 데이터 시각화에서 주변에 넣는 문구는 상당히 중요하다. 문구의 힘을 신중하게 사용하라!

이와는 별개로 선택하는 문자 형태(대문자와 소문자)에 관한 질문을 받곤 한다. 나는 슬라이드 제목으로 센텐스 케이스sentence case(문장 첫 글자는 대문자로 쓰고 나머지는 소문자로 쓰는 것)를 쓰는 습관이 있다. 센텐스 케이스 자체가 쉽게 읽히면서 중요 사항을 제목으로 하는 데 적합하다고 생각해서다(제목을 타이틀 케이스로 하는 것보다 낫다. 타이틀 케이스는 예를 들어 '시간에 따른 NPSNPS Over Time'와 같이 모든 단어를 대문자로 하고 설명하는 제목으로 끝맺는 경향이 있다). 문자 형태letter case를 사용할 때는 깊이 생각해 일관성 있게 하라.

무엇보다 이전에 살펴봤고 앞으로도 계속 추구해야 할 것은 바로 이것이다. 문구를 현명하게 사용하라! 중요 사항을 제목으로 적용하는 것도 문구를 잘 사용하는 방법의 하나다.

연습 문제 6.2: 문구로 나타내라

그래프를 만들고 나서 그래프를 자세히 설명하는 문구를 넣는 것이 유용함을 알게 됐다. 이런 연습은 중요 사항(어떨 때는 몇 가지 가능성 있는 중요 사항들)을 명확히 표현하게 하고 데이터를 보여주는 다양한 방법으로까지 이어져 말하고자 하는 주요 포인트를 더 잘 강조할 수 있다.

구체적인 그래프로 연습하자. 현재 은행에서 근무하고 수금 데이터collections data를 분석한다고 가정하라. 수금 부서는 흔히 자동 다이얼 장치dialers, 즉 자동으로 전화를 거는 기계를 이용한다. 많은 전화가 무응답으로 돌아온다. 누군가 응답하려 할 때 수금 담당자가 연결돼 지불 계획이 잘 진행될 수 있도록 설명하고 계좌를 '개설한다worked'. 이와 관련한 수많은 지표가 있다. 지표 가운데 침투율penetration rate을 살펴본다. 전화를 건 총 계좌 수 대비 실제 개설된 계좌 수의 비율이다.

그림 6.2a를 살펴보라. 개설된 계좌 수, 통화 수, 침투율을 보여주고 있다.

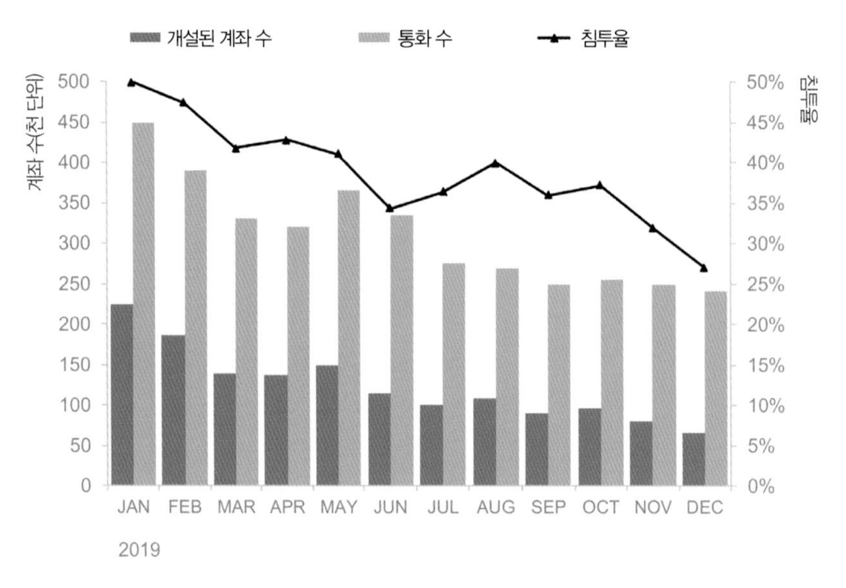

그림 6.2a 문구로 나타내라

1단계: 데이터에서 찾을 수 있는 세 가지 다른 관찰 사항을 설명하는 문장을 각각 써라. 데이터에서 강조할 세 가지 가능성 있는 중요 사항으로 생각해도 좋다.

2단계: 데이터로 의사소통하려 한다면 작성한 세 문장 중 어느 것에 초점을 맞출 것인가? 이유는 무엇인가? 아울러 포함하고 싶은 다른 사람의 관점이 있는가? 어떻게 해낼 수 있겠는가?

3단계: 강조하려는 중요 사항에 청중이 더 초점을 맞추도록 시각화 자료에 변화를 줄 수 있는 부분이 있는가? 변경 사항을 요약하라.

4단계: 데이터를 다운로드하고 각자 선택한 툴로 요약한 변경 사항을 적용하라.

해결 방안 6.2: 문구로 나타내라

그래프를 문구로 설명하는 것은 데이터를 직시하게 하고 무엇이 중요한지, 청중에게 알려 주고 싶은 것은 어떤 관점인지 생각하게 한다.

1단계: 데이터를 보면 당해 연도에 전반적으로 감소세를 보인다는 것을 알 수 있다. 더 구체적인 사실도 얻을 수 있는데, 하나의 그래프에 여러 문장을 쓰는 것의 이점이다(갑자기 떠오르는 첫 번째 것이라기보다는). 그림으로 나타낸 세 가지 데이터 계열이 있고 관찰 사항을 각각 하나씩 적었다.

1. 개설된 계좌 수는 시간에 따라 다양하고 당해 연도에 전반적으로 감소세를 보였다.
2. 통화 수는 1월에서 12월 사이에 47% 감소했고, 12월에는 약 250,000건의 통화가 있었다.
3. 침투율은 시간이 지남에 따라 급격하게 감소했다.

2단계: 침투율의 하락에 초점을 맞추고자 한다. 다른 두 데이터 계열의 현상도 반영하기 때문이다. 중요한 상황 정보를 주는 나머지 모든 내용도 놓치고 싶지 않다. 예를 들어 침투율은 통화 수가 감소하는데도 계속 감소한 점이 흥미롭다. 대체로 통화 수가 적어질수록 개설된 계좌의 상대적인 수는 증가하리라 생각하기 쉽지만 실제로는 그렇지 않았다. 손쉬운 계좌(접근성이 좋거나 더 지불하기 편한)가 이미 개설돼 있어 전화를 걸어 만드는 계좌 수는 줄어든 것으로 보인다. 전화 통화로 계좌를 만들기가 더 어려운가? 그렇다고 추측은 되지만 데이터에서 보고 있는 것을 이끌어내는 것이 무엇인지 더 잘 이해하려면 알아야 할 상황 정보가 어느 정도 있을 것이다.

'데이터 관점을 어떻게 통합할 것인가?'라는 질문으로 돌아가서, 아울러 이번 연습 문제 제목을 보여준다는 차원에서 일부를 문구로 나타낼 계획을 세웠다. 예를 들어 1단계에서 적은 관찰 사항 두 번째, '통화 수는 1월에서 12월 사이에 47% 감소했고, 12월에는 약 250,000개의 통화가 있었다'라는 문장은 단순히 말하거나 써서 구체화한 상황 정보가 될 수 있다. 이렇게 하면 데이터를 나타내는 잠재적 방법을 조금 더 가능하게 한다. 곧 이를 살펴볼 것이다.

3단계: 그렇다. 데이터를 보여주는 방법에서 변경할 사항이 있다. 나는 보통의 깔끔한 그래프 디자인을 좋아한다. 현재 범례가 상단에 있고 두 번째 y축이 오른쪽에 있다는 것은 청중이 데이터를 읽는 방법을 이해하려면 뭔가 앞뒤로 오가는 작업을 해야 한다는 의미다. 더 쉽게 만들고 싶다. 또한 언급한 대로 일부 상황 정보는 문구로 명확히 설명할 수 있으므로 그래프에서 침투율에 초점을 맞출 수 있다.

4단계: 내가 생각하는 방법을 보여 줄 수 있도록 데이터의 몇 가지 관점을 계속 진전시켜보자. 우선 두 번째 y축과 y축에 딸린 침투율 데이터 계열을 없앤다(침투율 데이터 계열은 다시 포함할 예정이다). 원래 그래프에서 개설된 계좌 수는 통화 수의 부분임을 주시하라. 데이터를 조금 바꾸면 둘 다 나타낼 수 있다. 통화 수와 개설된 계좌 수보다 개설된 계좌 수와 개설되지 않은not reached 계좌 수를 보여준다. 그림 6.2b를 보라.

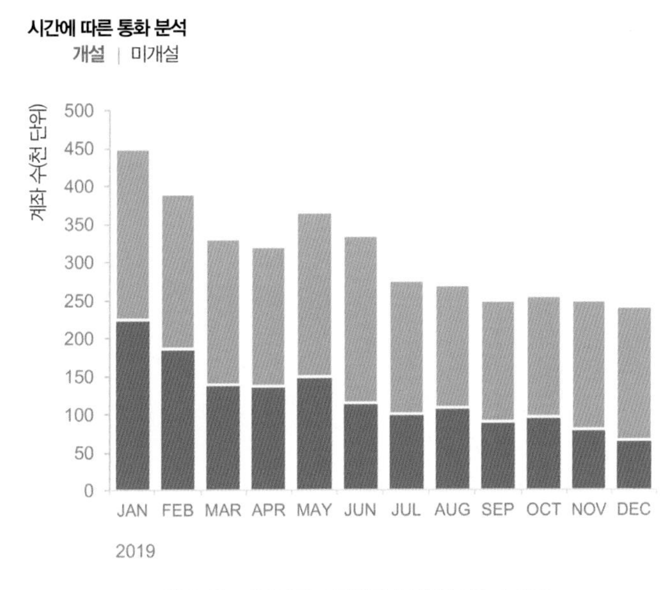

그림 6.2b 데이터를 조정하면 누적해서 볼 수 있다

그림 6.2b에서 막대의 전체 높이(개설과 미개설을 합한 것)는 통화된 전체 계좌 수를 의미한다. 앞서 언급했듯이 통화된 계좌 수의 감소는 문구로 설명할 것이다. 직접 보여줄 필요는 없다는 뜻이다. 이때 그래프를 100% 누적 막대형으로 전환할 수도 있다. 그렇게 되면 통화된 계좌 수의 감소는 놓치더라도 개설된 계좌 수 대 개설되지 않은 계좌 수 비율, 즉 침투율에 대한 더 정확한 그림을 얻을 수 있다. 그림 6.2c를 보라.

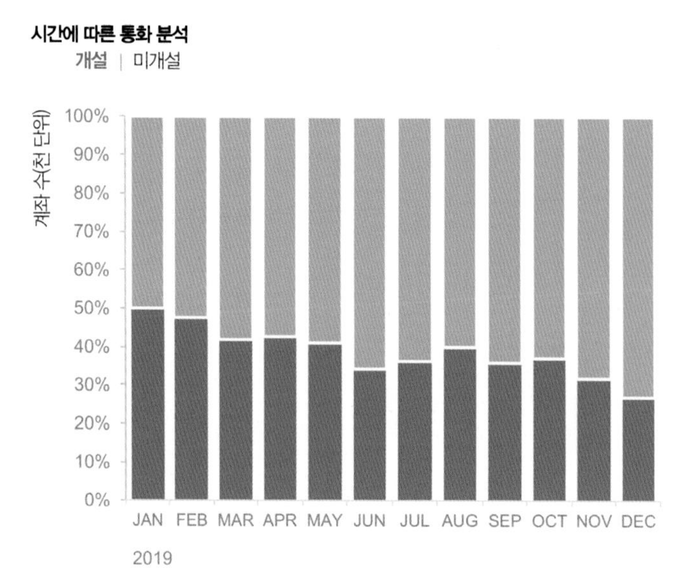

그림 6.2c 누적 100% 막대형으로 전환

절댓값을 가진 막대에서 100% 막대로 전환하는 이점은 개설된 통화 계좌 수의 비율을 더 쉽게 알아볼 수 있다는 데 있다. 막대 사이의 공간을 없애서 영역 그래프로 바꿀 수도 있다. 그림 6.2d를 보라.

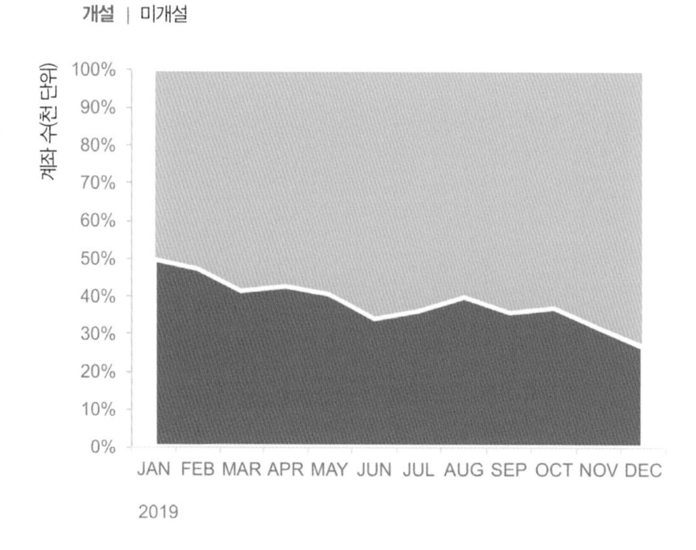

그림 6.2d 누적 영역형으로 바꿔보자

영역 그래프를 잘 사용하지 않지만 영역 그래프가 괜찮은 상황이 있다. 이번에도 그렇다. 영역 그래프에서 가끔 속기 쉬운 한 가지는 개별 계열이 서로의 위층에 누적된 것인지 아니면 x축에서부터 누적 형식으로 위쪽으로 읽으라는 의미인지가 항상 명확하지는 않다는 것이다. 여기 예시처럼 100% 누적형이면 이해하기 조금 더 쉽다.

이런 관점에서 두 가지 이점을 얻는다. 색의 중요도를 고려하면 개설된 계좌 수의 비율에 명확히 초점을 맞출 수 있다. 그림에서 회색과 녹색을 분리하는 선은 침투율을 나타낸다.

애초에 바랐던 것은 범례와 데이터 간 왔다 갔다 하는 문제를 해결하는 데 있었다. 다른 사례에서 살펴봤듯이 적용할 수 있는 한 가지 방법은 범례를 상단 왼쪽에 두는 것이다(대개 그래프 제목 아래에 있고 이때도 그랬다). 'z' 모양으로 지그재그 내려오면서 보는 과정을 생각해보면 범례를 상단 왼쪽에 둘 때 청중이 실제 데이터를 보기 전에 데이터를 어떻게 읽을지 알 수 있게 한다. 또 다른 방법은 데이터에 직접 라벨을 붙이는 것이다. 미개설과 개설 라벨을 영역 그래프 왼쪽에 흰색 텍스트로 두거나 오른쪽에 정렬해봤다. 하지만 모두 어수선해 보여 범례를 상단에 그대로 두고 침투율 라벨만 직접 붙이기로 했다.

여기에 더해 데이터 주변에 몇 가지 추가 문구를 넣고 최종 데이터 지점을 강조하자. 현재 보고 있는 것을 이끌어내는 것이 무엇인지 알 수 있는 추가 상황 정보 없이 그림 6.2e로 마무리 지으려 한다.

전체 통화 계좌 수는 1월에서 12월 250K로 가는 동안 47% 감소했다.
같은 기간 **침투율은 급격하게 감소했다.**

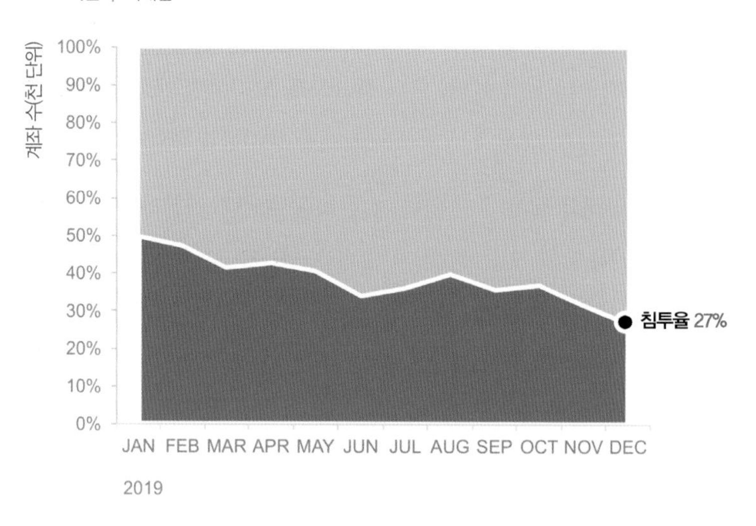

그림 6.2e 문구로 나타내라!

이렇게 특별하게 바꾸면 엇갈린 반응을 보인다는 것을 말해야 할 것 같다. 100%라는 관점이 헷갈린다는 사람도 있고 단순한 누적형 막대가 절대 수치에 대한 통찰력을 제공해 더 좋다는 사람도 있다. 내가 만든 해결 방안에 과하게 집착할 가능성도 있다. 이러한 피드백이 있었지만 정상 범주 밖의 것을 시도해도 괜찮다는 생각을 강화하면서, 일반적으로 했던 것과는 좀 다른 접근 방법을 강조하기 때문에 포함하기로 했다. 만약 업무 상황에서 활용할 계획을 짠다면 해결 방안을 계속 밀어붙일 것인지, 청중의 니즈를 충족할 최고의 방법으로 조정할 것인지 정하려고 추가 피드백을 구한다.

요점은 그래프를 문구로 나타내면 보여주고 싶은 것과 이를 효과적으로 보여주는 방법을 명확히 하는 데 도움이 된다는 것이다. 그래프에 직접 문구를 넣으면 청중의 이해를 도울 수 있다.

연습 문제 6.3: 긴장 상태를 파악하라

다음 몇 가지 연습 문제에서는 데이터 및 그래프에서 한 걸음 물러나 스토리의 구성 요소에 더 깊이 들어가보자.

긴장 상태tension는 데이터로 의사소통할 때 매우 중요하지만 종종 간과되는 구성 요소다. 워크숍에서 스토리 관련 수업을 할 때, 특히 긴장 상태에 관한 토론에서는 상당히 드라마틱한 방법으로 전달하곤 한다. 요점을 강조하기 위해서다. 그러나 스토리를 효과적으로 하려고 드라마를 만들어야 하는 것처럼 받아들여서는 안 된다. 긴장 상태를 만들려는 것이 아니다. 긴장 상태가 존재하지 않는다면 우선적으로 의사소통할 것이 없다는 의미다. 오히려 어떤 긴장 상태가 존재하는지, 청중에게 어떻게 설명할 수 있는지 이해하기 위한 내용이다. 잘하면 청중의 관심을 얻어내고 동기를 유발하는 데 더 좋은 위치를 차지하게 된다.

1장에서 연습했던 수업 중 일부를 떠올려보면, 청중과 청중에게 중요한 것이 무엇인지 알아내는 것은 무엇보다 중요하다. 우리에게 중요한 것이 무엇인지에 초점을 맞추기는 쉽지만 영향을 미치기에는 좋은 방법이 아니다. 우리에서 벗어나 '청중에게' 어떤 긴장 상태가 존재하는지 생각하는 것이 필요하다. 이전에 논했던 '핵심은 무엇인가?'라는 빅 아이디어 구성 요소와 연관된다. 긴장 상태를 효과적으로 파악하고 나면 청중이 하길 원하는 행동이라는 것은 데이터 스토리의 긴장 상태를 어떻게 해결할 수 있느냐가 된다(6장에서 만날 여러 연습 문제에서 이 아이디어에 대해 더 많이 이야기하게 된다).

몇 가지 시나리오를 살펴보자. 어떤 것은 이전에 논의했던 것이라서 익숙하게 느껴질 것이고 어떤 것은 새롭다. 긴장 상태를 파악하는 연습을 하자. 다음을 각각 고려하라. **먼저 긴장 상태를 파악하라. 그다음 파악한 긴장 상태를 해결하려고 청중이 취할 수 있는 행동을 확인하라.**

시나리오 1: 여러분은 전국 조직의 의류 소매상에서 일하는 분석가다. 방금 최근 신학기 쇼핑 시즌 조사를 수행했다. 여러분 상점 고객과 주요 경쟁사 고객을 대상으로 벌인 다양한 차원의 쇼핑 경험에 대한 설문 조사였다. 긍정적인 차원에서 여러분이 사실로 생각하는 것을 데이터가 일부 확인해준다는 것을 알았다. 사람들은 여러분의 상점에서 쇼핑하는 경험 전체를 즐기며 긍정적인 브랜드 연관성brand association을 갖고 있다. 기회가 되는 것은 고객이 여러분 상점에 대해 알려준 서비스 수준이 천차만별이라는 것이다. 여러분의 팀은 문제에 대한 해답을 찾으려고 브레인스토밍을 했고 소매부장에게 상세한 권고 사항을 제안하고자 한다. 일관적이고 모범적인 고객 서비스를 위해 영업 사원 훈련 과정을 개발하고 좋은 서비스는 어떤 형태인지 공유해야 한다.

시나리오 2: 여러분은 어느 회사에서 HR을 담당하고 있다. 회사는 예전부터 계획적으로 임원급 직책을 외부에서 고용하지 않고 내부 승진으로 채워 왔다. 최근 임원급 이탈, 즉 사람들이 회사를 떠나는 현상이 증가하고 있다. 여러분은 팀에 승진, 합병acquisitions, 이탈 관련 최근 추세를 기반으로 향후 5년의 예상안을 세우라고 요청했다. 회사의 지속적인 성장을 바탕으로 커다란 변화가 있지 않은 한 미래에 필요한 리더십 자질에 공백이 발생할 것으로 보고 있다. 데이터를 이용해 실행팀에서 무엇을 해야 할지에 대한 대화를 끌어내고자 한다. 알다시피 임원급에서 이탈을 이끄는 것이 무엇인지 더 잘 이해해 추세를 억제하고, 관리자 역량 개발에 투자함으로써 더 빠른 속도로 승진을 시키거나, 리더십 자질을 조직에 융합시킬 수 있는 전략적 합병을 하거나, 고용 전략을 바꿔 외부 고용으로 임원급 자리를 채우는 등의 선택 사항이 있다.

시나리오 3: 여러분은 지역 건강 돌봄 센터에서 일하는 데이터 분석가다. 전체적인 효율, 비용, 돌봄의 질을 개선하려고 진행 중인 계획의 일부로 최근 몇 년 동안 직접 방문 대신 내과 의사와의 가상 의사소통(이메일, 전화, 비디오)을 더 많이 이용하도록 추진해왔다. 연간 검토 보고서에 넣으려고 관련 데이터를 모아 희망했던 가상 통신으로의 전환 여부를 평가하고 내년 목표를 위한 권고 사항을 만들라는 지시를 받았다. 주요 청중은 건강 돌봄 센터 전체의 리더급이다. 분석 결과 1차 돌봄과 전문 돌봄specialty care 모두에서 가상 만남이 상대적으로 증가한 것으로 나타났다. 이런 추세가 내년에도 계속될 것으로 예상된다. 목표를 알려주려고 최근 데이터와 여러분의 예측을 활용할 수 있다. 지나치게 공격적이고 돌봄의 질에 부정적인 영향을 줄지도 모르는 목표를 설정하지 않도록 내과 의사 투입을 추진하는 것이 필요하다고 생각한다.

해결 방안 6.3: 긴장 상태를 파악하라

유일한 정답은 없다. 다만 다음은 어떻게 각 사례에서 긴장 상태와 해결 방법을 체계화했는지 요약한다.

시나리오 1.

- **긴장 상태**: 상점 간 서비스 수준이 천차만별이다.
- **해결 방법**: 영업 사원 훈련 과정을 개발하고 수행하는 데 자원을 투자하라.

시나리오 2.

- **긴장 상태**: 예측해볼 때 최근 추세상 임원 부족이 예상된다.
- **해결 방법**: 임원급 직책을 채우려면 어떤 전략적 변화를 해야 할지 논의하고 결정하라.

시나리오 3.

- **긴장 상태**: 더 중요한 것이 효율성인가 아니면 돌봄의 질인가? 희망했던 가상 소통으로의 전환이 일어나고 있다. 하지만 얼마나 더 밀어붙이길 원하는가?
- **해결 방법**: 내과 의사 투입과 함께 데이터를 이용해 돌봄의 질과 효율성의 균형을 적절히 맞출 수 있는 합리적인 내년도 목표를 세워라.

연습 문제 6.4: 스토리의 구성 요소를 활용하라

내가 스토리에 접근하는 방식은 아마 『데이터 스토리텔링』을 집필한 후로 가장 많이 바뀌었을 것이다. 『데이터 스토리텔링』에서는 연극, 책, 영화로 스토리를 살펴봤다. 나는 스토리의 일반 구조를 시작, 중간, 결말로 구성하라고 제안한다. 유용한 방법이지만 기승전결 구조를 고려하면서 한 걸음 더 나아갈 수 있으리라 생각한다.

스토리는 형태가 있다. 우선 플롯으로 시작한다. 긴장 상태가 있고 전개 과정을 거쳐 절정에 이른다. 하강이 이어지고 스토리는 해결 국면으로 결론을 맺는다. 이런 일반적인 체계로 정보를 다루고 기억하는 형식으로 구조화돼 있다.

전형적인 업무 프레젠테이션은 이런 양상을 보이지 않아서 문제다! 전형적인 업무 프레젠테이션은 선형 경로를 따른다. 위아래 굴곡 없이 쭉 전진만 한다. 해답을 원하는 질문으로 시작해서 데이터를 논의하고 분석 결과를 제시한 후 최종적으로 발견한 내용이나 권고 사항으로 끝맺는다. 하지만 이런 선형 경로는 1장에서 본 스토리보드와 비슷하다. 기승전결 구조를 따라 스토리보드의 구성 요소를 다시 생각해보면 큰 이점을 얻을 수 있다. 그림 6.4a는 기승전결 구조를 나타낸다.

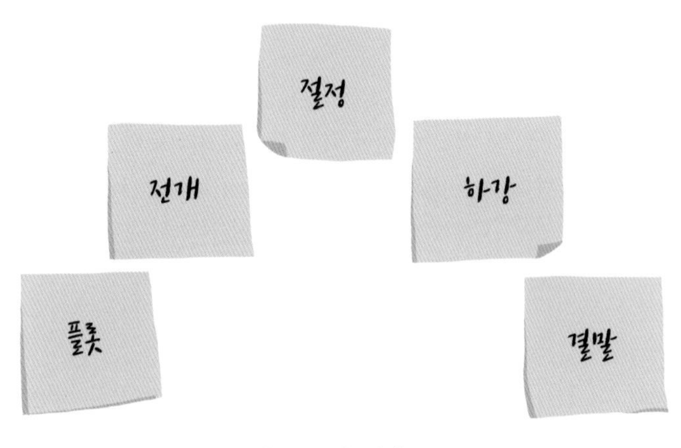

그림 6.4a 기승전결 구조

이전에 만들었던 스토리보드를 다시 살펴보자. 연습 문제 1.7로 돌아가 보면 신학기 쇼핑에 대한 스토리보드를 볼 수 있다. 내가 만든(해결 방안 1.7) 스토리보드나 여러분이 만든 스토리보드를 살펴보라. **구성 요소들을 기승전결 구조에 따라 어떻게 배열할 수 있는가? 순서를 재정비해야 하는가, 추가해야 할 부분 혹은 빼야 할 부분이 있는가?**

이 일을 수행할 수 있는 한 가지 방법은 포스트잇을 여러 장 가져와 해결 방안 1.7에 있는 스토리보드의 구성 요소를 나열해보는 것이다. 그다음 기승전결 구조에 따라 배열하고 의미가 통하도록 추가 아이디어를 넣고 빼고 재배열한다.

해결 방안 6.4: 스토리의 구성 요소를 활용하라

그림 6.4b는 신학기 쇼핑 시나리오의 구성 요소를 기승전결 구조에 맞게 어떻게 배열했는지 보여준다.

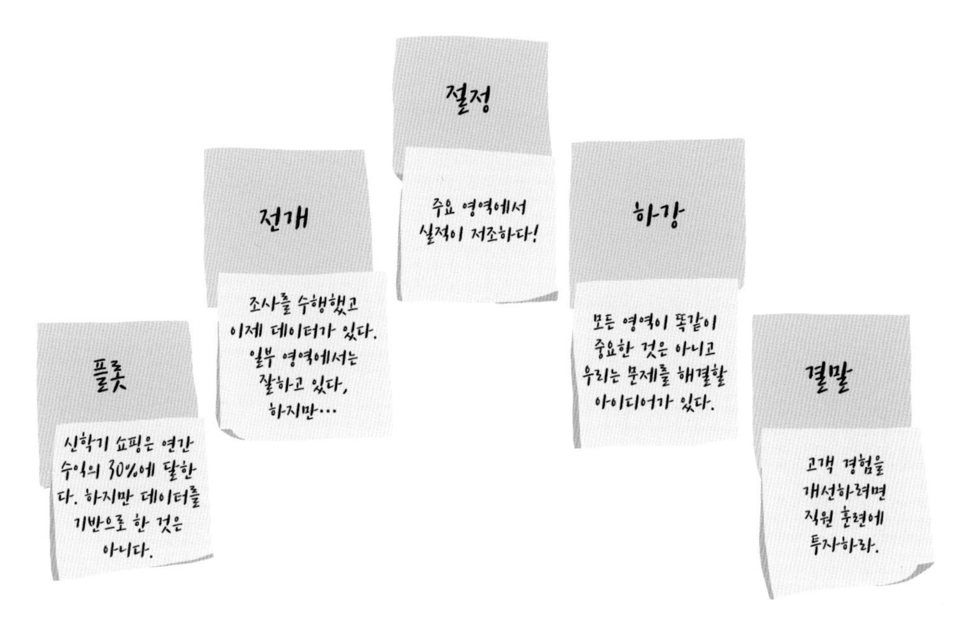

그림 6.4b 신학기 쇼핑의 기승전결 구조

플롯을 설정하는 것에서 시작한다. 플롯은 기본 정보이자 체계로 청중은 출발점jumping off point으로 일관적인 상황 정보를 알 필요가 있다. "신학기 쇼핑 시즌은 우리 사업에서 매우 중요한 부분이나 이제까지의 접근 방법은 데이터 기반이 아니었다."

다음으로 긴장 상태를 도입해 **전개** 과정을 수립하기 시작한다. "조사를 수행했고 무엇보다 이제 우리에게는 데이터가 있다. 데이터를 보면 어떤 영역에서는 잘하고 있지만 일부 주요 영역에서는 예상외로 저조한 실적을 내고 있다!" 이 부분이 **절정**으로 긴장 상태가 최고조에 달한다. 실적이 저조한 영역은 그 결과로 청중이 처할 현재 문제가 무엇인지 상세히 설명할 수 있다. 결국 우리는 경쟁력을 잃을 것이고 변화하지 않으면 계속 그렇게 갈 것이다.

하강에서는 사안을 좀 더 부드럽게 다룬다. "모든 영역이 똑같이 중요한 것은 아니므로 초점을 맞춰야 할 부분을 파악했다. 또한 이미 이슈를 해결하기 위한 몇 가지 아이디어를 검토 중이고 가장 큰 영향을 줄 수 있다고 생각하는 하나로 좁혀가고 있다."

결말은 이렇다. "상점 내 고객 경험을 개선하고 다가오는 신학기 쇼핑 시즌을 최고로 만들려면 직원 훈련에 투자하자." 긴장 상태를 해결하고자 할 때 여러분과 청중이 할 수 있는 일이다.

연습 문제 6.5: 기승전결 구조로 배열하라

스토리의 구성 요소를 기승전결 구조에 따라 배열하는 또 다른 사례를 살펴보자. 1장에서 여러 번 접했던 상황을 다시 살펴본다.

연습 문제 1.8로 돌아가 애완동물 입양 시나리오를 다시 읽어보라. 해당 문제를 완성하고 스토리를 만들었는가? 그렇지 않다면 지금이라도 시간을 들여 만들거나 해결 방안 1.8에 제시된 스토리보드 사례를 찾아보면 된다. 기승전결 구조를 이용해 구성 요소를 어떻게 재검토할 수 있는가?

참고로 빈칸의 기승전결 구조가 아래에 있다(이미 이전 연습 문제에서 완성했다면 익숙할 것이다. 그렇지 않다면 일반적인 추가 상황 정보를 알려고 꼼꼼히 읽어야 할 것이다). 연습 문제를 완성하는 한 가지 방법은 스토리의 구성 요소를 작은 포스트잇에 쓰고 그림 6.5a 위나 아래에 배열하는 것이다. 작성한 포스트잇이 기존 스토리보드에 꼭 맞을 필요는 없다. 이 구조와 구성 요소를 십분 활용해 마음껏 바꿔라. 창의적으로 접근하라!

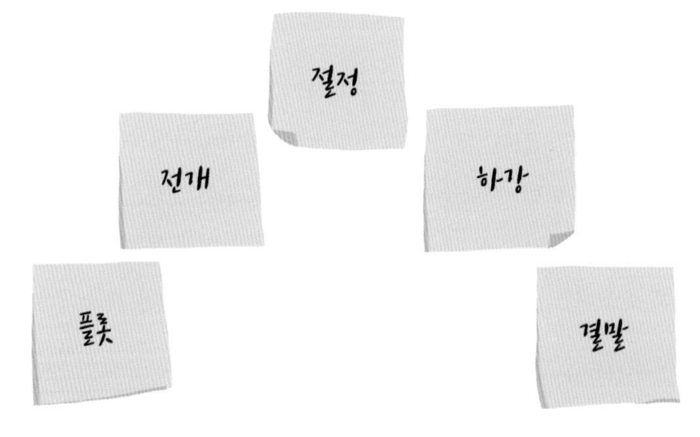

그림 6.5a 기승전결 구조

해결 방안 6.5: 기승전결 구조로 배열하라

이번 시나리오는 전형적인 업무 프레젠테이션보다 조금 더 융통성 있게 만들도록 요청받은 것 같다. 다른 한편으로는 사실 생명체가 이슈라서(입양될 가능성이 있는 동물들) 청중과 필요한 것을 얻으려고 청중을 설득하는 데 무엇이 최선인지 고려하는 것이 정말 중요하다. 1장에서 봤던 연습 문제를 돌이켜 생각해보자. 청중에게 동기를 부여하는 것은 무엇인가? 입양 목표를 달성하는 것인가 아니면 목표를 넘어서는 것인가? 다양한 상황 정보와 가정은 접근 방법을 변화시킨다.

내가 만든 기승전결 구조는 그림 6.5b와 같다.

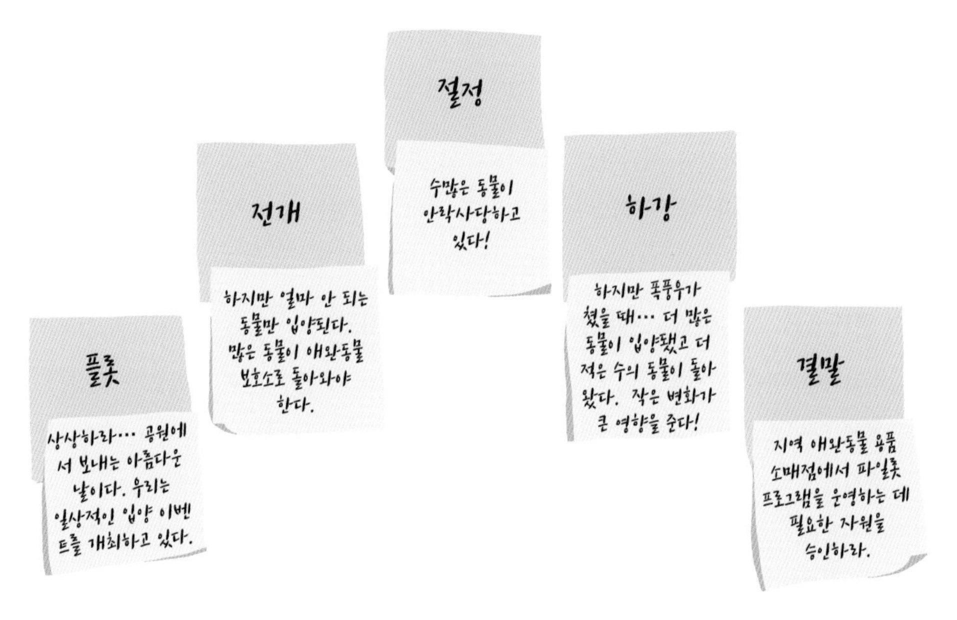

그림 6.5b 애완동물 입양의 기승전결 구조

이번 사례에서 약간의 모험을 했다. 공원에서 아름다운 날에 일상적인 입양 이벤트를 개최한다는 그림(플롯)을 그리면서 시작한다. 입양에 성공하는 수가 아주 적다는 것으로 **긴장** 상태에 들어간다. 긴장 상태는 청중에게 일상적인 이벤트 과정을 거치면 결국 보호소에 돌아오는 동물들이 많다는 것으로 **전개** 과정을 형성한다. 아무 죄도 없는 동물들이 안락사에 직면하게 될 때 긴장 상태는 절정에 이른다. 절정을 누그러뜨려서(하강) 궂은 날씨로 지역 애완동물 용품 소매점으로 예상치 않게 이동했는데 이벤트가 성공했던 최근 사례를 설명한다. 다시 한번 이런 일을 수행하는 데 필요한 한정적 자원을 요약할 수 있다. 청중은 파일럿 프로그램에 대한 자원 투자를 승인함으로써 긴장 상태를 해결(결말)할 수 있다.

주목할 것은 이런 사례가 우리가 고려할 수 있는 유일한 구성 요소라든가 유일하게 가능한 배열은 절대 아니라는 것이다. 오히려 우리가 알고 있는 것과 내가 만든 추정을 기반으로 기승전결 구조를 활용할 수 있는 하나의 사례일 뿐이다. 이와 비슷한 사례를 하나 들자면, 특히 내가 청중의 관심을 끝까지 끌고 갈 자신이 없거나 단순히 내 제안을 승인하면 되지 세부 사항을 말하는 데 시간을 들일 필요가 없다고 생각한다면 나는 결말부터 시작하는 방법을 선택할 것이다. 다음과 같이 말문을 열 수 있다. "입양을 증가시킬 수 있다고 믿는 파일럿 프로그램을 착수하는 데 자원봉사자 시간이 3시간 필요하고 500달러가 필요하다. 더 듣고 싶은 게 있는가?" (연습 문제 1.5에서 만든 빅 아이디어와 유사하다는 것을 주목하라!)

재배열하거나 추가하거나 제외하는 방법은 끝도 없이 많고, 성공적인 의사소통으로 가는 접근 방법도 다양하다. 성공하려면 어떻게 할지 깊이 생각하는 것이 무엇보다 중요하다.

연습 문제 6.6: 라이브와 스탠드얼론 스토리를 구분하라

데이터로 설명하려는 목적으로 의사소통할 때는 두 가지 일반적인 시나리오가 있다. (1) 청중에게 라이브로 프레젠테이션을 하는 것(미팅이나 프레젠테이션에서 대면이나 웨벡스webex 혹은 유사한 방법으로 진행한다)과 (2)청중에게 자료를 전송하는 것(대체로 이메일로 하지만 가끔은 프린트물로 출력해 책상 위에 실물을 올려둬야 하는 상황print-it-out-and-leave-it-on-someone's-desk situation에 부딪히기도 한다)이다.

실제로 우리는 두 가지 니즈를 모두 충족시킬 만한 하나의 의사소통 방법을 만든다. 『데이터 스토리텔링』에서 간략하게 설명했듯이 이를 '슬라이듀멘트slideument[1]'라고 한다. 이것은 프레젠테이션이면서 문서이기도 해서 두 상황 중 어느 하나의 니즈도 정확히 충족시키지

1 프레젠테이션 슬라이드 자료 형태로 제시되는 문서로 핸드아웃이나 파워포인트 자료를 프레젠테이션 툴로도 적합하지 않고 문서 형태로도 가져갈 수 없는 하이브리드 형태로 전환한 것을 말한다. 『Presentation Zen』(에이콘, 2011)의 저자 가르 레이놀즈(Garr Reynolds)가 최초로 붙인 이름이다. - 옮긴이

못한다. 대체로 두 니즈를 충족하려고 만든 내용은 프레젠테이션 형식으로는 너무 촘촘하고, 프레젠테이션하지 않고 뒷받침할 자료를 보내는 형식으로는 충분히 구체적이지 않다.

자주 추천하는 접근 방법이 있다. 라이브 프레젠테이션을 위해 한 장씩 만들고 충분히 주석을 단 슬라이드 한 장으로 마무리한다. 개념을 연습하고 설명하기 위해 연습 문제를 풀어보자.

이번에는 X 회사에 속한 컨설턴트라고 가정해보자. 채용 과정을 분석하는 업무에 참여하게 됐다. 이전에는 아무도 데이터를 검토하느라 많은 시간을 보낸 적이 없는 상황이다. 목표는 일이 어떻게 진행됐는지 더 잘 이해하는 것과 이를 활용해 구체적인 개선 사항을 파악하는 업무 권한이 있는 X 회사의 운영 위원회와 논의하는 것이다. 이미 여러 차례 운영 위원회와 회의를 했고 비즈니스 상황에 대한 이해를 함께 높여왔다. 채용 시간(구인 공고가 나고 채용하기까지의 일수)은 가장 큰 관심사이고 이번 연습 문제에서 초점을 맞출 측정치다.

그림 6.6a는 X 회사의 내부 이동과 외부 채용으로 공석을 채우는 데 걸리는 시간(일수로 측정)을 나타낸다. 잠시 시간을 들여 데이터에 익숙해진 후 다음 단계를 완성하라.

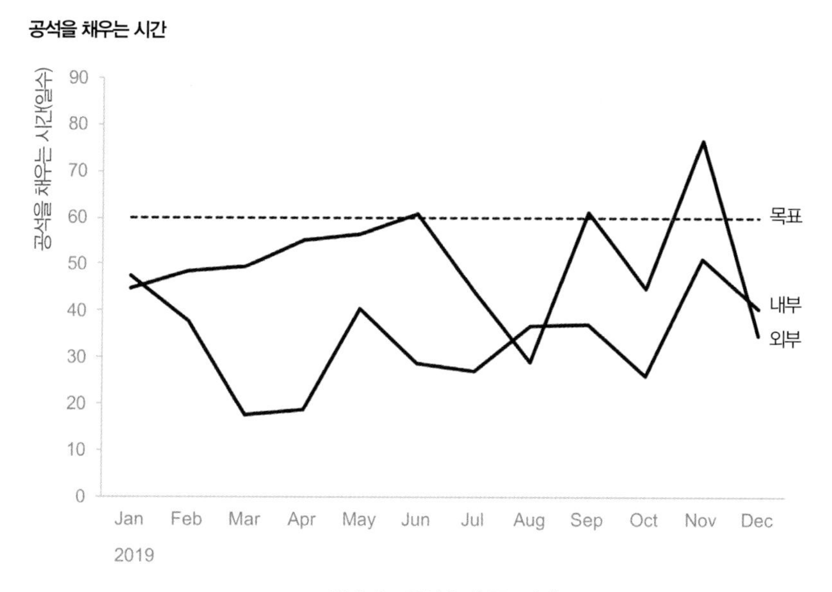

그림 6.6a 공석을 채우는 시간

1단계: 앞으로 운영 위원회와 할 회의에 대해 말하자. 채용 시간을 논의하는 의제에 10분을 쓸 수 있다. 그림 6.6a의 데이터를 보여주면서 청중 앞으로 나가 상황을 세팅하는 데 몇 분을 쓰고 대화를 손쉽게 하려고 이를 이용하고자 한다. 청중과 직접 라이브로 만날 수 있다는 이점을 이용하라. 단순히 그림 6.6a를 보여주는 것보다 한 번에 한두 개 구성 요소를 그래프로 만들어가는 방법을 고려하라. 보여주려는 것의 글머리가 붙은 목록을 단계별로 만들라. 자유롭게 마음껏 추정하라.

2단계: 데이터를 다운로드하고 각자 선택한 툴로 1단계에서 요약한 진행 과정을 만들라.

3단계: 회의 후에 운영 위원회가 시각화 자료를 원하리라 예상한다. 진행 과정을 그대로 공유하기보다 하나의 종합 그래프(혹은 슬라이드)를 만들기로 했다. 자료는 여러분이 공유한 내용을 다시 떠올리게 하는 동시에 회의에 참석하지 못한 사람에게도 훌륭한 자산이 된다. 각자 선택한 툴로 이런 니즈를 충족할 만한 시각화 자료를 만들어라.

해결 방안 6.6: 라이브와 스탠드얼론 스토리를 구분하라

1단계: 그래프를 하나씩 만들어가는 과정은 다음과 같다.

- x축 및 y축 제목과 라벨은 있지만 데이터 없이 **골격만 있는 그래프로 시작**하라. 그리고 청중을 위한 무대 장치로 활용하라.
- **목표**Goal **선을 추가**하고 어떻게 설정했는지에 대한 기존 정보를 공유하라.
- **외부 채용**External **선을 넣어라.** 1월에 첫 번째 점을 찍으면서 시작해 6월까지 쭉 데이터를 추가하고 이런 추세를 만든 기존 상황 정보를 설명할 계획을 세워라. 다음으로 선의 나머지를 넣고 관심을 끌어내길 원하는 특정 데이터를 강조하라.
- **내부 이동**Internal **선을 넣어라.** 외부 채용 선을 우선 뒤로 밀어 관심을 끌지 못하도록 하고 내부 이동 선을 비슷한 방식으로 만든 후 같은 방법으로 관심을 높이려면 강조할 계획을 세워라.

2단계: 다음은 내가 계획한 주석으로 설명한 단계를 어떻게 수행하는지 보여준다. 상세하게 설명하려고 상황 정보는 자유롭게 가정했다.

채용 시간에 대한 최근 데이터를 공유하는 시간을 가지려 한다. 여러분이 앞으로 채용 시간에 영향을 줄 수 있는 몇 가지 가능한 의사 결정에 대한 대화 체계를 구성할 수 있도록 이 데이터를 활용할 것이다.

데이터로 주의를 딴 데로 돌리기 전에 살펴볼 것이 무엇인지 정하고자 한다. 수직의 y축에는 공석을 채우는 시간[time to fill]을 넣겠다. 구인 시작부터 고용 성공까지 해당 월별로 채용에 쓴 평균 일수를 의미한다. x축에는 시간을 넣겠다. 2019년 데이터를 검토하고 있으므로 왼쪽에서 1월로 시작해 오른쪽으로 가면서 12월까지 넣을 것이다. (그림 6.6b)

그림 6.6b 골격만 있는 그래프(skeleton graph)

회사 전체 목표는 60일 안에 공석을 모두 채우는 것이다. (그림 6.6c)

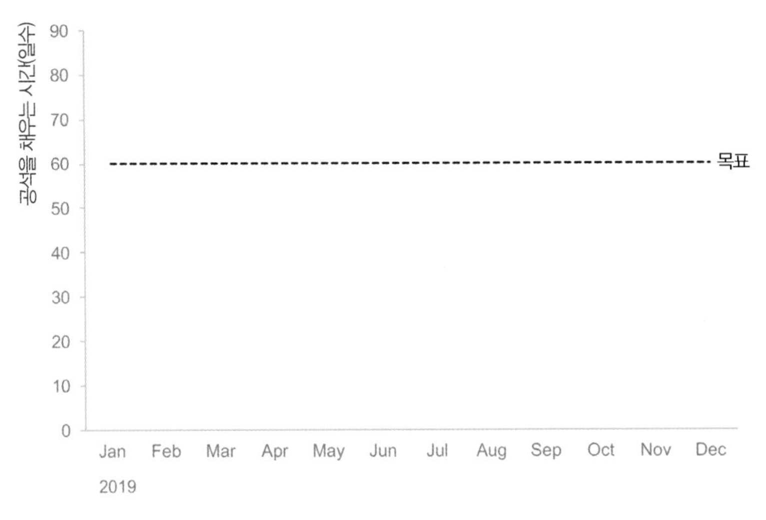

그림 6.6c 목표 추가

먼저 외부 채용부터 살펴보자. 1월에 채용을 위한 평균 시간은 45일이 조금 안 됐고 목표인 60일보다는 한참 아래였다. (그림 6.6d)

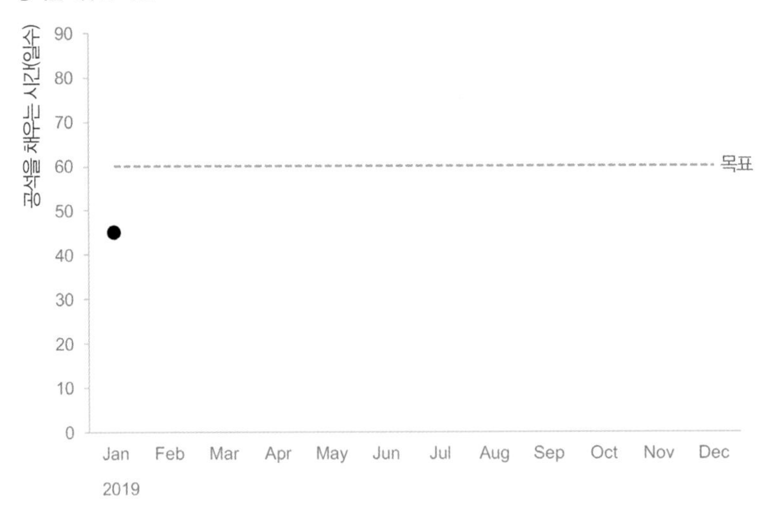

그림 6.6d 외부 채용 라인의 첫 번째 포인트

하지만 당해 연도 상반기까지 지속적으로 증가했다. 후보당 평균 인터뷰 수가 증가한 것과 일치한다. 예상한 대로 인터뷰가 많아질수록 채용 과정은 길어진다. 6월이 되자 목표치를 넘어서기 시작했고 공석을 채우는 평균 시간이 61일에 육박했다. (그림 6.6e)

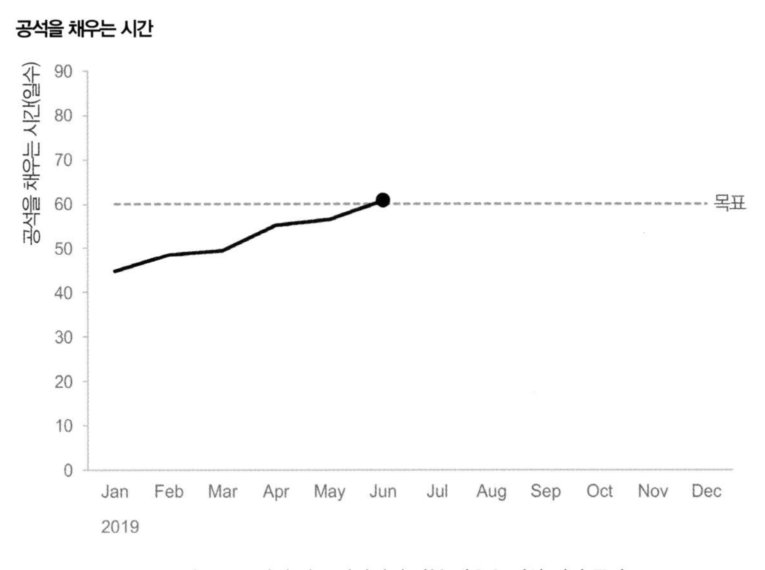

그림 6.6e 당해 연도 상반기에 외부 채용을 위한 시간 증가

외부 채용으로 공석을 채우는 월별 시간은 당해 연도 하반기로 갈수록 변화가 심해진다. 채용 시간이 적은 달, 즉 청색으로 표시한 포인트는 평균적으로 후보자당 인터뷰 수가 더 적었다. 인터뷰의 횟수 증가와 인터뷰 담당자의 휴가 일정이 해당 월의 목표치 초과 여부를 결정하는 것으로 보이고 이는 오렌지색 마커로 표시했다. (그림 6.6f)

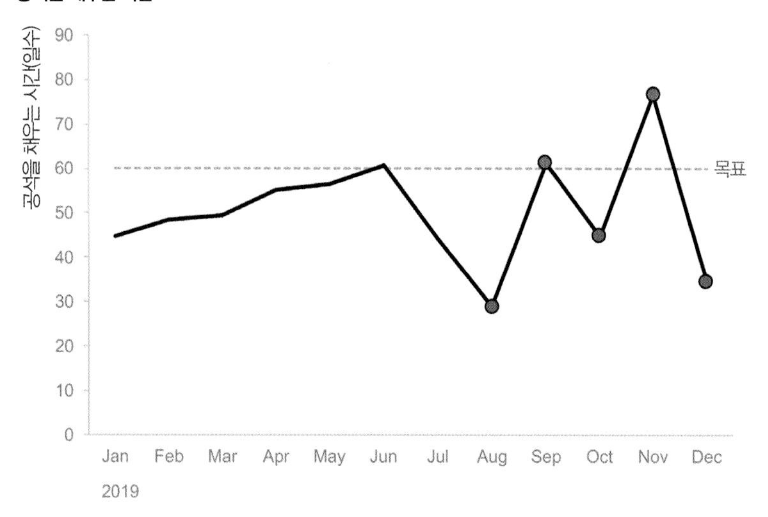

그림 6.6f 당해 연도 하반기에 외부 채용에 따른 공석을 채우는 시간 변화가 크다

이제 내부 이동에 따른 공석을 채우는 시간으로 이동해 보자. 내부에서 이동해 채워지는 공석을 의미한다. 채용하는 데 48일로 당해 연도 목표를 달성하면서 시작했다. (그림 6.6g)

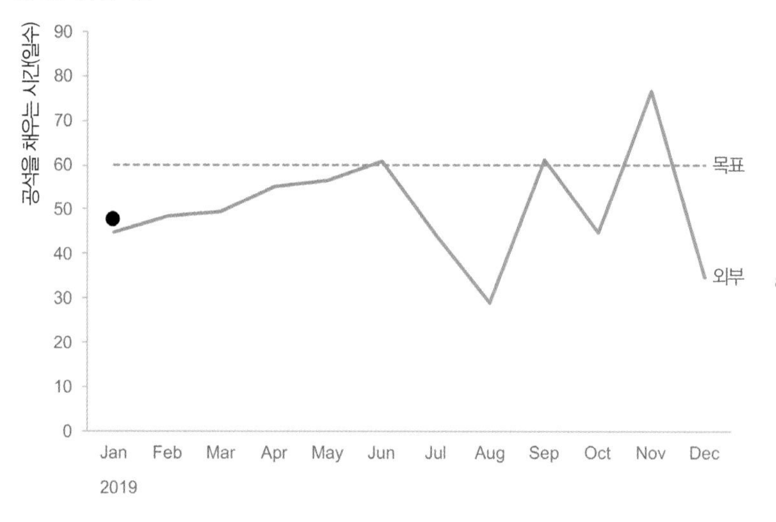

그림 6.6g 내부 고용 라인의 첫 번째 포인트 추가

내부 후보자로 공석을 채우는 시간이 점점 개선되면서 당해 연도 초기 몇 달간 감소하는 추세를 보인다. 3월과 4월에 내부 후보자로 공석을 채우는 시간은 3주 미만으로 괄목할 만큼 빠르다! (그림 6.6h)

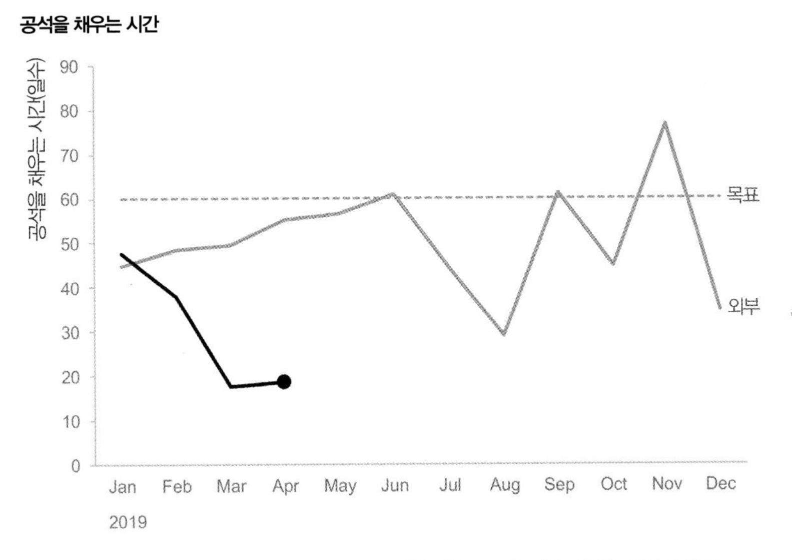

그림 6.6h 당해 연도 초기 몇 달간은 내부 이동으로 공석을 채우는 시간이 적다

5월이 되면 채용 시간이 증가하는데 이는 내부 이동 수 증가와 일치한다. 처리 과정이 더 많은 수의 이동을 효율적으로 취급할 수 없다는 점을 보여준다. (그림 6.6i)

공석을 채우는 시간

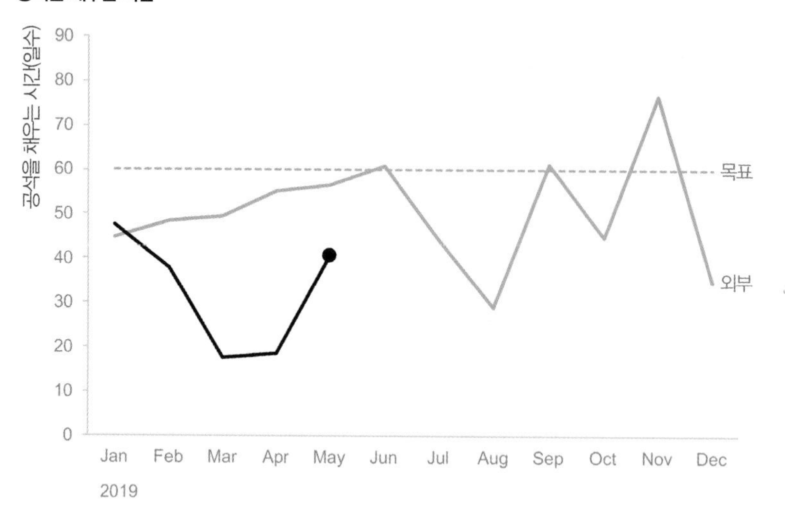

그림 6.6i 4월에서 5월로 넘어가면서 증가

5월 이후에는 약간 감소했다가 다시 증가했다. (그림 6.6j)

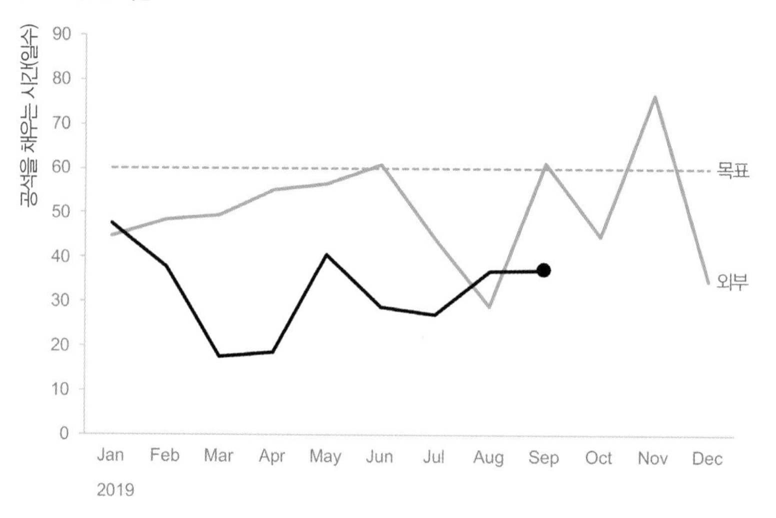

그림 6.6j 감소했다가 다시 증가

9월에서 11월에도 다시 한번 감소했다가 증가했다. (그림 6.6k)

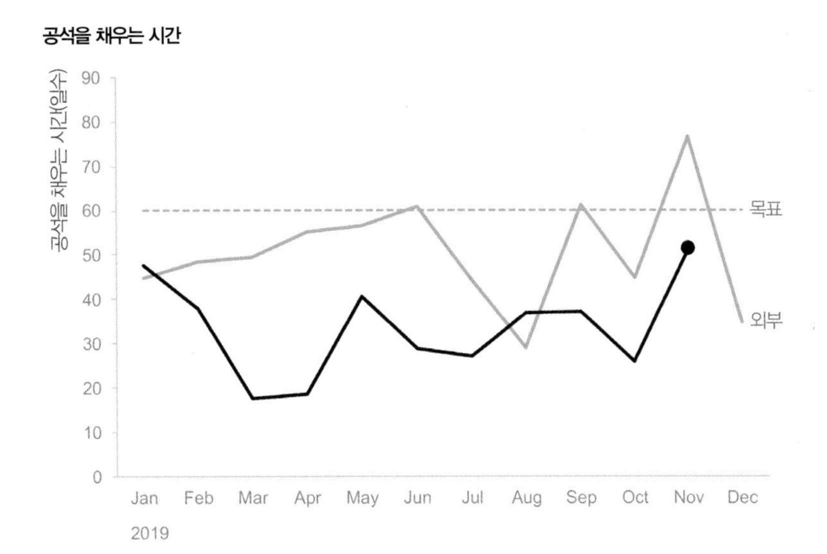

그림 6.6k 다시 한번 감소했다가 증가

11월에서 12월로 넘어가면서 감소하긴 했지만 내부 이동에 따른 공석을 채우는 시간이 12월에는 외부 채용보다 높았다. 월별 변이가 조금 있기는 하나 당해 연도 하반기에는 내부 채용으로 공석을 채우는 시간이 일반적으로 증가하는 경향을 보였다. (그림 6.6l)

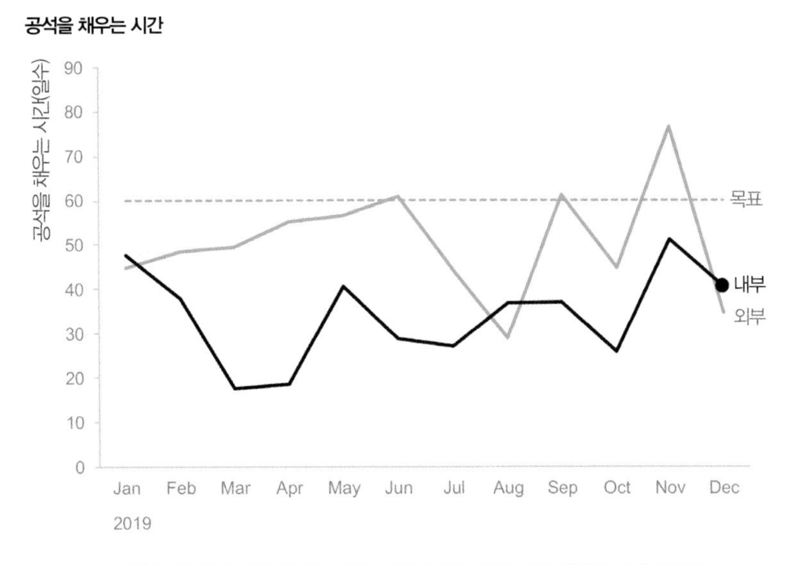

그림 6.6l 당해 연도 말에는 내부 이동이 외부 채용보다 시간이 오래 걸린다

전체 그림을 보고 요약해보자. 내부 이동 및 외부 채용으로 공석을 채우는 시간은 지난해 전체적으로 변화가 많았다. 둘 다 당해 연도 대부분에서 60일 목표를 채우기는 했지만 2019년 하반기로 갈수록 대체로 증가하는 경향을 보임을 알 수 있다. 인터뷰가 많아질수록 공석을 채우는 데 시간이 오래 걸린다는 것은 충분히 예상할 수 있는 일이다. 아울러 휴가 일정도 시간 지연에 한몫한다. 내부 이동은 후보자가 많아질수록 시간이 더 오래 걸렸다. 더 많은 업무를 제대로 수행하려면 절차적인 개선이 일부 필요하다는 것을 보여준다.

논의하자. 결과는 내년에 어떤 의미를 주는가? 변화를 주고 싶은 곳이 있는가? (그림 6.6m)

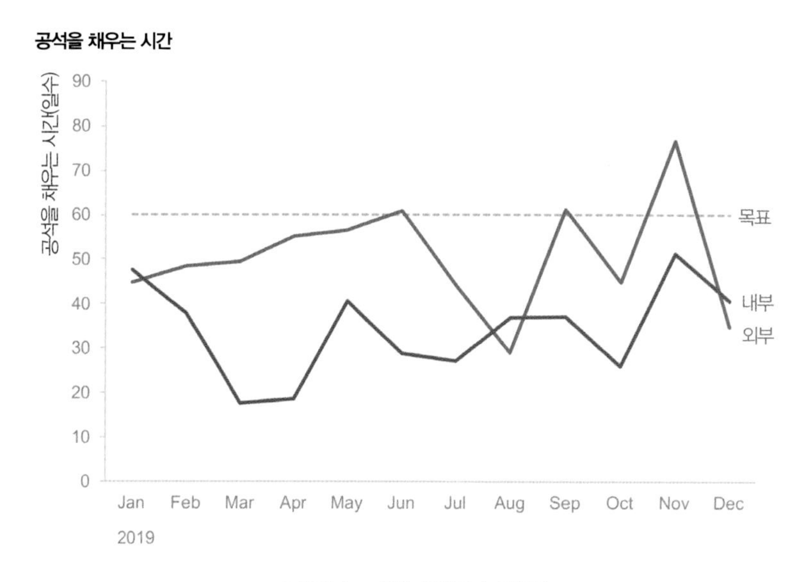

그림 6.6m 향후 영향을 논의하자

3단계: 2단계에서 설명한 과정을 주석을 충분히 단 다음의 시각화 자료로 요약하고자 한다. 그림 6.6n을 보라.

공석을 채우는 시간에 대한 논의 필요: 결과를 볼 때 어떤 방향으로 나아가야 하는가?

내부 이동 및 외부 채용으로 공석을 채우는 시간은 지난해 변화가 많았다. 기여 요인(인터뷰 수, 휴가 일정 및 현재 내부 이동량에 따른 제약 사항)을 고려해보면 **향후를 대비한 더 좋은 계획을 짜는 데 도움이 될 수 있다.**

공석을 채우는 시간

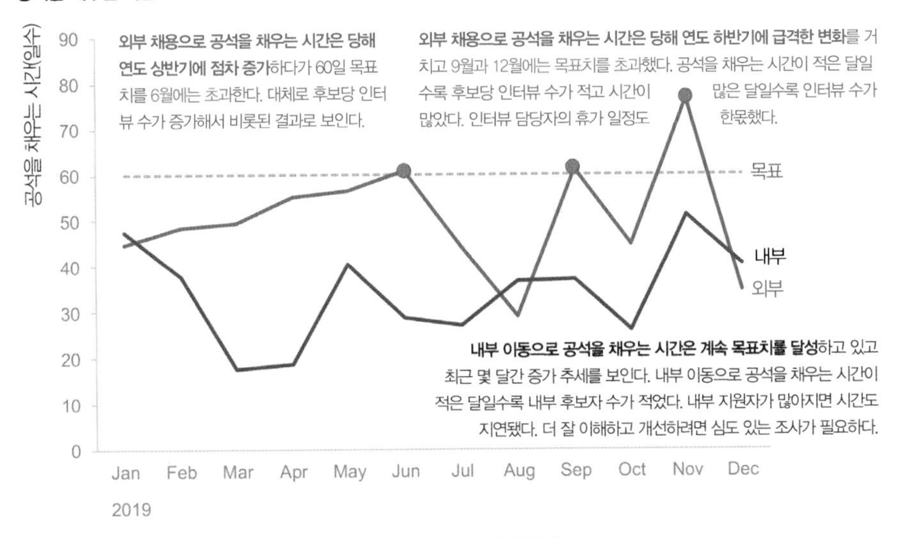

논의하자: 인터뷰 수의 최대치에 관해 더 엄격한 가이드라인을 세워야 할까?
휴가 일정이 채용 시간에 영향을 주지 않도록 하려면 어떻게 할 수 있을까? 더 많은 후보자를 더 잘 처리할 수 있도록 내부 이동 과정을 효율적으로 개선할 방법은 무엇인가?

그림 6.6n 주석이 충분히 달린 배포 자료

그림 6.6n을 보면 자료를 받은 청중들, 즉 회의에 참석하지 못했거나 다루는 내용을 상기해야 하는 사람들은 라이브 세팅에서 진행한 것과 비슷한 스토리를 읽을 수 있다.

주석이 충분히 달린 슬라이드 한두 장을 함께 제시하면서 라이브 회의나 프레젠테이션에서 하나씩 쌓아가며 접근하는 방법이 데이터 스토리를 효과적으로 이야기하고자 하는 여러분의 니즈를 얼마나 충족시킬 수 있는지 고려하라.

연습 문제 6.7: 대시보드에서 스토리로의 이행

『데이터 스토리텔링』 1장에서 탐색적exploratory 분석과 설명적explanatory 분석의 차이를 구분했다. 간단히 말해 탐색적 분석은 데이터를 어떻게 이해하느냐이고, 설명적 분석은 데이터를 다른 사람과 어떻게 의사소통하느냐이다.

개인적인 생각으로 대시보드는 '탐색' 과정에서 유용한 도구다. 정기적으로(주별, 월별, 혹은 분기별) 검토해야 하는 데이터가 있고 이것이 기대치와 일치하는지 확인한다. 대시보드는 예상치 못한 일이나 흥미로운 일이 있는지 파악하는 데 도움을 줄 수 있다. 하지만 일단 흥미로운 것을 발견하고 의사소통하고자 할 때는 대시보드에서 데이터를 '가져와' 우리가 다뤘던 다양한 수업 내용을 적용해야 한다.

대시보드 사례를 하나 보고 탐색적 대시보드에서 설명적 스토리로 어떻게 옮겨갈 수 있는지 연습하자. 그림 6.7a는 프로젝트 대시보드를 보여준다. 다양한 카테고리(지역별, 부서별)에 따른 요구량demand과 수용량capacity의 분석 결과를 보게 된다. 대시보드에 있는 그래프의 측정 단위는 프로젝트 시간이다.

이런 종류의 데이터는 연습 문제 2.3과 2.4에서 이미 접했기 때문에 익숙할 것이다. 그림 6.7a를 찬찬히 보고 나서 다음 단계를 완성하라.

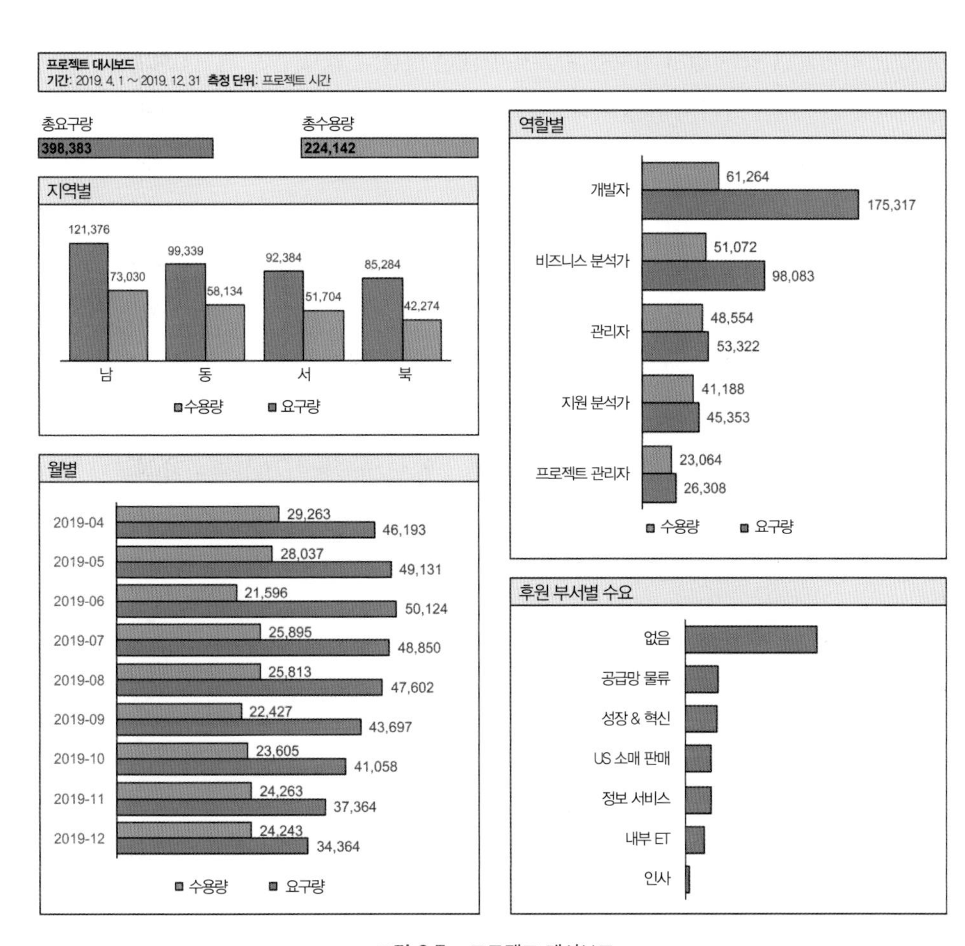

그림 6.7a 프로젝트 대시보드

1단계: 문구로 말하는 연습으로 시작하자. 그림 6.7a에서 대시보드 내 각 구성 요소의 중요 사항을 설명하는 문장을 써라.

2단계: 모든 데이터가 필요한가? 데이터를 탐색하려고 범위별로 나눈 프로젝트 시간을 보는 것이 중요할지도 모르지만, 청중에게 의사소통한다는 측면에서는 모든 데이터가 똑같이 흥미롭지는 않다. 데이터로 스토리를 말할 필요가 있다고 상상해보자. 대시보드의 어느 부분에 초점을 맞추고 어느 부분을 빼야 할까?

3단계: 2단계에서 포함하기로 선택한 구성 요소로 시각적 스토리를 만들라. 연습 문제의 목적에 맞게 필요한 추정을 하라. 데이터를 어떻게 보여줄 것인가? 문구를 어떻게 통합할 것인가? 라이브로 할 것인지 정보를 자료로 보내는 형태로 할 것인지 결정하라. 각자 선택한 시나리오에 대한 접근 방법을 최적화하라.

해결 방안 6.7: 대시보드에서 스토리로 이행

1단계: 대시보드 내 다양한 구성 요소의 주요 핵심 사항을 다음과 같이 요약했다.

- **상단에 통계 요약.** 2019년 4월 1일에서 12월 31일까지의 기간 동안 요구량이 수용량을 많이 초과한다.
- **지역별:** 모든 지역을 통틀어 대략 비슷한 규모로 요구량이 수용량을 초과한다.
- **월별:** 수용량과 요구량의 차이는 6월에 가장 크고 대체로 이사분기와 사사분기에 매우 높으며 당해 연도 하반기에는 좁혀진다.
- **역할별:** 개발자 대부분에서 요구량이 수용량을 초과한다. 또한 수용량과 요구량의 차이는 비즈니스 분석가에서 높다.
- **후원 부서별:** 요구량의 출처와 관련한 데이터를 많이 놓쳤다. 혹시 모든 프로젝트에 후원 부서가 없는 것일까?

2단계: 포함하고 싶지 않은 내용을 없애면서 시작하려 한다. 너무 변화가 없거나 데이터를 누락한 지점은 확실히 생략해야 한다(우리의 기대를 벗어나지 않는다면 흥미로울 수 있는 부분이다). 단 하나의 옳은 답만 있는 것은 아니다. 많은 상황 정보를 알 수 없기에 수많은 추정을 해야 한다. 실제로 여러분은 이런 상황 정보를 스스로 쌓아나가서 데이터 스토리를 만들 때 노력을 기울여야 하는 곳, 관련성이 있는 것, 그리고 어떤 데이터를 포함하거나 생략해야 하는지에 대해 현명한 선택을 하고 싶을 것이다.

시간에 따라 그리고 역할별로 흥미로운 내용이 있어서 여기에 관심을 집중한다. 데이터가 보여주는 변화 측면에서 시간에 따라 감소하는 차이와 역할별 수용량 및 요구량 간 차이를 더 분명히 설명하는 데 초점을 맞추고자 한다. 데이터 주변에 더 많은 문구를 넣는다. 보고 있는 것을 명확히 하는 동시에 청중이 스토리를 따라 함께 갈 수 있도록 돕는다.

3단계: 이는 연말 업데이트의 일부이며 정보는 청중에게 자료로 보내지리라 예상한다. 그림 6.7b는 집중하려고 선택한 정보를 하나의 슬라이드에 어떻게 넣는지 설명한다(설명을 위해 상상한 상황 정보도 포함해서).

요구량을 충족시키는 쪽으로 지속적 진행 기대

시간별: 차이 감소, 그러나 지속되는 경향

연말에 요구량이 수용량을 계속 초과한다.
2019년에 요구량과 수용량의 차이를 급격하게 줄였다. 이는 주로 현재 팀의 구조와 경쟁 우위를 볼 때 가능성 없는 의뢰 프로젝트의 적체(backlog)를 해소해 이뤘다.

역할별: 두 영역에서 가장 큰 차이

요구량이 수용량을 가장 크게 초과한 영역은 개발자와 비즈니스 분석가다.
수립된 역할들의 채용 목표로 시간에 따른 전체 차이는 계속 감소할 것으로 예상된다. 우리는 계속해서 모니터하고 보고할 것이다.

시간에 따른 요구량 vs. 수용량
수용량 | 미충족된 요구량

프로젝트 시간
60,000
50,000
40,000
30,000
20,000
10,000
0
APR 2019 MAY JUN JUL AUG SEP OCT NOV DEC

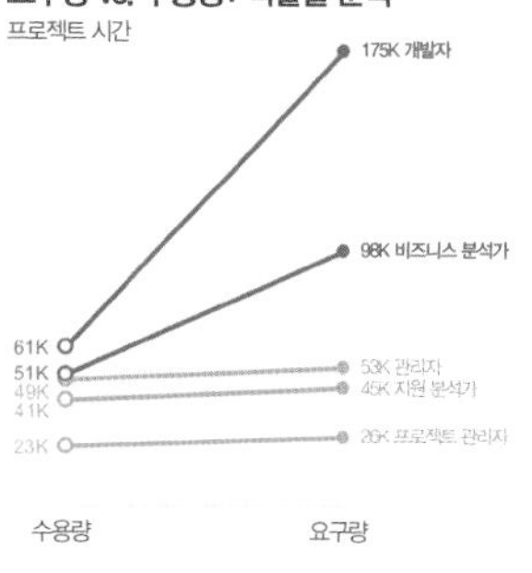

그림 6.7b 하나의 슬라이드에 담긴 스토리

그림 6.7b에서 의사결정 사항 몇 가지를 논의하자. 미래에 대한 기대치를 설정하려고 데이터 위쪽 상단에 중요 사항이 담긴 제목을 넣었다. 자료로 전달할 스토리는 양쪽에 걸쳐 배치했다. 이런 접근 방법은 다른 사례로도 보게 될 것이다. 여러 개의 시각화 자료를 슬라이드 하나에 넣고자 할 때 주로 쓰는 구조이기 때문이다. 시각화 자료 두 개란 하나의 그래프보다 더 많은 것을 보여줘야 할 때 상당히 매력적인 숫자다. 그래프를 읽기에 충분한 크기로 만들 수 있고 텍스트로 상황 정보를 전달할 공간도 확보할 수 있기 때문이다(자료가 이보다 많으면 슬라이드를 여러 장으로 나누라고 권한다).

위 사례에서 왼편은 (색과 문구로) 시간에 따른 차이가 감소하는 것에 초점을 맞추고 있다. 연습 문제 2.4에서 확인한 다양한 반복 작업 가운데 누적 막대형을 선택했다. 수용량과 요구량을 보여주면서 미충족된 요구량에 관심을 끌 수 있는 형태를 선호하기 때문이다. 오른편에서는 경사 그래프로 역할별 분석 결과를 나타냈다. 데이터에 대한 이런 관점은 색과 문구를 전략적으로 잘 사용해 개발자와 비즈니스 분석가에게 명확히 초점을 맞출 수 있도록 한다.

시나리오에서 설명의 목적으로 몇 가지 구체적인 사항을 추정했다. 구체적인 실행 방안보다는 참조 정보로 더 많은 것을 넣었다. 하지만 세부 사항을 달리 하면 어떤 사안을 더 두드러지게 만들 수 있다. 거쳐야 할 단계를 노트하라. 그래프를 문구로 나타내고 초점을 맞출 것과 생략할 것을 고려하고, 색과 문구를 이용해 데이터를 효과적이고 세심하게 그래프로 만들면 탐색적 대시보드를 설명적 데이터 스토리로 옮기는 데 도움이 된다.

스스로 연습하기

스토리로 편하게 의사소통하려면 연습해야 한다. 청중의 관심을 끌고 신뢰를 쌓으며 행동을 격려하는 것을 도우려고 몇 가지 실제 시나리오에서 긴장 상태를 파악한 후 기승전결 구조가 있는 추가 연습 문제를 풀어보자.

연습 문제 6.8: 긴장 상태를 파악하라

논의한 바와 같이 긴장 상태는 스토리의 주요한 구성 요소다. 연습 문제 6.3에서 긴장 상태를 파악하고 상응하는 해결 조치를 연습했다. 여기에 스스로 연습할 기회가 더 있다.

다음의 각 시나리오를 읽어보라(어떤 것은 어디에선가 본 적이 있어 익숙할 것이다). **각각에서 긴장 상태를 먼저 파악한 다음 파악한 긴장 상태를 해결하려고 청중이 취할 수 있는 행동을 확인하라.**

시나리오 1: 여러분은 전국 조직 소매상의 재무 담당 최고 책임자Chief Financial Officer다. 재무 분석가로 구성된 여러분의 팀이 방금 일사분기 검토를 마쳤다. 운영 비용과 판매량이 최근 결과와 같다면 회계 연도가 끝날 즈음에 회사는 4,500만 달러의 손실을 볼 것이다. 최근 경기 침체로 판매량 증가는 어려울 것으로 보인다. 예상 손실을 줄이려면 운영 비용을 줄이는 방법밖에 없고 경영층이 비용 관리 정책('비용관리계획 ABC')을 바로 수행해야 한다고 판단했다. 다가오는 이사회 회의에서 일사분기 결과를 보고할 계획이며 이때 권고 사항을 이사회에 제시하려고 PPT 자료를 활용해 재무 성과 요약을 포함한 의사소통을 준비하고 있다.

시나리오 2: 이번에는 지역 의료 그룹에서 일한다고 상상해보자. 여러분과 몇몇 동료는 공급 업체 A, B, C 및 D의 XYZ 제품에 대한 평가를 방금 마쳤다. 데이터가 보여주는 바로는 이제까지 의료 시설별로 다양하게 이용했고 공급 업체 B와 D를 이용(일부만 공급 업체 A와 C를 예전부터 이용)했다. 또한 만족도는 공급 업체 B가 전반적으로 가장 높았다. 모든 데이터를 분석해보니 하나 혹은 두 개 공급 업체와 계약하면 비용이 크게 절약된다는 결과가 나왔다. 하지만 어느 하나를 선택해도 일부 의료 센터에서는 예전부터 이용해온 공급 업체

조합에 변화를 줘야 한다는 것을 의미한다. 여러분은 위원회에 제안할 준비를 하는 중이고 다수결 원칙에 따라 의사 결정이 될 것이다.

시나리오 3: 크레이브베리 요거트는 여러분이 근무하는 식품 제조 회사에서 출시 준비 중인 신제품이다. 여러분이 소속된 제품팀은 소비자 감성consumer sentiment의 최종 평가를 위해 미각 시험을 한 번 더 하기로 했다. 미각 시험 결과를 분석해보니 두 가지 사소한 변경이 필요하다. 시장에서 소비자 반응consumer reception을 고려할 때 주요한 영향을 줄 수 있다고 판단한 내용이다. 제품 책임자와 회의를 할 예정이고 제품 책임자는 변경할 시간을 확보하려고 출시를 늦출 것인지 아니면 지금 그대로 크레이브베리를 시장에 내놓을 것인지 결정해야 한다.

연습 문제 6.9: 선형 경로에서 기승전결 구조로 옮겨가라

스토리의 잠재적 구성 요소를 기승전결 구조에 따라 배치하기 전에 선형적인 관점에서 시작하는 것이 도움이 될 때가 있다. 실제로 시간 순서에 따른 경로가 비즈니스 프레젠테이션의 기본일 때가 많다. 가장 자연스럽게 와닿는 순서라는 관점에서 설득력이 있다. 처음에 설정한 질문부터 해결까지 쭉 흘러가 예상되는 결과 혹은 행동 과정까지 가는 것이 일반적인 경로이기 때문이다.

하지만 선형 혹은 시간 순서에 따른 경로는 청중이 받아들이기에 항상 가장 좋은 경로는 아니다. 청중을 잘 이끌려면 정보를 어떻게 조직화해야 하는지 고민해야 한다. 기승전결 구조의 관점에서 다시 생각하는 것이 하나의 방법일 수 있다. 1장에서 논의한 대학 선거 관련 선형 스토리보드를 살펴보고 기승전결 구조를 이용해 가능한 의사소통 경로를 재구성하는 연습을 해보자.

이제 막 대학교 4학년이 돼 총학생회 일을 한다고 가정하자. 총학생회 목표는 교수 및 학교 행정부에 학생을 대표하고 각 학부의 과별 대표자를 선출해 긍정적인 학교생활을 만드는 데 있다. 지난 3년간 총학생회 일을 했고 다가오는 올해 선거 준비에 참여 중이다. 지난해 선거 투표율은 이전 해보다 30% 감소했고 학생들과 총학생회 간 유대 관계가 약해졌다는 것을 의미한다. 여러분과 총학생회 임원들이 다른 대학의 좋은 사례를 검토한 결과 변화에 효과적인 총학생회가 있는 대학의 투표율이 높은 것을 알게 됐다. 여러분은 홍보 캠페인을 펼쳐 학생들에게 총학생회 미션을 지속적으로 알린다면 올해 선거 투표율이 상승할 것으로 예상한다. 총학생회장과 재무 위원회와 회의를 열어 권고 사항을 발표할 예정이다.

최종 목표는 학생들이 선거에서 투표해야 하는 이유를 알릴 홍보 캠페인에 1,000달러의 예산을 확보하는 데 있다. 결국 총학생회 회원들이 스토리보드를 만들었다(그림 6.9). 아래 스토리보드를 살펴본 후 다음 단계를 완성하라.

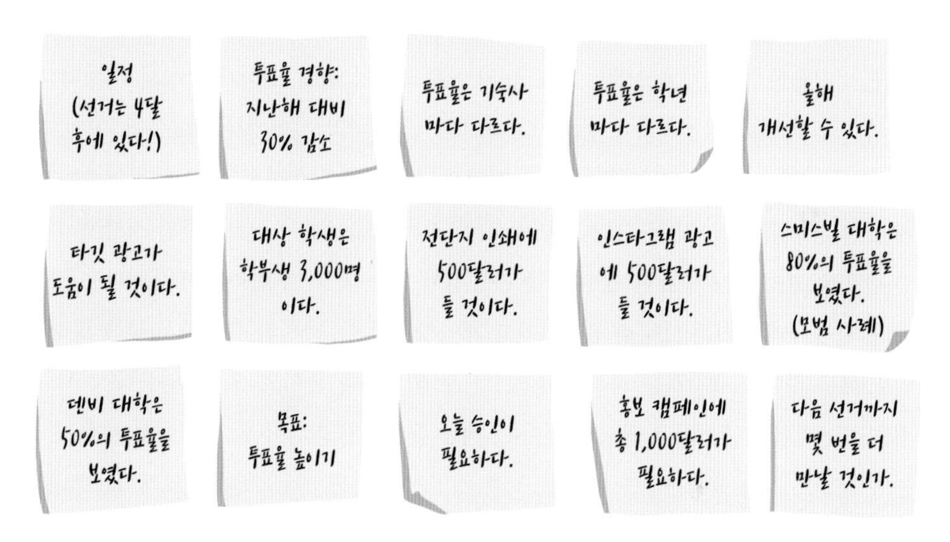

그림 6.9 대학 선거 동료의 스토리보드

1단계: 그림 6.9에 있는 스토리보드의 포스트잇을 검토하고 기승전결 구조의 구성 요소에 따라 어떻게 배열할지 정하라. 기승전결 구조의 각 단계, 즉 플롯, 전개, 절정, 하강 그리고 결말에 어떤 핵심 사항이 들어가야 하는지 상세하게 목록으로 만들라(기존 스토리보드에 있는 아이디어를 모두 쓸 필요는 없다).

2단계: 1단계에서 윤곽을 잡은 핵심을 포스트잇에 쓰고 기승전결 구조에 맞게 배열하라. 필요에 따라 추정하면서 스토리 구성 요소를 계속 재배열, 추가, 제거, 변경하라.

3단계: 실제로 기승전결 구조에 따라 아이디어를 배치하는 과정이 접근 방법에 변화를 주는가? 진행 과정과 배운 점을 한두 단락으로 적어라. 앞으로 적용을 구상할 수 있는 전략인가? 왜 그런가 혹은 왜 아닌가?

연습 문제 6.10: 기승전결 구조를 만들라

다시 기승전결 구조를 이용해보자. 이번에는 스토리보딩 단계는 뛰어넘고 긴장 상태를 파악하는 연습의 일부였던 연습 문제 6.8의 사례를 활용해 시나리오에서 바로 스토리 구조를 만들어본다. 다음을 읽고 기억을 되살린 후 이어지는 단계를 완성하라.

크레이브베리는 여러분이 근무하는 식품 제조 회사가 출시를 준비 중인 신규 요거트 제품이다. 여러분이 소속된 제품팀은 제품을 시장에 내놓기 전에 소비자 감성의 마지막 평가 결과를 얻으려고 미각 시험을 한 번 더 하기로 했다. 미각 시험에서는 달콤함, 크기, 과일양, 요거트양, 농밀함thickness 등 다양한 영역에서 참가자가 좋아하는 것과 싫어하는 것이 무엇인지에 대한 데이터를 모았다. 미각 시험 결과를 분석했고 사소하지만 시장에서 소비자 반응을 고려할 때 주요한 영향을 줄 가능성이 있는 몇 가지 변화가 필요하다는 것을 알았다. 달콤함과 크기는 그대로 유지하라고 제안할 것이다. 하지만 제품이 너무 농밀하고 과일도 너무 많다고 생각하는 사람들이 있으므로 과일양을 줄이고 요거트양을 늘려서 전체적으로 농밀함을 줄이라고 권고할 것이다. 제품 책임자와 회의를 할 예정이고 제품 책임자는 변경할 시간을 확보하려고 출시를 늦출 것인지 아니면 지금 그대로 크레이브베리를 시장에 내놓을 것인지 결정해야 한다.

1단계: 포스트잇 몇 장을 가져와 크레이브베리 스토리에 속한다고 생각하는 구성 요소(목록)를 적어보자.

2단계: 작성한 포스트잇을 기승전결 구조로 배열한 후 다양한 아이디어가 구성 요소, 즉 플롯, 전개, 절정, 하강, 결말 중 어디에 해당하는지 배치하라. 여러분의 니즈를 충족하려면 연습 문제의 목적에 맞게 추정하면서 얼마든지 추가, 제거, 혹은 변경하라.

3단계: 연습 문제 6.9에서 했던 것과 이번 과정을 비교하라. 기승전결 구조에 따라 데이터 스토리의 구성 요소를 계획할 때 스토리보드로 시작하기가 더 쉬운가 아니면 백지상태blank slate에서 시작하기가 더 쉬운가? 결과적으로 미래에 수행할 기획 과정에 어떤 영향을 주는가? 관찰한 것과 배운 점을 한두 개 단락으로 요약해 적어라.

연습 문제 6.11: 보고서에서 스토리로 발전시켜라

대시보드와 정기 보고서(주별, 월별, 분기별)는 데이터를 탐색하고, 무엇이 흥미로운지, 강조할 가치가 있는지 혹은 나중에 더 깊이 살펴봐야 하는지를 이해하는 하나의 방법으로 활용할 수 있다. 또한 최종 이용자에게 보고서를 공유하는 셀프서비스식의 관점은 매우 큰 가치를 지닐 수 있다. 많은 개별 질문의 답변에 이용할 수 있고 더 흥미로운 분석에 필요한 시간도 벌 수 있다.

하지만 정말로 한 걸음 더 나아가 초점을 맞춰야 할 것이 무엇이고 공유한 정보로 무슨 일을 해야 하는지 청중에게 명확히 제시해야 할 때조차 대시보드나 보고서를 탐색 목적으로 공유하곤 한다.

그림 6.11은 티켓 판매량과 관련 측정치에 대한 월별 보고서 중 한 페이지를 보여준다. 다음 단계를 완성하라.

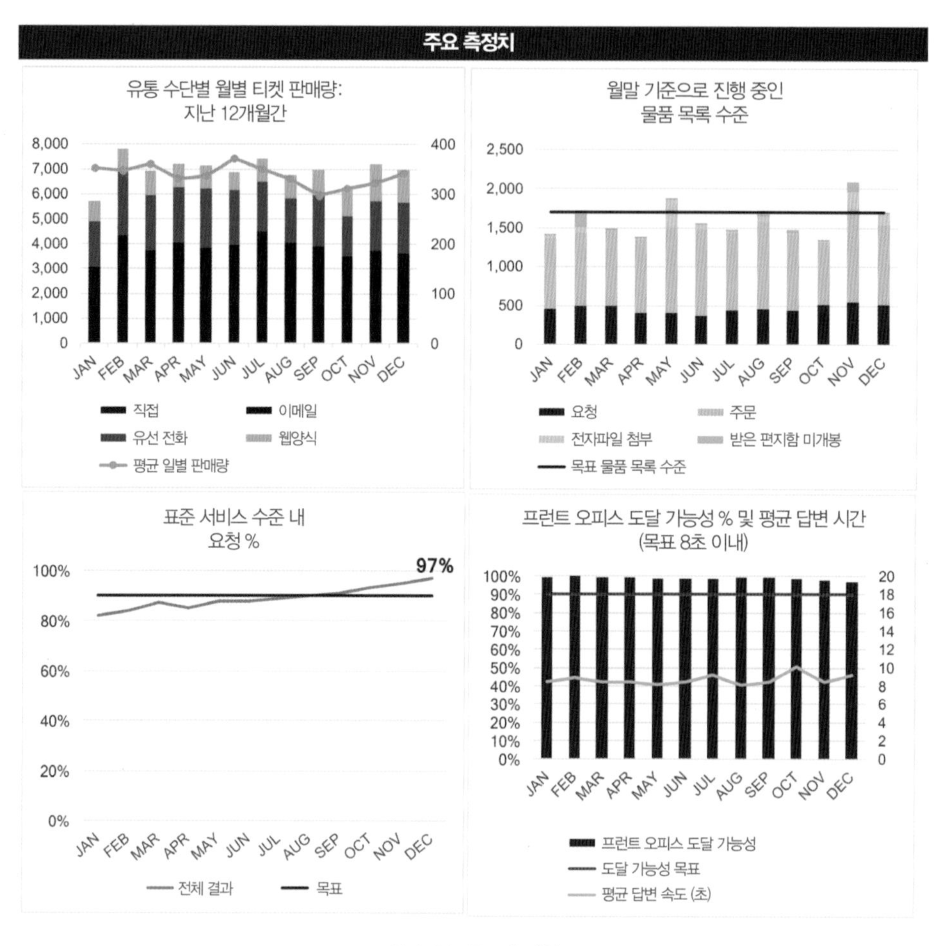

그림 6.11 주요 측정치

1단계: 문구로 나타내는 연습으로 시작해보자. 그림 6.11에 있는 보고서의 그래프별로 중요 사항을 한 문장씩 적어라.

2단계: 모든 데이터가 필요한가? 데이터를 탐색하는 과정이라면 모든 것이 중요할 수 있지만 청중과 의사소통할 때는 모든 데이터가 똑같이 흥미롭지는 않다. 데이터로 스토리를 말할 필요가 있다고 상상하라. 보고서의 어떤 부분에 초점을 맞춰야 하고 (필요하면) 어떤 부분을 빼야 하는가?

3단계: 데이터를 다운로드해 2단계에서 포함하기로 한 구성 요소로 시각적 스토리를 담을 그래프나 슬라이드(혹은 둘 다)를 만들라. 데이터를 어떻게 보여줄 것인가? 문구를 어떻게 통합할 것인가? 여러분 마음에 드는 시각화 자료를 만들라. 이것을 라이브로 프레젠테이션할지 정보를 자료로 보낼지 정하라. 연습 문제의 목적에 맞게 필요한 추정을 하면서 선택한 시나리오에 대한 접근 방법을 최적화하라.

직장에서 연습하기

청중에게 데이터 스토리를 전달하는 데 도움을 줄 수 있는 세 가지 타깃 연습 문제, 즉 여러분의 메시지를 반복 가능한 방법으로 분명히 설명하는 것, '무슨 스토리인가?'라는 질문에 답하는 것, 그리고 기승전결 구조에 영향을 주는 것을 수행한다. 프로젝트를 파악하고 시작해보자!

연습 문제 6.12: 간결하고 반복 가능한 문장을 만들라

반복은 단기 메모리를 장기 메모리로 넘어가게 하는 다리 역할을 한다. 주요 포인트를 간결하고 반복 가능한 문장으로 명확하게 설명해 데이터로 의사소통하는 데 이용할 실제 문구로 활용할 수 있다.

설명하는 목적으로 데이터로 의사소통하려면 작업 중인 프로젝트를 파악하라. 빅 아이디어를 만들었는가? 아직 만들지 못했다면 연습 문제 1.20으로 돌아가서 완성하라. 다음으로 빅 아이디어를 간결하고 반복 가능한 문장으로 바꿔라. 의사소통할 때 목표를 명확하게 하는 데 도움이 되고 또한 실제 자료에 포함할 수 있어 청중이 더 잘 기억하도록 돕는다. 간결하고 반복 가능한 문장은 짧고 기억하기 쉬우며 두운alliteration으로 포함할 수도 있다. 굳이 매력적일 필요는 없지만 기억에 남을 필요는 있다. (사례를 원한다면 연습 문제 및 해결 방안 7.4와 7.6에서 적용한 아이디어를 연습하고 알아갈 기회를 가질 수 있다.)

라이브 프레젠테이션에서 간결하고 반복 가능한 문장으로 시작할 수 있다. 결론을 낼 수도 있고 프레젠테이션 과정 중에서 다양한 방법으로 엮어 만들 수도 있다. 청중이 방을 떠날 때까지 그 말을 몇 번이나 듣게 한다. 말하자면 청중이 더 잘 기억하고 '반복할 수 있게' 된다는 것을 의미한다.

자료를 주변에 보낸다면(라이브로 프레젠테이션하지 않는다면) 간결하고 반복 가능한 문장은 문구로 표현한다. 문구는 자료의 제목이나 보조 제목에 넣기 쉽다. 아니면 중요한 슬라이드의 중요 사항 제목으로 활용할 수 있다. 청중이 보는 마지막 슬라이드에 삽입할 수도 있다. 일부 상황에서는 이런 아이디어를 조합하는 것이 적절하다. 말로 하든 글로 하든 문구에 어떻게 반복을 활용할 것인지 고민해서 주요 포인트를 명확하고 기억하기 쉽게 하라.

다음에 데이터로 의사소통할 때 간결하고 반복 가능한 문장을 어떻게 활용할 수 있을지 고민하라.

연습 문제 6.13: 무슨 스토리인가?

데이터를 보면 스스로에게 그리고 서로에게 이런 종류의 질문을 하게 된다. 무슨 스토리인가? 이를 곰곰이 생각할 때 보통 스토리가 아니라 주요 핵심 사항이나 포인트를 이해하려고 애쓰게 된다. 확실히 "그래서 뭐가 어떻다는 건데?"라는 질문에 답하는 것은 언제든 설명하는 목적을 위해 데이터로 의사소통할 때면 으레 나오는 '스토리'의 가장 '최소' 수준이다. 우리는 청중이 스토리를 스스로 이해하게 방치할 때가 너무 많다. 결과적으로 일이 잘되게 하고 이해를 높일 기회를 놓치게 된다.

예전에는 데이터 의사소통과 관련해 스토리를 생각하는 방법을 두 가지 형태로 구분했다. 하나는 '소문자 s로 시작하는 스토리story'이고 또 하나는 '대문자 S로 시작하는 스토리Story'다. 직장에서 활용하는 방법과 생각하는 방법에 대한 팁을 포함해 각각을 논의하자.

'소문자 s'로 시작하는 스토리story

여러분이 만드는 모든 그래프와 슬라이드에 대해 스스로 물어보라. "주요 포인트가 무엇인가?" 연습 문제 6.2, 6.7, 6.11, 7.5, 7.6에서 연습한 대로 문구로 나타내라. 일단 여러분의 요점을 분명히 설명하고 나면 청중에게 해당 요점을 명확하게 하는 계획적인 단계를 진행하라. 청중의 기대치를 설정하려면 중요 사항을 슬라이드나 그래프 제목으로 넣어라(이 연습 혹은 추가 연습이 무엇인지 되살리려면 연습 문제 6.1과 6.7로 돌아가라). 4장에서 연습한 대로 주의를 집중시켜라. 말로 이야기하든 페이지에 실제로 쓰든 문구를 사용해 청중이 무엇을 봐야 하고 문구가 무엇을 의미하는지 설명하라.

청중이 "그래서 뭐가 어떻다는 건데?"라며 헤매게 두지 말고 해당 질문에 명확히 답하라!

'대문자 S'로 시작하는 스토리Story

주요 핵심 사항을 명확하게 설명하는 것은 올바른 방향으로 나아가는 단계다. 그러나 적용할 수 있는 다른 수준의 스토리도 있다. '대문자 S로 시작하는' 스토리Story다. 해당 스토리는 전통적 의미의 스토리다. 플롯으로 시작해 긴장 상태에 들어간다. 긴장 상태는 다시 절정의 순간까지 간다. 이후 하강이 이어지고 마침내 결말에 도달하게 된다. 잘된 스토리는 관심을 끌어내고 생각하게 하고 되새기게 하며 이야기하게 할 수 있다. 우리는 데이터로 의사소통할 때 스토리Story를 전략적으로 이용할 수 있다.

스토리Story를 체계화하는 데 권하는 도구는 기승전결 구조다. 데이터 스토리를 기승전결 형태로 인식할 때 두 가지 일을 해야 한다. 우선 상승효과를 주려면 긴장 상태를 만들어야 한다. 기억을 되살려보면 우리를 위한 것이 아니라 청중을 위해 존재하는 긴장 상태다. 긴장 상태를 지어내는 것은 아니다. 긴장 상태가 없다면 애당초 의사소통할 것도 없을 거다. 또한 기승전결 관점에서 우리 경로를 바라보면 하나의 아이디어나 구성 요소가 다음과 어떻게 연관되는지 생각하게 된다. 이런 점은 내용을 선형으로 배열할 때는 간과하기 쉬운 것으로 흐름을 부드럽게 가져가려면 덧붙여야 할 내용이나 과도기가 필요한지 파악하게 된다. 기승전결 구조는 청중에게 주는 경로를 어쨌든 생각하게 한다. 아마도 가장 중요한 것은 기승전결 구조가 단순히 선형의 스토리보드 작업을 했다면 불가능했을 청중의 관점을 생각하게 한다는 것이다. 비즈니스 환경에서 전형적으로 의사소통하는 방법에서 벗어나 기승전결 구조와 스토리Story를 이용하는 것으로 옮겨갈 때 일어나는 가장 중요한 전환이다. 스토리Story를 이용해 우리 스스로에서 벗어나 청중을 위해 해야 할 일을 비판적으로 생각해야 한다.

다음에 여러분이 데이터로 의사소통하려 할 때 소문자 's'로 시작하는 스토리와 대문자 'S'로 시작하는 스토리를 어떻게 활용할 수 있을지 생각하라. 후자라면, 다음 연습 문제에서 기승전결 구조를 활용한 구체적 단계가 더 많다는 것을 알게 된다.

연습 문제 6.14: 기승전결 구조를 적용하라

책, 영화, 연극에서 마주치는 스토리는 대체로 기승전결 구조를 따른다. 데이터로 스토리를 말할 때도 마찬가지다. 기승전결 구조를 장점으로 활용할 수 있다.

그림 6.14는 일반적인 기승전결 구조를 나타낸다.

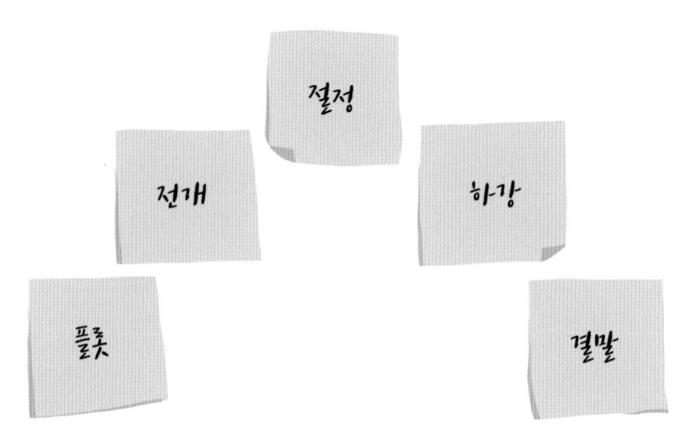

그림 6.14 기승전결 구조

데이터로 의사소통할 때 활용할 수 있는 몇 가지 관련 사상 및 질문 사항과 함께 기승전결 구조의 각 구성 요소를 살펴보자.

- **플롯**: 여러분이 청중에게 요청할 것에 적합한 마음가짐을 지닐 수 있도록 청중이 알아야 할 필요가 있는 것은 무엇인가? 사람들이 같은 가정이나 상황에 대한 이해를 기반으로 일하고 있음을 확인하려면 솔직하게 의사소통하는 데 도움을 줄 만한 암묵지tacit knowledge를 파악하라.
- **전개**: 청중에게 어떤 긴장감이 있는가? 긴장감을 어떻게 드러내고 주어진 상황에서 청중을 어떻게 적절한 수준까지 만들어갈 수 있는가?
- **절정**: 긴장 상태의 최고 지점은 무엇인가? 여러분이 아닌 청중을 위한 긴장 상태여야 한다. 빅 아이디어와 핵심이 무엇인지 전달하는 것으로 돌아가 생각하라. 청중이 신경 쓰는 것은 무엇인가? 청중의 관심을 얻고 유지하려면 어떻게 활용할 수 있는가?

- **하강**: 하강은 비즈니스 환경에 적용할 때 가장 모호한 구성 요소일 것이다. 주요 목적은 긴장 상태의 최고조(절정)에서 결말까지 너무 급하게 가지 않도록 하는 데 있다. 하강은 변화를 편하게 하는 완충 역할을 한다. 데이터 스토리에서 추가 세부 사항이나 한 걸음 더 나아간 분석 형태일 수 있다(여기에서는 긴장 상태가 제품별 혹은 지역별로 어떤 역할을 하느냐에 달렸다). 또한 여러분이 중점을 두는 가능한 선택 사항, 적용할 만한 해결책, 혹은 청중에게 독려하고 싶은 논의 사항이 될 수도 있다.
- **결말**: 해결책이며 실행에 옮기는 부분이다. 결말은 드러난 긴장 상태를 해소하려고 청중이 할 수 있는 것이다. 대체로 '우리가 X를 알아냈으니 여러분은 Y를 해야 한다'와 같이 단순하지 않다는 것을 알아두라. 데이터 스토리는 종종 더 많은 뉘앙스가 있다. 결말은 우리가 끌어내길 원하는 대화이거나 선택할 옵션 혹은 청중에게서 나오는 스토리를 풍성하게 할 지식[input]일 수도 있다. 어떤 상황이든 청중이 취해야 할 행동과 이를 명확히 해서 끌어낼 방법을 파악하라.

개인적인 관점에서 보면 비즈니스 환경에서는 스토리가 이런 순서를 정확히 따르는 것이 그다지 중요하지 않고(일상생활에서 회상, 전조 등으로 경로에서 방향을 확 바꾸는 스토리가 있다는 것을 알고 있다) 각각의 구성 요소가 존재한다는 자체가 더 중요하다. 특히 비즈니스 환경에서 정보로 의사소통하려고 보통의 선형 경로를 좇아가면 긴장 상태와 절정을 완전히 놓칠 수도 있다는 것을 알게 됐다. 말했다시피 이것은 스토리에 있어 매우 중요한 구성 요소다. 이를 드러내지 못한다면 말하고자 하는 데이터와 스토리에 좋지 않은 영향을 준다.

그렇지만 특정 시나리오에 대해 알고 있는 모든 것에서 기승전결 구조로 바로 점프하기가 때로 어려울 수 있다. 스토리보딩이 좋은 출발 단계다. 연습 문제 1.24로 돌아가 스토리보딩과 관련한 내용을 참조하라. 스토리보드가 있으면 구성 요소를 배열하는 과정으로 기승전결 구조까지 갈 수 있다. 이것은 일부 상황에서 여러분의 이점을 활용할 수 있는 의사소통의 여러 도구 중 간단한 하나의 사례일 뿐이다. 의사소통해야 할 중요한 사안이 있을 때 기승전결 구조를 따라 구성 요소의 배열 과정을 거치는 것은 구성 요소를 맞추는 과정에서 어떤 것을 빠뜨리거나 청중 혹은 긴장 상태 그리고 이를 해결하는 데 도움을 주는 방법 등을 충분히 고려하지 못할 상황에서 중요할 수 있다.

청중의 관심을 얻고 신뢰를 쌓고 행동을 독려할 데이터 스토리로 의사소통할 때 기승전결 구조를 어떻게 잘 활용할 수 있는지 고려하라.

연습 문제 6.15: 토론해보자

6장의 수업 그리고 연습 문제와 관련해 다음 질문을 생각하고 파트너나 그룹과 토의하라.

1. 중요 사항 제목은 무엇인가? 설명하는 제목과 어떻게 다른가? 의사소통할 때 중요 사항 제목을 활용하기로 했다면 언제, 왜, 그리고 어디에서인가?
2. 데이터로 의사소통할 때 긴장 상태가 하는 역할은 무엇인가? 특정 상황에서 긴장 상태를 어떻게 파악할 수 있는가? 현재 프로젝트를 생각하라. 긴장 상태는 무엇인가? 데이터 스토리에 긴장 상태를 어떻게 포함할 것인가?
3. 기승전결 구조의 구성 요소는 무엇인가? 목록으로 만들 수 있는가? 데이터로 의사소통할 때 기승전결 구조를 언제, 어떻게 활용할 수 있는가? 기승전결 구조의 구성 요소 가운데 모호하거나 혼란스러운 부분이 있는가? 더 이야기하고 싶은 부분은 어느 것인가?
4. 데이터에 기반한 스토리의 다양한 구성 요소를 어떻게 배열해야 하는가? 정보를 구성하는 방법을 결정할 때 무엇을 고려해야 하는가?
5. 『데이터 스토리텔링』에 기술된 것과 6장에서 설명된 방법으로 의사소통하려고 스토리를 활용할 때 청중의 저항이나 다른 도전이 예상되는가? 어떻게 처리할 것인가? 의사소통하는 데 스토리를 활용하는 것이 적절하지 않을 때는 언제인가?
6. 데이터 의사소통에서 어떻게 반복을 전략적으로 이용할 수 있는가? 왜 이렇게 하기를 원하는가?
7. 정보를 자료로 전달하는 것과 비교해 청중에게 (미팅이나 프레젠테이션에서) 라이브로 제시하는 것은 무엇이 다른가? 만드는 자료가 얼마나 달라야 하는가? 성공하려면 시나리오별로 적용해야 할 전략은 무엇인가?
8. 6장에서 설명된 전략과 관련해 여러분 자신이나 팀에 하나의 구체적인 목표를 세운다면 무엇인가? 스스로(혹은 여러분의 팀)에게 목표를 어떻게 설명할 수 있겠는가? 누구에게 피드백을 구할 생각인가?

7장

콜과 함께 심화 연습하기

이전 장에서는 특정 수업에 단편적으로 초점을 맞췄지만 7장에서는 전체 '데이터 스토리텔링' 프로세스의 더 포괄적인 관점을 다룬다. 현실에 바탕을 둔 시나리오와 관련 데이터 시각화를 소개하고 고려해 해결해야 할 구체적인 질문을 병행한다. 이후 내가 생각하는 방법과 디자인 의사 결정에 풍부한 통찰력을 주는 상세한 설명이 단계별로 이어진다.

워크숍에서 데이터 의사소통의 수많은 사례를 만난다. 고객은 사전에 작업을 공유하고 우리는 해당 내용을 토론과 연습의 기초로 활용한다. 이런 사례들은 많은 주제와 업종을 넘나들기 때문에 모든 것에서 배울 점이 있다. '데이터 스토리텔링' 수업 내용을 강조하려고 사례를 선택해 데이터 시각화 변화를 만들어내는 과정은 나와 우리 팀이 사례를 비판하고 다시 만들고 공유하고 토론하는 능력을 연마하는 데 중요한 도움이 됐다. 이번 섹션에서 '데이터 스토리텔링' 팀처럼 연습할 기회가 있다. 마치 실제 워크숍에 참여한 것처럼 문제 해결 과정을 거치게 된다.

『데이터 스토리텔링』과 이 책의 수업 내용은 단계별 훈련으로 돼 있다. 하지만 데이터에서 데이터 스토리로 이동하는 일반적인 접근 방법은 훨씬 더 총체적이며 앞으로 제시할 사례에서 이를 어떻게 다루는지 볼 수 있다. 각 과정의 모든 부분을 경험하기보다 여러 가지 구성 요소에 흥미를 느끼면서 다채로운 도전과 가능한 해결 방안에 노출될 수 있도록 다양한 사례를 사용했다. 우선 간단한 그래프와 슬라이드 재설계부터 시작해 7장에서 제시하고 해결하는 사례 연구를 진행하면서 점차 포괄적인 접근을 하게 된다.

연습하자!

본격적으로 들어가기 전에 지금까지 다뤘던 주요 수업 내용을 복습하겠다.

『데이터 스토리텔링』 우선 **데이터 스토리텔링 과정**을 요약해보자.

1단계: 상황 정보 이해하기

청중은 누구인가?

WHAT 청중이 무엇을 하길 원하는가?

HOW 데이터는 요점을 말하는 데 어떻게 도움을 줄 수 있는가?

여러분의 빅 아이디어를 분명히 표현하라

스토리보드를 만들라

→ 브레인스토밍 하라

→ 편집하라

→ 피드백을 구하라

2단계: 효과적인 시각화 자료 선택하기

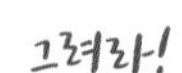

그런 다음… 여러분의 툴로 만들라

데이터를 다양한 방법으로 반복하고 살펴보라

다른 사람에게서 피드백을 구하라

3단계: 잡동사니 제거하기

불필요한 요소를 파악하고 없애라

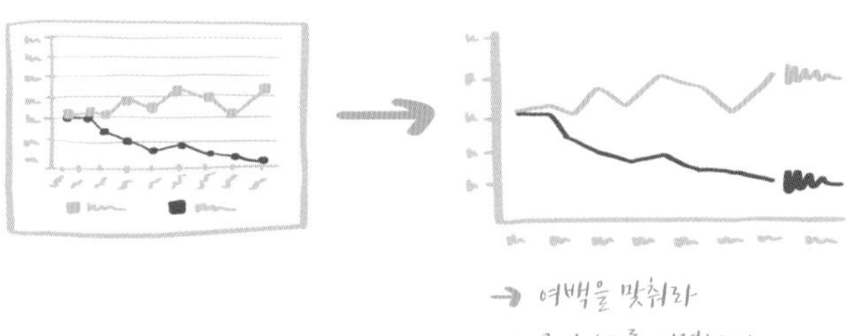

→ 여백을 맞춰라

→ 구성 요소를 정렬하라

→ 사선 형태의 구성 요소를 피하라

4단계: 여러분이 원하는 바에 주의 집중 시키기

위치, 크기, 색을 활용해 청중의 주의를 집중시켜라

'시선을 이끄는 곳은 어디인가?' 테스트를 이용하라

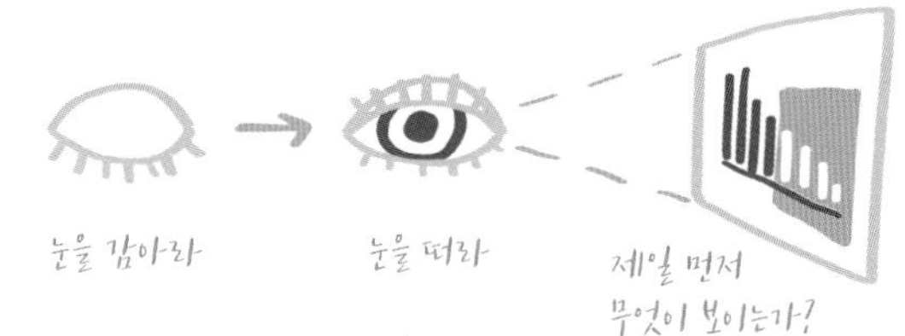

5단계: 설계자처럼 생각하기

첫째 기능 → 둘째 형식

청중이 데이터로 무엇을 하길 원하는지 생각하라

기능을 쉽게 구현하는 시각화 자료를 만들라

- → 행동유도성
- → 접근성
- → 심미학
- → 채택

세부 사항을 분석하라

주요 추세에 대해 의사소통하라

6단계: 스토리 말하기

스토리보드로 돌아가라

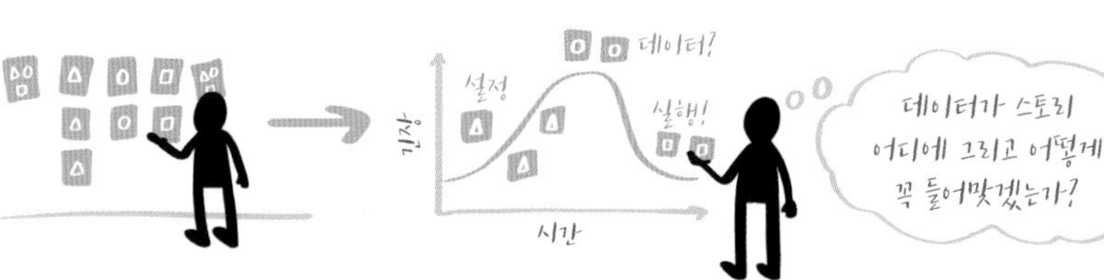

여러분의 메시지를 받아들이는 데 도움이 되도록 기승전결 구조를 이용해 스토리를 기획하고, 간결하고 반복 가능한 문장으로 만들라

콜과 함께 심화 연습하기

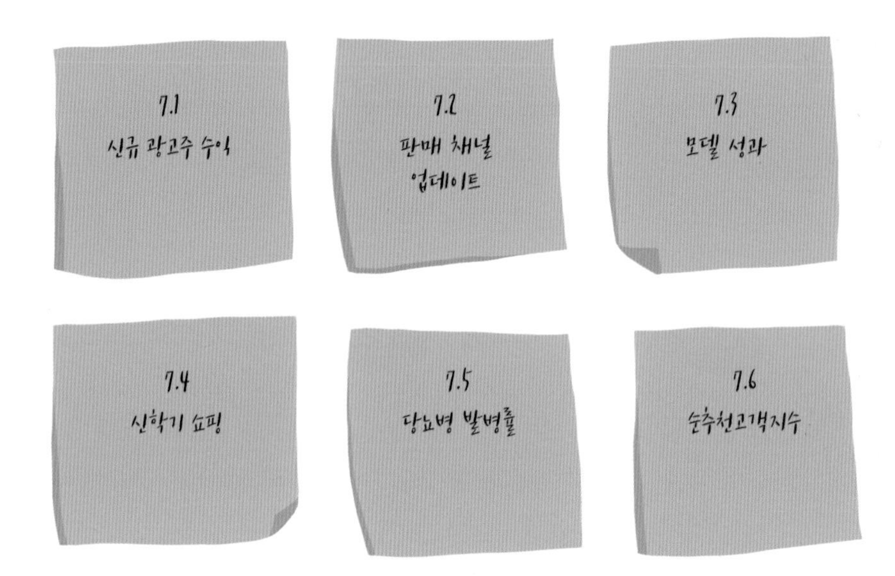

연습 문제 7.1: 신규 광고주 수익

디지털 마케팅 회사의 분석가라고 가정해보자. 새로운 제품feature인 모델 Z가 2015년에 출시됐고 회사의 고객이 더 나은 광고를 만들 수 있도록 해 여러분의 플랫폼에 새로운 수익원을 도입할 예정이다. 문제는 모델 Z가 가파른 학습 곡선steep learning curve을 보이면서 고객이 활용하는 데 어려움이 있다는 것이다. 전체적으로 모델 Z를 이용하는 고객과 이로 인한 수익 증가 측면에서는 시간에 따라 개선되는 것이 보였다. 최근 해당 주제를 논의한 회의에서 고객 지원 책임자가 '신규 광고주', 즉 여러분의 플랫폼에서 처음으로 광고를 만드는 사람들에게 모델 Z 선정이 실제로 어떻게 보이는지 의문을 제기했다. 이런 데이터 분석을 해본 경험이 없으므로 동료와 협업해 문제를 풀고자 한다.

동료는 그림 7.1a에 제시된 히트맵을 만들었다. 맵을 자세히 살펴보고 다음 단계를 완성하라.

광고주의 수준이 더 빠르게 높아지고 있다

첫 번째 광고를 만든 분기

광고주 연령 (전체 그룹)	2015Q1	2015Q2	2015Q3	2015Q4	2016Q1	2016Q2	2016Q3	2016Q4	2017Q1	2017Q2	2017Q3	2017Q4	2018Q1	2018Q2	2018Q3	2018Q4	2019Q1
0	13%	17%	14%	17%	15%	18%	17%	19%	21%	22%	24%	23%	24%	25%	26%	25%	28%
1	21%	18%	18%	18%	19%	21%	22%	23%	23%	25%	26%	23%	26%	31%	30%	33%	
2	20%	20%	20%	19%	20%	22%	24%	25%	22%	22%	23%	25%	29%	31%	32%		
3	20%	27%	26%	23%	23%	24%	23%	23%	24%	24%	27%	27%	33%	34%			
4	21%	26%	27%	26%	25%	24%	25%	23%	26%	28%	29%	30%	34%				
5	25%	33%	30%	26%	27%	25%	25%	23%	29%	29%	33%	32%					
6	28%	35%	31%	27%	28%	25%	29%	27%	31%	31%	34%						
7	29%	35%	32%	30%	28%	30%	33%	28%	35%	33%							
8	30%	37%	32%	33%	28%	32%	35%	32%	39%								
9	30%	38%	30%	35%	33%	32%	39%	34%									
10	31%	38%	33%	35%	37%	35%	41%										
11	35%	41%	37%	35%	39%	40%											
12	38%	43%	40%	39%	42%												
13	42%	46%	43%	43%													
14	44%	47%	43%														
15	47%	49%															
16	50%																

2019년 일사분기 신규 광고주 수익의 28%는 모델 Z로부터 나왔고 2017년 일사분기에는 신규 광고주 수익의 21%였다

그림 7.1a 광고주의 수준이 더 빠르게 높아지고 있다

1단계: 다른 사람의 시각화 자료와 마주했을 때 '형편없다'라고 속단하는 것은 쉬운 일이다. 우선 멈춰 서서 피드백으로 공유할 만한 긍정적 포인트를 생각하라. 현재의 시각화 자료를 어떻게 생각하는가? 한두 문장으로 써라.

2단계: 그림 7.1a에서 바람직하지 않은 것은 무엇인가? 목록을 만들라.

3단계: 데이터를 어떻게 제시하겠는가? 데이터를 다운로드해 각자 선택한 툴로 반복한 후 마음에 드는 그래프로 만들라.

4단계: 시나리오에서 긴장 상태는 무엇인가? 긴장 상태를 해결하려면 청중이 어떤 행동을 취하길 원하는가?

5단계: 스토리를 설명할 수 있는 한 장의 슬라이드를 준비하라는 요청이 들어왔다. 이번 연습 문제의 목적에 맞게 필요한 추정을 해보고 각자 선택한 툴로 슬라이드를 만들라.

해결 방안 7.1: 신규 광고주 수익

1단계: 이번 시각화 자료가 마음에 드는 점이 몇 가지 있다. 문구가 대체로 잘 쓰였다. 상단의 중요 사항 제목은 스토리를 설정하고 질문에 답하기에 잘 구성돼 있다. 축 제목도 직접 들어가 있다. 또한 그래프에 주석을 직접 넣어(오른쪽 회색 텍스트 박스) 중요 사항 제목을 뒷받침하고 설명된 데이터와 직접 연관 지을 수 있어서 구태여 찾으려고 할 필요가 없는 것도 마음에 든다. 그러나 연관성을 나타내려고 화살표를 쓴 것은 마음에 들지 않는다. 어수선해 보이기도 하고 데이터 일부만 다루기 때문이다. 앗, 벌써 다음 단계에서 할 이야기로 넘어가 버렸다! 다음에서 검토해보자.

2단계: 시각화 자료를 개선하는 방법은 다양하다. 개인적인 관점에서 바람직하지 않아 보이는 세 가지 주요 사항을 다음과 같이 정리했다.

- **테이블을 보는 것이 일처럼 느껴진다.** 테이블의 데이터를 이해하기가 어렵다. 히트맵은 도움이 되지만 봐야 할 것을 이해하는 데는 역시나 노력이 필요하다.
- **문제가 있어 보이는 색 체계를 적용했다.** 적색 · 녹색 체계는 청중 가운데 색맹이 있다면 문제가 될 수 있다. 무엇보다 적색과 녹색은 주의를 끄는 정도가 비슷해 초점을 맞추기 어렵다.
- **정렬 상태가 미흡하다.** 페이지 내 다양한 구성 요소가 제대로 정렬되지 않았다. 왼쪽 정렬과 중앙 정렬, 오른쪽 정렬, 숫자가 혼재돼 있고 활용 이유도 명백하지 않다.

전체적으로 체계가 없는 듯한 느낌을 준다.

3단계: 다양한 관점이 각기 다른 사항을 어떻게 보기 쉽게 하는지 관찰하려고 데이터를 그래프로 만들 때는 여러 방법으로 반복하는 것이 필요하다. 이번 사례에서는 두 가지 방법, 즉 첫 번째 광고가 만들어진 분기별 및 광고주 연령별 접근 방법을 사용했다. 완전히 다른 두 가지 방법으로 데이터를 선 그래프로 만들 수 있다는 의미다. 데이터로 대강의 간략한 그래프를 두 개 만드는 것으로 시작하겠다(단순히 초기 차트일 뿐 포맷에 대해 전혀 걱정하지 않는 단계다). 그림 7.1b를 보라.

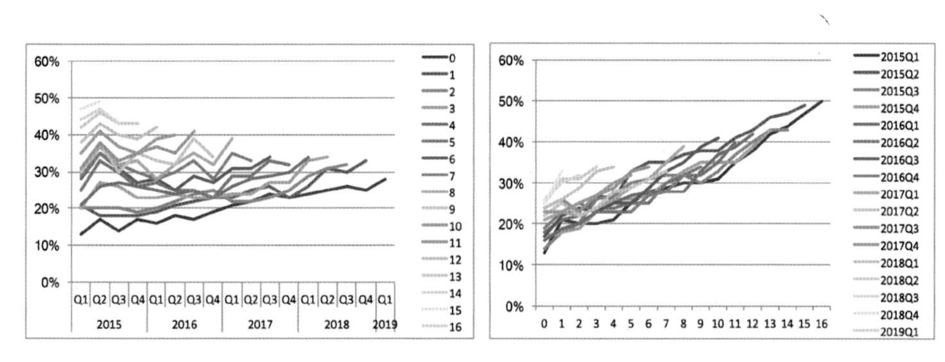

그림 7.1b 대강의 간략한 데이터 보기

그림 7.1b의 시각화 자료가 무엇을 보여주는지 생각해보자. 두 자료에서 y축은 총 수익 중 모델 Z가 견인한 수익 %를 나타낸다. 왼쪽 그래프에서 x축은 첫 번째 광고가 만들어진 날짜다. 각 선은 특정 연령 그룹 내 광고주를 나타낸다. 첫 번째 그룹(0)의 수익률은 점점 나아지기는 하지만(0그룹의 선은 왼쪽에서 오른쪽으로 갈수록 상승한다) 그다지 성공적이지 않음을 보여준다(진한 청색 선으로 나타낸 0그룹은 그래프 하단에 있고 수익 퍼센트는 가장 낮다). 수익은 대체로 연령이 증가할수록 상승하고(연령 측면에서 위로 올라갈수록 선이 점점 높아지고 있다) 15그룹이 그래프상 가장 높은 것으로 나타났다(정년에 해당하는 16그룹의 선은 볼 수가 없다. 선을 만들려면 적어도 두 개 지점이 필요한데 해당 그룹은 데이터가 하나밖에 없기 때문이다). 그래프를 보고 굉장히 복잡해 보인다고 생각한다면 전적으로 공감한다. 두 번째 그래프로 관심을 옮겨보자.

오른쪽 그래프는 x축에 광고주 연령 그룹을 뒀고 각 선은 첫 번째 광고가 만들어진 분기를 나타낸다. 선이 오른쪽으로 갈수록 위로 올라가는 것은 광고주 연령에 따라 수준이 높아진다는 것을 설명한다. 그래프에서 위에 있는 선일수록 더 빨리 수준이 높아지는 것을 나타낸다. 상단에 더 최근의 분기가 있다. 왼쪽 그래프와 비교할 때 문구를 넣으면 얼마나 더 쉬워질지 주목하라! 설명하려는 것을 고려하면 괜찮은 일반적 데이터 그래프가 된다.

그렇지만 처리해야 할 데이터가 많다. 모든 것이 필요한가? 조금 덜 보여주면서 단순화할 수 있을 것이다. 데이터 분기를 더 적게 보여주는 것이 하나의 방법이다. 하지만 시간대를 좁히고 싶지는 않다. 모델 Z가 2015년에 도입됐을 때와 최근 데이터를 비교할 수 있길 원해서다. 여전히 몇 가지 선택지가 남는다. 가장 최근 데이터 지점이 2019년 일사분기라면 매해 일사분기 선만 보여주기로 선택할 수 있다. 또 다른 접근 방법은 데이터를 연간 코호트에 등록하는 것이다. 그림 7.1b의 오른쪽 그래프로 돌아가서 5개의 데이터 선(2015, 2016, 2017, 2018, 2019)만 있다고 해보자. 이런 방법으로 집계하면 상황이 단순해지고 요점이 명확해진다. 광고주의 수준이 시간(그래프에서 위로 올라가면서 증가) 및 연령(오른쪽으로 갈수록 증가)에 따라 더 높아질수록 수익도 더 빨리 증가한다는 것을 알 수 있다. 빙고!

4단계: 일단 데이터로 다시 돌아가 긴장 상태와 해결 방안을 파악해보자. 긴장 상태의 특성을 다음과 같이 나타내려 한다. 대체로 모델 Z의 도입과 수익이 개선되고 있지만 신규 광고주에게 어떤 역할을 하는지는 모른다. 이대로 괜찮은가? 설명해야 할 이슈가 있는가?

해결 방안은 괜찮아 보인다. 즉각적인 조치는 필요 없다. 청중이 하길 원하는 행동을 분명하게 설명할 수 없다면 우선 의사소통할 필요가 있는지 재고해보라고 제안하곤 한다. 여기에서는 청중이 질문을 했으므로 아무런 행동이 필요 없대도 질문에 대답하지 않을 이유가 없다! 하지만 청중이 무엇을 해야 하는지 명확히 해두자. 청중이 알아야 하고 바로 어떤 일을 할 필요는 없다. 이런 관점으로 계속해서 지켜보고 있다가 변화가 필요하면 청중에게 알려줄 수 있다.

5단계: 그림 7.1c는 내가 만든 슬라이드 한 장의 스토리를 보여준다. 찬찬히 살펴보고 여러분이 만든 것과 비교하라. 유사점이 있는가? 차이점은 무엇인가? 각각의 접근 방법에서 잘된 것에 주목하라.

시간과 연령에 따라 수준 증가

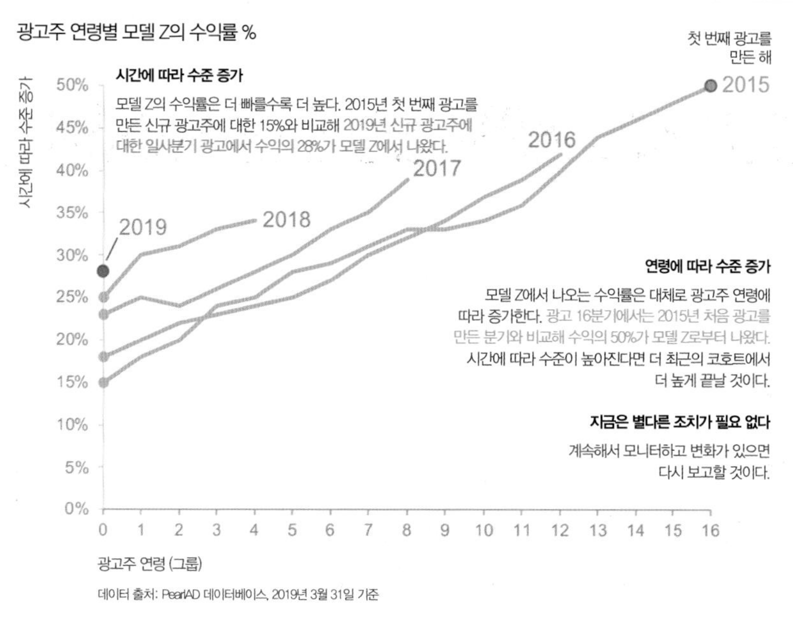

그림 7.1c 시간과 연령에 따라 수준 증가

해결 방안을 제시하면서 여러 가지 내용을 검토했다. 항상 스스로 물어보라. 모든 데이터가 필요한가? 청중이 보길 원하는 것을 정하고 이를 독려할 만한 시각화 자료를 선택한 후 효과적인 그래프를 찾을 때까지 필요한 만큼 반복하라. 체계를 만들려면 구성 요소를 정렬하고, 직접 관심을 끌도록 색을 적절히 사용하고, 데이터를 이해하는 데 도움이 되도록 제목과 주석을 효과적으로 달면서 사려 깊게 디자인하라.

연습 문제 7.2: 판매 채널 업데이트

다음 슬라이드(그림 7.2a)는 시간에 따른 특정 제품의 채널별 판매량을 보여준다. 세부 사항에 익숙해진 후 스스로 혹은 파트너와 함께 다음 단계를 완성하라.

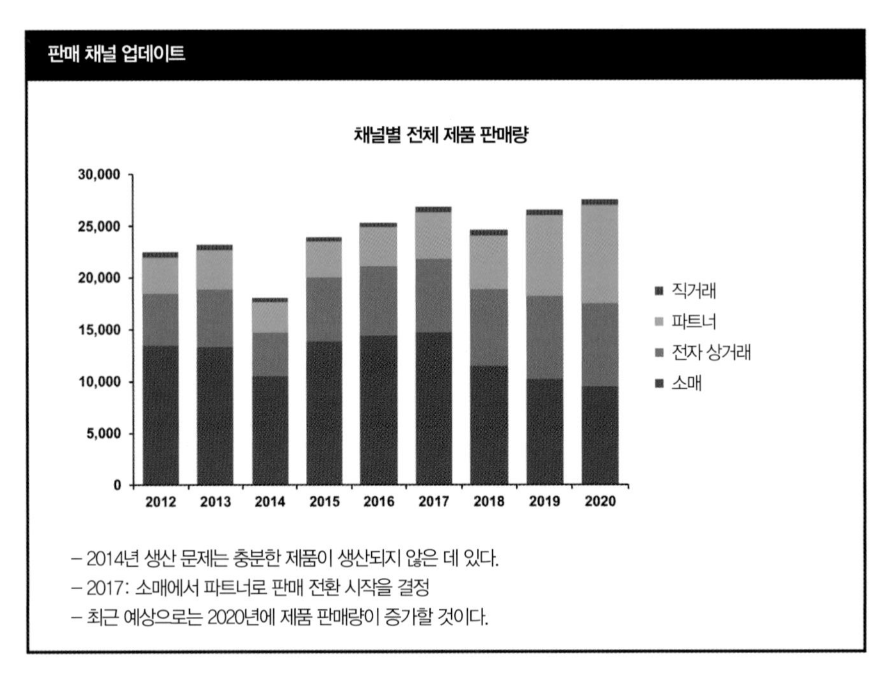

그림 7.2a 판매 채널 업데이트

1단계: 긍정적으로 시작해보자. 슬라이드를 어떻게 생각하는가?

2단계: 그래프로 어떤 질문에 답할 수 있는가? 질문에 대한 답을 하려면 데이터의 어느 부분을 상세하게 봐야 하는가? 얼마나 효과적으로 질문에 답할 수 있는가? 각자 생각을 요약한 몇 가지 문장을 써라.

3단계: 앞서 다뤘던 수업 내용을 기반으로 어떻게 변경하라고 권고하겠는가? 구체적인 피드백 포인트와 해결 방법을 요약해 몇 문장으로 쓰거나 목록을 만들라.

4단계: (1)데이터를 회의 석상에서 라이브로 프레젠테이션하는 것과 (2)자료로 청중에게 제시하는 것, 각각 접근 방법이 어떻게 달라질지 고려하라. 다루는 방법은 어떻게 다르겠는가? 여러분의 생각을 설명하는 몇 개 문장을 써라. 조금 더 나아가서 각자 선택한 툴을 활용해 각각의 유스 케이스use case에 맞게 시각화 자료를 다시 디자인하라.

해결 방안 7.2: 판매 채널 업데이트

내게는 지금이 하나의 그래프에 너무나 많은 질문에 대한 답을 넣으려 애쓰는 상황이다. 하나의 질문조차 효과적으로 답하기가 어렵다. 그래프 하나에 많은 것을 욱여넣는 것보다 몇 개의 시각화 자료를 만드는 게 더 낫다.

1단계: 기존 슬라이드에서 어떤 점이 좋은가? 개인적으로 그래프 아래에 불릿 기호가 달린 텍스트를 넣어 관심사가 되는 구체적 포인트를 요약한 점이 마음에 든다. 그래프의 전반적인 디자인도 매우 깔끔해 보인다. 데이터에서 주의를 딴 데로 돌리는 수많은 잡동사니가 없다.

2단계: 그래프로 두 가지 주요 의문 사항에 답할 수 있다. 시간에 따라 제품 판매량은 어떻게 변화하는가? 시간에 따라 변화되는 채널별 판매량의 구성은 어떤가? 전자는 누적 막대 위쪽을 비교해서 알 수 있고, 후자는 누적 막대 안의 조각을 비교해서 알 수 있다. 하지만 누적 막대는 변하는 것 위에 또 다른 변하는 것을 쌓기 때문에 무슨 일이 벌어지고 있는지 파악하기가 매우 어렵다는 문제가 있다. 불릿으로 설명한 두 번째 포인트는 소매에서 파트너로 판매를 전환한다는 의사 결정에 관한 것이다. 데이터가 이런 상황을 잘 나타내고 있는가? 이것은 성공 스토리인가 아니면 행동하길 요청하는 것인가? 말하기가 참 어렵다!

3단계: 시각화 자료를 개선하면서 설명할 세 가지 주요한 피드백 포인트가 있다. 각각을 이야기해보자.

여러 개의 그래프를 사용하라 가장 큰 변경 사항은 여러 개의 그래프를 사용하는 것이다. 때때로 누적 막대형 차트는 스위스 군용 나이프Swiss Army knife와 같다는 생각이 든다. 이 전용 도구로 많은 것을 할 수 있고 꼭 사용해야 할 제한적인 때도 있지만 아주 잘 해낼 수 있는 일은 없다. 확실히 스위스 군용 나이프의 가위는 풀린 실을 자르는 데는 매우 적절하다. 하지만 더 많은 일을 하려면 그냥 가위 한 자루가 있는 게 더 낫다. 누적 막대 대신 2단계에서 설명한 질문 각각에 직접 답하기 위해 두 개의 다른 그래프를 사용한다. 4단계에서 구체적인 사항을 같이 짚어나간다.

텍스트를 데이터에 시각적으로 연계하라 추가 변경 사항과 관련해 1단계에서 언급한 대로 누군가 데이터를 보고 중요 사항을 요약한 것이 개인적으로 좋다. 하지만 슬라이드 아래에 있는 텍스트를 읽으려면 쓰인 내용의 근거가 되는 데이터를 어디에서 봐야 하는지 생각하고 찾는 데 시간을 써야 하는 것이 문제라면 문제다. 이를 해결하고자 한다. 어떤 사람이 텍스트를 읽을 때 해당 데이터를 어디에서 찾아야 하는지 바로 알았으면 한다. 데이터를 볼 때 관련 상황 정보나 중요 사항이 들어있는 텍스트를 어디에서 찾아야 할지 알게 하고 싶다. 텍스트와 데이터를 연계하려면 게슈탈트의 원리로 돌아가 생각해야 한다. 근접성을 활용해 설명하는 데이터에 텍스트를 가깝게 배치할 수 있다. 연결성을 활용해 텍스트와 데이터 사이에 물리적으로 선을 그을 수도 있다. 유사성을 활용해 설명하는 데이터와 텍스트를 같은 색으로 할 수 있다. 문제 해결을 하려고 각각의 접근 방법을 적용한다.

예측 데이터를 명확히 구별하라 시간을 들여 텍스트 전체를 읽어보면 마지막 불릿 문장은 뜻밖의 사항, 즉 모든 데이터가 실제 데이터는 아니라는 것을 알게 된다. 2020년 마지막 지점은 예측점이다. 하지만 데이터 디자인에서 해당 내용을 알려주고자 취한 조치는 아무것도 없다. 내용에 변화를 줘 어떤 지점이 실제 데이터이고 어떤 지점이 예측 데이터인지 분명히 알려줘야 한다.

4단계: 내가 수정한 것은 3단계에서 제기한 피드백 포인트를 설명한다. 우선 최초 질문을 다뤄보자. 시간에 따라 제품 판매량은 어떻게 변화하는가? 그림 7.2b를 보라.

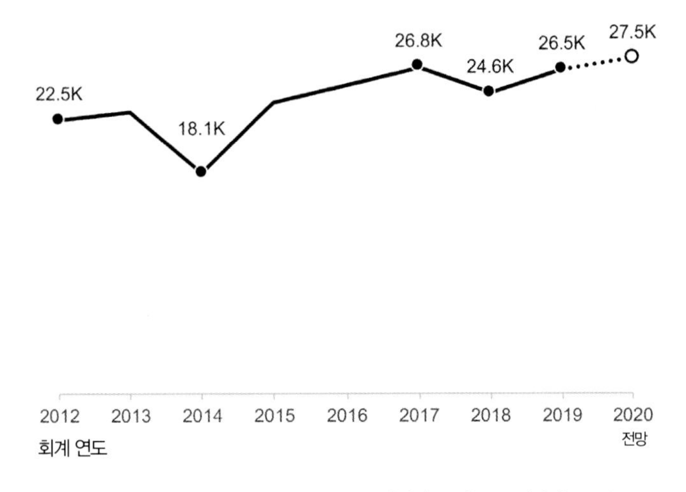

그림 7.2b 시간에 따른 제품 판매량을 선으로 시각화

막대를 선으로 바꾸면 지점을 연결해 추세를 더욱 쉽게 알아볼 수 있다. 축을 없애는 대신 몇 개 데이터 포인트에 라벨을 붙였다. 이렇게 한 이유는 곧 알게 된다. 실제 데이터(굵은 선, 채운 포인트)와 예측 데이터(점선, 채우지 않은 포인트)를 시각적으로 분명히 구분했고 2020 라벨에 가까운 쪽 x축에 '전망Projected'이라는 설명 텍스트도 추가했다.

정보를 라이브 세팅에서 프레젠테이션한다면 추가 기회도 열려 있다. 시간에 따른 데이터를 볼 때마다 시간 순서에 따른 스토리로 자연스럽게 스토리텔링 하게 된다. 나처럼 라이브 세팅에서 그래프를 하나씩 하나씩 쌓아가며 관련 상황 정보를 설명할 수 있다. 작업을 수행하는 방법은 내가 쓴 해설이 들어간 다음 그림(그림 7.2e~7.2r)을 참조하라.

시간에 따른 제품 판매량을 살펴보겠다. 2012년으로 돌아가 시작할 것이고 2019년까지 실제 데이터를 살펴본 후 2020년의 최근 전망을 알아보도록 하겠다. (그림 7.2c)

총 제품 판매량

그림 7.2c 라이브 진행에서 우선 그래프 설정

우리 제품은 2012년에 시장에 출시됐다. 첫해 판매량은 225,000개를 달성했고 초기 목표였던 18,000개를 넘어 매우 만족스러웠다. (그림 7.2d)

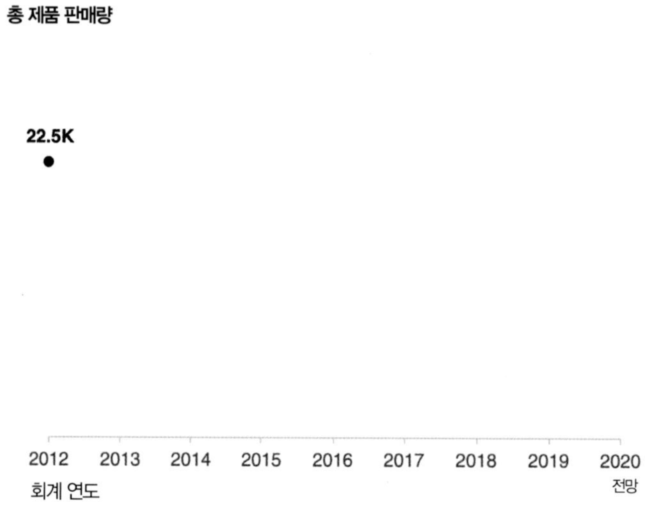

총 제품 판매량

22.5K

2012 2013 2014 2015 2016 2017 2018 2019 2020

회계 연도

전망

그림 7.2d 라이브 진행

판매량은 2013년에 조금 증가해 23,000개 이상 팔렸다. (그림 7.2e)

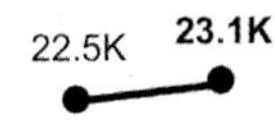

그림 7.2e 라이브 진행

하지만 2014년에 생산 문제가 발생했다. 결과적으로 수요를 따라갈 수 없었다. 판매량은 급락했다. (그림 7.2f)

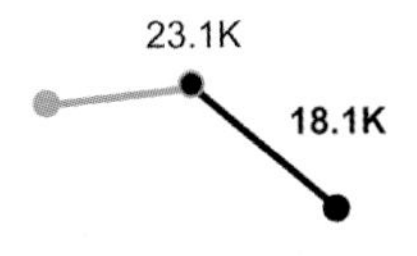

그림 7.2f 라이브 진행

문제를 해결해 신속히 회복했고 2015년 판매량은 약 24,000개까지 도달했다. (그림 7.2g)

총 제품 판매량

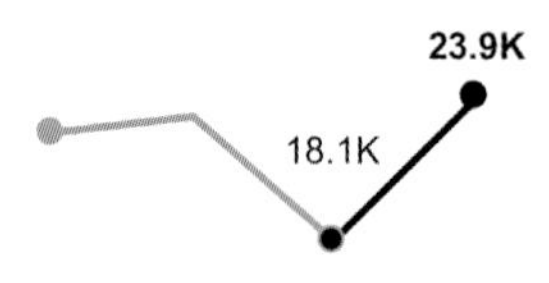

그림 7.2g 라이브 진행

판매량은 2016년과 2017년까지 계속 증가했다. (그림 7.2h)

총 제품 판매량

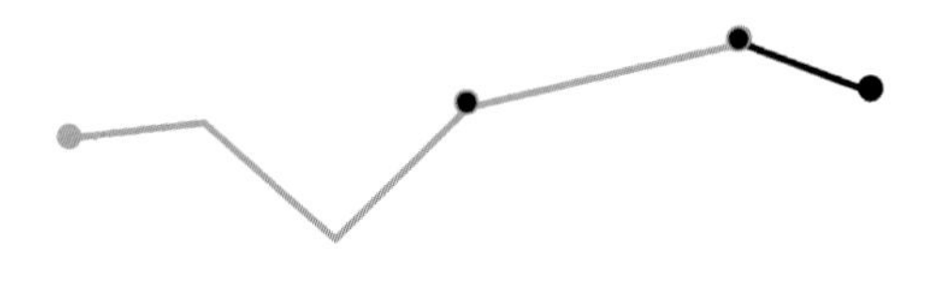

그림 7.2h 라이브 진행

2017년 소매에서 파트너 채널로 판매를 전환하기로 했다. 이로 인해 2018년에는 판매량이 약간 떨어졌다. (그림 7.2i)

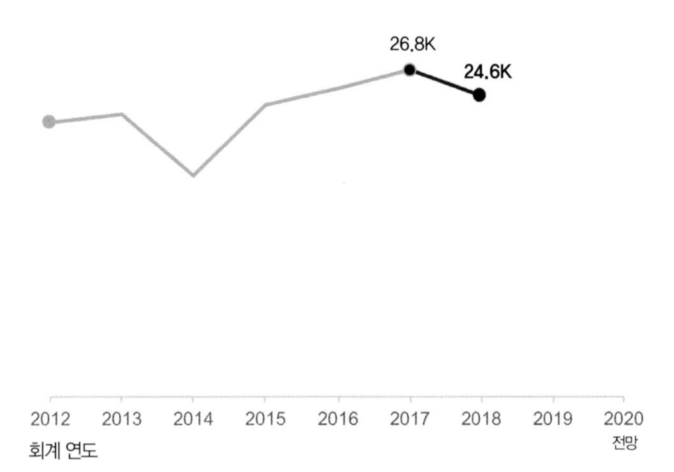

그림 7.2i 라이브 진행

2019년에 급락세는 회복됐다. (그림 7.2j)

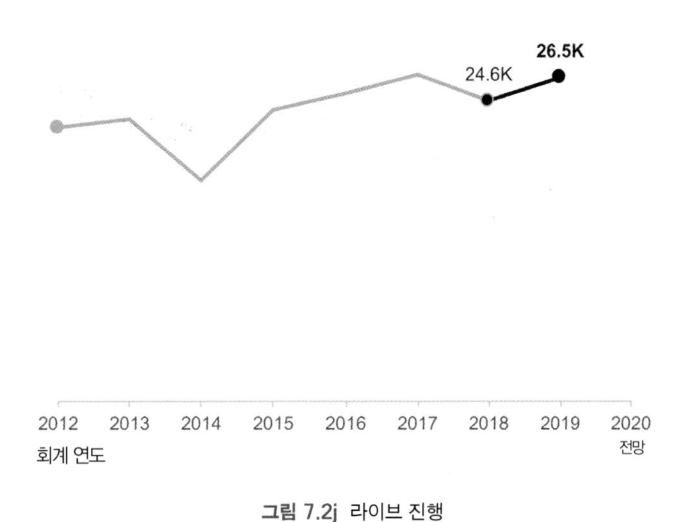

그림 7.2j 라이브 진행

2020년에도 판매량이 계속 증가할 것으로 예상한다. (그림 7.2k)

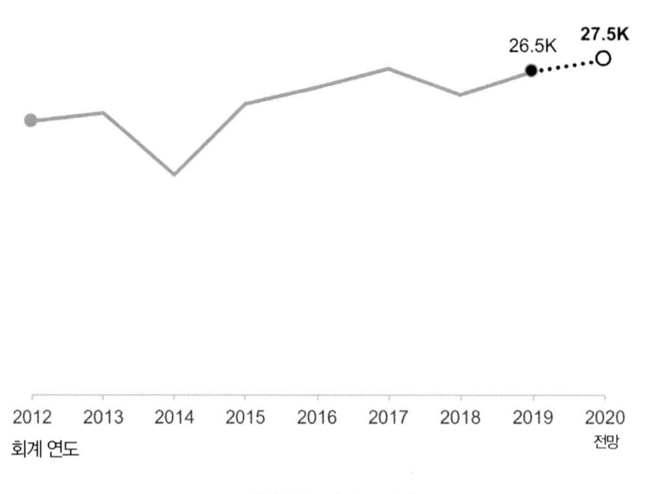

그림 7.2k 라이브 진행

만약 라이브로 프레젠테이션하지 않는다면 이런 상황 정보를 그래프에 직접 주석으로 달아 라이브 세팅에서 청중에게 전달하는 것과 똑같은 스토리를 청중이 스스로 밟아나갈 수 있도록 할 수 있다. 그림 7.2l을 보라.

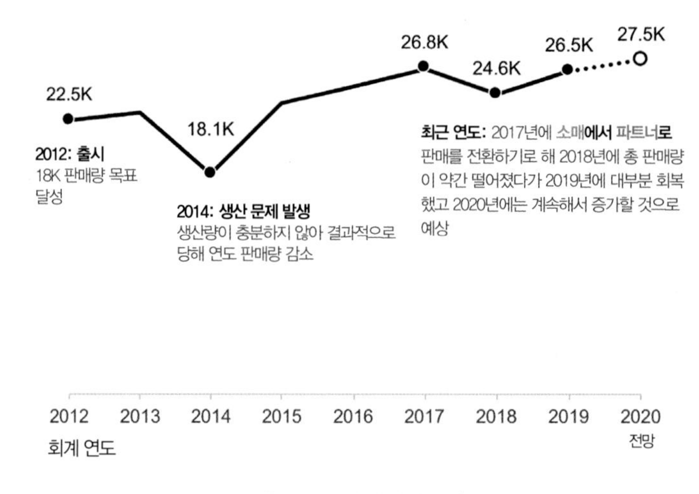

그림 7.2l 주석 달린 선 그래프

이번 그래프 버전을 어떻게 하나의 슬라이드에 통합할 수 있을지 곧 볼 수 있다. 우선 라이브 세팅에서 100% 누적 막대형을 이용해 상대적인 구성을 보는 것에 관한 질문에 어떻게 답할 수 있는지부터 결정하자. 100% 누적 막대형은 일반적인 누적 막대형과 같은 문제에 직면하게 되는데, 말하자면 중간 부분을 비교하기가 어렵다는 것이다. 하지만 얻을 수 있는 이점도 있다.

그래프의 하단과 상단 기준선을 동일하게 가져가면 시간에 따라 훨씬 쉽게 비교할 수 있는 두 개의 데이터 계열을 보여준다. 강조할 필요가 있는 것이 무엇인지에 따라 그리고 어떻게 스마트하게 데이터를 정렬하느냐에 따라 실제로 작업을 잘 해낼 수 있다. 내가 제시한 프레젠테이션으로 다시 돌아가 보자.

다음에서 채널별 판매량 구성을 보자. (그림 7.2m)

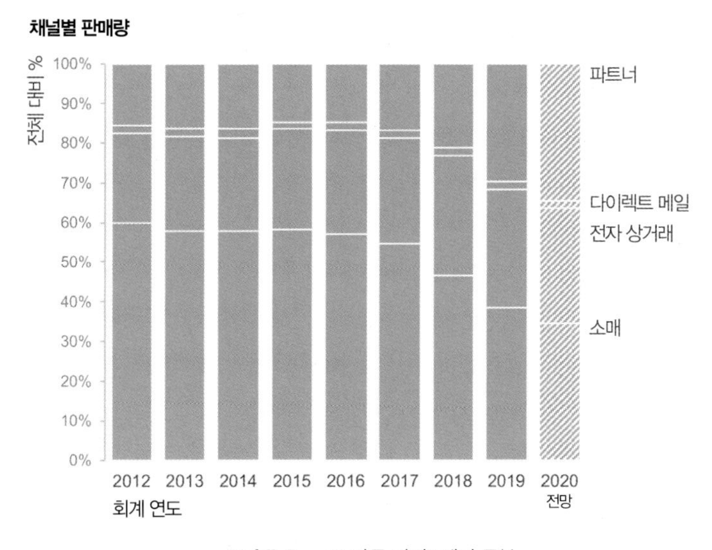

그림 7.2m 또 다른 관점: 채널 구분

소매 채널은 시간에 따라 전체 대비 비율이 감소하는 추세다. (그림 7.2n)

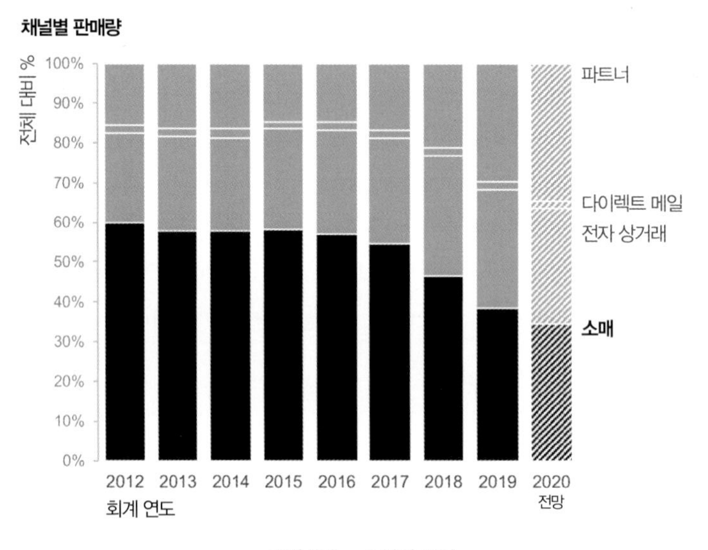

그림 7.2n 소매에 초점

전자 상거래는 출시 이후로 조금씩 증가해왔다. 하지만 최근에는 전체 판매량 중 비율이 거의 일정하다. (그림 7.2o)

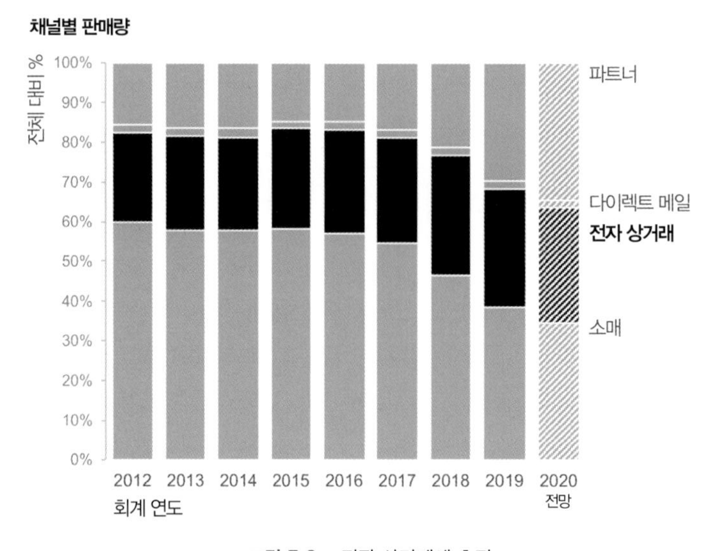

그림 7.2o 전자 상거래에 초점

다이렉트 메일은 항상 아주 적은 비율로 유지됐고 앞으로도 그럴 것이다. (그림 7.2p)

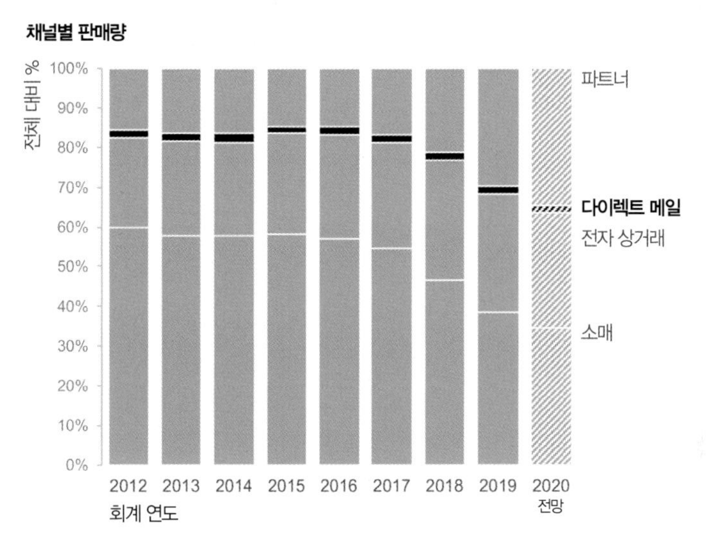

그림 7.2p 다이렉트 메일에 초점

파트너 판매는 전체 대비 퍼센트가 지속적으로 증가했다. (그림 7.2q)

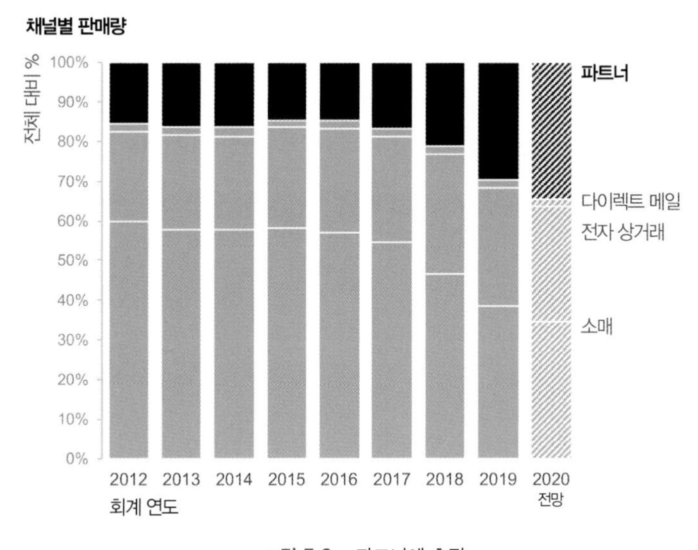

그림 7.2q 파트너에 초점

가장 괄목할 만한 것은 시간에 따른 채널별 판매 구성에서 볼 수 있는 변화다. 특히 2017년에 소매에서 파트너로 판매를 전환하기로 한 의사 결정 때문에 변화가 일어난 것을 확인할 수 있다. 소매는 전체 판매 대비 비율이 계속해서 감소하는 반면 파트너 채널은 시간에 따른 판매 비율이 증가하는 양상이다. 아마 2020년에도 이런 추세는 계속되리라 예상된다. (그림 7.2r)

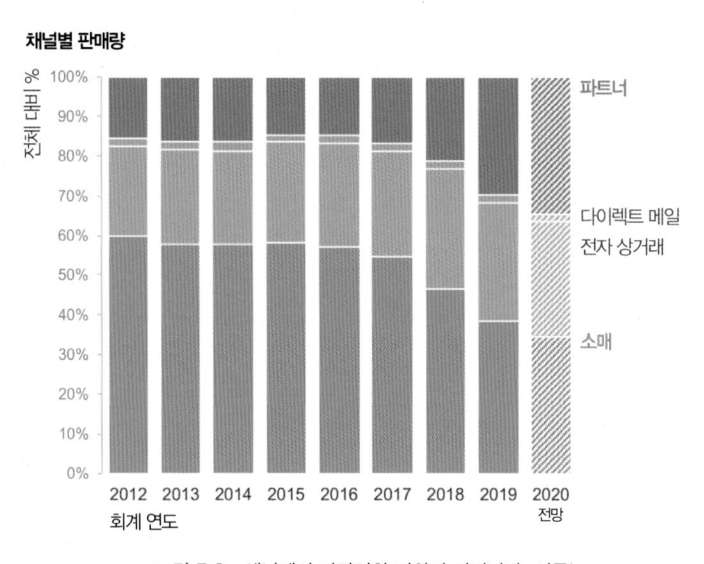

그림 7.2r 채널에서 바람직한 전환이 일어났다: 성공!

이것은 성공 스토리다! 자료를 전송하는 방법으로 합쳐야 한다면 한 장의 슬라이드에 중요 사항 제목, 명확한 구조, 상황 정보를 알 수 있게 하는 더 많은 문구를 넣을 것이다. 그림 7.2s를 보라.

총 판매는 채널 전환에 따라 증가

2020년에는 판매량이 증가하리라 예상

2012년에 출시해 22,500개 판매를 달성했고 이는 18,000개라는 초기 목표를 25%나 초과한 것이다. 2014년에 생산 문제가 발생해 제품을 충분히 생산하지 못했고 결과적으로 연간 판매량은 22%로 급락했다. 판매량은 2017년 들어 증가했고, 이때 소매에서 파트너로 **채널 판매를 전환한다는 의사 결정**이 있었다. 이런 영향으로 2018년에 약간 떨어졌다가 2019년에 반등했고 2020년에는 계속 증가하리라 예상된다.

시간에 따른 채널 전환

판매 채널의 상대적 구성은 시간에 따라 급격한 전환을 보였다. 소매 채널에서 나오는 판매량은 이제까지 전체 판매의 60%를 차지했으나 2019년에 38%로 떨어졌고, 이는 파트너 채널로 의도적인 전환을 해서다. 이로써 파트너 채널은 전체 판매량에 대한 기여도가 초반 20%도 안 되다가 2019년에는 30%까지 증가했다. 이와 같은 추세가 계속되리라 예상한다.

총 제품 판매량

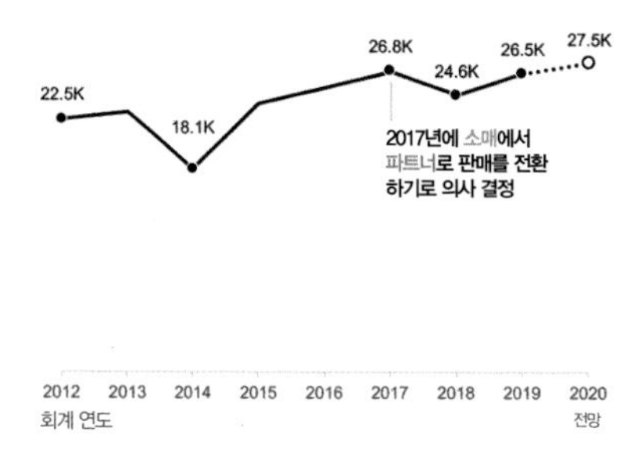

채널별 판매량

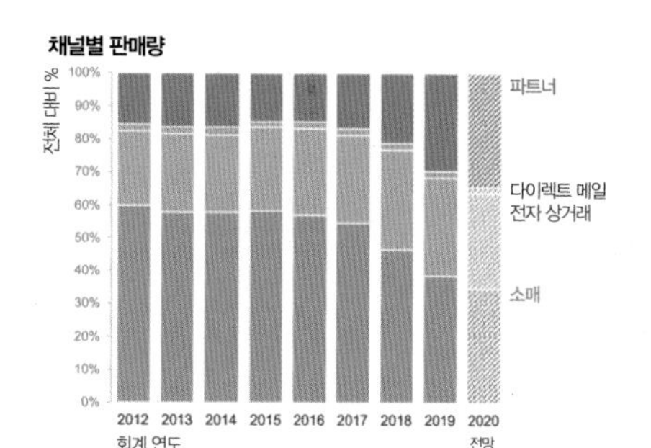

데이터는 2019년 12월 31일까지의 판매 데이터베이스에서 가져왔다. 2020년 전망은 주요한 시장 변화가 없다는 것을 가정한다. 세부 사항이 더 필요하면 판매분석팀에 의뢰하라.

그림 7.2s 한 장의 배포용 슬라이드

하나 이상의 그래프를 쓸 수 있다면 여러 가지 질문에 효과적으로 답할 수 있다. 이전 시각화 자료에서 텍스트가 이용된 다양한 방법과 문구를 데이터와 시각적으로 연계한 여러 가지 방법에 주목하라. 청중이 텍스트를 읽을 때 중요한 데이터를 어디에서 찾아야 할지 알아야 하고 그 반대도 마찬가지다. 이렇게 하면 청중이 데이터를 처리하면서 훨씬 즐거운 경험을 하게 될 뿐 아니라 우리도 훨씬 많은 정보를 얻을 수 있다!

연습 문제 7.3: 모델 성과

대형 국책 은행에서 통계팀을 관리하는 업무를 맡고 있다고 가정하자. 직원 중 한 명이 매주 1:1 면담을 하는 중에 다음 그래프(그림 7.3a)를 공유하고 피드백을 요청했다. 분석 후 다음 단계를 완료하라.

그림 A: LTV에 따른 모델 성과

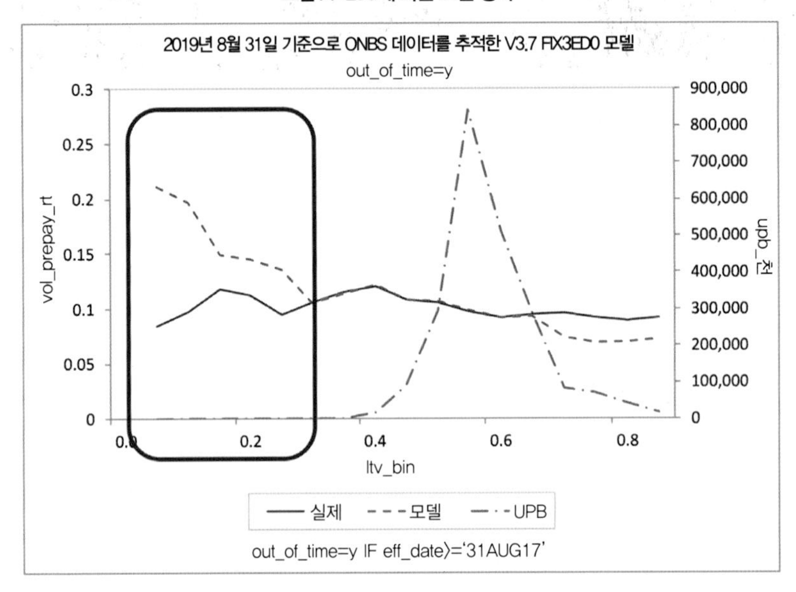

그림 7.3a LTV에 따른 모델 성과

1단계: 데이터에 어떤 질문이 있는가? 목록을 만들라.

2단계: 앞서 다뤘던 수업 내용을 기반으로 어떤 피드백을 줄 것인가? '무엇을' 변경하라고 권고하는 것뿐만 아니라 '왜' 그래야 하는지에도 초점을 맞춰 생각을 요약하라. 기본 원칙에 충실한 피드백을 토대로 하면 하나의 그래프만 개선하는 것이 아니라 앞으로 더 나은 데이터 시각화를 할 수 있도록 이해를 깊게 하는 데 도움을 줄 수 있다.

3단계: 어떻게 제안하라고 권하겠는가? 스토리는 무엇이고 어떻게 재밌게 할 수 있겠는가? 정보를 라이브로 제시할지 자료로 제공할지를 가정하고 가정에 따라 권고하는 공격 계획plan of attack을 요약하라. 여러분이 선택한 툴로 추천한 의사소통 방법을 만들어 단계를 조금 더 심화하라.

해결 방안 7.3: 모델 성과

1단계: 여기가 어려운 단계다! 그래프에 질문 사항이 너무 많아서 뒤로 물러나 데이터가 무엇을 보여주는지 생각하기가 어렵다. 사용한 언어에 대해 질문하고 싶다. 약어acronym의 의미는 무엇이고 축은 무엇을 나타내는가? 그래프 오른쪽에 있는 보조 y축의 데이터는 어떤 의미인가? 왜 이렇게 독특한 선형 스타일로 만들었는가? 커다란 적색 박스는 무엇을 강조하는가?

2단계: 1단계에서 제시한 질문 사항에 답을 받고 나서 다음 피드백을 제공한다.

이해하기 쉬운 언어를 사용하라 아마도 통계 프로그램 소프트웨어(SAS나 이와 유사한 것)에서 결과를 얻은 것으로 보인다. 여러분이 통계 전문가이고 마찬가지로 통계 전문가인 동료와 의사소통하는 것이라면 상관없다. 하지만 '지구상에 존재하는 다른 누군가'와 의사소통하려면 모두가 이해할 수 있는 언어로 바꿀 필요가 있다. 'vol_prepay_rt(그림 7.3a의 y축 제목)' 같은 것을 넣기보다는 만기 전에 대출금을 갚은 사람들의 비율을 뜻하는 '자발적 중도 상환율voluntary prepayment rate'로 바꿔야 한다. 그래프가 전달하고자 하는 바를 내가 알 수 있었던 이유는 단순하다. 신용 위험 관리Credit Risk Management 회사에서 일해본 경험으로 얻은 금융 업종 관련 전문 지식이 있기 때문이다.

이해하기 쉽게 하려면 약어를 전체 철자로 나타내야 한다. 청중 가운데 약어가 의미하는 바를 모르는 누군가가 있다면 그들은 대개 너무 당황해서 물어보지 못하거나 잘못된 가정을 하게 된다. 이런 상황에서는 모든 사람과 충분히 의사소통을 할 수 없다. 페이지마다 적어도 한 번은 약어의 전체 철자를 써라. 처음 사용할 때 할 수도 있고 약어나 전문 언어specialized language를 정의하는 각주를 페이지 하단에 넣을 수도 있다. 하향 평준화하겠다는 것이 아니라 필요 이상으로 복잡해지지 않도록 하려는 것이다. x축의 'ltv_bin'은 주택 담보 대출 비율loan-to-value-ratio을 나타내는 것으로 대개 LTV로 표시하고 부동산 가치와 관련한 대출 금액을 의미한다(보통 퍼센트로 나타내지만 해당 사례에서는 소수점으로 나타냈다). LTV가 높아질수록 대출의 리스크도 커진다. 부동산 가치보다 대출금 비율이 더 높아졌기 때문이다. UPB는 미지급 원금 잔액unpaid principal balance으로 융자 잔고의 총합을 말한다.

그래프 제목과 하단에도 다소 난해한 언어가 있다. 그래프를 만든 사람은 각각이 의미하는 바를 정확히 알 것이라고 장담한다. 나는 제목이 제품을 의미하고 모델을 입증하려고 이전 out of time 표본에서 무엇을 사용했는지 충분히 알 수 있을 정도로 해석할 수 있다. 청중이 누구인지는 이것을 제시할 필요가 있는지 그리고 얼마나 잘 제시해야 하는지를 결정한다. 고위 경영진에 보고하는 것이라면 세부 사항까지 깊숙이 들어갈 필요가 없다. 우리가 제대로 알고 있고 이해할 만한 방식으로 수행했다고 믿을 것이다. 만약 기술적인 세부 사항에 관심 있는 사람들과 의사소통한다면 일부를 포함할 필요가 있을지도 모른다. 하지만 원래 슬라이드에서처럼 눈에 띄게 나타내기보다 자료에 주석을 다는 게 좋을 것 같다.

선 스타일을 조금씩 바꿔라 점선은 관심을 이끄는 데 매우 탁월하다. 하지만 시각적으로 혼란을 줄 수도 있다. 잡동사니라는 관점에서 점선은 하나의 시각적 구성 요소(선)가 될 수 있는 것을 여러 개로 조각 내버린 상황이다. 이런 이유로 예측이나 예상, 타깃 혹은 목표와 같이 불확실한 것의 설명에 사용하기 위해 점선을 남겨두길 권한다. 이때 점선이나 대시선의 시각적 불확실성 효과는 발생 가능한 추가적 혼란보다 크다. 그림 7.3a에서 청색 모델 선은 점선을 완벽하게 사용했다. 하지만 녹색 UPB 선은 포트폴리오 전체적으로 미지급 원금 잔액의 양을 추정하지 않길 분명히 바라기 때문에 무엇인지 정확히 알아야만 한다! 실제 데이터를 설명하는 구성 요소는 굵은 직선의 채워진 포인트를 사용하고 추정 데이터를 나타내는 것은 가는 점선의 채워지지 않은 포인트를 사용하라.

보조 y축을 제거하라 특별한 사례든 보통의 사례든 보조 y축 사용은 피할 것을 권한다. 보조 축이 있으면 아무리 명확하게 제목과 라벨을 붙여도 어떤 데이터를 어떤 축에서 읽어야 하는지 이해해야 한다. 나는 청중이 이런 일을 할 필요가 없길 바란다. 보조 축을 사용하기보다 보조 y축을 숨기고 제목과 라벨을 붙여 직접 읽을 수 있도록 하는 게 낫다. 또 다른 대안으로 두 개의 그래프를 만들어 같은 x축에 y축 각각을 적용할 수 있다. 각기 다른 그래프에 데이터를 넣는 것은 왼쪽에 각 데이터 계열에 대한 제목과 라벨을 붙일 수 있다는 것을 의미한다. 그리고 '필요한 세부 사항을 알려면 왼쪽을 봐야 하는가, 오른쪽을 봐야 하는가?'와 같은 의문이 생기지 않는다.

보조 축에서 읽어야 하는 데이터는 미지급 원금 잔액이다. 그림 7.3a에서는 수천의 수천이라는 이상한 방식으로 제시되고 있다. 수천의 수천은 '백만'이다. 단위를 백만으로 바꾸면 그래프 읽기가 조금 더 수월해지며 설명하려는 데이터를 이야기하기가 편안해진다.

데이터의 일반적인 형태가 특정한 몇몇 숫자 값보다 더 중요할 수 있다. 따라서 이전에 제시했던 두 번째 대안을 적용하라고 권하고 싶다. 그림 7.3.b와 같이 데이터를 두 개의 그래프로 나눈다.

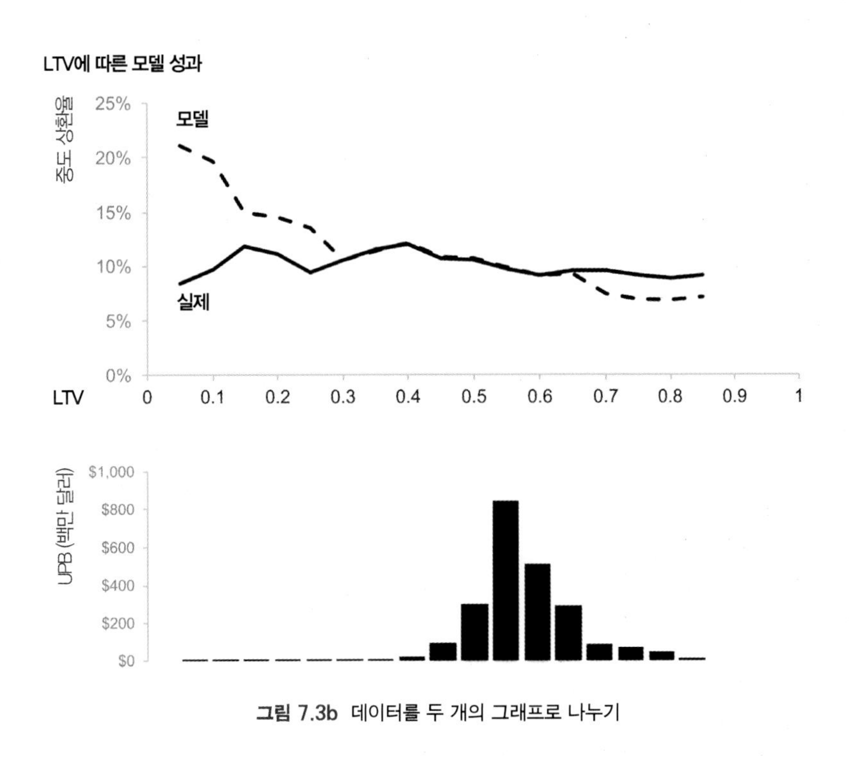

그림 7.3b 데이터를 두 개의 그래프로 나누기

그림 7.3b에서 시각화 자료를 두 개 그래프로 나눴다. 위쪽 그래프는 모델과 실제 중도 상환율을 보여준다. 중간에 있는 LTV 축은 두 그래프를 한데 묶어 읽으라는 의미다(이렇게 하는 것이 혼란스럽다면 두 번째 그래프 하단에도 한 번 더 넣으면 된다). 아래쪽 그래프는 포트폴리오에서 미지급 원금 잔액에 따른 대출금 분포를 보여준다. 각각의 데이터를 보여주는 또 다른 가능한 선택지를 곧 살펴볼 것이다. 우선 계속해서 피드백 포인트를 진행하자.

커다란 적색 박스는 적절한 것을 강조하지 못하고 있다 누군가가 그래프를 보고 '나는 여러분이 여길 봤으면 한다'라고 생각하면서 해당 부분 주변에 적색 박스를 그렸을 것이다. 노력은 감사하지만 헷갈리게 할 뿐이다.

데이터에 대한 많은 질문 사항에 희망적인 답변을 했으므로 다시 그림 7.3a의 적색 박스를 생각해보자. 무엇을 보여주려 하는가? 한 문장으로 정의할 수 있는가?

나라면 '모델은 LTV가 낮을 때 중도 상환을 과하게 예측한다'라고 정의할 것 같다. 이슈가 있는가? 그림 7.3a로 다시 돌아가 보자. LTV가 낮을 때 포트폴리오에서 대출금을 갖고 있는가? (힌트: 질문에 답하려면 녹색 점선을 보라.)

아니다. 포트폴리오의 해당 영역에는 대출금 잔액이 없다. 우리 모델이 잘 작동하지 않는 것은 해당 영역에서 모델에 적용할 대출금이 없기 때문이라고 생각된다. 이외에 LTV가 낮다는 것은 리스크가 가장 낮은 대출금이라는 뜻이다. 부동산 가치보다 대출금이 적은 상황이다(그래서 누군가가 대출금을 갚지 못해 은행이 집을 저당 잡아야 한다면 돈이 된다. 그리고 그 외에도 많은 것이 된다). 걱정하는 이유가 이런 점은 아닐 것이다. 그렇지만 역시 흥미로운 지점이긴 하다. 곧 알게 된다.

3단계: 라이브 세팅에서 데이터를 어떻게 제시할지 이야기하자. 이전 연습 문제에서도 봤다시피 데이터로 의사소통하는 데 흥미로운 선택지를 제공한다.

청중을 위해 그래프를 설정하면서 시작하겠다. 지금 LTV에 따른 실제 중도 상환율과 모델을 검토하고자 한다. 중도 상환율은 수직의 y축에 있고 주택 담보 인정 비율인 LTV는 x축에 놓여 있다. (그림 7.3c)

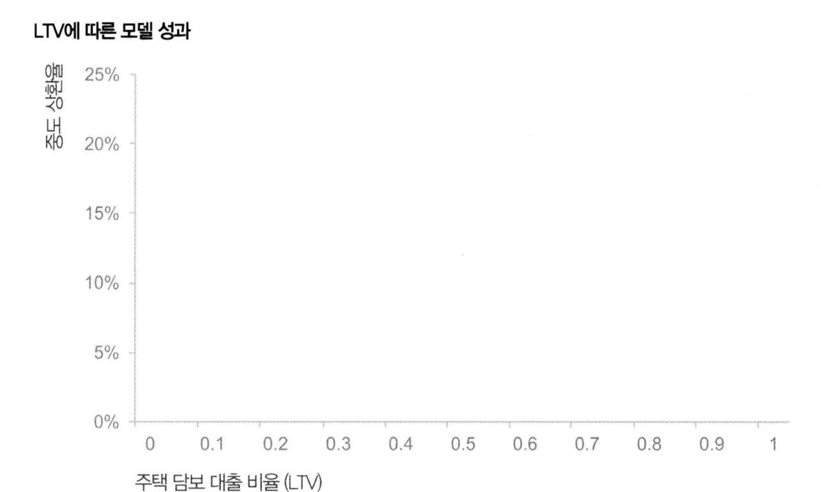

그림 7.3c 우선 무대를 마련해보자

실제 중도 상환율은 LTV에 따라 변동이 심하지 않다. 선은 대체로 평평하다. (그림 7.3d)

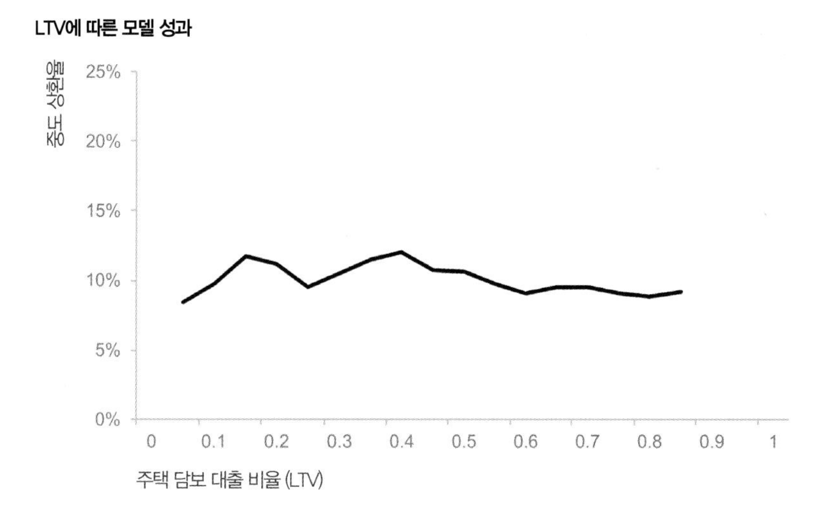

그림 7.3d 실제 중도 상환율은 LTV에 따른 변동이 심하지 않다

하지만 모델은 다르게 움직인다. LTV가 낮을 때는 과하게 예측하고 높을 때는 더 낮게 예측하는 경향이 있다. (그림 7.3e)

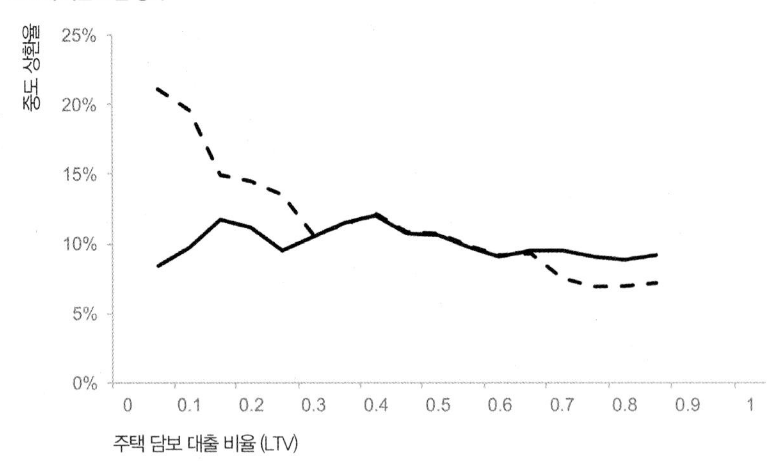

그림 7.3e 모델은 LTV가 낮을 때는 더 높게, LTV가 높을 때는 더 낮게 예측한다

이제 조금 다른 것을 해보려 한다. 여러분은 이런 질문을 할지도 모른다. 얼마나 큰 거래인가? 포트폴리오에서 대출은 어디에 집중돼 있는가? y축의 중도 상환율을 포트폴리오상 대출의 미지급 원금 잔액으로 바꿔봤고 결과는 다음과 같이 나타난다. (그림 7.3f)

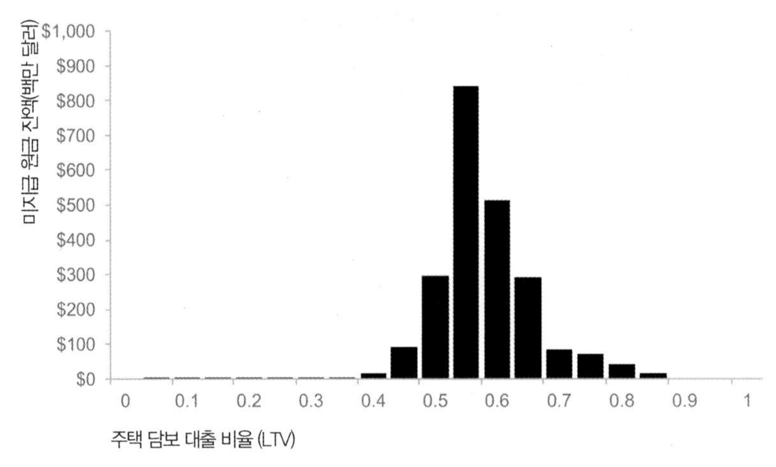

그림 7.3f 포트폴리오상 대출금 분포

이것은 포트폴리오에서 대출금 분포가 어떤지 보여준다. 잠시 멈추고 y축 단위와 이와 관련한 데이터가 어떻게 정렬돼 있는지 주목해보자. 가장 긴 막대는 미지급 원금 잔액이 약 8억 달러다. 하지만 특정 숫자보다 데이터의 일반적 분포 형태에 초점을 맞추는 것이 더 중요하므로 다음 단계에서는 해당 축을 제외할 예정이다. 동시에 막대를 그래프의 배경으로 밀어내고 모델 및 실제 중도 상환율을 앞쪽에 놓는다. (그림 7.3g)

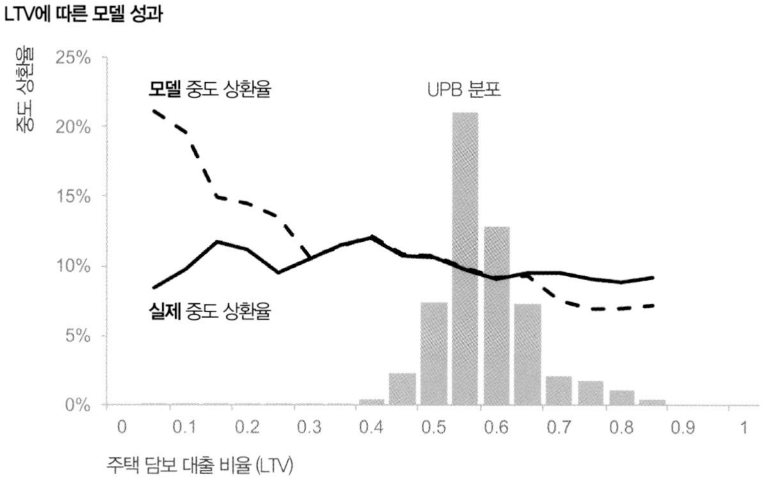

그림 7.3g 중도 상환율을 그래프에 다시 추가하기

이렇게 하면 모델이 LTV가 낮을 때 중도 상환율을 과하게 예측함을 알 수 있다. 하지만 포트폴리오에서 해당 내용을 강조한 부분은 없다. (그림 7.3h)

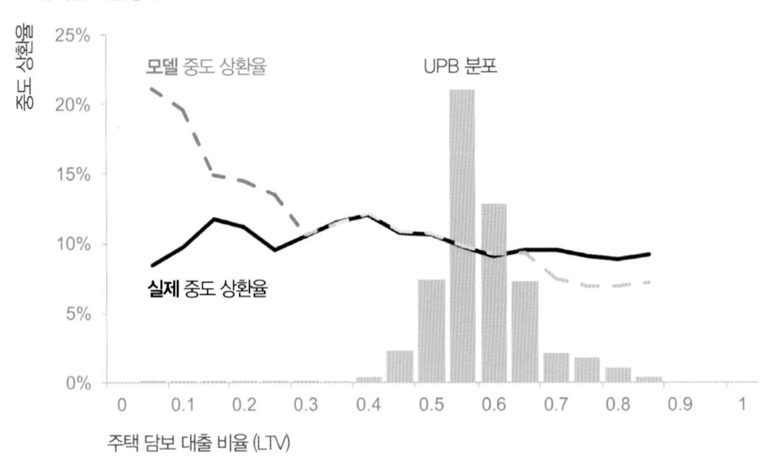

그림 7.3h 모델은 LTV가 낮을 때 중도 상환율을 과하게 예측한다

모델은 LTV가 높을 때는 더 낮게 예측하는 경향을 보인다. 포트폴리오의 해당 부분에서는 대출금 잔액을 알 수 있다. 앞으로는 대출금 잔액을 보이게 해야 한다. (그림 7.3i)

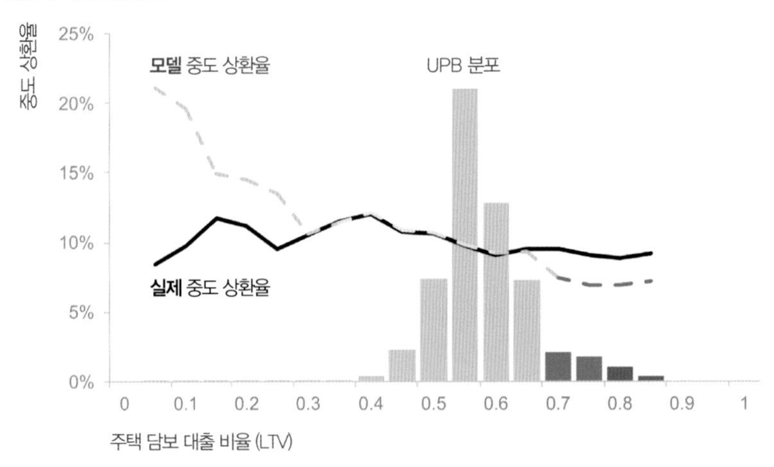

그림 7.3i 모델은 LTV가 높을 때 중도 상환율을 더 낮게 예측한다

일련의 과정은 라이브 프레젠테이션에서 잘 작동한다. 논의한 바를 상기해야 하거나 회의에 참석하지 못한 사람에게 보낼 한 장의 시각화 자료가 필요하면 슬라이드에 직접 중요 포인트를 주석으로 달 것이다. 이렇게 하면 청중은 시사하는 바와 의미하는 바를 명확히 알 수 있다. 그림 7.3j를 보라.

중도 상환율 모델은 한계가 있다

중도 상환율 모델은 포트폴리오 대출금의 대부분이 집중된 영역에서는 대체로 잘 맞는다.

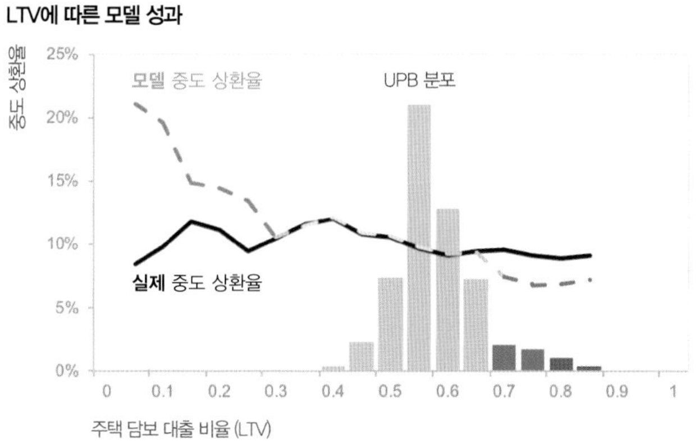

하지만 모델은 LTV가 낮을 때는 과대평가하고 LTV가 높을 때는 과소평가하는 경향이 있다. 이것이 해당 모델의 한계점이다.

조치 사항: **LTV 대출이 낮거나 높을 때는 포트폴리오에만 집중하는 것을 피하라.**

가계 대출만 포함한다. 미지급 원금 잔액(UPB)은 2019년 8월 31일 기준이다. 데이터 출처: 오리진 및 액티브 포트폴리오 파일.
중도 상환율 모델의 방법론에 대한 추가 세부 사항이 필요하면 신용위험분석(Credit Risk Analytics)에 문의하라.

그림 7.3j 슬라이드에서 중요한 포인트를 직접 주석으로 달아라

수업 내용을 실행에 옮긴다. 이해하기 쉬운 언어를 사용하라. 너무 복잡하게 만들지 말라. 가끔 색으로 강조하라. 청중이 놓치지 않도록 메시지를 명확하게 설명하라!

연습 문제 7.4: 신학기 쇼핑

전국 조직 의류 소매상의 데이터 분석가로서 올해 신학기 쇼핑 시즌에 대비한 준비를 하려 한다. 지난해 신학기 쇼핑 데이터를 조사해 고객이 무엇을 좋아하고 무엇을 좋아하지 않는지에 관한 고객 경험을 파악했다. 데이터가 기회를 명확히 드러낸다고 보고 올해 신학기 쇼핑 시즌에 대비해 여러분 회사의 상점에 전략을 알려주는 데 쓰고자 한다.

이번 사례는 왠지 낯익다. 연습 문제 1.2, 1.3, 1.4, 1.7, 6.3 및 6.4에서 접했기 때문이다. 기존 연습 문제 및 해결 방안을 참조해 시나리오에서 청중, 빅 아이디어, 스토리보드, 긴장 상태, 해결 방안 및 기승전결 구조를 어떻게 생각했는지 떠올려라. 그림 7.4a를 검토한 후 다음을 완성하라.

신학기 쇼핑 조사 결과

상점이 제공하는 것은…	긍정 % 우리 상점	모든 상점
상점이 잘 정돈됨.	40%	38%
빠르고 쉬운 계산.	33%	34%
친절하고 도움을 주는 직원.	45%	50%
적절한 프로모션.	45%	65%
찾고자 하는 것을 찾기 쉬움.	46%	55%
필요한 크기를 찾기 쉬움.	39%	49%
편안한 분위기.	80%	70%
최신 기술 기반의 손쉬운 쇼핑.	35%	34%
최저가 판매.	40%	60%
선택폭이 넓음.	49%	47%
다른 곳에서는 찾기 어려운 품목 구비.	74%	54%
최신 스타일.	65%	55%

그림 7.4a 신학기 쇼핑 조사 결과

1단계: 스토리는 무엇인가? 이런 상황에서 초점을 맞춰야 하는 것에 통찰력을 발휘하려면 그림 7.4a의 데이터를 어떻게 시각화해야겠는가? 앞서 다뤘던 모든 수업 내용을 다시 떠올려보고 어떻게 적용할지 생각해보자. 필요하면 시나리오를 추정하라. 데이터를 다운로드해 각자 마음에 드는 시각화 자료를 만들라.

2단계: 회의에서 데이터로 청중에게 설명한다. 정보를 어떻게 제시할 것인가? 각자 선택한 툴로 자료를 발전시켜라.

3단계: 여러분은 청중이 회의 후에 회의 내용을 받고 싶어 할 것으로 예상한다. 자료는 회의에 참석한 사람에게는 이야기한 것을 상기해줘야 하고 참석하지 못한 사람에게는 논의된 내용이 무엇이었는지 알려줄 수 있어야 한다. 이런 요구 사항을 충족하려면 그래프나 슬라이드를 어떻게 디자인하겠는가? 각자 선택한 툴로 만들라.

해결 방안 7.4: 신학기 쇼핑

1단계: 잘 만든 그래프를 보고 '아하!'하고 탄성이 날 정도로 마법 같은 이해의 순간이 오도록 도울 수 있는 것을 찾으려고 데이터를 여러 번 반복한 것을 살펴보자. 우선 산점도를 활용한다. 그림 7.4b를 보라.

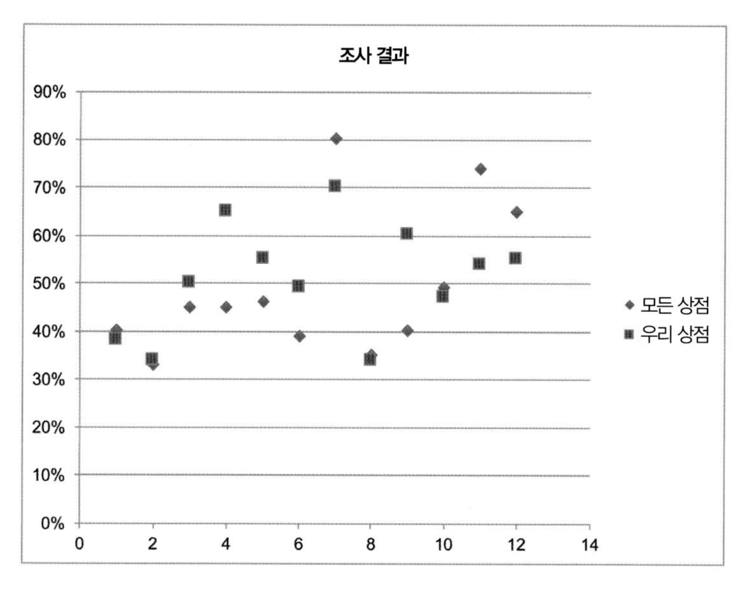

그림 7.4b 산점도

산점도는 질문에 답을 주기보다 더 많은 질문 사항을 생성한다. 데이터에 대한 설명이 부족하다는 의미다. 선 그래프로 시도해보자. 그림 7.4c를 보라.

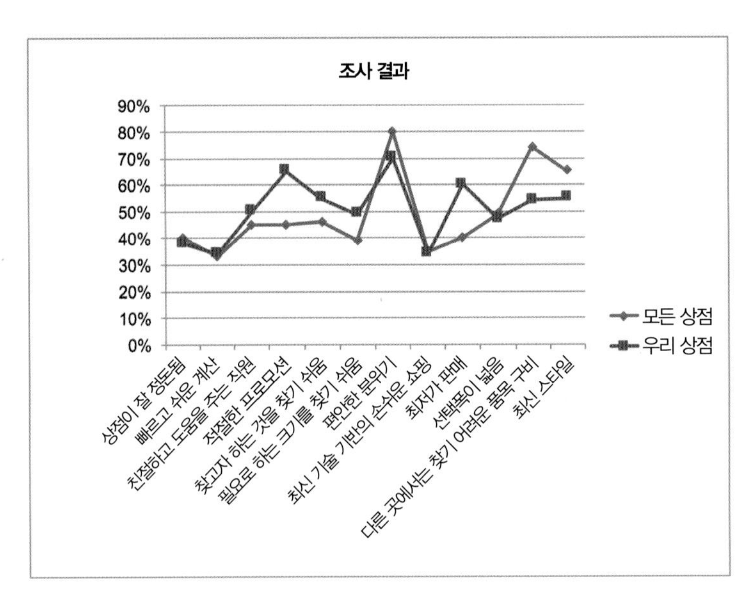

그림 7.4c 선 그래프

선형은 데이터를 제대로 설명하는가? 이전 그래프보다는 높은 점수와 낮은 점수를 골라내기가 쉽다. 하지만 이해되지 않는 범주형 데이터categorical data를 서로 연결하고 있다. 범주형 데이터를 쓰려면 막대 차트를 시도해보자. 그림 7.4d를 보라.

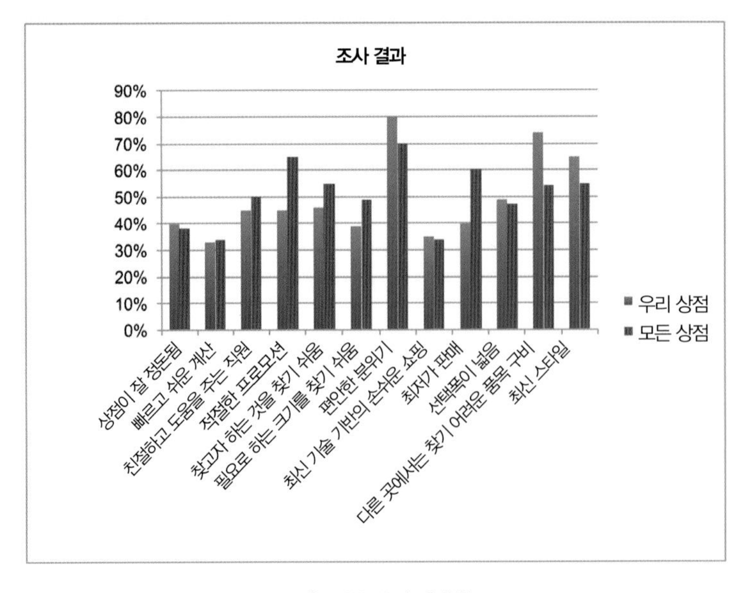

그림 7.4d 수직 막대형

표준적인 수직 막대 차트를 수평 막대 차트로 바꾸는 가장 흔한 이유는 x축 라벨을 쓰는 데 공간을 더 확보하려는 것이다. 사선 방향의 구성 요소는 시선을 빼앗을 뿐 아니라 혼란스러워 보인다. 가장자리를 들쭉날쭉하게 만들어 정돈이 안 된 것처럼 보인다. 사선으로 텍스트를 쓸 때 더 나쁜 것은 수평으로 쓰는 것과 비교해 읽는 속도가 느려진다는 것이다. 이것은 쉽게 개선할 수 있다. 그래프를 90도로 돌려 수평 막대 차트를 만들면 범주 이름을 읽기 쉽게 쓸 수 있는 공간이 마련된다. 그림 7.4e를 보라.

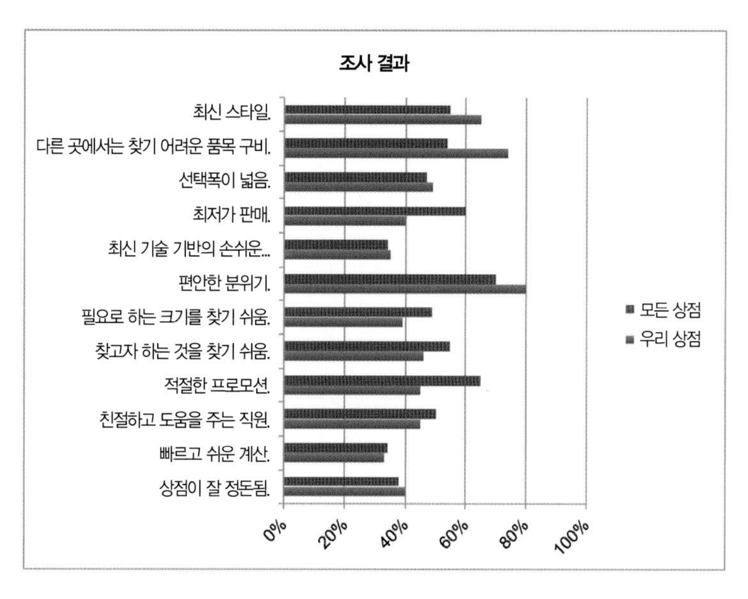

그림 7.4e 수평 막대형

데이터를 보여줄 때는 데이터 정렬을 어떻게 할 것인지 고민하게 된다. 간혹 참조할 만한 범주 나름의 자연스러운 순서가 있기도 하다. 범주에 정해진 순서가 없다면 데이터에서 의미를 찾아 정렬하게 된다. 'z' 모양으로 지그재그 읽는 것을 생각해야 한다. 다른 시각적 실마리가 없다면 청중은 페이지나 스크린의 상단 왼쪽에서 시작해서 눈을 'z' 모양으로 지그재그 움직이면서 정보를 얻는다. 청중이 그래프 상단의 왼쪽을 가장 먼저 본다는 의미다. 작은 값이 중요하다면 상단에 배치하면 된다. 그림 7.4f를 보라.

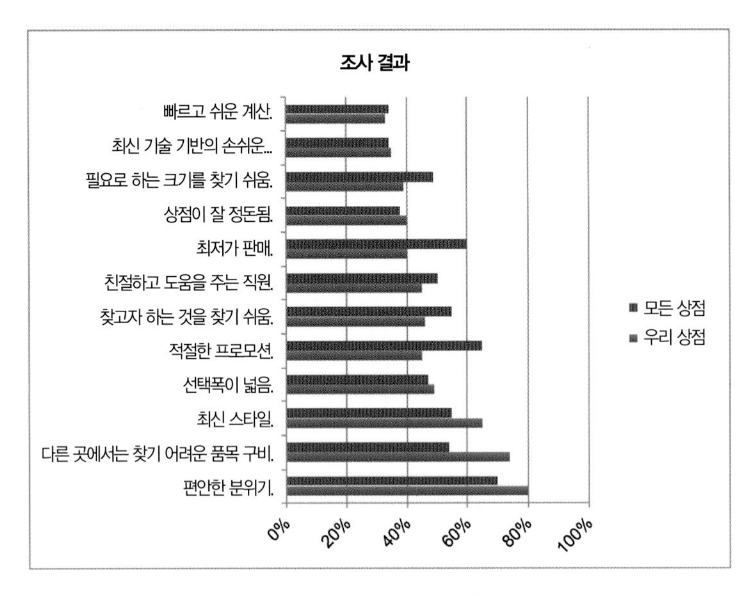

그림 7.4f 오름차순으로 정렬

한 걸음 물러나 스토리 전개를 생각해보면 가장 나쁜 것에서 출발하는 것은 조금 이상해 보인다. 아마도 잘하는 것에서 시작해 기회로 옮겨가길 원할 것이다. 점수가 가장 높은 범주를 상단에 놓고 내림차순으로 정렬한다. 그림 7.4g를 보라.

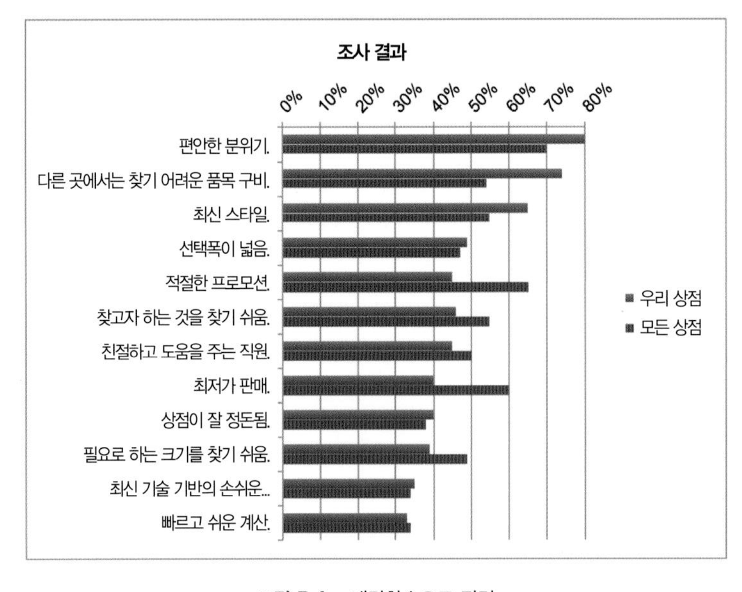

그림 7.4g 내림차순으로 정렬

엑셀로 작업한 결과 그림 7.4g처럼 x축이 상단으로 옮겨가 재정비됐다. 개인적으로 이런 형태도 괜찮다고 생각한다. 청중이 데이터를 보기 전에 데이터 읽는 방법을 먼저 떠올린다는 의미다.

앞서 다뤘던 다른 수업 내용을 적용하는 차원에서 잡동사니를 없애보겠다. 계속 읽기 전에 잠시 시간을 두고 그림 7.4g를 자세히 살펴보자. 없애야 할 잡동사니는 무엇인가? 데이터를 쉽게 읽으려면 어떻게 바꿔야 하는가?

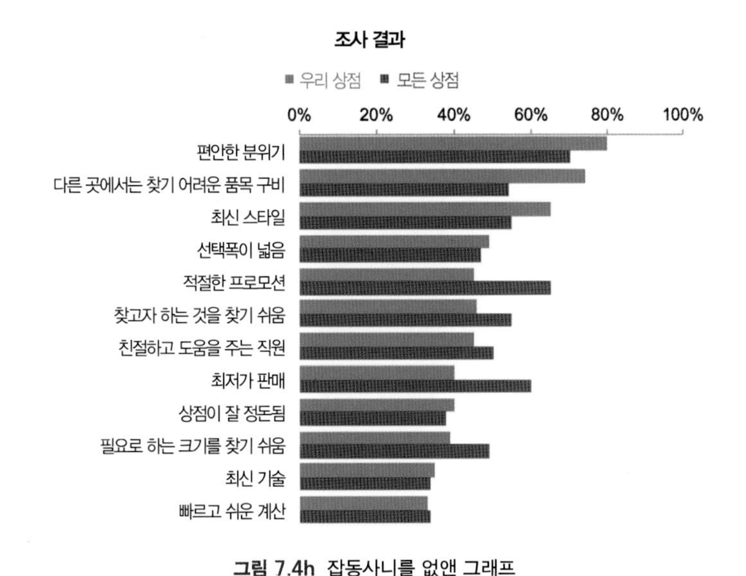

그림 7.4h 잡동사니를 없앤 그래프

그림 7.4h는 잡동사니를 없앤 그래프다. 차트의 경계선과 그리드선을 없애고 막대를 조금 더 두껍게 했다. x축을 최대 100%까지 나타냈고 수평 방향으로 크기가 들어맞도록 x축 라벨의 주기를 줄였다. y축 선과 주 눈금을 없애고 라벨 끝의 마침표도 없앴다. 하나의 선에 잘 들어맞도록 두 번째 라벨 뒷부분의 글자 수를 줄였다. 범례는 그래프 상단에 배치해 데이터를 보기 전에 먼저 보도록 했고, 범례가 나타내는 데이터와 시각적으로 묶으려고 색을 비슷하게 했다.

진행하기에 앞서 그림 7.4h를 다시 보라. 시선을 이끄는 곳은 어디인가?

나와 의견이 같다면 시선을 명료하게 이끌 만한 곳이 없다는 반응을 보일 것이다. 현재 주의를 끄는 데 사전 주목을 이끄는 속성을 전략적으로 사용하지 못하고 있다는 것을 의미한다. 색과 대비를 어떻게 활용할지 조금 더 생각해보자. 그림 7.4i를 보라.

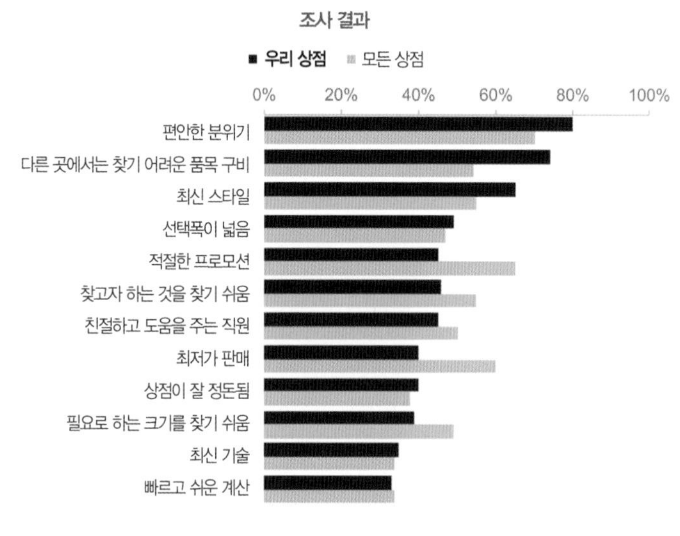

그림 7.4i 주의 집중시키기

그림 7.4i에서 그래프의 대부분 구성 요소를 배경으로 밀어내고 회색 처리했다. 우리 상점은 진한 청색으로 표시해 주의를 끌도록 했다. 라이브 진행에서 스토리를 말할 때는 몇 가지 다른 지점에서 더 주의를 집중시킬 것이다. 우선 데이터를 이해하기 쉽게 제시할 필요가 있는 문구를 추가하자. 그림 7.4j를 보라.

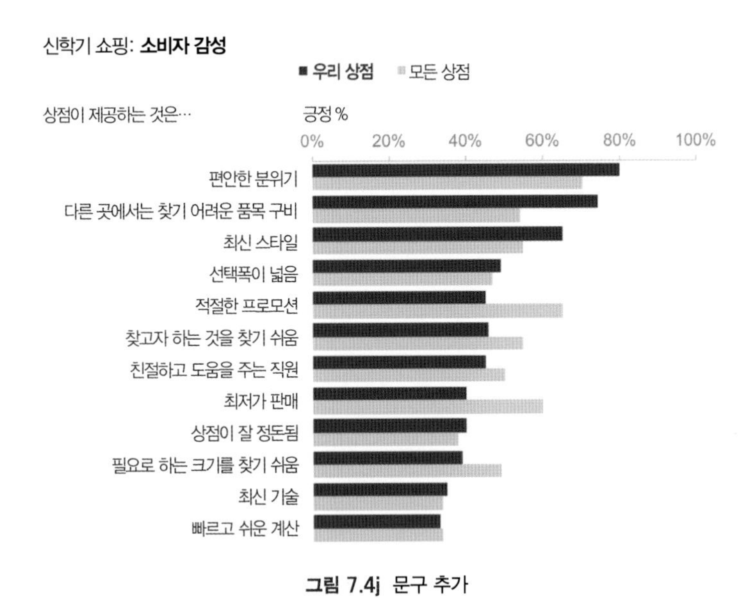

그림 7.4j 문구 추가

스토리에는 문구가 있다. 이해를 도우려면 최소한 그래프 제목과 축 제목에 설명하는 문구를 넣을 필요가 있다. 한 걸음 더 나아가 문구를 활용해 스토리를 말할 수 있다. 다음으로 가보자.

2단계: 라이브 회의에서 발표한다면 다음과 같은 과정으로 진행할 것이다.

오늘의 제안 사항 하나를 제시하고자 한다. 상점 내 고객 경험을 개선하려면 직원 훈련에 투자해야 한다는 것이다. (그림 7.4k)

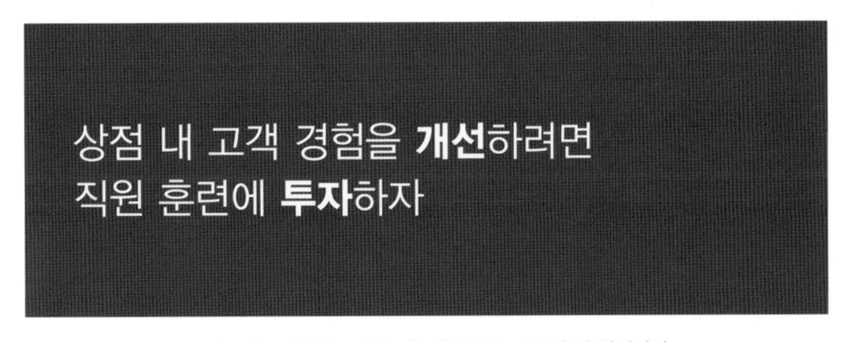

그림 7.4k 간결하고 반복 가능한 문구로 요약한 빅 아이디어

다시 돌아가 플롯을 설정하자. 신학기 쇼핑 시즌은 연간 매출의 거의 1/3을 차지하므로 전체 성공의 지대한 원동력이다. 하지만 이제까지 데이터 기반으로 접근한 적이 없었다. 개별 상점 수준에서 일회성 칭찬이나 비난에 따라 우리가 어떻게 하고 있는지 알아 왔을 뿐이다. 규모가 작을 때는 크게 문제가 없었으나 이제는 확실히 규모가 달라졌다. 따라서 비즈니스의 중요한 부분을 데이터 기반으로 계획을 세워보자고 생각하게 됐다. 지난해의 신학기 쇼핑 시즌에서 우리 고객 및 경쟁사 고객을 대상으로 조사를 수행한 바 있다. 취합 데이터는 우리 상점의 다양한 상황을 어떻게 헤쳐나갈지 그리고 어떻게 하면 경쟁사에 대적할 수 있을지에 대해 중요한 통찰력을 부여한다. (그림 7.4l)

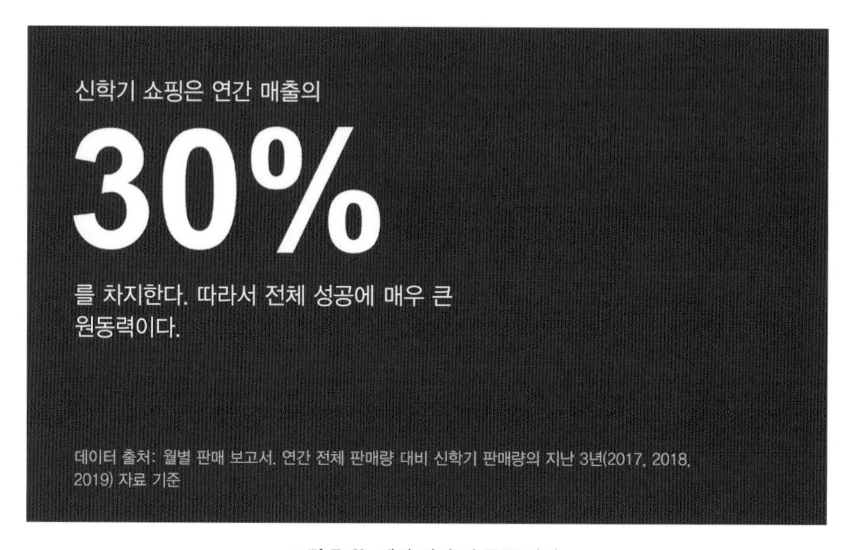

그림 7.4l 배경 설명 및 플롯 설정

오늘 여러분에게 조사 결과를 이야기하고 이를 활용해 구체적인 권고 사항을 구성하려 한다. 이미 말했다시피 상점 내 고객 경험을 개선하려면 직원 훈련에 투자해야 한다고 확신한다. (그림 7.4m)

오늘 우리가 다룰 주제

1 조사 분석[1] 결과에서
알아낸 것을 논의한다

2 다가오는 신학기 쇼핑 시즌을 위해 고객 만족도를 높이고
판매량도 증가시킬 수 있는 변화에 대한
구체적인 권고 사항을 제안한다

[1] 조사 방법론 및 관련 정보에 대한 전체 세부 사항은 부록에서 찾아볼 수 있다.

그림 7.4m 오늘 우리가 다룰 주제

데이터를 보기 전에 앞으로 살펴볼 내용을 정해 보겠다. 사람들에게 수많은 상황의 쇼핑 경험에 대해 질문했다. 예를 들어 편안한 분위기나 다른 곳에서는 찾기 어려운 품목 구비 , 최신 스타일과 같은 것들이다. 각각에서 긍정적인 퍼센트를 취합했다. 관련 항목에 긍정적인 반응을 보인 응답자의 비율이다. (그림 7.4n)

신학기 쇼핑: **소비자 감성**

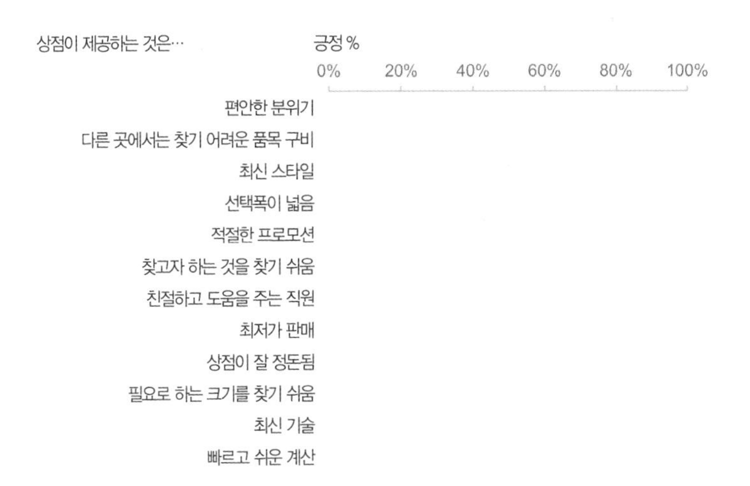

그림 7.4n 그래프 설정

우리 상점의 데이터를 추가하자. 다양한 항목에서 성과도 다양하다는 것을 알 수 있다. (그림 7.4o)

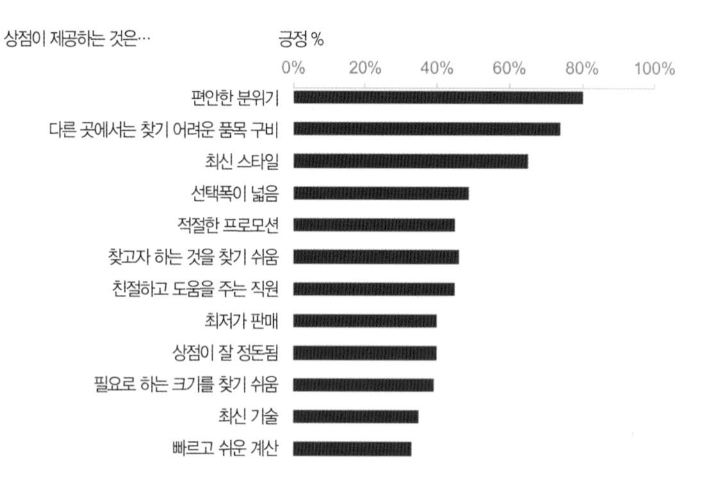

그림 7.4o 우리 비즈니스에 초점 맞추기

성과가 좋은 것에 우선 초점을 맞춰보자. 편안한 분위기, 다른 곳에서는 찾기 어려운 품목 구비, 최신 스타일의 세 개 영역에서 점수가 가장 높았다. 글자 그대로다. 사람들은 우리 상점에서 쇼핑하는 것을 좋아하고 브랜드 연관성에도 긍정적이다. (그림 7.4p)

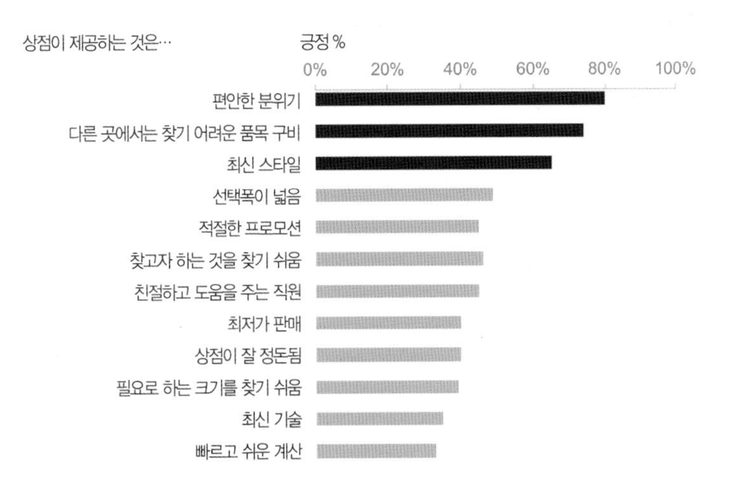

그림 7.4p 가장 점수가 높은 항목에 초점 맞추기

스토리의 또 다른 측면도 있다. 말하자면 낮은 점수를 받은 항목이다. (그림 7.4q)

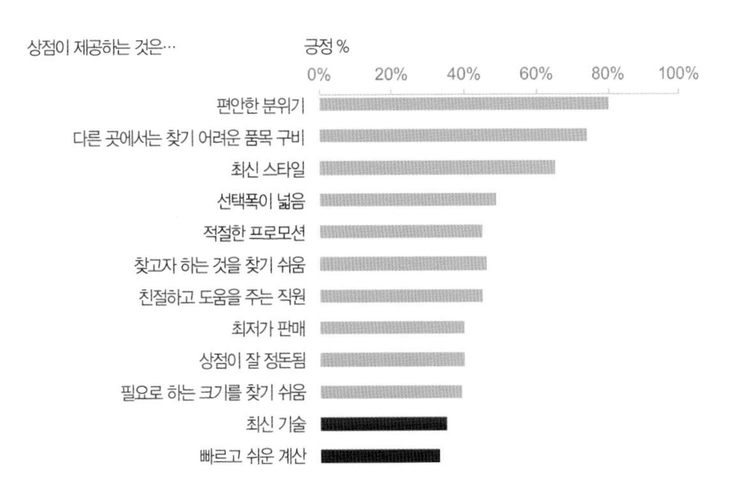

그림 7.4q 가장 점수가 낮은 항목에 초점 맞추기

흥미롭게도 경쟁사의 데이터, 즉 다음에서 회색 막대로 나타낸 것을 보면 낮은 점수를 받은 영역에서는 경쟁사와 비슷한 점수를 보인다. 그래서 여기에 초점을 맞추지 않으려 한다. (그림 7.4r)

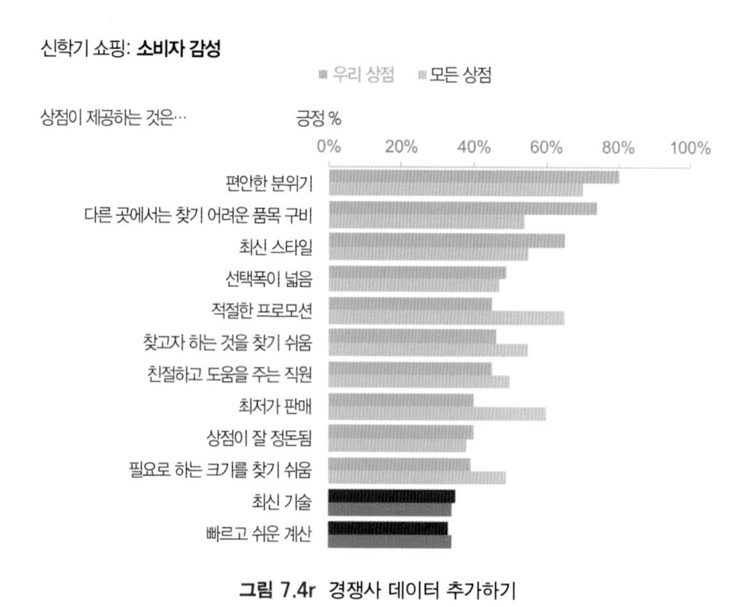

그림 7.4r 경쟁사 데이터 추가하기

경쟁사보다 점수가 낮은 기타 항목도 있다. (그림 7.4s)

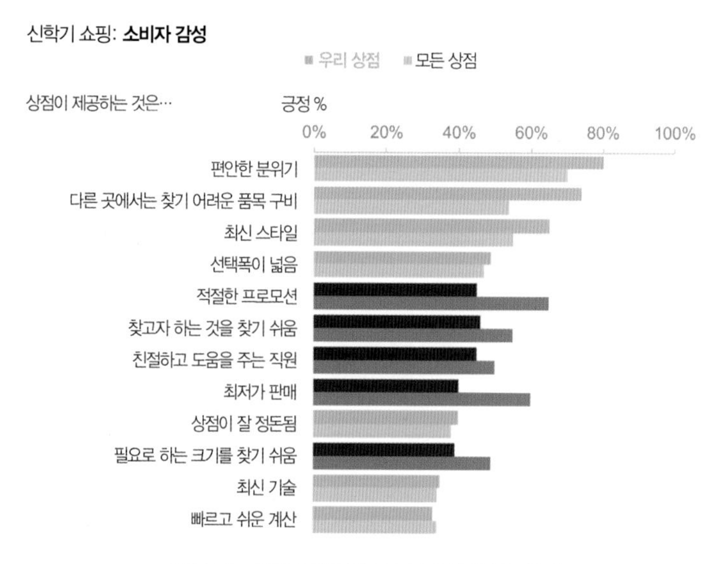

그림 7.4s 경쟁사보다 점수가 낮은 항목 강조하기

다음으로 데이터에 대한 다른 관점으로 이동한다. 절대적인 긍정 퍼센트를 보기보다 막대 간 차이를 그래프로 그려볼 생각이다. 왼쪽은 우리가 경쟁사보다 성과가 낮은 것, 즉 점수가 더 낮은 것을 보여준다. 오른쪽은 우리가 경쟁사보다 나은 것, 즉 점수가 더 높은 것을 보여준다. (그림 7.4t)

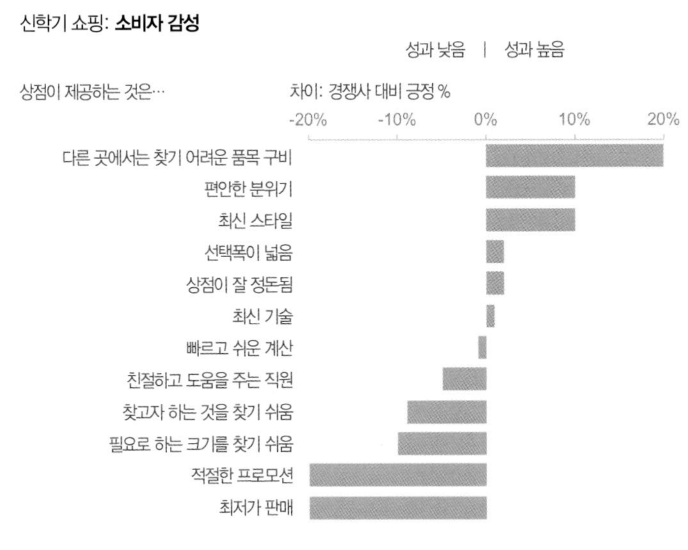

그림 7.4t 절대치에서 차이로 초점 전환

우선 어느 부분이 잘 진행되고 있는지 초점을 다시 맞추자. 우리 상점이 경쟁사보다 성과가 더 높은 세 가지 영역은 다른 곳에서는 찾기 어려운 품목 구비, 편안한 분위기 및 최신 스타일이다. 해당 영역은 절대적인 긍정 퍼센트 기준으로 가장 높은 점수를 받은 항목과도 일치한다. (그림 7.4u)

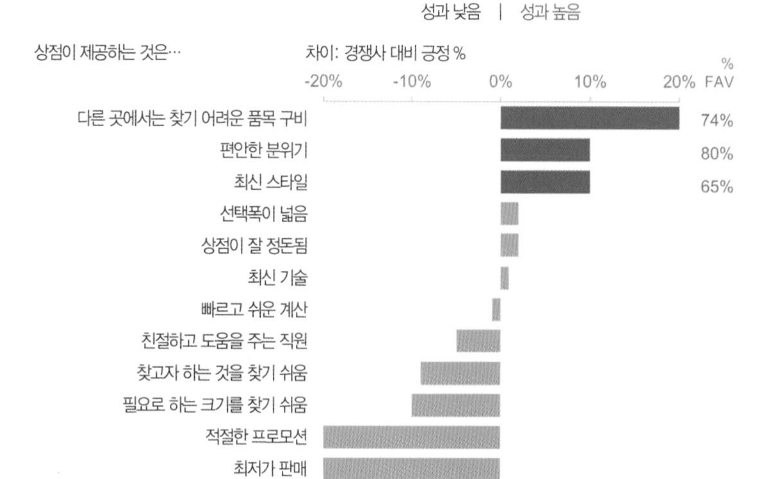

그림 7.4u 우리 상점의 성과가 더 높은 항목에 초점 맞추기

하지만 우리가 경쟁사보다 성과가 낮은 영역도 있다. (그림 7.4v)

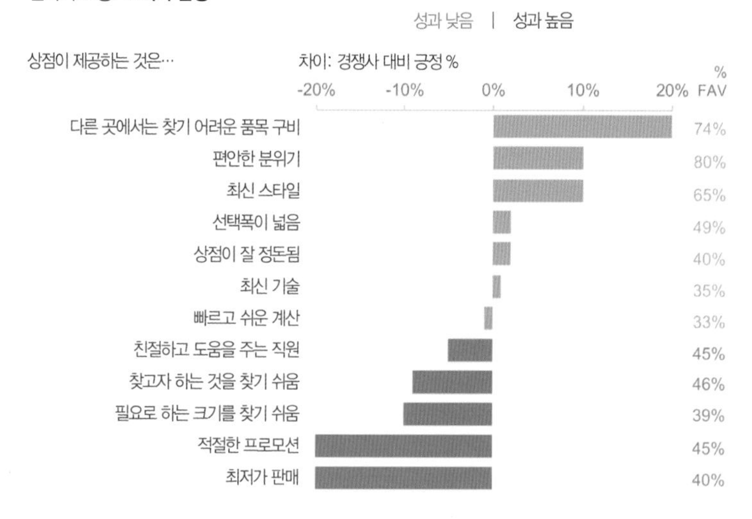

그림 7.4v 우리 상점의 성과가 더 낮은 항목에 초점 맞추기

경쟁사보다 성과가 낮은 항목은 대체로 프로모션 및 판매와 관련된다. 브랜드 희석brand dilution이 일어날지도 모르기 때문에 이제까지 일부러 피해온 영역이다. 따라서 여기에서는 초점 맞추기를 권하지 않는다. (그림 7.4w)

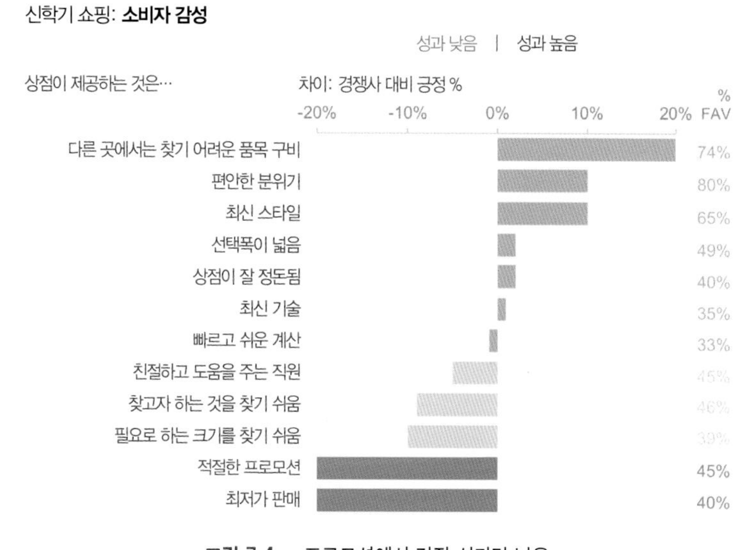

그림 7.4w 프로모션에서 가장 성과가 낮음

오히려 경쟁사보다 성과가 낮았던 다른 영역을 검토해보자. 친절하고 도움을 주는 직원, 찾고자 하는 것을 찾기 쉬움, 필요로 하는 크기를 찾기 쉬움이다. 놀랍게도 해당 영역에서 우리 상점은 경쟁사보다 점수가 매우 낮다. 좋은 소식은 해당 항목 모두 영업 사원이 직접 관리할 수 있는 고객 경험의 영역이라는 것이다. (그림 7.4x)

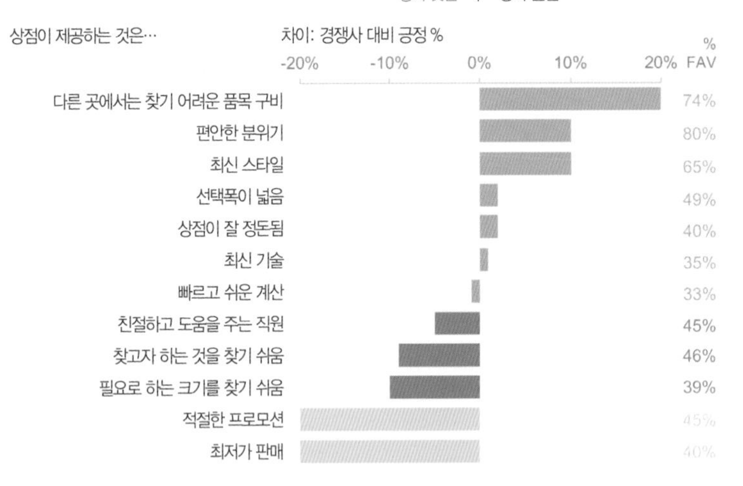

그림 7.4x 우리가 관리할 수 있는 영역에 초점을 맞출 것을 권고

상점 내 고객 경험을 개선하고 다가오는 신학기 쇼핑 시즌을 최고로 만들려면 적절한 서비스에 대한 이해를 같이 할 수 있도록 직원 훈련에 투자하자! (그림 7.4y)

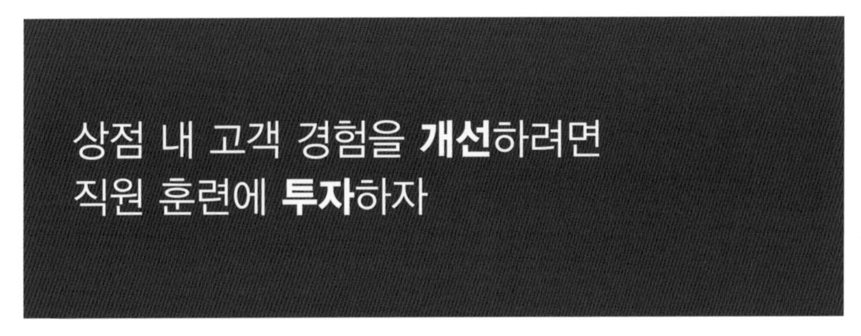

그림 7.4y 간결하고 반복 가능한 문구로 요약한 빅 아이디어 반복하기

3단계: 라이브 프레젠테이션 이후에 자료를 나눠줘야 한다면 슬라이드에 충분히 주석을 달아 청중 스스로 내가 라이브로 진행한 것과 유사한 스토리를 가져갈 수 있도록 한다. 그림 7.4z를 보라.

필요한 조치 사항: 직원 훈련에 투자

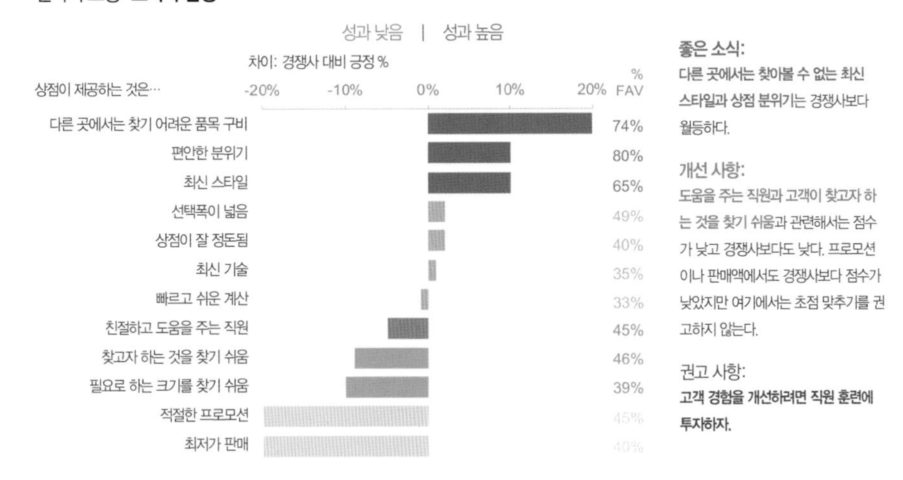

데이터 출처: 2019년 신학기 쇼핑 조사(조사 응답자 21,862명).
추가 조사와 방법론에 대한 세부 사항은 요청하면 받을 수 있다. 통찰팀(Insights Team)에 문의하라.

그림 7.4z 주석 달린 최종 버전

이번 슬라이드는 우리가 다룬 많은 수업 내용을 제대로 적용한 좋은 설명 사례다. 상황 정보에 대해 탄탄한 이해를 쌓고, 적절한 시각적 디스플레이를 선택하고, 잡동사니를 파악해 없애고, 우리가 원하는 부분에 주의를 끌어내고, 설계자처럼 생각하고, 스토리를 말하고 있다. 데이터를 그냥 보여주기만 하지 말라. 전체 스토리에서 데이터를 핵심 포인트로 만들라!

연습 문제 7.5: 당뇨병 발병률(diabetes rates)

다음 사례 연구는 데이터 스토리텔링 팀의 일원인 엘리자베스 하드먼 릭스Elizabeth Hardman Ricks가 만들고 해결 방안을 낸 것이다.

여러 주에 있는 의료 센터 대상의 대형 헬스케어 시스템 분석가로 일한다고 가정하자. 여러분의 역할은 데이터를 활용해 환자 기반의 추세를 이해하고 관리자가 조직적 의사 결정을 할 수 있도록 알아낸 것을 의사소통하는 데 있다. 분석 결과 최근 특정 지역의 모든 의료 센터(A~M)에서 당뇨병 발병률이 높아진다고 나타났다. 이런 추세가 현재대로 지속된다면 센터는 적절한 수준의 돌봄을 제공할 인원이 부족한 상황이 된다. 앞으로 4년 동안 연간 14,000명의 환자가 추가로 증가하리라 예상된다. 여러분은 경영자가 당뇨병 발병률의 추세를 이해하고 해당 정보를 활용해 추가 자원이 필요한지 결정하길 원한다.

다가오는 회의에서 분석 결과를 공유할 계획이다. 그림 7.5a에 나타난 대로 당뇨병 발병률을 4가지 다른 방식으로 시각화했다. 우선 데이터에 익숙해질 시간을 갖고 다음 단계를 완성하라.

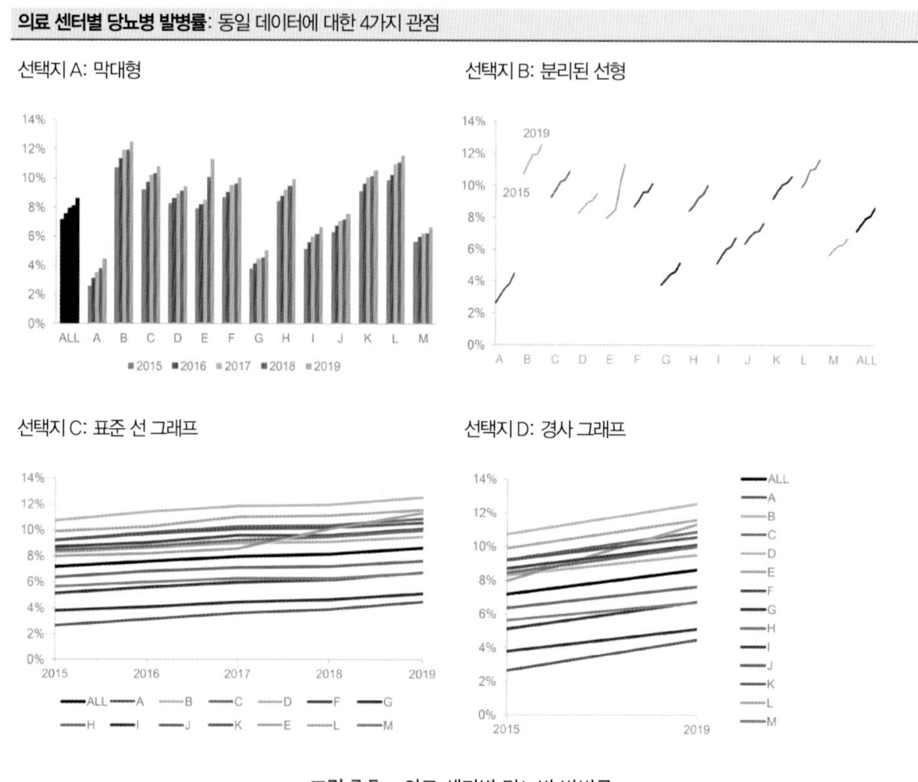

그림 7.5a 의료 센터별 당뇨병 발병률

1단계: 청중을 고려하면서 시작해보자. 의사 결정자는 선임 관리자다. 익명으로 한 사례이기 때문에 특정인의 니즈를 콕 집어서 설명하지는 않는다. 오히려 '일반적으로' 이런 역할을 하는 사람에게 동기부여를 주는 요인이 무엇인지 생각하려 한다. 무엇이 그들을 잠 못

들게 하는가? 무엇이 그들에게 동기부여를 하는가? 잠시 브레인스토밍을 하고 목록을 만들라.

2단계: 의사소통하려면 빅 아이디어를 만들라(도움이 필요하면 연습 문제 1.20의 빅 아이디어 워크시트를 참조하라). 연습 문제의 목적에 맞게 필요한 추정을 자유롭게 하라.

3단계: 다음으로 기승전결 구조를 생각하자. 청중에게 어떤 긴장 상태가 존재하는가? 여러분의 분석은 긴장 상태를 해결하는 방법으로 무엇을 제안하는가? 청중에게 제공할 필요가 있는 것은 내용 중 어떤 부분인가? 이런 부분을 마음에 두고 스토리보드를 만들라(도움이 필요하면 연습 문제 1.23과 1.24를 참조하라). 그리고 기승전결 구조에 따라 내용을 배열하라(연습 문제 6.14 참조).

4단계: 그림 7.5a에 있는 네 개 그래프를 살펴보라. 각각을 분석하고 데이터에서 가장 쉽게 이해되는 것이 무엇인지 보라. 각 그래프당 한 문장씩 관찰 사항을 적어라. 2단계에서 만든 빅 아이디어로 다시 돌아가 생각하라. 어떤 접근 방법이 전하려는 메시지를 가장 잘 뒷받침하는가?

5단계: 빠듯한 일정 안에 발견 사항을 의사소통해야 한다고 가정하라. 주요 이해관계자는 오늘까지 업데이트할 것을 요청했다. 4단계에서 가장 낫다고 파악한 그래프로 돌아가 생각하라. 그래프의 레이아웃을 변경할 시간은 없다고 가정하라. 주요 핵심 사항을 명확하게 하려면 색과 문구를 어떻게 활용할 수 있겠는가? 데이터를 다운로드해 각자 선택한 그래프에 변경 사항을 적용하라.

6단계: 5단계의 시각화 자료가 평이 좋았다(잘했다!). 관리자가 다음 회의에서 당뇨병 발병률이 계속 증가할 것이라는 미래 전망 예측을 포함한 전체 분석 결과를 제시하기로 했다. 경영자들은 이때 데이터에 대해 논의하고 싶어 한다. 관리자가 해당 데이터로 스토리를 말할 수 있도록 각자 선택한 툴을 활용해 자료를 만들라. 슬라이드별 설명 내용을 발표자 노트 형태로 제공하라.

해결 방안 7.5: 당뇨병 발병률

1단계: 청중이 관심을 보일 만한 것이 무엇인지 고민하는 브레인스토밍에서 타이머를 설정하고 5분 안에 가능한 한 많은 아이디어를 받아 적었다. 한 걸음 물러나 목록을 살펴보니 5개의 카테고리로 나눌 수 있었다.

1. **재무**: 운영 비용 제어 및 수익 목표 달성
2. **인력**: 제공자provider 모집, 양질의 환자 케어를 수행하기 위한 인재 관리 및 확보
3. **인증과 기준**: 특정 벤치마크 내로 유지, 정부 규제 준수
4. **공급자**: 보험 회사에서 요구하는 배상 수준 유지, 계약 협상, 의료 장비 구매
5. **경쟁사**: 기타 시설 및 환자 선택 사항과 비교해 우수한 환자 케어 수준과 비용 유지 혹은 둘 중 하나

2단계: 빅 아이디어 워크시트를 보는 동안 1단계 목록에 있는 동기유발 요인이 이와 같은 특수한 환경에서 무엇이 청중에게 문제가 되는지에 대한 범위를 좁히는 데 도움을 줬다. 환자 케어가 일부 수준을 충족하지 못한다면 청중은 수익을 잃고(납부자에게 배상) 인증 기준을 채우지 못하게 된다. 이런 리스크를 완화하려고 당뇨병 케어의 증가하는 수요를 충족시킬 수 있도록 추가 인력 고용을 고려할 것을 요청하고자 한다.

의사소통을 위한 빅 아이디어는 아래와 같다.

예상되는 당뇨병 환자의 증가에 대비해 환자를 케어할 수 있는 추가 인력 고용 문제를 고려함으로써 수익을 잃지 않으면서 국가 인증 기준을 충족하도록 한다.

3단계: 청중이 긴장 상태를 느끼는 몇 가지 이유(1단계 목록에서 보면 밤에 잠을 잘 수 있을지 걱정될 정도다!) 가운데 '강력한' 원인인 재무 영향을 고려하고자 한다. 수익이 창출되지 않는다면 결국 해당 시스템은 문을 닫아야 한다. 이와 같은 분석은 망하지 않고 유지할 수 있는 한 가지 방법이 적당한 수준의 케어를 제공할 인력이라는 것을 보여준다.

최초의 스토리보드를 그림 7.5b에 제시했다. 포스트잇을 시간 순서에 따라 배열한 것에 주목하라. 분석 과정을 따라가는 단계를 반영하고 있어 자연스럽게 느껴진다.

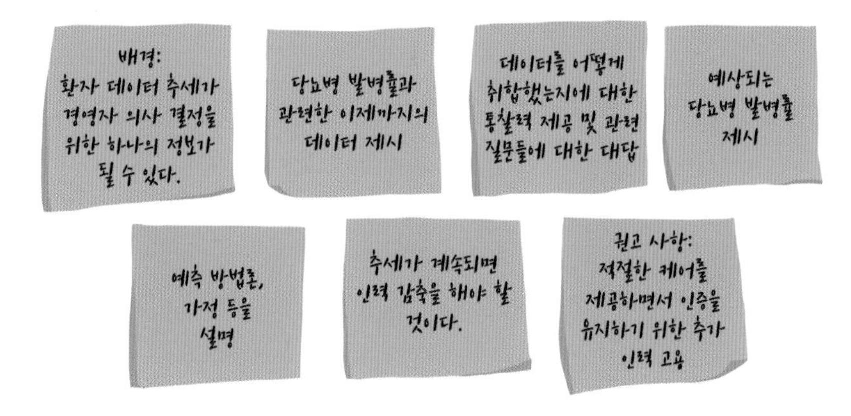

그림 7.5b 최초 스토리보드

하지만 나는 청중의 관점을 고려하고 싶다. 기승전결 구조를 활용해 데이터가 어떻게 청중의 긴장 상태를 해결할 수 있는지를 기준으로 포스트잇을 다시 배열할 수 있다. 그림 7.5c를 보라.

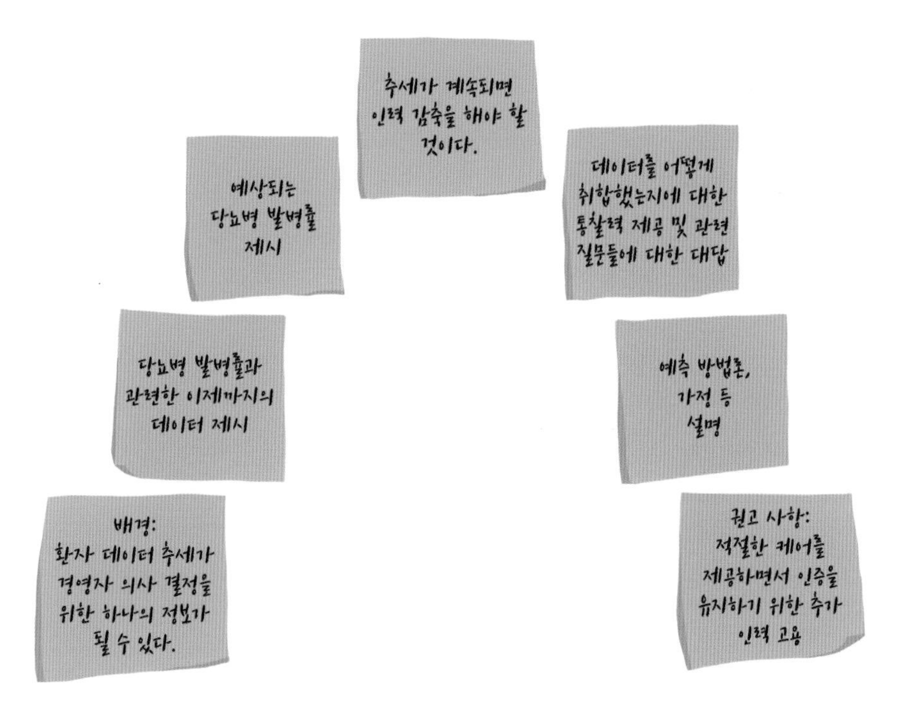

그림 7.5c 기승전결 구조에 따라 배열한 스토리보드

4단계: 그림 7.5a의 네 개 그래프를 보면 다양한 관점을 가질 때 데이터의 어떤 부분을 얼마나 명확하게 볼 수 있도록 하는가가 흥미로운 점이다. 각 그래프에 대한 관찰 사항을 아래와 같이 한 문장으로 정리했다.

1. **선택지 A:** A 센터가 가장 낮은 발병률을, B가 가장 높은 발병률을 보인다.
2. **선택지 B:** 모든 선이 다양한 변화 각도를 보이며 위쪽으로 기울어 있다.
3. **선택지 C:** 모든 선이 위쪽으로 기울어 있고 A 센터가 가장 낮다(약 3%). 2017년~2019년 사이에 E 센터가 비약적인 증가세를 보였다(약 8%에서 11%로).
4. **선택지 D:** E 센터가 가장 많이 증가했다(2015년 약 8%에서 2019년 11%로). A 센터는 가장 낮은 발병률을 보인다(2019년 4% 약간 초과).

나의 빅 아이디어를 청중이 가장 잘 이해하려면 어떤 그래프가 도움이 되는가? 표준 선 그래프인 선택지 C라고 본다. 여기에는 세 가지 중요한 이유가 있다(제시하기 전에 색이나 잡동사니 등 일부 디자인 변경이 분명히 있겠지만). 첫 번째, 선택지 C의 관점은 이제까지의 충분한 상황 정보를 제공하고 있으므로 그동안 무슨 일이 있었고 미래 기대치에 어떤 영향을 줄지 청중에게 근거를 보여줘야 한다. 두 번째, 선 그래프는 시간에 따른 데이터 분포를 보여주는 데 적합하고 청중에게 익숙하므로 그래프를 이해하는 데 무리가 없다. 마지막으로 최종 의사소통 과정에서 의료 센터 모두를 한데 묶어 당뇨병 발병률을 나타내는 선을 강조하고 예측 또한 계속 올라간다는 것을 보여주고 싶다. 시각화 자료를 일부 수정만 한다면 이렇게 하는 것이 쉬워 보인다.

5단계: 시간적 제약은 실제 존재한다. 긴급fire drill 요청이 있어 가장 큰 영향을 줄 수 있는 변경 사항이 무엇인지 우선순위를 매길 필요가 있다. 시간적 제약이 있어 그래프의 레이아웃은 수정하지 않고 색과 문구 사용에 변화를 준다. 그림 7.5d는 결과를 보여준다.

당뇨병 발병률이 증가하고 있다

기준 내로 유지하려면 추가 인력이 필요한가?

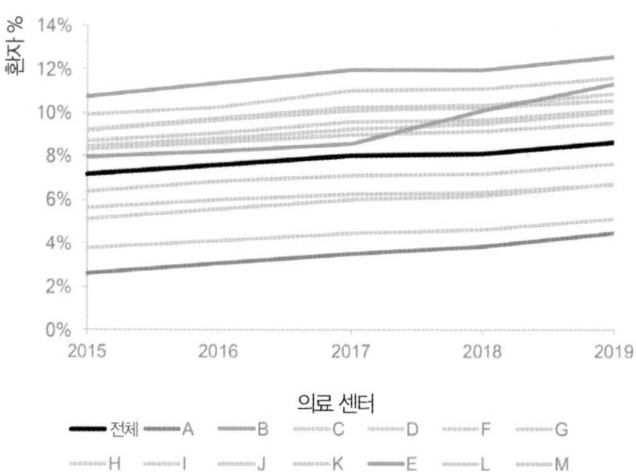

우려되는 센터: B 센터가 가장 높은 발병률(12.5%)을 보인다. E 센터는 과거 4년 동안 가장 많이 증가했다.
다음 단계: 의료 센터 수준의 인구통계학적 분석으로 구체적인 사항을 심도 있게 조사하고 실행 계획을 세운다.

종합 평가: 의료 센터 전체적으로 당뇨병 발병률은 2019년 8.6%로 점차 증가해왔다. 이런 추세가 지속된다면 **앞으로 4년간 매해 14,000명의 당뇨병 환자가 추가로 발생하리라 예측**된다.

좋은 소식: A 센터는 환자들의 당뇨병 발병률이 가장 낮게 유지되고 있다.
다음 단계: 케어의 상대적 수준 및 다른 영역에서 활용할 수 있는 것을 이해하기 위한 심도 있는 분석

그림 7.5d 오늘 안에 완성하라는 긴급 요청에 따라 완성된 시각화 자료

당뇨병 발병률이 어디에서 가장 높고 어느 센터가 가장 많이 증가했는지 등의 부정적인 부분을 강조하려고 오렌지색을 선택했다. 제목('당뇨병 발병률이 증가하고 있다')과 제목을 설명하는 데이터(전체)를 연계하려고 검은색을 사용했다. 부제목은 긴장 상태를 분명히 하고 청중이 어떻게 해결할 수 있는지 제안하는 역할을 한다. 긍정적인 부분을 강조하려고 청색을 썼다. 전체가 암울한 것은 아니다! 오른쪽에 추가 상황 정보와 함께 텍스트를 넣어(색의 근접성과 유사성으로 설명하는 데이터 연계) 왜 관심을 끌려고 하는지 청중이 이해하는 데 도움이 되도록 했다.

시간 제약이 있는 환경에서는 1단계 및 2단계에서 했던 전후 관계의 고려가 훨씬 더 가치 있다. 연습 문제로 이미 해봤으므로 15분 안에 그림 7.5d의 시각화 자료를 만들 수 있다.

6단계: 그림 7.5e~7.5p는 내가 만든 자료 및 관리자가 데이터 스토리를 제시하기 위한 발표자 노트를 보여준다.

나는 여러분이 14,000이라는 놀라운 숫자를 고려하길 원한다. 14,000은 우리 의료 센터 전체적으로 현재의 당뇨병 발병률 증가 추세가 지속된다면 매년 추가로 발생할 당뇨병 환자 수다. 어떻게 숫자를 바로 낼 수 있었는지에 대한 세부 사항은 앞으로 설명하겠지만, 오늘 우리의 주요 목표는 예측되는 환자 수의 증가가 있다면 적절한 케어의 인증 기준을 충족시키려고 추가로 인력을 고용해야 하는지 깊이 고려해야

하는 게 아닌가 논의하는 것임을 유념해야 한다. (그림 7.5e)

깊이 생각해야 할 하나의 질문...

현재 우리 인력 수준으로

매해 추가 발생할 **14,000**명의 당뇨병 환자들을

앞으로 4년간 돌볼 수 있는가?

그림 7.5e 깊이 생각해야 할 하나의 질문

우선 이제까지의 추세를 기반으로 이야기하자. 지금 우리는 2015년에서 2019년까지 의료 센터 수준에서 당뇨병 발병률(전체 환자 대비 퍼센트로 표현)을 보고 있다. (그림 7.5f)

배경 화면을 설정하자

의료 센터별 당뇨병 발병률

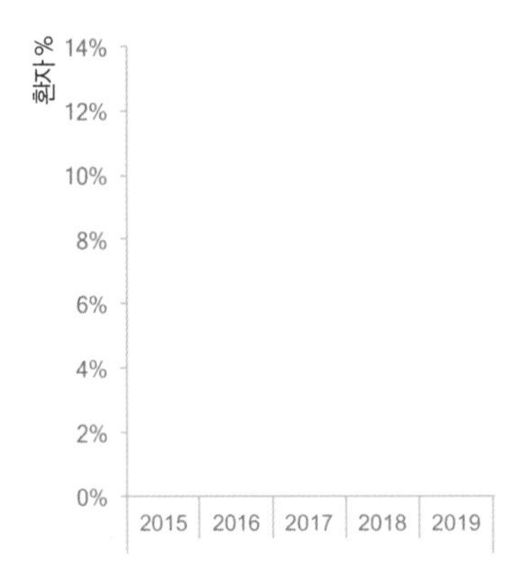

그림 7.5f 배경 화면을 설정하면서 시작하기

전체 의료 센터를 살펴보자. 2015년 환자 대비 전체 당뇨병 발병률은 7.2%였다. (그림 7.5g)

전체 의료 센터: 2015년 7.2%

의료 센터별 당뇨병 발병률

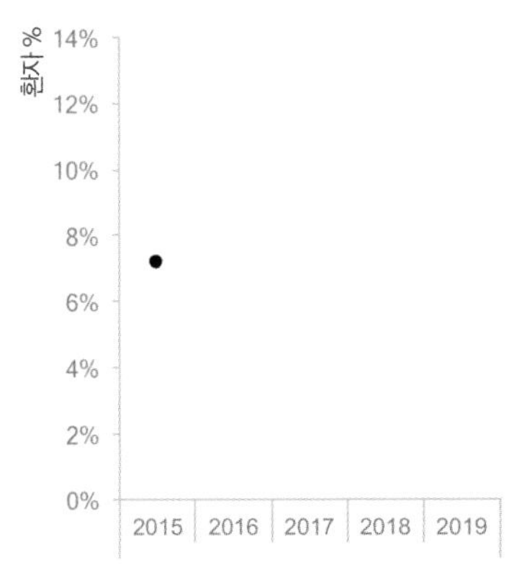

그림 7.5g 2015년 전체 당뇨병 발병률은 7.2%였다

이 시점에서 전체보다 높은 당뇨병 발병률을 보인 곳은 8개 센터였다. (그림 7.5h)

8개 센터: 전체 발병률 초과

의료 센터별 당뇨병 발병률

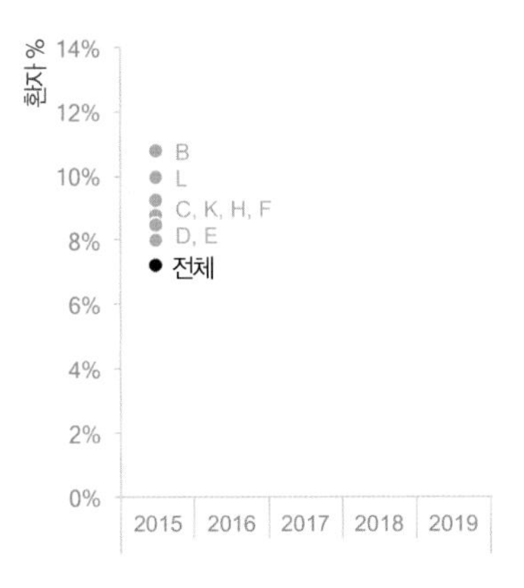

그림 7.5h 전체보다 높은 발병률을 보인 곳은 8개 센터였다

… 그리고 5개 센터는 더 낮은 당뇨병 발병률을 보였다. (그림 7.5i)

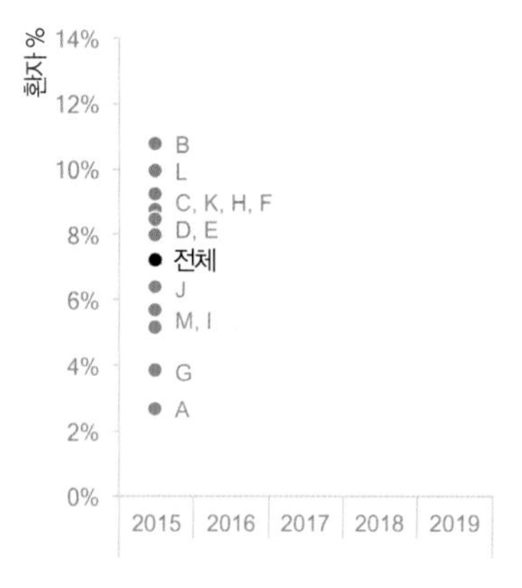

그림 7.5i 전체보다 상대적으로 낮은 당뇨병 발병률을 보인 곳은 5개 센터였다

과거 5년에 걸쳐 우리 환자 사이의 전체 당뇨병 발병률은 점진적으로 증가했다. 지금은 8.6%다. (그림 7.5j)

전체 의료 센터 평균: 현재 8.6%

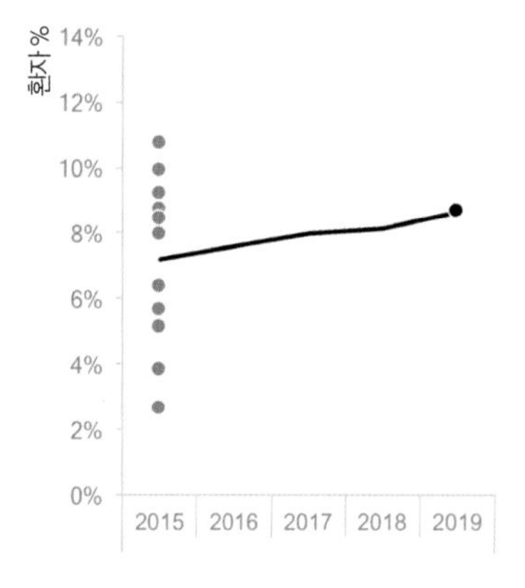

그림 7.5j 전체 의료 센터 당뇨병 발병률은 2019년 현재 8.6%였다

해당 기간에 발병률이 높았던 의료 센터 8개 모두 증가했다. (그림 7.5k)

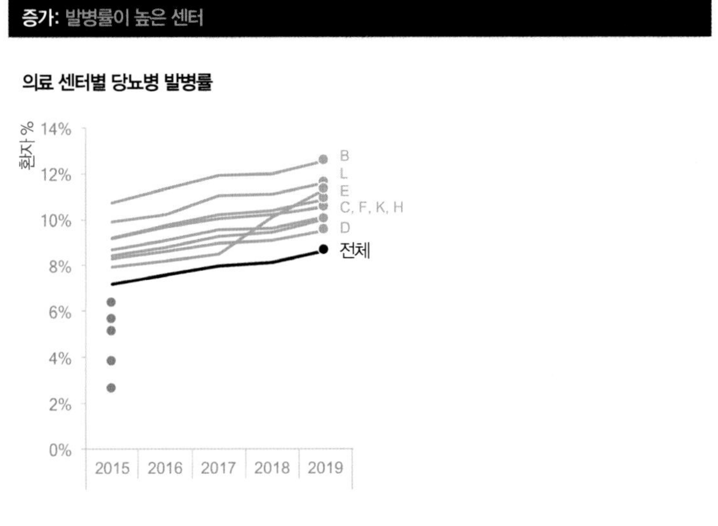

그림 7.5k 상대적으로 높은 당뇨병 발병률을 보인 의료 센터들은 증가했다

상대적으로 더 낮은 당뇨병 발병률을 보인 의료 센터들도 모두 증가했다. (그림 7.5l)

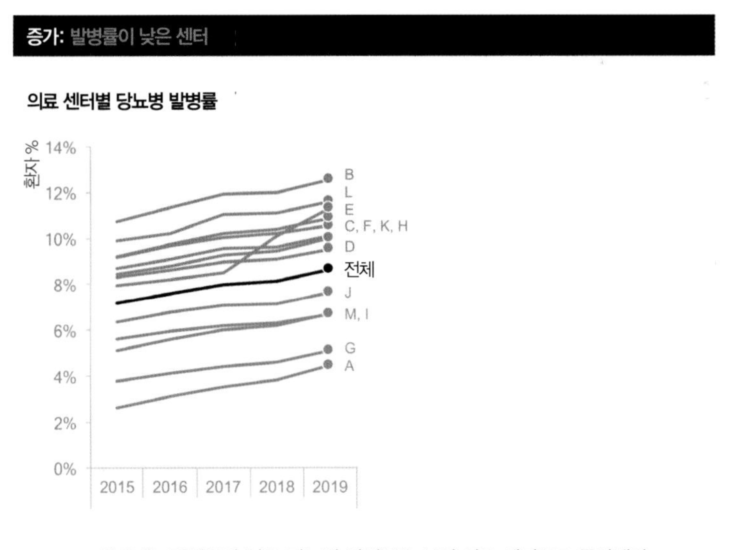

그림 7.5l 전체보다 낮은 당뇨병 발병률을 보인 의료 센터들도 증가했다

전체 발병률은 매해 약 0.5%씩 증가한다. (그림 7.5m)

매해 0.5%씩 꾸준히 증가

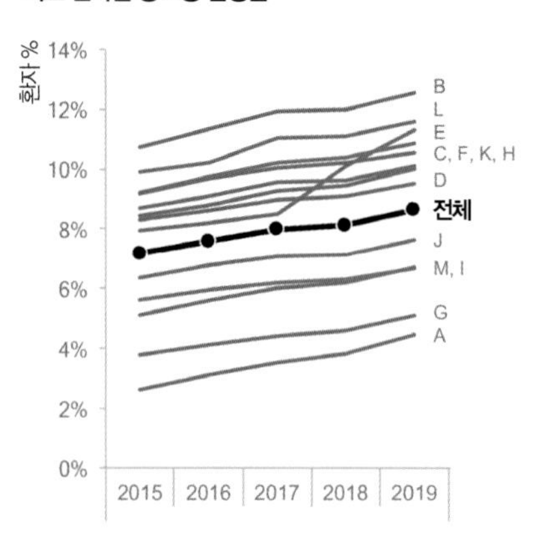

그림 7.5m 매해 0.5%씩 꾸준히 증가

의료 센터 수준에서 당뇨병 발병률이 증가할 것으로 예측했다. 관심 있다면 방법론에 대해 기꺼이 상세하게 설명하겠다. 하지만 전체적인 중요 사항은 비슷한 증가 추세가 지속된다면 의료 센터 전반적인 당뇨병 발병률이 2023년에는 10%에 이르리라 예측된다. 즉, 우리 클리닉에 있는 10명의 환자 중 한 명은 당뇨병 환자일 것이라는 뜻이다. (그림 7.5n)

2023년까지 10%가 되리라 예상

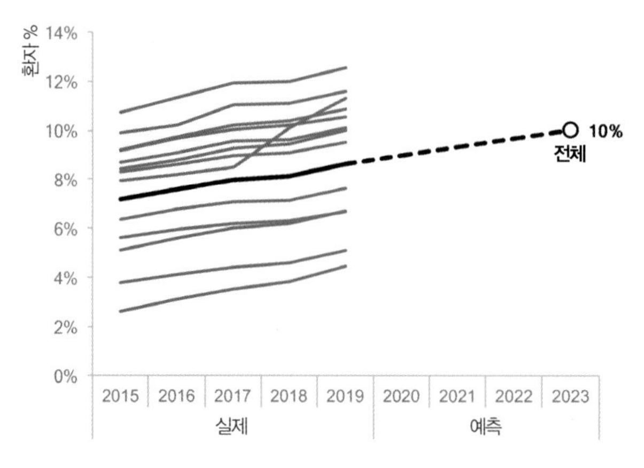

그림 7.5n 지속적으로 증가하리라 예측

이것은 앞으로 4년 동안 매해 14,000명의 당뇨병 환자가 추가로 발생하리라는 것을 뜻한다. 이러한 예상을 고려할 때 대비를 위해 무엇을 해야만 하겠는가? 우선적인 권고 사항은 환자 케어가 누락되지 않도록 돌볼 수 있는 추가 인력 고용을 고려하라는 것이다. 생각해볼 만한 다른 선택지가 있는가? 논의하자. (그림 7.5o)

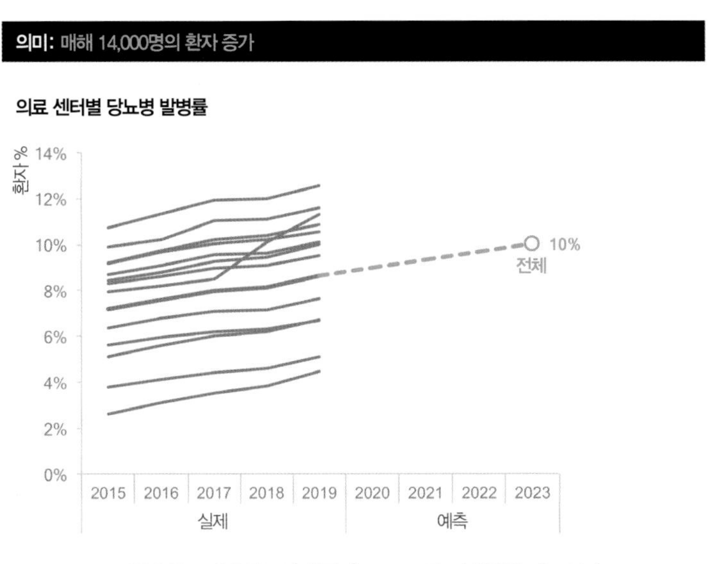

그림 7.5o 매해 당뇨병 환자가 14,000명 더 발생한다는 의미

자료로 만들어 보내야 한다면 주석이 충분히 달린 한 장의 슬라이드를 만들 수 있다. 그림 7.5p가 해당 내용을 보여준다.

당뇨병 발병률 상승: **추가 인력이 필요한가?**

의료 센터별 당뇨병 발병률

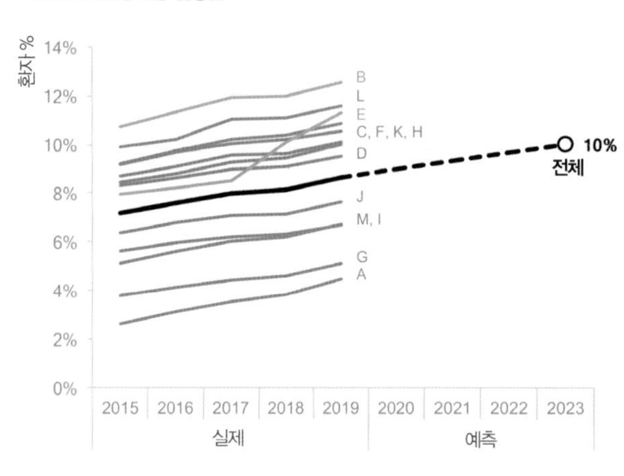

B 센터가 가장 높은 발병률(12.5%)을 보이고, E 센터는 2017년(8.5%)부터 현재(11.3%)까지 비약적인 증가세를 보였다. 이러한 수준에 어떤 요인이 영향을 주고 있는가?

전체 센터에 대한 당뇨병 발병률은 2015년 7.2%에서 2019년 8.6%로 증가했다. 현재 추세대로라면 2023년에는 10%까지 증가할 것으로 보인다. 앞으로 4년 동안 **매해 14,000명의 환자가 추가로 발생**할 것이라는 의미를 포함한다.

좋은 소식은 가장 낮은 발병률과 우수한 환자 케어를 하는 A 센터를 보면 어떤 요인이 영향을 주는지 알아볼 만한 기회가 있다는 것이다. 다음 단계: 이러한 요인들이 폭넓게 적용될 수 있는지 살펴보자.

그림 7.5p 배포를 위한 주석 달린 슬라이드

이번 시나리오에서는 청중에게 반향을 일으킬 만한 감동적인 스토리를 만들고 실행에 초점을 맞춘 논의를 도우려고 1, 2, 4, 6장의 실제 연습 문제로부터 내용을 뽑았다.

연습 문제 7.6: 순추천고객지수(net promoter score)

이번에는 세 가지 주요 제품을 가진 조직의 고객 통찰팀에서 분석 전문가로 일한다고 해보자. 제품 중 하나와 관련한 데이터를 상품팀이 검토하는 월간 업데이트 회의가 있다(분기마다 한 번씩 돌아가며 각 제품을 집중적으로 본다). 여러분 팀은 특정 월에 집중한 제품 관련 고객의 목소리voice of customer 데이터를 제시하려고 안건에서 15분을 전적으로 쓰게 됐다. 이는 고객 피드백 분석 결과Customer Feedback Analysis 슬라이드 자료로 제시되고 항상 동일한 포맷으로 만들어진다. 제목, 데이터와 방법론, 분석 결과, 발견 사항 페이지 각각을 슬라이드로 만든다.

추적 조사하고 있는 고객 통찰 관련 데이터에 대한 약간의 배경지식으로 고객은 별 다섯 개를 기준으로 제품을 평가한다. 별 1~3개는 '비추천자detractors(제품을 추천할 것 같지 않은 사람)'로 구분하고 별 4개는 '수동적 소비자passives', 별 5개는 '추천자promoters(제품을 다른 사람에게 권고할 것 같은 사람)'로 구분한다. 관심 대상인 주요 측정치는 순추천고객지수Net Promoter Score, NPS로서 추천자 퍼센트에서 비추천자 퍼센트를 뺀 것이고 숫자로 표시한다(퍼센트가 아니다). 대체로 특정 제품에서 시간대별로 그리고 경쟁사와 비교해 NPS 추이를 본다. 제품에 대한 고객 평가는 코멘트를 남기는 선택지도 있어 여러분 팀은 이를 주제별로 구분했다.

초점을 맞추는 제품(애플리케이션)이 이번 달 안건이다. 데이터를 업데이트한 후 흥미로운 사실을 발견했다. NPS가 시간에 따라 대체로 증가하고 있으나 중요한 피드백은 양극단을 보이면서 추천자와 비추천자 모두 시간에 따른 전체 대비 비율이 증가하는 추세였다. 고객 코멘트를 분석한 결과 비추천자에게 처리 속도 및 대기 시간 문제가 나타났다. 여러분은 이런 내용을 발표하고 활용해 제품의 대기 시간 개선을 우선순위로 삼자는 권고 사항을 만들고자 한다. 이 책의 과정 중에서 검토하고 연습했던 수많은 수업 내용을 적용할 수 있는 완벽한 상황인 것 같다!

자료 분석 슬라이드에 제시된 일반적인 그래프가 그림 7.6a에 있다. 설명된 시나리오를 기반으로 찬찬히 살펴본 후 다음 단계를 완성하라.

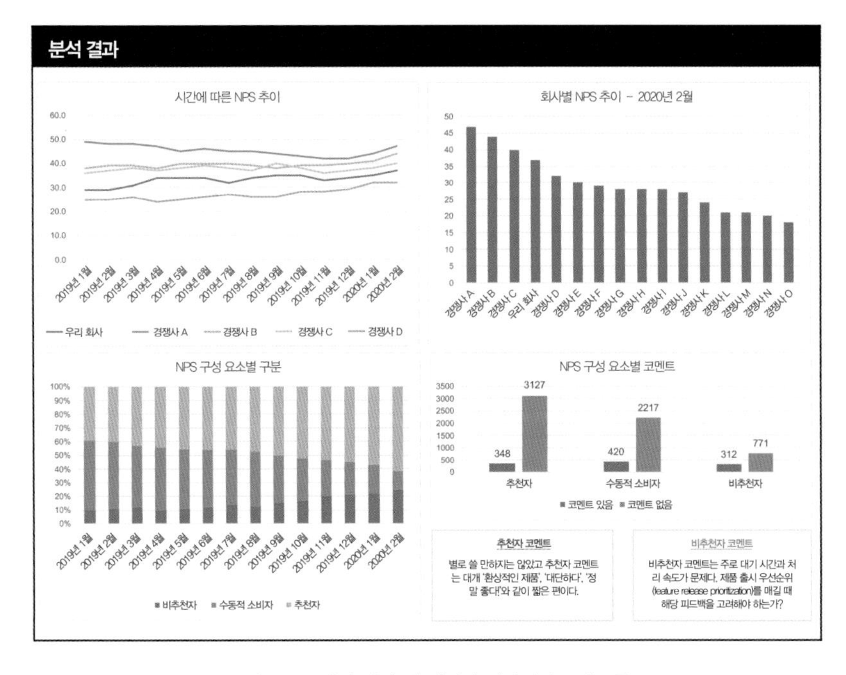

그림 7.6a 월간 회의 시 제시된 일반적인 그래프들

1단계: 상황에 대해 빅 아이디어를 만들라. 빅 아이디어 수립 시 명심해야 할 것은 (1)관점을 명확히 표현해야 하고, (2)핵심을 전달해야 하며, (3)완전한 문장이어야 한다는 것이다. 빅 아이디어를 적어라. 가능하면 다른 사람과 토의를 거쳐 다듬도록 하라. 빅 아이디어를 기반으로 간결하고 반복 가능한 문장을 만들라.

2단계: 데이터를 더 가까이 들여다보자. 각 그래프에서 주요 핵심 사항을 설명할 수 있는 한두 문장을 써라.

3단계: 포스트잇을 활용할 시간이다! 포스트잇을 챙겨라. 설명된 상황 정보를 고려해 1단계에서 만든 빅 아이디어 및 2단계에서 요약한 중요 사항의 관점에서 슬라이드 자료에 포함할 내용을 브레인스토밍 하라. 몇 분간 진행하고 난 후 기승전결 구조에 맞게 각 종이를 배열하라. 긴장 상태는 무엇인가? 해결하려면 청중은 무엇을 할 수 있는가?

4단계: 그래프를 디자인할 시간이다. 원래 그래프와 관련 데이터를 다운로드하라. 기존 시각화 자료를 수정해도 좋고 새로운 것을 만들어도 좋다. 적절한 시각화 자료를 선택하고 잡동사니를 없애고 주의를 집중할 수 있도록 우리가 다뤘던 수업 내용을 실행에 옮겨라. 전체 디자인을 심사숙고하라.

5단계: 각자 선택한 툴을 이용해 제시하는 데 사용할 자료를 만들라. 아울러 슬라이드마다 전달하고자 하는 것을 이야기 형식으로 첨부하라. 친구나 동료에게 데이터 기반의 스토리를 보여줄 때 해당 자료를 제시하면 더욱 좋다.

해결 방안 7.6: 순추천고객지수

1단계: 나의 빅 아이디어는 다음과 같다. '우리 제품의 대기 시간을 개선하지 못하면 사용자를 계속 잃을 것이다. 다음 제품 출시에는 대기 시간 개선을 우선순위로 고려하자.'

간결하고 반복 가능한 문구를 위해 청중 및 일반적인 회의 접근 방법에서 지나치게 물건을 팔려고 하는 듯한 느낌을 주지 않는 단순한 것을 원한다. 아울러 나의 권고 사항이 가장 좋은 조치 방법인지 아닌지 같이 결정할 수 있을 만큼 청중이 추가 상황 정보를 갖고 있길 원한다. '비추천자에게서 배울 점을 찾아보자'와 같은 것을 활용할 수 있다. 나의 자료에서 해당 문구를 제목으로 삼고 이야기를 잘 엮어 실행하게 할 수도 있다.

2단계: 그림 7.6a로 돌아가 살펴보면 중요 사항은 다음과 같다.

- 상부 왼쪽: NPS는 최근 꾸준히 증가하고 있다. 2020년 2월에는 37점으로 14개월 중 가장 높았다(NPS가 지난해 이쯤에는 29점이었고 관찰 기간을 통틀어 가장 낮았다).
- 상부 오른쪽: 경쟁사와 비교할 때 현재 NPS가 4위로 평가됐다. 15개의 경쟁사는 NPS가 가장 높은 47(경쟁사 A)부터 가장 낮은 18(경쟁사 O)까지 분포돼 있다.
- 하부 왼쪽: 시간에 따라 추천자, 수동적 소비자, 비추천자의 구성에 변화가 있었다. 우리 제품 사용자는 점차 양극화돼 추천자 비율과 비추천자 비율이 증가하면서 수동적 소비자 비율은 감소하는 추세를 보였다.
- 하부 오른쪽: 높은 비율의 비추천자들이 코멘트를 남겼고 주요 문제는 대기 시간이었다.

3단계: 그림 7.6b는 시나리오에 대한 기본적인 기승전결 구조를 나타낸다.

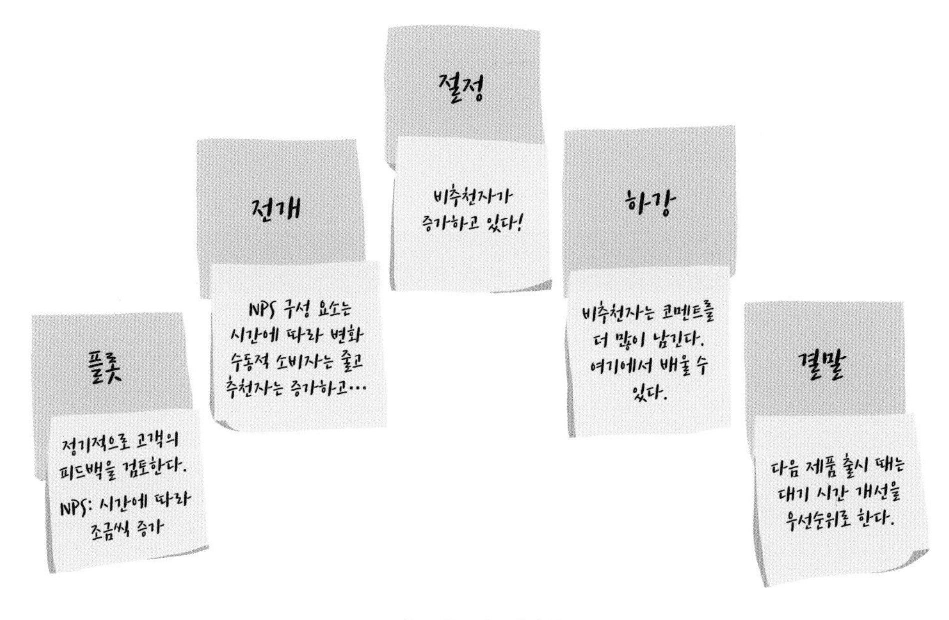

그림 7.6b 기승전결 구조

4&5단계: 다음 진행 과정은 『데이터 스토리텔링』과 이 책에서 다룬 다양한 수업 내용을 적용해 신중하게 디자인된 시각화 자료와 함께 모든 내용을 어떻게 데이터 기반의 스토리로 엮어낼 수 있는지 보여준다.

이제 스토리를 말하고자 한다. 최근 고객 피드백을 분석으로 알아낸 것에 대한 스토리다. 제목에서 비추천자가 중요한 역할을 한다고 나타냈듯이 살짝만 봐도 제품 로드맵을 위한 전략에 영향을 줄 수 있다는 면에서 배울 점이 있다. (그림 7.6c)

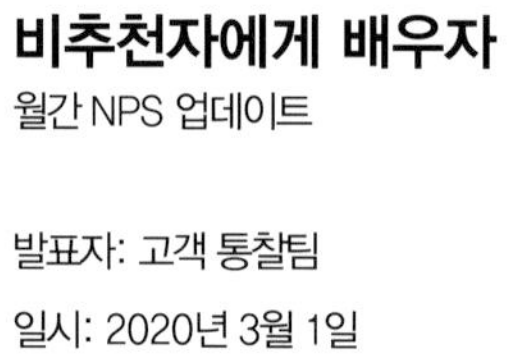

비추천자에게 배우자

월간 NPS 업데이트

발표자: 고객 통찰팀

일시: 2020년 3월 1일

그림 7.6c 제목 슬라이드

주요 목표는 두 가지다. 첫 번째, 최근 고객 피드백 및 관련 데이터를 분석해 알게 된 것을 여러분에게 빨리 알려준다. NPS 하나만 봐서는 전체 스토리를 말하기 어렵다. 비추천자가 증가하고 있다. 두 번째, 비추천자가 준 피드백을 활용해 어떻게 그들의 관심사를 처리할 수 있는지에 대해 대화 체계를 만들고 싶다. 제품 전략으로 기능할 것이고 앞으로의 제품 출시 일정에도 영향을 줄 것이다. (그림 7.6d)

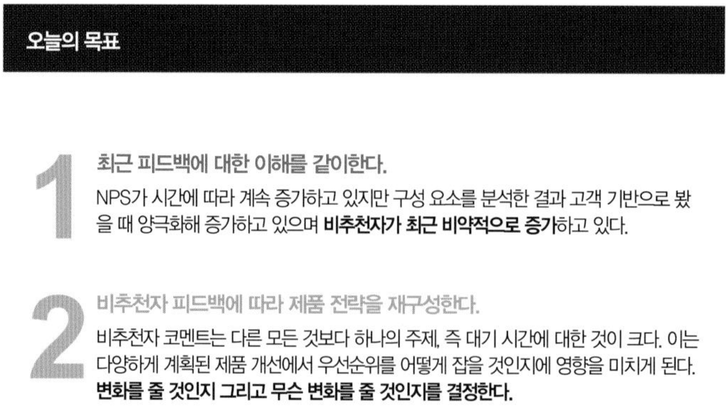

오늘의 목표

1 **최근 피드백에 대한 이해를 같이한다.**
NPS가 시간에 따라 계속 증가하고 있지만 구성 요소를 분석한 결과 고객 기반으로 봤을 때 양극화해 증가하고 있으며 **비추천자가 최근 비약적으로 증가**하고 있다.

2 비추천자 피드백에 따라 제품 전략을 재구성한다.
비추천자 코멘트는 다른 모든 것보다 하나의 주제, 즉 대기 시간에 대한 것이 크다. 이는 다양하게 계획된 제품 개선에서 우선순위를 어떻게 잡을 것인지에 영향을 미치게 된다. **변화를 줄 것인지 그리고 무슨 변화를 줄 것인지를 결정한다.**

그림 7.6d 오늘의 목표

데이터를 한번 보자. NPS는 시간에 따라 대체로 증가하고 있으며 지난 4개월에 걸쳐 계속 증가해 지난달 현재 37까지 증가했다. (그림 7. 6e)

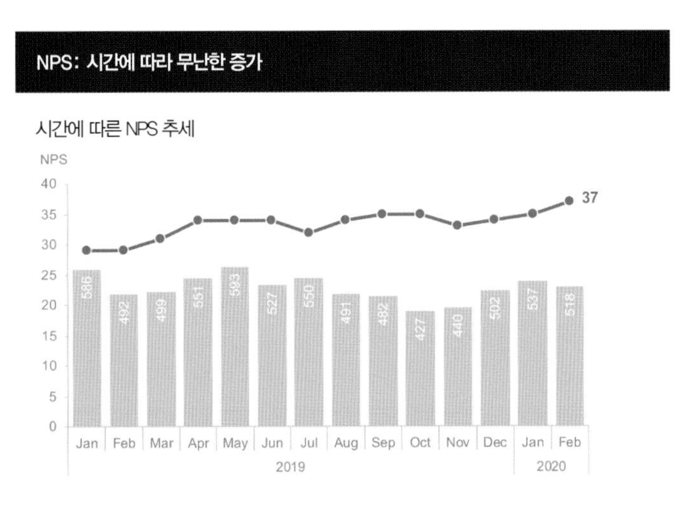

그림 7.6e NPS: 시간에 따라 무난한 증가

경쟁사와 비교했을 때 37 NPS는 4위를 차지한다. 비추천자로부터 배운 점과 제기된 문제가 경쟁사 중에서 우리의 위치를 궁극적으로 개선해주길 기대한다. (그림 7.6f)

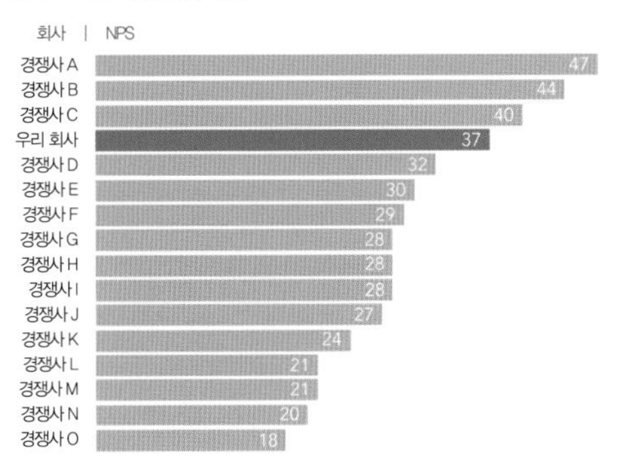

그림 7.6f 우리 회사는 경쟁사 대비 4위다

하지만 언급했다시피 NPS 하나로는 전체 스토리를 말할 수 없다. 구성 요소를 검토해보자. 기억을 되살리는 차원에서 우리 제품을 평가한 것을 기반으로 고객을 구분했다. 평가는 별 1~3개면 '비추천자(제품을 추천하지 않을 것 같은 사람)', 별 4개면 '수동적 소비자', 별 5개면 '추천자(다른 사람에게 제품을 권고할 것 같은 사람)'로 나눴다. NPS는 추천자 퍼센트에서 비추천자 퍼센트를 뺀 것으로 총체적인 측정치를 적절하게 제공하지만 구성 요소 간 구분이 시간에 따라 얼마나 변화하는지에 대한 통찰력을 주지는 못한다. 다음으로 구성 요소들을 살펴보기로 하자.

데이터 추가 전에 보이는 것을 말하자. y축은 구체적인 구성 요소, 즉 비추천자, 수동적 소비자 및 추천자가 전체 중에서 얼마나 차지하는지를 퍼센트로 나타낸다. x축은 왼쪽 2019년 1월부터 가장 최근 데이터 지점인 오른쪽 2020년 2월까지 범위에 이른다. (그림 7.6g)

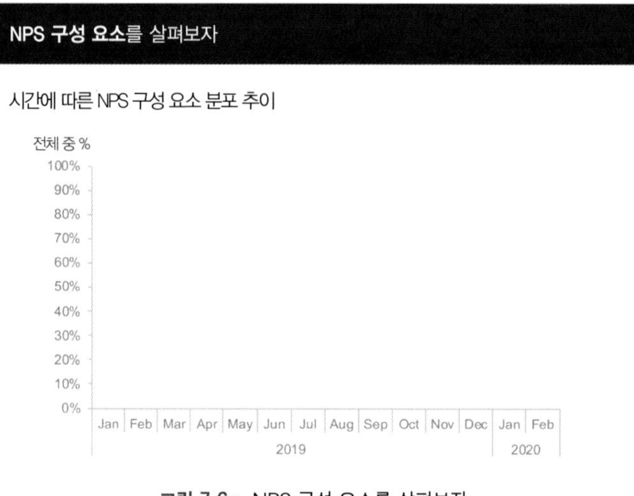

그림 7.6g NPS 구성 요소를 살펴보자

여기에서 조금 다르게 시도해 관련 그래프를 중간만 빼서 만들어봤다. 회색 막대는 수동적 소비자가 점유한 전체 대비 비율을 나타낸다. 보다시피 수동적 소비자의 비율은 시간에 따라 비약적으로 줄고 있다. 즉, 회색 막대의 길이가 점점 짧아지고 있다. (그림 7.6h)

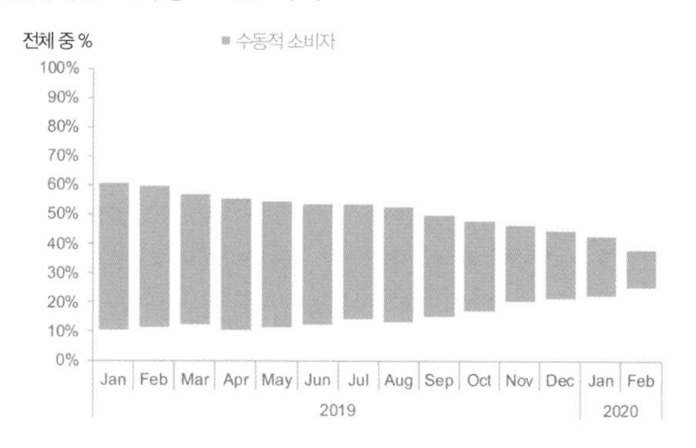

그림 7.6h 수동적 소비자 비율 감소

이런 일부 변화는 좋은 소식이다. 추천자 비율이 증가하는 것을 확인할 수 있다. 상단의 짙은 회색 막대가 시간에 따라 점차 길어지고 있다. (그림 7.6i)

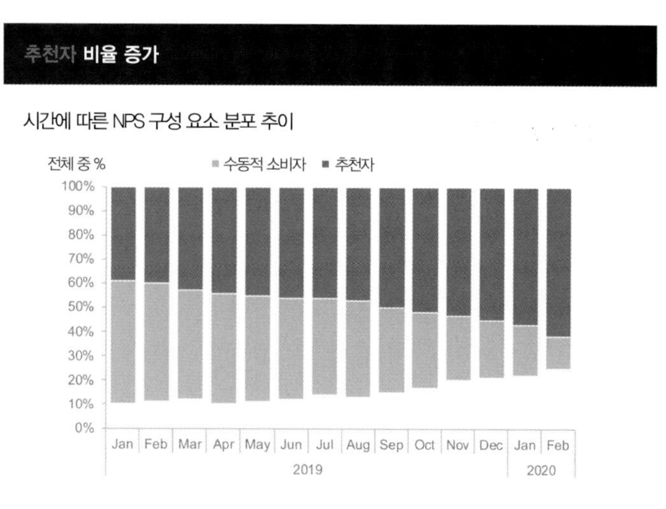

그림 7.6i 추천자 비율 증가

그래프의 빈 부분과 지금까지의 내 코멘트를 볼 때 예측할 수 있겠지만 비추천자 수도 전체 대비 퍼센트에서 증가하는 추세를 보인다. (그림 7.6j)

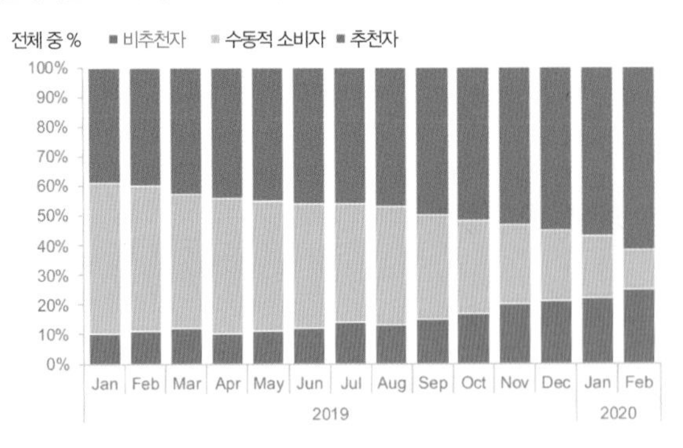

그림 7.6j 비추천자 비율 증가

실제 증가 크기를 이해하는 데 도움이 되도록 그래프상 숫자를 같이 넣어보자. 비추천자는 2019년 초에 피드백을 준 사람들의 10%를 구성했다. 조금씩 증가해 지난해 상반기가 지나면서 전체 대비 13%를 차지했다. 이후로 비추천자 수는 전체 대비 퍼센트가 거의 두 배가 됐다. 올해 2월 현재 제품에 대한 피드백을 남긴 사람 중 25%가 비추천자다. (그림 7.6k)

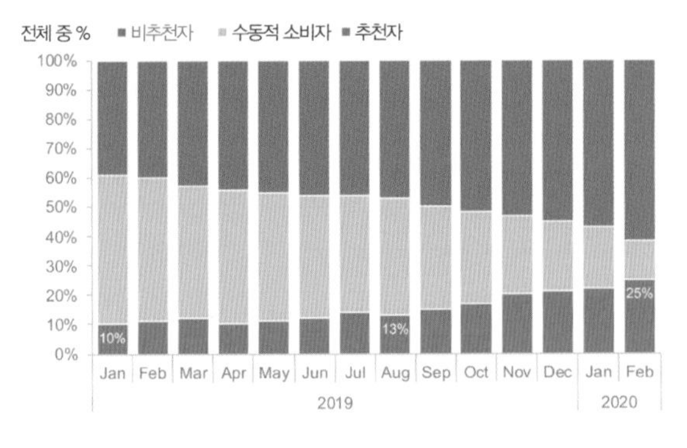

그림 7.6k 비추천자: 8월 이후로 거의 두 배 증가

숫자로 평가한 것 이외에도 고객은 코멘트를 남겨 더 많은 정보를 제공할 수 있다. 전체적으로 우리 제품을 평가한 사람들의 15%가 코멘트를 남겼다. 상대적으로 추천자는 코멘트를 더 적게 남겼고 매우 평범하면서 쓸 만한 내용은 별로 없어 보인다. 주로 '대단하다!'라든가 '정말 좋아!' 같은 것이다. 하지만 비추천자에게서는 상당히 풍부한 세부 사항을 얻을 수 있다. 상대적으로 더 많은 사람이 코멘트를 남긴다. 별 1~3개로 평가한 사람 중 29%가 추가 세부 내용을 공유했다. (그림 7.6l)

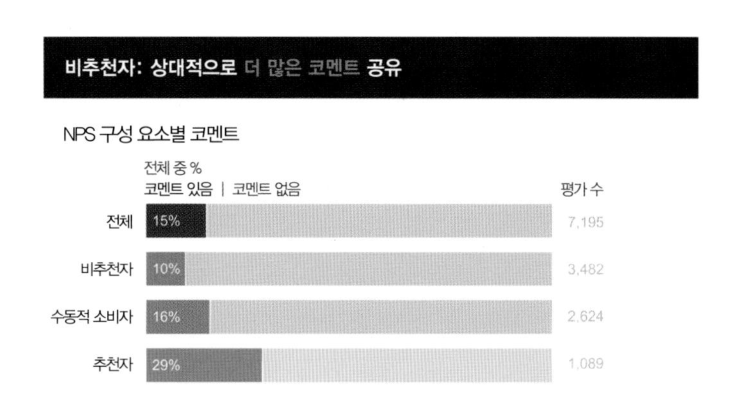

그림 7.6l 비추천자: 상대적으로 더 많은 코멘트 공유

비추천자 코멘트는 다른 것보다 하나의 주제에 치중하고 있다. 처리 속도와 대기 시간 관련 문제다.

코멘트를 그대로 옮긴 사례를 보자. "나의 좌절을 한 단어로 요약한다면 '대기 시간'이다. 애플리케이션이 열리기까지 영원 같은 순간이 걸린다. 일단 작동하기만 하면 정말 잘된다. 하지만 기다리는 데 시간이 너무 오래 걸리고 부하가 걸릴지 몰라 걱정하게 된다. 주로 애플리케이션을 열 때 부하가 걸린다."

사용자가 쓴 이런 종류의 코멘트를 읽는 것은 낙담할 일이다. 더 많은 제품을 추가하는 데 중점을 뒀지만 기본 작업을 빈틈없이 해내는 것이 더 도움이 된다. (그림 7.6m)

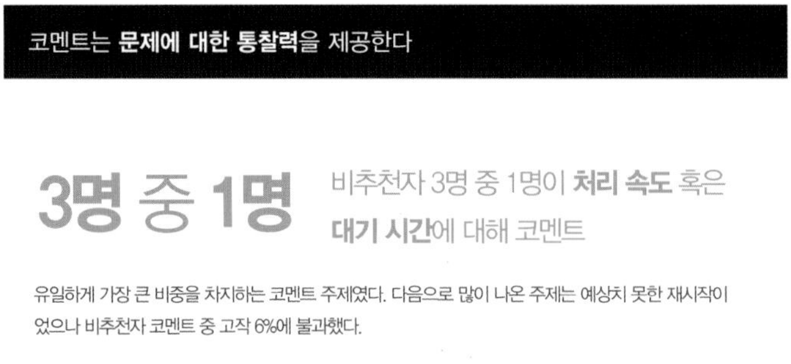

코멘트는 **문제에 대한 통찰력**을 제공한다

3명 중 1명 비추천자 3명 중 1명이 **처리 속도** 혹은 **대기 시간**에 대해 코멘트

유일하게 가장 큰 비중을 차지하는 코멘트 주제였다. 다음으로 많이 나온 주제는 예상치 못한 재시작이었으나 비추천자 코멘트 중 고작 6%에 불과했다.

그림 7.6m 코멘트는 문제에 대한 통찰력을 제공한다

이제 고려해야 할 다른 상황 정보가 있다는 것을 충분히 인지한다. 하지만 고객의 통찰력 있는 데이터를 밝혀서 전체 상품 전략 수립 시 고려할 수 있도록 확실히 하고 싶다. 상품의 대기 시간 개선은 비추천자의 증가를 누그러뜨리고 더 만족하는 사용자를 간단히 증가시킬 수 있다. 이것을 우리 상품 전략 및 다가오는 출시 일정에 어떻게 반영하겠는가? 논의하자. (그림 7.6n)

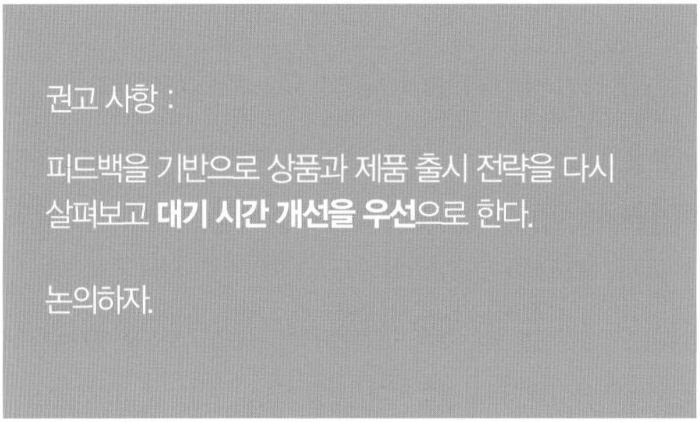

권고 사항 :

피드백을 기반으로 상품과 제품 출시 전략을 다시 살펴보고 **대기 시간 개선을 우선**으로 한다.

논의하자.

그림 7.6n 권고 사항

우리가 청중을 이끌어온 길이 시나리오 처음에 세웠던 '방법론 - 분석 결과 - 발견 사항'의 일반적인 선형적 접근 방법과 어떻게 다른지 생각하라. 청중의 관심을 사로잡고 유지하는 데 데이터 스토리텔링을 활용할 수 있고 데이터 기반의 생산적인 논의 체계를 구성할 수 있다. 회의를 마치고 회의실을 떠나는 순간에 수행한 분석 결과가 의사 결정에 영향을 미쳤는지 알 수 있다.

청중은 항상 여러분이 원하는 바를 할 것인가? 물론 그렇지 않다. 우선순위를 논쟁할 것이고 어쩌면 애플리케이션 속도를 높이는 것이 실제로는 굉장히 복잡한 일일 수도 있다. 대단한 것은 권고 사항에 따라 일을 구성하는 것이, 그래서 회의실에 있는 사람들이 대응할 수 있는 구체적인 내용을 제공하는 것이 추가 상황 정보를 드러내는 대화를 끌어낸다는 것이다. 데이터 스토리를 제시한다고 해서 여러분이 모든 세부 사항을 안다거나 모든 해답을 알고 있다는 의미는 아니다. 하지만 어떻게 할지 진지하게 고민할 때 더 풍부한 논의와 더 스마트한 의사 결정을 하도록 영향을 줄 수 있다. 성공!

여러 차례에 걸쳐 전체적인 데이터 스토리텔링 과정을 연습했다. 다음에 해야 할 일은 각자 추가 사례와 사례 연구case studies를 찾아 스스로 해결하는 것이다.

8장

스스로 심화 연습하기

7장에서 문제를 설정하고 해결책을 제시했다면 8장에서는 해결 방법이 없는 다양한 연습 문제를 보여준다. 답을 얻으려면 『데이터 스토리텔링』과 이 책에서 다뤘던 다양한 수업 내용을 끌어낼 필요가 있다. 해당 문제들은 개인이나 그룹 프로젝트의 과제로 활용하거나 테스트 혹은 시험에 포함할 수 있다. '데이터 스토리텔링' 수업에 적용할 추가 기회가 필요한 사람에게도 유용하다.

8장의 연습 문제는 스스로 혹은 파트너나 소규모 그룹에서 진행할 수 있다. 문제를 진행하다 보면 뉘앙스와 복잡도가 늘어난다. 업무와 직접 관련이 없어 보이는 주제나 데이터에 관한 연습 문제도 끝낼 것을 권한다. 연습을 지속적으로 반복하면 익숙해지는 데 도움이 되고 리스크가 낮은 세팅에서 기술을 연마하도록 할 수 있다. 아울러 다양한 상황 정보를 기반으로 연습하는 것은 일상의 업무 제약에서 자유롭게 해 더욱 창의적인 접근 방법이 드러나게 된다. 연습 문제를 끝낸 후에 피드백을 받고 해결 방안 중 어떤 구성 요소가 업무에 적용 가능한지 고려하라.

여러 가지 연습 문제는 설명하는 권고 사항을 각자 선택한 툴로 수행할 수 있게 한다. 추가 적용하면 여러분의 툴을 더 잘 배우고 데이터 시각화 및 데이터 스토리텔링 기술을 더 잘 익히는 데 도움이 된다.

8장의 연습 문제를 과제로 진행하면서 자유롭게 하라. 다양한 사례를 이용해 구체적인 논의 주제나 훈련을 혼합하고 맞추는 작업으로 만들 수 있는 과제는 무한하다. 자신의 시각화 자료로 구성한 비슷한 연습 문제를 활용해 일반적인 연습 문제도 만들 수 있을 것이다.

스스로 심화 연습을 해보자!

본격적으로 들어가기 전에 데이터 시각화에 대한 일반적인 잘못된 믿음 몇 가지를 살펴보자.

『데이터 스토리텔링』 우선 데이터 시각화 자료에 대한 **일반적인 잘못된 믿음**을 살펴보자

잘못된 믿음:
선 그래프는 연속 데이터에만 가능하다

점들을 연결하는 선은 의미가 통해야 한다

예시:
조사 데이터 경사 그래프 (두 개 점만 가진 선 그래프)

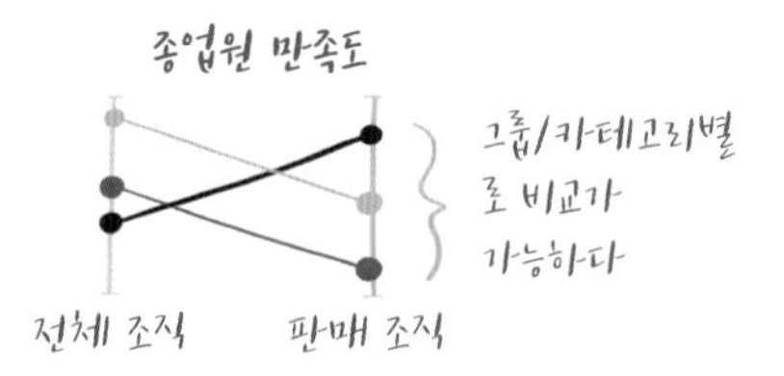

잘못된 믿음:
막대형이 항상 더 좋다

막대형은 좋은 출발점이다…하지만 항상 최상은 아니다

'청중이 보길 원하는 것이 무엇인가?'를 물어보라

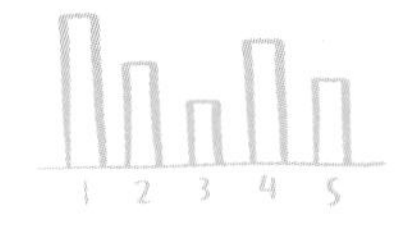

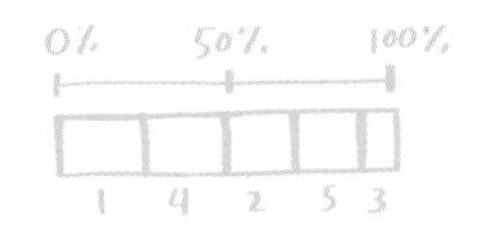

다른 유형의 차트를 시도해보고 니즈를 충족시키는 것으로 결정하라

잘못된 믿음:
그래프*는 항상 제로 기준선을 가져야 한다

*막대 차트에서는 맞는 말이다.

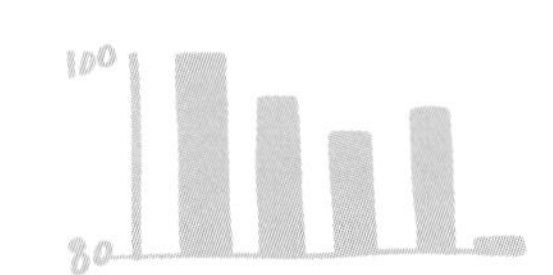

잘못된 믿음:
파이 차트는 좋지 않다

파이 차트를 사용할 때는 항상 스스로 이유를 물어보라

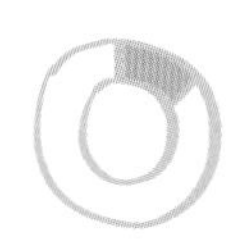

연구 결과에 따르면 사람들은 파이와 도넛 차트를 볼 때 면적은 비교하되 각도는 비교하지 않는다

여러분의 데이터와 청중에게 파이 차트가 타당하다고 생각하면 내놓고 테스트하라!

잘못된 믿음:
편견 없는 데이터가 존재한다

과정의 모든 단계에서 데이터에 대한 편견을 갖고 있다

규칙! 데이터로 거짓말은 하지 말라

무엇을 측정하기로 선택했는지

어떻게 취합해 비교할 것인지

어떻게 보여줄 것인지

잘못된 믿음:
데이터가 많으면 많을수록 항상 더 좋다

더 많은 데이터를 추구하기 전에 '어떤 일을 하거나 결정하는 데 무엇이 도움을 주겠는가?'를 물어보라

데이터의 적절한 양은 청중과 상황 정보가 중요한 요소다

잘못된 믿음:
평균은 항상 데이터를 요약하는 역할을 한다

분포, 산포도 및 변동성을 이해할 필요가 있다

연간 월간 일간

평균은 하나의 숫자로 산포도를 숨겨서 잘못된 길로 이끌 수 있다

잘못된 믿음:
데이터를 시각화하는 데 정답은 하나다

데이터를 보여줄 때는 항상 목표가 무엇인지 고려해야 한다

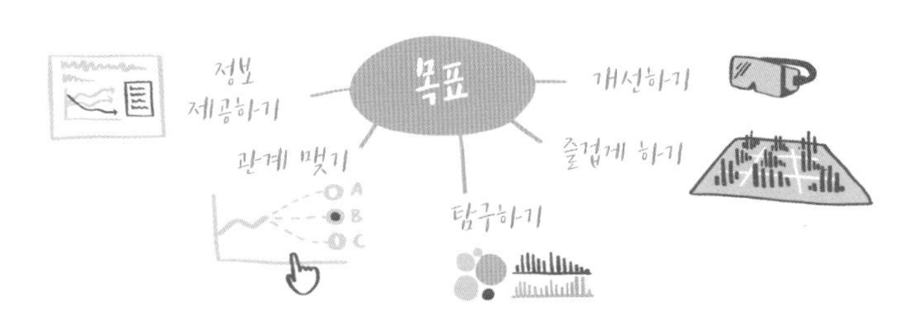

스스로 심화 연습하기

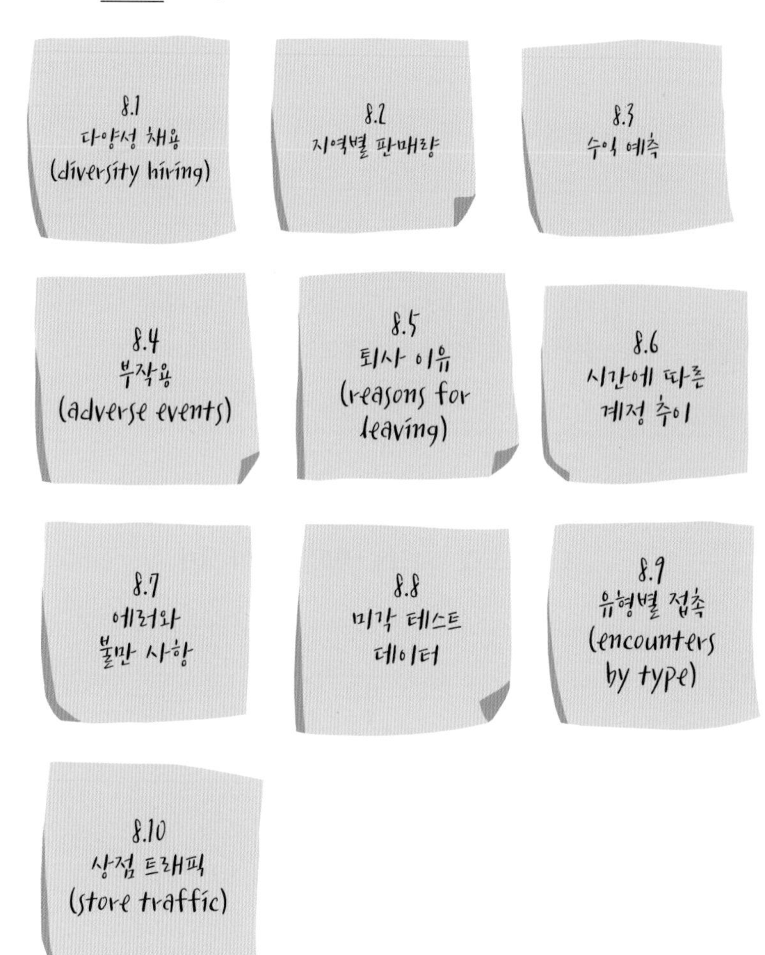

8.1
다양성 채용
(diversity hiring)
8.2
지역별 판매량
8.3
수익 예측
8.4
부작용
(adverse events)
8.5
퇴사 이유
(reasons for leaving)
8.6
시간에 따른 계정 추이
8.7
에러와 불만 사항
8.8
미각 테스트 데이터
8.9
유형별 접촉
(encounters by type)
8.10
상점 트래픽
(store traffic)

연습 문제 8.1: 다양성 채용(diversity hiring)

여러분 조직은 최근 'ABC 프로그램'이라는 다양성 채용 계획을 수행했다. 여러분은 계획의 상대적인 성공 여부를 이해하는 것에 관심이 있다. 관련 데이터를 보여주는 슬라이드인 그림 8.1에 익숙해진 후 다음 단계를 완성하라.

2019 ABC 프로그램 채용 하이라이트

고용 개요 – 2019 신입 인턴 및 분석자

131명이 ABC 프로그램으로 채용됐다. 3.60 GPA 목표를 조금 초과했다.

LOB 및 직종 유형별 2019 채용 추이

프로그램	인턴	분석자	인턴 MBA	정규직 MBA	소계	전체 채용 중 %
ABXL	40	36	8	3	87	66%
ARC	20	5	2	0	27	21%
EMA	6	5	0	0	11	8%
REP	4	0	0	0	4	3%
QB	2	0	0	0	2	2%
합계	72	46	10	3	131	100%

2019 채용 평균 GPA
3.66

다양성 채용 개요 – 2019 신입 인턴 및 분석자

여성 채용 목표인 25%는 초과(26%)했다. 인종 다양성 목표인 40%도 달성했다. 하지만 5명의 인종적 다양성 후보자는 요청으로 채용이 취소됐다.
다양성 대 비다양성 채용 비율은 1:10이다.

카테고리 유형	채용자 수	전체 채용 %
이민족 여성	12	9%
이민족 남성	30	22%
인종과는 무관한 여성	23	17%
인종과는 무관한 남성	66	49%
고용 TBD	0	0%
공석	0	0%
취소	5	4%
합계	136	

2019 LOB 및 유형별 다양성 채용

프로그램	EF	EM	NEF	# Div	% Div	Non-Div	% Non-Div
ABXL	7	25	15	47	54%	40	46%
ARC	2	3	6	11	41%	16	59%
EMA	2	1	1	4	36%	7	64%
REP	1	0	1	2	50%	2	50%
QB	0	1	0	1	50%	1	50%
합계	12	30	23	65	50%	66	50%

다양성 카테고리: EF = 인종적 다양성 여성, EM = 인종적 다양성 남성, NEF = 인종과는 무관한 여성, Non–Div = 백인 남성

그림 8.1 프로그램 채용 하이라이트

1단계: 긍정적으로 시작해보자. 슬라이드를 어떻게 생각하는가?

2단계: 그림 8.1에서 적절하지 않은 점은 무엇인가? 노트하거나 파트너와 논의하라.

3단계: 주요 핵심 사항은 무엇인가? 이것은 성공 스토리인가 아니면 행동하길 요청하는 것인가? 여러분이 데이터를 제시한다면 초점을 맞출 포인트를 한두 문장으로 설명하라.

4단계: 데이터를 제시해야 할 필요성이 있고 테이블 형태(하나나 여러 개의 테이블)로 만들라는 요청을 받았다고 가정하자. 이런 제약 사항을 고려해볼 때 3단계에서 만든 중요 사항에 더 초점을 맞추려면 데이터가 제시된 방법에 개선할 점이 있는가? 활용할 테이블과 직접

적인 관심을 어디에 어떻게 둘 것인지 세부 사항을 그려라(원한다면 데이터를 다운로드해 여러분의 툴로 만들라).

5단계: 더 자유롭게 바꿀 수 있다고 가정하라. 데이터를 어떻게 제시할 것인가? ABC 프로그램의 다양성 채용에 대한 데이터 기반의 스토리를 어떻게 말할 것인가? 여러분이 계획한 접근 방법을 요약하고 선택한 툴로 가장 적절하다고 생각하는 자료를 만들라.

연습 문제 8.2: 지역별 판매량 (sales by region)

여러분이 회사에서 북서NW 지역의 판매 관리자라고 가정하라. 다음 슬라이드(그림 8.2)를 월간 보고서에서 뽑아내 곧 있을 판매팀과의 외부 회의offsite에서 다루길 원한다. 스탭장Chief of Staff과 같이 내용을 준비하려 한다. 두 가지 시나리오를 고민해보자.

시나리오 1: 외부 회의는 내일이다. 여러분과 스탭장은 지금 다뤄야 할 다른 사안이 여러 개 있다. 그림 8.2의 시각화 자료를 완전히 다시 디자인할 시간은 없다. 변경할 시간으로 기껏해야 5분 정도 쓸 수 있다고 가정해보자. 무엇을 하겠는가? 해당 정보를 어떻게 제시하겠는가?

시나리오 2: 외부 회의가 1주 뒤다. 스탭장은 그림 8.2에 있는 정보를 다시 디자인하겠다고 자원했다. 작업 전에 여러분에게 피드백을 요청했다. 현재 시각화 자료를 유지하길 원하는 것은 어떤 관점인가? 이제까지 다룬 수업 내용에 기반해 어떻게 바꾸라고 제안하겠는가?

노트하거나 파트너와 논의하라.

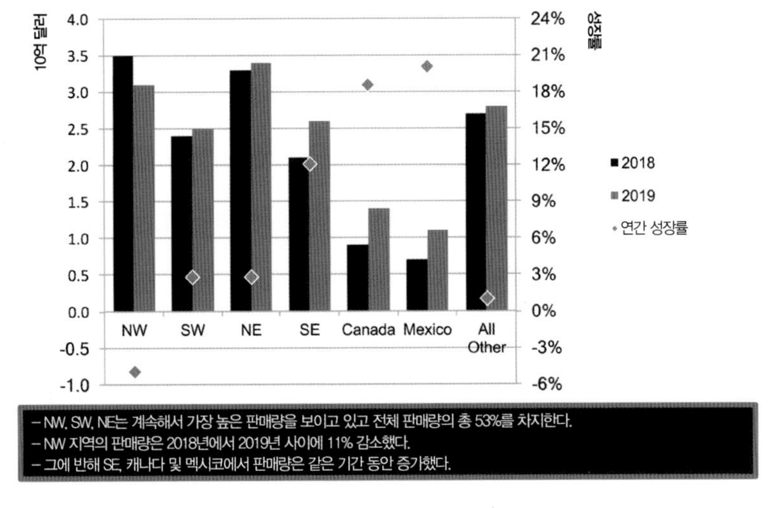

그림 8.2 지역별 판매량

연습 문제 8.3: 수익 예측 (revenue forecast)

시간에 따른 총수익 및 순수익을 나타내고 있는 그림 8.3을 자세히 보고 다음 단계를 완성하라.

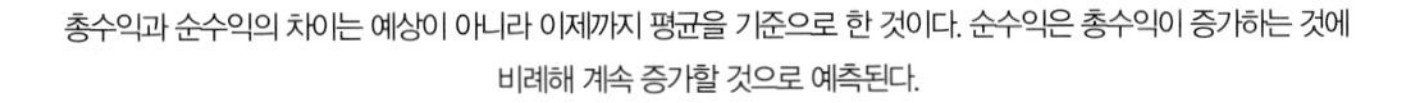

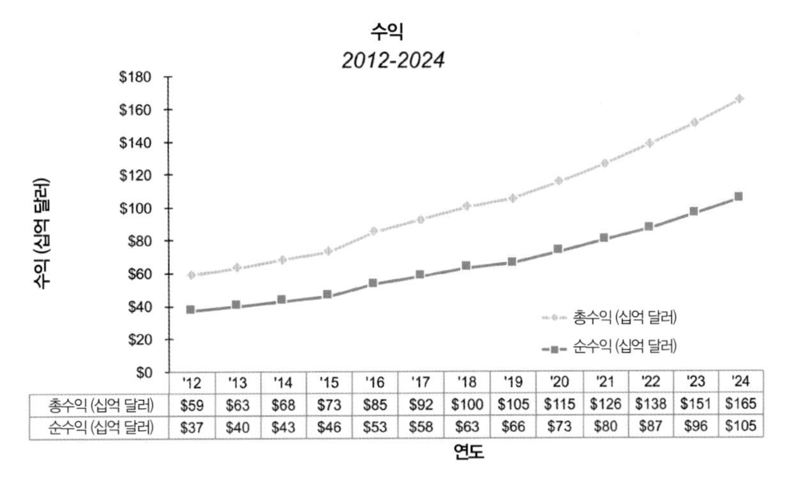

	'12	'13	'14	'15	'16	'17	'18	'19	'20	'21	'22	'23	'24
총수익 (십억 달러)	$59	$63	$68	$73	$85	$92	$100	$105	$115	$126	$138	$151	$165
순수익 (십억 달러)	$37	$40	$43	$46	$53	$58	$63	$66	$73	$80	$87	$96	$105

그림 8.3 수익 예측

1단계: 시각화 자료를 어떻게 생각하는가?

2단계: 데이터 테이블의 활용을 생각하라. 효과적이라고 보는가? 그렇다면 왜인지 설명하라. 아니라면 어떻게 다르게 접근하겠는가?

3단계: 여러분이 할 만한 다른 변경 사항은 어떤 것인가? 노트하거나 파트너와 이야기하라.

4단계: 데이터로 의사소통하기 위한 두 가지 상황을 상상해보자. (1)라이브 미팅에서 발표하는 것과 (2)청중에게 이메일을 보내는 것. 두 상황에서 어떤 차이를 두겠는가? 조금 더 나아가서 데이터를 다운로드해 필요한 추정을 하고 각자 선택한 툴로 마음에 드는 시각화 자료를 만들라.

5단계: 사용해본 적이 없는 데이터 시각화 툴을 선택하라(목록 중 일부는 '들어가며' 부분의 툴 섹션을 참조하라). 선택한 새로운 툴로 시각화 자료를 다시 만들라. 이 경험에서 무엇을 배울 수 있었는가? 여러분의 통찰력을 설명할 수 있는 한두 단락을 써라.

연습 문제 8.4: 부작용 (adverse events)

의료 장비 회사에 근무한다고 가정하자. 한 동료가 최근 연구에서 나온 두 가지 포인트를 요약한 다음 슬라이드의 피드백을 요청했다. 자세히 살펴본 후 다음 단계를 완성하라.

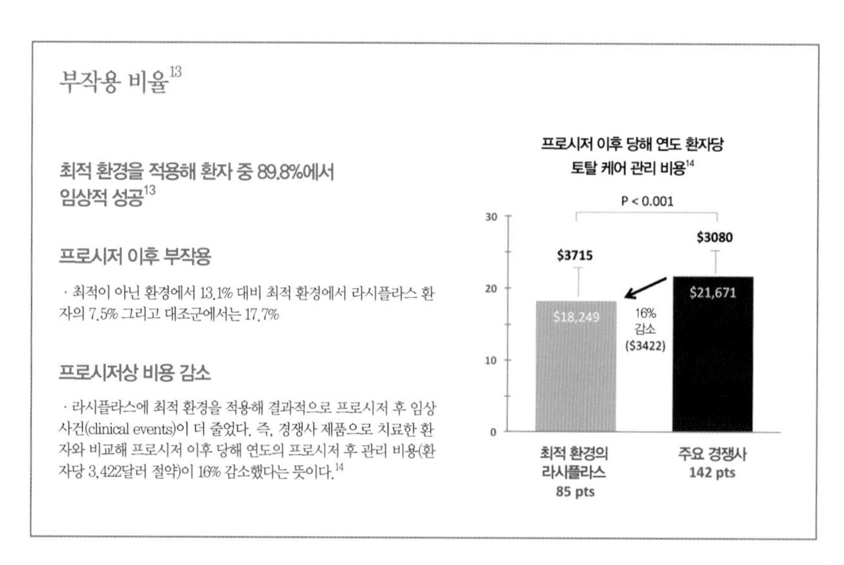

그림 8.4 부작용

1단계: 건설적인 비판으로 넘어가기 전에 잘된 지점을 한번 짚어보는 것이 좋을 것 같다. 해당 슬라이드를 어떻게 생각하는가?

2단계: 동료에게 물어볼 질문 사항은 무엇이 있는가? 목록을 만들라.

3단계: 앞서 다뤘던 다양한 수업 내용을 기반으로 할 때 어떻게 바꾸라고 권하겠는가? 무엇을 바꿀 것인지 권할 뿐만 아니라 왜 그래야 하는지에도 초점을 맞춰 여러분의 생각을 정리하라.

4단계: 기술적 지식이 전혀 없는 청중에게 해당 정보를 제시한다면 권고 사항을 어떻게 바꾸겠는가?

5단계: 한 걸음 더 나아가서 데이터를 다운로드해 개선한 슬라이드를 만들라. 선택한 툴로 이전 단계에서 설명한 변경 사항을 포함하라. 필요한 추정도 하라.

연습 문제 8.5: 퇴사 사유 (reasons for leaving)

이번엔 어느 대형 회사 마케팅 책임자CMO의 스탭장이라고 가정하자. 상사인 CMO가 여러분에게 인적 자원 비즈니스 파트너HRBP와 협력해 마케팅 조직 전체적으로 사람들이 이탈하는, 즉 퇴사하는 원인이 무엇인지 파악해 발견 사항을 알려달라고 요청했다. HRBP는 데이터를 분석해서 그림 8.5와 같은 시각화 자료를 이메일로 보내왔다.

잠시 데이터를 이해하는 시간을 가진 후 다음 단계를 완성하라.

퇴사 사유

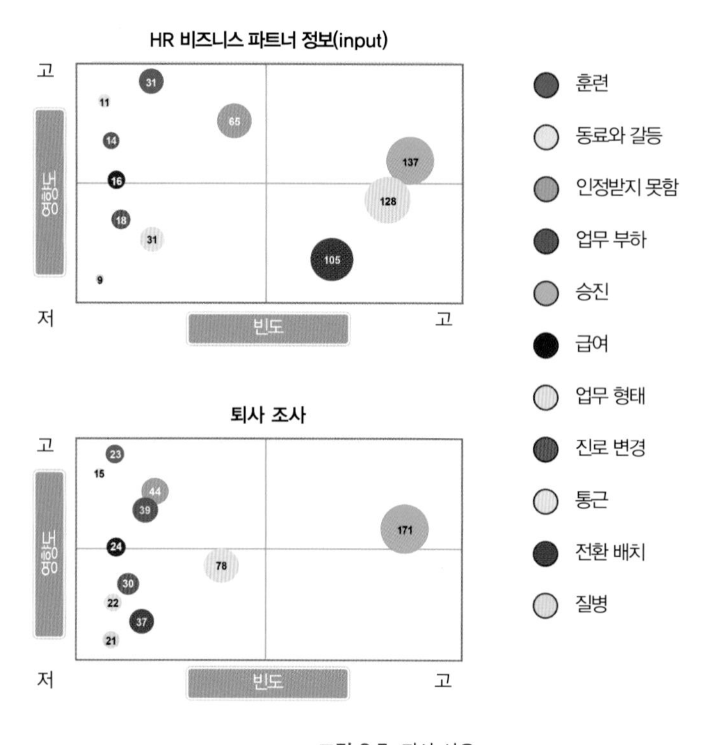

그림 8.5 퇴사 사유

1단계: 여기에서 나타난 것은 무엇인가? 데이터를 설명할 수 있는 몇 개 문장을 써라. 시각화 자료를 어떻게 해석하겠는가? 이번 연습 문제의 목적에 맞게 필요한 추정을 하라.

2단계: 현재 형태의 시각화 자료에 혼란스럽거나 부적절한 부분은 무엇인가? HRBP에 물어볼 질문이나 줄 수 있는 피드백은 무엇인가? HRBP가 시각화 자료를 만드는 데 많은 시간을 들였다고 가정한다면 어떻게 기분이 상하지 않게 하면서 피드백을 줄 수 있겠는가?

3단계: 그림을 그려보자! 세 가지 다른 방법으로 접근해 데이터를 보여줘라. 각각의 장단점은 무엇인가? 목록을 만들라. 어떤 그래프가 가장 마음에 드는가? 이유는 무엇인가?

4단계: 데이터를 다운로드하고 각자 선택한 툴로 마음에 드는 시각화 자료를 만들라.

5단계: 데이터를 CMO에게 발표할 시간이 됐다. 라이브로 발표할지 아니면 그냥 자료로 제출할지에 대해 가정을 세워라. 세운 가정을 기반으로 각자 선택한 툴로 권할 만한 의사소통 방법을 만들라.

연습 문제 8.6: 시간에 따른 계정 추이 (accounts over time)

여러분은 판매 조직의 분석가이고 소속 팀은 늘어나는 계정 수 목표를 맞추려고 현재 캠페인이 어떻게 진행되는지 평가하고 요약하라는 요청을 받았다. 2019년 9월까지의 실제 데이터와 2020년 말까지의 예측 데이터가 있다. 여러분의 동료는 다음 요약 자료(그림 8.6)를 작업한 후 여러분에게 피드백을 요청했다. 잠시 해당 시각화 자료를 살펴보고 다음 단계를 완성하라.

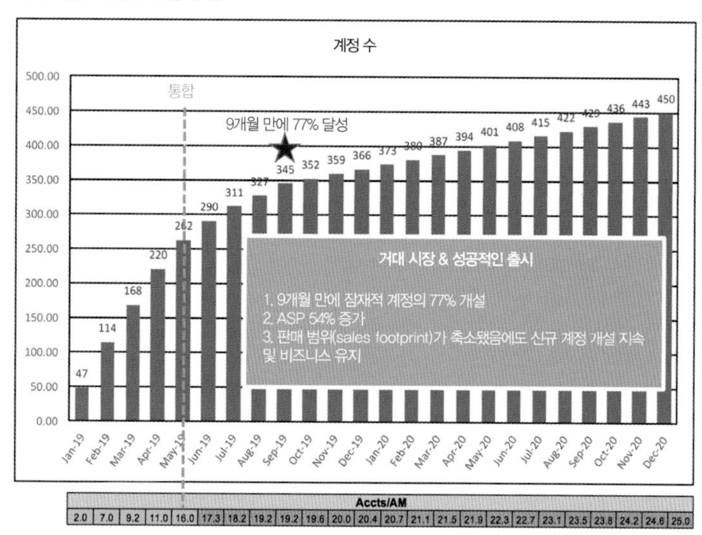

그림 8.6 시간에 따른 계정 추이

1단계: 데이터에 어떤 의문이 드는가? 목록을 만들라.

2단계: 잡동사니를 없애라. 없애야 할 구성 요소 목록을 만들라.

3단계: 스토리가 무엇인가? 성공적인가 아니면 행동하길 요청하는 것인가? 시나리오의 긴장 상태는 무엇인가? 긴장 상태를 해결하려고 청중이 했으면 하는 실행 방안은 무엇인가?

4단계: 데이터를 어떻게 보여주라고 권하겠는가? 그리거나 데이터를 다운로드한 후 각자 선택한 툴로 반복하면서 마음에 드는 디자인을 만들라

5단계: 여러분의 접근 방법이 다음 조건에서 얼마나 달라질 수 있는지 생각하라. (1) 데이터를 회의에서 라이브로 발표하는 것과 (2)자료로 만들어 청중에게 보내는 것. 둘을 다루는 방법은 어떻게 달라지겠는가? 생각을 설명할 수 있는 몇 개 문장을 적어라. 조금 더 나아가 각자 선택한 툴로 해당 시각화 자료를 각각의 유스 케이스에 맞게 다시 디자인하라.

연습 문제 8.7: 에러와 불만 사항 (errors & complaints)

이번 시나리오에서는 어느 국책 은행에서 일하는 분석가라고 가정하자. 매해 초 여러분 팀은 각 포트폴리오에 대해 연말 리뷰를 한다. 여기에는 대출 과정의 개시부터 회수까지 많은 부분에서 취합한 데이터를 포함한다. 여러분은 데이터 분석의 책임을 맡았고 주택 대출 포트폴리오의 품질과 만족도를 주제로 관련 내용을 작성해야 한다. 지난해 리뷰에서 사용한 슬라이드로 시작해 최근 연도의 데이터로 업데이트했다. 결과 그래프는 그림 8.7과 같다.

여러분은 여러 개 그래프가 있는 페이지 한 장 대신 데이터 스토리를 말할 기회를 이용하기로 했다.

그림 8.7을 찬찬히 살펴본 후 다음 단계를 완성하라.

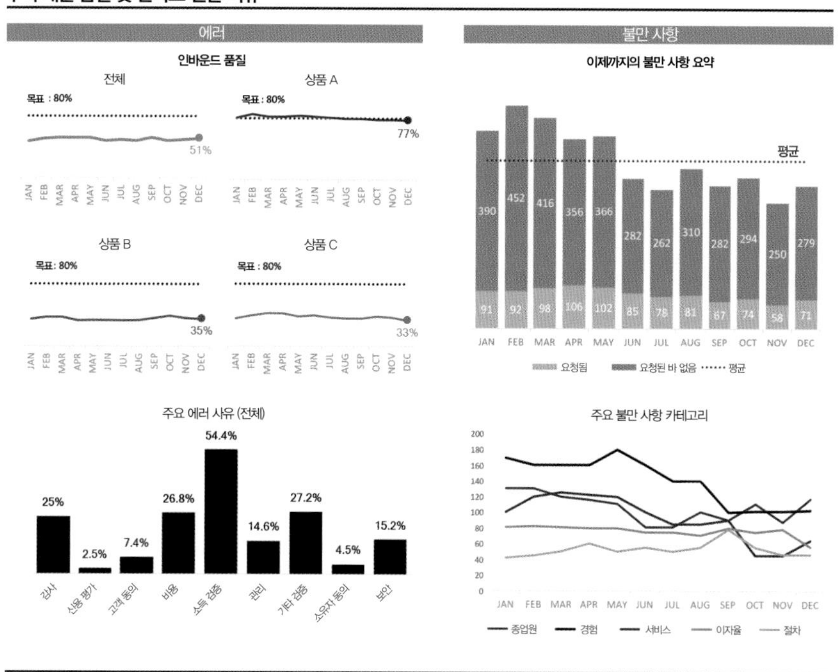

그림 8.7 에러와 불만 사항

1단계: 데이터에 물어볼 질문 사항은 무엇인가? 목록을 만들라. 다음으로 이번 연습 문제의 목적에 맞게 추정하고 각 질문에 답하라.

2단계: 각 그래프에 대한 주요 핵심 사항을 설명할 수 있는 한두 문장을 적어라.

3단계: 여기에서 초점을 맞출 스토리는 무엇인가? 어떤 데이터를 포함할 것인가? 없앨 데이터가 있는가? 하나의 슬라이드에 전부 넣는 것과 더 많은 슬라이드를 사용하는 것 중 어느 것이 이용하기에 더 적합하다고 생각하는가? 직접 계획한 접근 방법을 백지에 스케치하라.

4단계: 해당 상황에서 초점을 맞춰야 하는 것에 통찰력을 부여하려면 그림 8.7의 데이터를 어떻게 시각화하겠는가? 앞서 다뤘던 모든 수업 내용과 적용 방법을 고려하라. 데이터를 다운로드하고 해당 데이터로 스토리를 말할 수 있도록 각자 선택한 툴로 자료를 만들라.

5단계: 슬라이드 초안을 작성하고 청중이 과거에 봐온 대로 그래프를 한 페이지에 넣길 기대할지에 대한 관리자의 피드백을 받아라. 어떻게 대응할 것인가? 생각을 적어라.

연습 문제 8.8: 미각 테스트 데이터 (taste test data)

크레이브베리는 여러분이 근무하는 식품 제조 회사가 출시 준비 중인 신규 요거트 제품이다. 여러분이 속한 제품팀은 제품을 시장에 내놓기 전에 소비자 감성의 마지막 평가 결과를 얻으려고 한 번 더 미각 실험을 하기로 했다. 여러분은 팀과 공동으로 작업해 결과를 분석했다. 시장에 나가기 전에 잠재적으로 변화를 줘야 할지를 제품 책임자와 회의를 해 논의할 계획이다. (이번 내용이 익숙하게 느껴진다면 6장, '기승전결 구조의 상황 정보'에서 소개했던 사례이기 때문이다.)

여러분의 동료는 미각 테스트 결과를 요약한 다음 시각화 자료(그림 8.8)를 만들어 여러분에게 피드백을 요청했다. 잠시 살펴본 후 다음 단계를 완성하라.

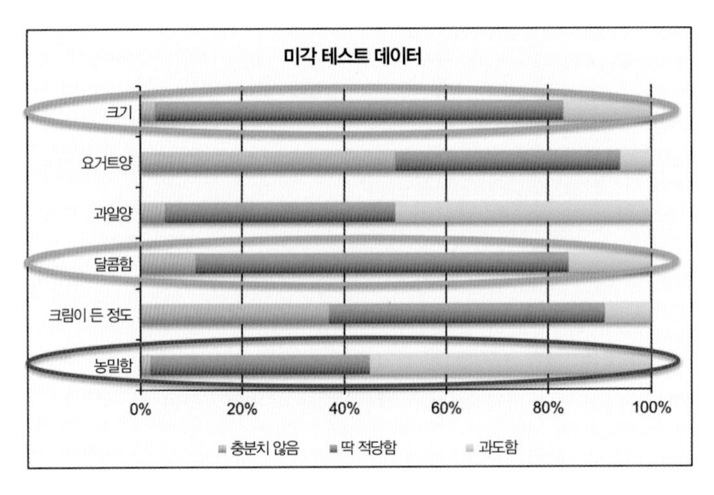

그림 8.8 미각 테스트 데이터

1단계: 긍정적으로 시작해보자. 슬라이드에서 마음에 드는 것은 무엇인가?

2단계: 앞서 다뤘던 수업 내용을 근거로 여러분은 어떤 피드백을 줄 것인가? 생각을 요약하되 어떻게 변화를 줄 것인지 권하는 것뿐만 아니라 이유에도 초점을 맞춰라.

3단계: 되돌아가 스토리를 생각하자. 기승전결 구조, 즉 플롯, 전개, 절정, 하강, 결말의 다양한 구성 요소를 돌이켜보라. 기승전결의 구성 요소와 시나리오 각 부분에서 다루는 것에 대한 목록을 만들라. 더 좋은 방법은 계획된 스토리의 포인트를 포스트잇에 적고 기승전결 구조 형식에 맞게 배열하는 것이다. 해당 데이터로 말할 스토리를 보여주려면 필요한 만큼 편집하라. 긴장 상태는 무엇인가? 청중이 긴장 상태를 해결하려면 무엇을 할 수 있는가?

4단계: 데이터를 다운로드하고 각자 선택한 툴로 3단계에서 설명한 데이터 기반 스토리를 만들라. 또한 제품 책임자에게 제시할 때 말하고자 하는 것을 첨부 설명으로 요약하라.

연습 문제 8.9: 유형별 접촉 (encounters by type)

다음 상황도 익숙할 것이다. 연습 문제 6.3에서 이미 한 번 봤다. 전체 시나리오를 한번 읽고 기억을 되살린 후 데이터를 검토하고 다음 단계를 완성하라.

여러분이 지역 건강 돌봄 센터에서 데이터 분석가로 일한다고 해보자. 전체적인 효율, 비용, 돌봄의 질을 개선하려고 진행 중인 계획의 일부로 최근 몇 년 동안 직접 방문 대신 내과 의사와의 가상 의사소통(이메일, 전화, 그리고 비디오)을 더 많이 이용하도록 추진해왔다. 연간 검토 보고서에 넣으려고 관련 데이터를 모아 희망했던 가상 통신으로의 전환 여부를 평가하고 내년 목표를 위한 권고 사항을 만들라는 지시를 받았다. 주요 청중은 건강 돌봄 센터 전체의 리더급이다. 분석 결과 1차 돌봄과 전문 돌봄 모두에서 가상 만남이 상대적으로 증가한 것으로 나타났다. 이런 추세가 내년에도 계속될 것으로 예상된다. 목표를 알려주려고 최근 데이터와 여러분의 예측을 활용할 수 있다. 지나치게 공격적이고 돌봄의 질에 부정적인 영향을 줄지도 모르는 목표를 설정하지 않도록 내과 의사 투입을 추진하는 것이 필요하다고 생각한다.

그림 8.9는 여러분이 스토리를 만드는 데 사용한 데이터를 보여준다.

유형별 시간에 따른 접촉 환자 1,000명당							
		2015	2016	2017	2018	2019	2020 (Proj)
대면	합계	3,659	3,721	3,588	3,525	3,447	3,384
	1차 돌봄	1,723	1,735	1,681	1,586	1,526	1,500
	전문 돌봄	1,936	1,986	1,907	1,939	1,921	1,884
전화	합계	28	39	138	263	394	535
	1차 돌봄	26	34	125	212	295	375
	전문 돌봄	2	5	13	51	99	160
비디오	합계	0.3	0.5	1.6	2.8	3.4	4.5
	1차 돌봄	0.2	0.3	0.4	0.8	1.2	2.0
	전문 돌봄	0.1	0.2	1.2	2.0	2.2	2.5
이메일	합계	1,240	1,287	1,350	1,368	1,443	1,580
	1차 돌봄	801	831	852	856	897	950
	전문 돌봄	439	456	498	512	546	630
합계	합계	4,927	5,048	5,078	5,159	5,287	5,504
	1차 돌봄	2,550	2,600	2,658	2,655	2,719	2,827
	전문 돌봄	2,377	2,447	2,419	2,504	2,568	2,677

그림 8.9 유형별 시간에 따른 접촉

1단계: 테이블 형태로는 데이터를 어떻게 처리하고 있는지 알기가 어렵다. 우선 시각화부터 시작하자. 스케치하거나 그림 8.9의 데이터를 다운로드해 각자 선택한 툴로 그래프를 만들 수도 있다. 데이터를 더 잘 이해하고 무언가 배울 수 있도록 만들라. 이와 관련해 다음 질문 사항에 답해야 할 가능성이 크다.

(A) 시간에 따라 변화된 접촉의 총수는 얼마인가?

(B) 다양한 형태를 통틀어 접촉은 어떻게 나뉘는가? 가상 의사소통(전화, 비디오, 이메일)으로 전환하는 흐름은 바람직한가?

(C) 가상 의사소통을 이용하는 것과 관련해 1차 돌봄과 전문 돌봄 사이에 차이가 있는가?

(D) 데이터만으로 볼 때 1차 돌봄과 전문 돌봄의 가상 접촉에 권할 만한 목표는 무엇인가?

2단계: 1단계에서 알게 된 것으로 제공된 상황 정보를 고려하라. 해당 데이터를 라이브로 발표해야 하는 것으로 알고 있다. 데이터 스토리의 개요를 만들라. 다양한 중요 사항을 단어로 표현하고 글머리표가 달린 목록을 작성해 서면 형식으로 만들 수 있다. 혹은 이제까지 논의된 도구, 즉 포스트잇, 스토리보딩, 기승전결 구조를 활용할 수도 있다. 또 다른 생각이 있을 수도 있다. 가장 최적의 방법으로 데이터 스토리를 기획하라.

3단계: 선택한 툴을 사용해 2단계에서 설명한 데이터 스토리를 만들라.

4단계: 라이브로 진행하는 것 이외에 회의에 참석하지 못했거나 이미 다룬 내용을 다시 돌아보고 싶은 사람과 공유하려면 한 페이지 자료를 만들 필요가 있다. 선택한 툴로 해당 시각화 자료를 만들라.

연습 문제 8.10: 상점 트래픽 (store traffic)

여러분은 대형 전국 조직의 소매상에 근무하는 인사이트 분석가로 최근 상점 트래픽 및 구매 추세에 대한 분석을 방금 완료했다. 데이터를 시각화했고 말하기에 설득력 있는 스토리라고 생각한다.

상점 트래픽은 지난해 이후로 전체적으로, 그리고 모든 지역을 통틀어 감소하는 추세를 보였다. 트래픽은 북서 지역에서 가장 감소했다. 여러분 회사가 지난해 이곳의 몇 개 상점을 폐업시켰기 때문에 해당 지역의 트래픽 감소가 이해된다. 폐업한 상점의 고객 대부분은 현재 경쟁사에서 쇼핑하고 있다. 트래픽 감소는 또한 가장 중요한 고객 그룹, 즉 '슈퍼 구매자'라고 불리는 그룹에서 현저하게 나타났다. 연도별 차이도 최근 몇 달간 증가했다. 하지만 트래픽, 즉 쇼핑하는 사람 수는 퍼즐의 한 조각에 불과하다. 트래픽에서 일어나는 변화가 판매에서 일어나는 변화를 어떻게 분명히 보여주는지 이해하려면(경영층에서 상당히 관심이 크다) 사람들이 상점에 있는 동안 얼마나 많이 소비하는지 설명할 수 있어야 한다. 이것을 '바스켓', 즉 단위 구매량(구매한 물품 수)과 물품당 가격으로 측정한다.

데이터는 고객, 특히 슈퍼 구매자가 대체로 물품을 더 적게 구매하고 있다는 것을 보여준다. 하지만 물품의 평균 가격은 증가하고 있다. 여러분 상점에서 지난해 고가 브랜드에 제공했던 특정인 대상 프로모션 때문일 것이다. 프로모션의 긍정적인 영향으로 이와 같은 가설을 더 깊이 검증하고, 더 중요하게는 데이터에서 발견한 바람직하지 않은 추세를 호전시키고자 슈퍼 구매자 프로모션을 추가로 운영하는 것에 대한 재무 영향을 더 조사하자고 고위 관리자에게 제안하려 한다.

이런 분석에 따라 만든 시각화 자료로 관리자에게 이야기했다. 그 과정에서 스토리를 설명하는 데 사용한 그래프가 이해당사자가 정보를 얻는 데 그다지 적절하지 않다는 것을 깨달았다. 관리자는 그래프를 수정하고 발견 사항을 의사소통하기 위한 짧은 슬라이드 자료 및 고위 관리자에게 줄 권고 사항을 만들라고 요청했다. 여러분은 잠시 뒤로 물러나 『데이터 스토리텔링』과 이 책의 과정에서 다룬 수많은 수업 내용을 적용할 기회를 가져보기로 결심했다.

그림 8.10은 여러분이 원래 만든 그래프를 보여준다. 찬찬히 살펴본 후 다음 단계를 완성하라.

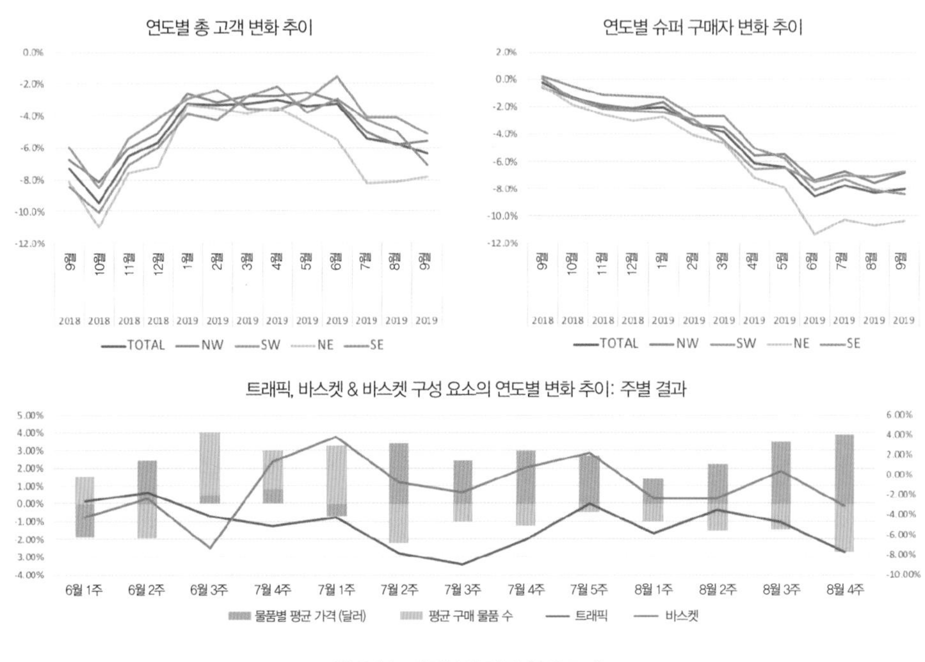

그림 8.10 여러분이 만든 원래 그래프

1단계: 시나리오에 대한 빅 아이디어를 만들라. 빅 아이디어는 다음과 같아야 함을 기억하라. (1)관점을 명확히 표현해야 하고, (2)핵심을 전달해야 하며, (3)완전한 문장이어야 한다. 도움이 필요하면 연습 문제 1.20의 빅 아이디어 워크시트를 참조하라. 빅 아이디어를 만든 후 다른 사람과 논의해 다듬도록 하라. 빅 아이디어를 근거로 해 간결하고 반복 가능한 문구로 구성한 것이 적절하다고 생각하는가? 그렇다면 그렇게 만들고 필요하면 연습 문제 6.12를 참조하라.

2단계: 데이터를 상세하게 살펴보라. 각 그래프에 대한 주요 핵심 사항을 설명할 수 있는 한두 문장을 적어라.

3단계: 포스트잇을 사용할 시간이다! 포스트잇을 가져오라. 설명된 상황 정보 및 1단계에서 만든 빅 아이디어와 2단계에서 요약한 중요 사항을 기반으로 슬라이드 자료에 포함할 내용을 브레인스토밍하라. 그다음 기승전결 구조에 따라 각 내용을 배열하라. 긴장 상태는 무엇인가? 해결하려면 청중은 무엇을 할 수 있는가?

4단계: 다음으로 데이터를 잠시 살펴본 후 그래프를 디자인하라. 원래 그래프와 기본 데이터(추가 데이터를 발견할 수도 있고 그것이 유용할 수도 있다)를 다운로드하라. 데이터를 보는 몇 가지 다양한 관점에 따라 반복할 필요가 있을지도 모른다. 반복과 브레인스토밍 하는 과정을 위해 여러분의 아이디어를 그림으로 그리는 것을 고려하라. 적절한 시각화 자료를 선택하고, 잡동사니를 없애고, 초점을 맞추려고 이제까지 다룬 수업 내용을 실행하라. 전체 디자인을 심사숙고하라.

5단계: 선택한 툴을 이용해 활용할 자료를 만들라. 또한 각 슬라이드에서 여러분이 말하고자 하는 바를 첨부 설명으로 요약하라. 더 좋은 것은 친구나 동료에게 가서 데이터 기반의 스토리로 해당 자료를 제시하는 것이다.

6단계: 돌아볼 시간을 가져보자. 원래 그래프와 지금 만든 것을 비교하라. 여러분의 문제 해결 방식이 효과적인 것 같은가? 이유는 무엇인가? 전반적인 과정에 대해 어떻게 느꼈는가? 어떤 부분이 가장 도움이 되고 이유는 무엇인가? 이번 연습 문제에서 수행한 내용의 구성 요소를 실제 작업에 일반적으로 어떻게 적용할지 마음에 그릴 수 있는가? 생각을 한두 단락으로 정리해서 적어라.

여러분은 해냈다. 사례에서 많은 것을 배웠다! 엄청나게 연습했다. 데이터 스토리텔링 기술을 갈고 닦았다. 축하한다! 아직 시작하지 않았다면 여러분은 이제 확실히 직장에서 연습할 준비가 됐다. 스토리를 말하는 데 성공할 수 있는 기술과 자신감을 여러분의 일상 직무에 불어넣기 위해 몇 가지 최종 연습 문제로 옮겨보자.

9장

직장에서 심화 연습하기

연습 문제의 마지막 장은 '데이터 스토리텔링' 수업 내용을 직장에서 적용할 수 있는 방법에 초점을 맞추고자 한다. 여러분은 이미 수많은 가이드를 접했다. 특정 프로젝트를 만났을 때 이 책 전반에 걸쳐 수록된 '직장에서 연습하기'로 돌아가 참조하길 바란다. 9장 초반의 연습 문제도 도움이 된다.

아울러 여러분과 동료의 일상 업무에 '데이터 스토리텔링' 과정을 더 깊이 있게 통합하기 위한 가이드도 찾을 수 있다. 이 책과 『데이터 스토리텔링』 과정에서 우리가 다룬 전체 수업 내용을 살펴보고 연습하도록 도와준다. 여러분 자신이나 다른 사람의 작업을 평가하는 데 활용할 수 있는 평가 척도를 제시하고 그룹 학습 및 토론을 더 쉽게 만드는 자원과 가이드도 제공한다. 피드백의 중요한 역할과 피드백을 주고받는 최적의 방법을 살펴보고 데이터 스토리텔링 기술을 계속 개선하기에 적합한 목표 설정에 관해 알아본다. 또한 다른 사람이 목표를 설정하도록 지원하는 방법도 검토해본다. 이 공간에 '전문가'란 없다. 기술 수준과 무관하게 더 발전할 가능성은 항상 열려 있다. 우리 모두 자신의 능력을 개선해나갈 수 있고 데이터로 의사소통하는 방법에서도 더 나아질 수 있다.

지금까지의 연습 문제를 해결한 것은 대단한 작업이었다(전부 끝내지 못했더라도 상관없다. 돌아가서 할 일이 조금 남았다는 것을 의미할 뿐이다). 다음으로 **직장에서 심화 연습하기를 해보자.**

우선 여러분과 팀의 성공을 위해 설정해야 할 몇 가지 아이디어를 살펴보면서 도움을 얻자.

『데이터 스토리텔링』 우선 여러분의 팀 발전시키기를 살펴보자

나는 어떤가?

아무도 혼자서 일하지는 않는다

관리자와 리더는 데이터로 스토리를 이야기할 수 있는 팀 역량을 구축해서 얻는 이점이 있다.

개인도 마찬가지로 주변 사람에게 영향을 주고 싶어 한다.

일반적인 팀 구축

일인다역을 하는 그룹

대부분 팀은 데이터 시각화 전문가가 없고 심지어 분석 역할의 일부로 취급한다.

전략과 기술의 조화

이것은 '데이터를 예쁘게 만들기'보다 훨씬 더 중요하다

아무리 훌륭한 분석이라고 해도 효과적으로 의사소통하지 못한다면 그저 헛된 노력일 수밖에 없다.

관리자 대상

학습 문화를 장려하라

데이터 시각화와 의사소통을
분석 역할의 예상되는 부분으로 만들라.

타고난 성향과 관심이 있는 사람을
파악해 전문가가 될 수 있도록
성장을 지원하라.

소규모 팀 대상

제약 조건을 받아들이라

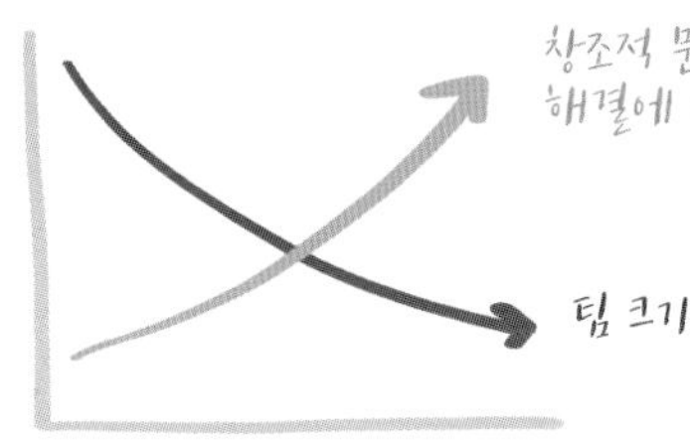

→ 새로운 접근 방법을 연습하고
테스트할 것을 독려하라.

→ 온라인의 무료 자원을 활용하라.

→ 외부에서 조언자와 가이드를
찾아라.

개인 대상

일을 잘하라.

피드백을 요청하라.

설교하지 말고
팁을 공유하라.

작은 성공이 쌓여
자신감과 신뢰감을
만든다.

직장에서 심화 연습하기

9.1
자신의 공격 계획을
만들라

9.2
적합한 목표를
설정하라

9.3
효과적인 피드백을
주고받아라

9.4
피드백 문화를
구축하라

9.5
SWD 과정을
참조하라

9.6
평가 척도를
활용하라

9.7
빅 아이디어
연습 세션을
추진하라

9.8
SWD 운영 세션을
수행하라

9.9
성공적인
데이터 스토리로
나아가라

9.10
토론해보자

연습 문제 9.1: 여러분 자신의 공격 계획을 만들라

여러분은 1장부터 6장까지의 '직장에서 연습하기'로 많은 연습 문제를 접했다. 전체 리스트는 아래에서 확인할 수 있다. 데이터로 의사소통하거나 스토리를 제시해야 하는 프로젝트를 만나면 전체 리스트를 한번 쭉 훑어보라. 연습 문제를 잘 조합해 여러분의 니즈에 가장 적합한 것을 결정한 후 완성하라!

1.17 청중을 알아가기

1.18 청중을 좁혀가기

1.19 행동을 파악하기

1.20 빅 아이디어 워크시트 완성하기

1.21 빅 아이디어에 대해 피드백 구하기

1.22 팀 차원의 빅 아이디어 만들기

1.23 머리에서 아이디어 끄집어내기!

1.24 아이디어를 스토리보드에 정리하기

1.25 스토리보드 내용에 대해 피드백 구하기

2.17 그려라!

2.18 여러분의 툴로 반복하기

2.19 질문을 고려하기

2.20 큰 소리로 말하기

2.21 피드백 구하기

2.22 데이터 시각화 라이브러리 구축하기

2.23 추가 자원 찾기

3.11 빈 종이로 시작하기

3.12 정말 필요한가?

4.9 시선을 이끄는 곳은 어디인가?

4.10 여러분의 툴로 다양한 연습하기

4.11 어디에 집중해야 하는지 이해하기

5.9 문구로 데이터에 접근 가능하게 하라

5.10 시각적 체계를 만들라

5.11 세부 사항에 관심을 쏟아라!

5.12 더욱 접근 가능하게 디자인하라

5.13 여러분의 디자인을 채택하게 하라

6.12 간결하고 반복 가능한 문장을 만들라

6.13 무슨 스토리인가?

6.14 기승전결 구조를 적용하라

연습 문제 9.2: 적절한 목표를 설정하라

나는 목표 설정의 엄청난 지지자다. 일어나리라 예상되는 것을 명확히 표현하고 그렇게 할 수 있는 단계를 계획하면 더욱 쉽게 달성할 수 있다. 적합한 목표 설정은 데이터 스토리텔링 기술을 발전시키고 연마하는 데 계속 집중할 수 있도록 도와주는 한 가지 방법이다.

목표를 설정하는 방법은 매우 간단하다. 진행하고 싶은 작업의 관점이나 기술을 분리하라. 그런 다음 수행할 구체적 실행 방안을 목록으로 만들라. 실행 방안은 시간상 타이트하게 정리해 긴박감을 조성하라. 자주 상기할 수 있도록 여러분이 볼 수 있는 어딘가에 해당 목록을 게시하라. 관리자나 동료와 공유해서 모두가 책임감을 느끼게 하라. 여러분이 나와 같다면 목표를 향해 더 가까이 다가가는 완성된 일을 점검할 수 있다는 생각이 상당히 만족스러울 것이다. 더욱 강력한 것은 최초의 목표를 달성하고 점차 웅대한 목표를 설정하기 때문에 이런 실행 방안은 기술을 정교하게 다듬고 전문성을 높이는 데 도움을 준다는 것이다.

목표 설정에 대해 더 구체적인 체계를 만든다면 잠시 한 가지를 보여주겠다. 우선 현재 작업 중인 프로세스가 있다면 계속 활용하길 권한다. '데이터 스토리텔링'에서 회사는 매년 빅픽처 목표를 설정한다. 분기별로 (나를 포함한) 모든 사람이 내가 구글에서 배웠던 목표 설정과 평가 체계를 따른다. 여러분이 목표를 설정하거나 팀이 목표 설정하는 것을 도울 때 유용한 사례로 이 프로세스를 설명할 것이다.

비즈니스를 지원하는 목표에 초점을 맞추고 책임감을 유지하려고 분기별 **목적과 주요 결과** Objectives and Key Results, OKRs를 문서화하고 측정한다. 목적objectives은 개인이 달성하고 싶은 것으로 정의한다. 상당한 의미가 있어야 하고 실행 방안을 의사소통해야 한다. 주요 결과key results는 주어진 목적을 어떻게 충족시킬지 상세히 설명한다. 주요 결과는 공격적이지만 현실적이고 측정 가능하며 수가 제한돼 있고 시간이 정해져 있어야 한다(대상 빈도 혹은 완료일). 개인은 보통 분기별로 3~5개의 목표가 있으며 각각 2~3개의 주요 결과로 만들어진다. 다음은 목적과 주요 결과를 설명하는 예시다.

목적: 심사숙고해 파일럿 프로그램 XYZ 발표 자료에 스토리를 통합해 프로그램을 공식화하고 확장하는 데 필요한 자원의 승인을 얻어라.

- **주요 결과 1:** 연습 문제 1.17, 1.20, 1.21, 1.23, 1.24, 6.12, 6.14를 다음 달까지 두 개의 다른 프로젝트로 완성하라.
- **주요 결과 2:** 다음 주까지 라이브 프레젠테이션과 이메일 요약이라는 두 가지 주어진 환경에 최적화된 각각의 자료를 기획하고 만들라. 주요 이해관계자 A에게 다음 달까지 피드백을 구하고 이를 포함하라.
- **주요 결과 3:** 이번 분기에 동료들에게 세 가지 연습 프레젠테이션을 주고 피드백을 포함해 내용과 흐름 및 전달 방법을 개선하라.

일단 개인의 OKRs가 완성되면 더 많은 팀이 사용하도록 공개한다. 각자 달성하고자 하는 것을 주변에 알리는 일종의 투명성은 모든 사람의 성공 확률을 높인다.

각 분기 이후 약 일주일 동안 과거 분기의 OKRs를 **검토하고 등급을 매긴다**. 이렇게 되돌아보는 것은 잠시 멈춰 성공을 축하하는 것뿐만 아니라 계획한 만큼 진전되지 않은 지점의 평가에도 도움을 준다. OKRs에서 가장 중요한 단계인 등급을 매기는 것은 과정을 한 걸음 더 나아가게 한다. 0~10의 간단한 척도로 등급을 매긴다. 0은 진전이 하나도 없는 것을, 10은 주요 결과가 완벽하게 달성됐다는 것(예를 들어 주요 결과가 학습 중인 새로운 툴로 12개 그래프를 만드는 것일 때, 12개를 다 만들었다면 10점이고 6개만 만들었다면 5점이 된다)을 의미한다.

숫자의 나열은 스스로를 정직하게 하고 적정한 수준의 책임감을 보장하는 데 도움이 된다. "나는 더 잘 할 수 있어"라고 말하기는 쉽다. 하지만 스스로 매긴 점수가 0점이나 2점이라면(예를 들어 말이다) 다른 측면의 자기 성찰이 필요하다. 왜 더 잘하지 못했지? 우선순위가 변경됐나? 그게 맞는 건가? 할 수 없었던 원인은 무엇일까? 앞으로 내가 어떻게 달라져야 할까? 자신의 OKRs는 스스로(그리고 역시 구글에서 일한 적이 있어서 내가 책임감을 느끼도록 도와주는 남편)와 대화하고 팀원들의 OKRs는 팀원들과 함께 대화를 나누게 된다. 해당 목적에 대한 주요 결과 점수를 평균 내 목적별 점수를 집계한다. 각 목표 점수를 평균 낸 것은 전체 분기에 대한 요약 정보를 제공한다. 결론적으로 이전 분기의 OKRs와 상응하는 점수를 살펴보면 일이 잘되고 있는지 알 수 있다. 또한 우선순위와 도전, 잠재적 문제 해결에 경쟁력이 있는지에 대해 유용한 대화를 끌어내는 데 큰 도움이 된다. 그런 다음 모든 것을 현재 분기의 다음 OKR 설정 과정에 반영하고 전 과정을 반복한다.

OKR 과정이 지속적으로 기술을 개선하고 성공적인 비즈니스를 창출함과 동시에 확장하는 데 개인적으로 도움이 됐다고 믿는다. 이를 강화하기 위한 훈련된 사고 과정과 책임을 공식화하는 방법에 감사를 표한다. 진행 과정을 측정하는 지표를 만들면 어느 시점에서든 우리가 얼마나 나아지고 있는지, 그리고 설정한 것 중 놓치고 있는 것이 무엇이며 성공적인 지점이 어디인지를 알 수 있다. 팀이 성장하면 모든 사람이 중요한 것을 알게 되고 각자의 목표를 조정할 수 있으므로 우리가 같은 목표를 향해 함께 나아가는 데 도움이 된다.

여러분 차례다! 데이터를 효과적으로 시각화하거나 의사소통하려고 여러분의 기술을 연마하는 것과 관련한 구체적인 목표는 무엇인가? 적어라. 그런 다음 목적을 달성하는 데 도움을 줄 2~3개 주요 결과를 파악하라. 관리자와 논의하고 자주 볼 수 있는 곳에 게시하라. 이제 여러분의 첫 번째 OKR 완료를 축하하라. 다음으로 이를 완성하라!

특히 일반적인 목표 설정과 OKR 과정을 더 알고 싶다면 목표 설정을 중점적으로 다룬 '데이터 스토리텔링 팟캐스트storytellingwithdata.com/podcast'의 에피소드 13을 확인하라.

연습 문제 9.3: 효과적인 피드백을 주고받아라

피드백을 구하고 반복하는 것은 기술 발전에 있어 너무나 중요한 과정이다. 모두가 잘 알고 있는 사실이다. 비평에 마음을 활짝 여는 것은 당연히 어려운 일이다. 피드백을 받을 때는 잘 듣고 흡수하기보다 방어적으로 대응하기가 쉽다. 효과적인 피드백을 주고받는 데 도움이 되는 몇 가지 아이디어가 있다. 이후에 조언이 필요하면 다음을 참조하라.

누구에게 요청할지 결정하라 구체적인 니즈를 기반으로 여러분에게 피드백을 주는 데 유리한 입장인 사람이 누구인지 잠시 생각하라. 대개는 해당 상황에 익숙한 사람을 제일 먼저 생각하게 되지만 어떤 종류의 피드백이 최적의 효과를 줄지 잘 생각하라. 상황 정보가 부족한 것이 오히려 좋은 일일 수 있다. 완전히 신선한 관점을 보장하기 때문이다. 만약 청중이 여러분의 작업과 그다지 친밀한 대상이 아니라면 특히 유용하다. 접근하기 어려운 언어와 부지불식간에 하는 가정, 익숙지 않은 유형의 시각화 혹은 성공적인 의사소통을 방해할 수 있는 기타 이슈를 집어낼 수 있기 때문이다. 하지만 전문가의 피드백이 때로는 옳다. 예를 들어 기술 지식이 있는 청중을 만날 예정으로 철저한 검증에 대비해 잘 준비됐는지 확인할 필요가 있을 때라든가 도움이 되는 피드백을 주려면 일정 수준의 상황 정보가 필수적인 때는 전문가 피드백이 유용할 수 있다.

타이밍을 잘 맞춰라 시간은 여러분이 시간을 들여 피드백해달라고 요청하는 사람에게나 여러분에게나 중요하다. 알맞은 타이밍을 말하자면, 대개 조언은 빠르면 빠를수록 더 좋다. 노력이 덜 들어간 시점, 즉 특별한 경로나 산출물과 덜 연관돼 있을 때 훨씬 쉽게 방향을 바꿀 수 있다. 특히 굉장히 의견이 강한 이해관계자가 있다면 피드백 과정을 빨리 시작하는 것이 프로젝트 과정 전반적으로 반복을 줄이는 데 도움이 된다. 그렇지만 작업에는 다양한 관점이 있으므로 초기 단계(예를 들어 모형을 만들거나 손으로 쓴 것)보다 완성된 형태를 더 잘 평가할 수 있다. 따라서 과정 중 여러 시점에서 피드백을 받는 것이 중요한 프로젝트에서는 유용할 수 있다. 비평가 관점에서 타이밍은 그들의 일정을 존중하고 편한 시점에 피드백을 요청하도록 노력하라. 필요할 때 바로 피드백을 얻기 어렵다면 라이브로 할 수 있는 시간을 잡아서 회의 과정 중에 필요한 조언을 살펴보고 얻을 수 있다. 피드백을 주는 사람에게 감사를 표하라.

중점을 두는 부분을 명확하게 하라 그래프가 읽기 쉬운지, 강조하는 포인트가 효율적으로 전달되는지 등을 알고 싶은가? 조언이 필요한 지점은 최선을 다해 상세하게 하라. 그래야 적절한 시점에 유용한 피드백을 얻을 수 있다. 청중이 누구인지, 청중의 관심사가 무엇인지, 혹은 지식 수준이 어느 정도인지에 대한 상황 정보를 공유하는 것이 도움이 될지 고려하

라. 또한 과정 중에 마주치는 제약 사항이 무엇인지 혹은 피드백을 포함하려 할 때 만나게 되는 제약 사항이 무엇인지 알려주는 것도 유용할 수 있다. 예를 들어 이미 지연됐고 단지 일이 잘되고 있는지에 대해 다른 사람의 의견이 필요하다면 명확히 하면 된다. "이 사안에 대해 여러분이 생각하는 바를 말해주십시오. 오늘 내보내야 해서 불명확하더라도 좋습니다. 문제를 즉시 해결할 수 있는 사안을 찾고 있습니다. 그래야 오후 5시 기한을 맞출 수 있습니다. 이때 여러분이 공유할 수 있는 대처 방안은 무엇인가요?" 반면에 시간이 많다면 광범위한 피드백을 요청할 수 있다. "모든 것은 공정한 게임입니다. 잘되고 있는 것은 무엇인지, 정교하게 다듬으려면 어떻게 해야 하는지를 폭넓게 알아보려고 합니다."

말하지 말고 들어라 누군가가 건설적인 비평을 제기한다면 대답을 하면서 어떤 식으로 접근했는지 온갖 이유를 들어 여러분이 결정한 사항을 정당화하고 싶은 것이 인지상정이다. 이와 같은 대응은 대화를 끊게 되므로 피하라. 피드백을 평가하지 말고 일단 열린 마음으로 들어라. 들은 것을 확인하라. 기록하라. 피드백을 주는 사람이 계속해서 말할 수 있도록 독려하라. 또 다른 관점을 더 잘 이해하려면 캐묻는 질문을 하라. 대화가 더 잘 이뤄지게 하고 싶으면 다음 질문을 참조하라.

다 듣고 나서 질문하라 듣고 난 후에 더 많은 피드백이 필요하면 다음의 논의 프롬프터 prompter를 활용하라.

- 해당 페이지에서 여러분의 시선이 제일 먼저 가는 곳은 어디인가?
- 주요 핵심 사항이나 메시지는 무엇인가?
- 그래프를 만든 과정을 쭉 얘기하라. 제일 처음 관심을 끄는 것은 무엇인가? 그다음은?
- 달리 했으면 하는 것이 있는가? 이유는?
- 메시지에서 벗어난 것이 있는가?
- 잠시 자료를 치워라. 주요 포인트나 스토리를 내게 말할 수 있는가? 그 밖에 기억나는 것은 무엇인가?

여러분이 받는 조언의 경중을 가려라 모든 피드백이 똑같이 중요한 것은 아니며 때로는 적절하지 않은 충고를 받기도 한다. 조언을 따라야 할지 아니면 무시해도 괜찮을지를 결정할 때 누가 피드백을 하느냐가 중요한 요소가 된다. 저항에 부딪혔다면 한 걸음 뒤로 물러나 제대로 되지 않는 것을 알아내기 위해 직접 만든 것에 대한 애정이나 감정을 없애도록 진심으로 노력하라. 받은 피드백에 확신이 들지 않는다면 다른 의견을 구하라. 이것이 첫 번째 의견을 뒷받침한다면 피드백을 제공하는 사람에게 문제가 있다고 보지 말고 디자인과 관련한 것으로 생각하라. 시간을 들여 이해하면 근본 원인을 파악해 설명할 수 있다.

다른 사람에게 적절한 피드백을 제공하라 피드백을 잘 전달하면 다른 사람에게 받고 싶은 피드백을 구성하는 데 긍정적인 효과를 얻을 수 있다. 궁극적으로는 자신의 업무를 개선하는 방법으로 생각을 예리하게 하는 데 도움이 된다. 옳든 옳지 않든, 적절하든 적절하지 않든, 독단적으로 관점을 파악하는 것은 삼가라. 피드백을 제공할 때 어떻게 구성할 것인지에 신중하라. 여러분과 공유한 것을 만드는 데 시간을 들였을 것이고 피드백을 요청할 때는 스스로를 취약한 위치에 놓는다. 아마도 여러분이 알 수 없는 제약 사항에 직면해 있을 것이다. 원하는 피드백이 무엇인지 명확히 해달라고 요청해 여러분의 코멘트로 방향을 잡을 수 있도록 하라. 항상 사람이 아닌 업무에 대해 피드백하라. 변경하라는 아이디어를 제공하기 전에 잘 수행된 부분을 밝혀라. 어떤 팀이 다음 문장을 완성해 서로 피드백을 주는 접근 방법을 들은 적이 있다. "나는 …을 좋아한다." "나는 …에 질문이 있다." 그리고 최종적으로는 "나는 …을 제시하고자 한다"와 같은 문장이었다. 또 다른 비슷한 피드백 체계는 '분석-토의-제안'으로 그래프나 슬라이드 혹은 프레젠테이션을 분석하면서 시작한다. 분석한 다음에는 토의한다. 모든 것이 끝난 이후에야 제안한다.

즉각적인 조언도 도움이 될 수 있다 피드백을 얻는 과정이 때로 형식을 갖추기도 하지만 (예를 들어 다음 연습 문제 9.4의 아이디어 중 하나는 그룹 피드백 세션을 조직하는 것이다) 항상 그런 것은 아니다. 어떤 일이 제대로 될는지 의구심이 든다면 출력을 하거나 컴퓨터를 동료에게 보여주면서 생각을 나눠라. 이런 즉각적인 시나리오로 연습 문제에서 아이디어를 뽑아낼 수도 있다. 다른 사람에게 조언을 얻고 여러분의 작업이 적절한 수준에서 엄청난 수준이 되도록 반복하고 다듬도록 하라!

스스로의 업무에서 피드백 구하는 것을 넘어서서 피드백이 더 넓은 팀이나 조직의 규범 일부가 되는 문화를 세우는 데 도움이 될 수 있는 단계가 있다. 이와 관련해 다음 연습 문제에서 더 이야기한다.

연습 문제 9.4: 피드백 문화를 구축하라

논의한 대로 다른 사람에게 조언을 얻는 일은 데이터 스토리텔링 기술을 연마할 때 효과가 있는 것이 무엇인지, 더 많은 반복이 언제 필요한지를 이해하는 데 굉장히 중요하다. 피드백이 팀이나 조직 전체에 규범의 일부로 존재하는 열린 문화를 만드는 것은 매우 중요한 부분이고 종종 문화를 만드는 데 계획된 단계가 필요하다는 의미이기도 하다.

단순히 사람들에게 피드백을 구하거나 주는 것이 필요하다고 말하는 것만으로는 풍요로운 환경을 만드는 데 충분치 않다. 업무적으로 리스크가 클 수 있다. 그래서 개인이 피드백의 필요성을 받아들이는 것을 주저하게 한다. 문화가 적절하지 않거나 피드백이 제대로 전달되지 않는다면 건설적인 비평이 아니라 인신공격으로 받아들일 수 있고 이것은 얻는 것보다 잃는 것이 훨씬 많을 수 있다. 그렇지만 여러분 자신이나 팀이 도전을 받아들일 수만 있다면 피드백을 주고받는 것에는 문화를 바꾸고 사람들이 연습해 자신감을 발전시키는 데 도움을 줄 많은 기회가 있다. 몇 가지 아이디어를 제시한다.

- **정기적인 팀 미팅에 '발표하고 토의하는' 시간을 도입하라** 10분 정도 시간을 내 팀원이 지금 하고 있거나 최근에 끝낸 일을 발표하도록 팀 미팅을 정례화하자. 발표 후 각자 그 작업의 긍정적인 점을 공유하고 더 개선할 점을 제안하는 대화를 하자. 매번 공유할 사람을 돌아가며 정하자.
- **'피드백 짝'을 배정하라** 팀 내 (혹은 팀 간) 사람들을 짝지어 어떤 프로젝트의 어느 지점에서 피드백을 구하고 줘야 하는지, 혹은 해당 기간(예를 들어 1달 동안 주 2회라든가)에 얼마나 자주 해야 하는지에 대해 목표를 설정하라. 관리자는 일대일로 만나거나 프로젝트를 업데이트할 때 피드백을 받고 구체화한 것을 물어보면서 사람들이 책임감을 유지하도록 돕는다. 미리 정한 시간(한 달 혹은 분기) 이후에 짝을 바꾼다. 이렇게 하면 팀 내 혹은 팀 간 더 강한 관계를 구축함과 동시에 프로세스

에 정기적인 피드백을 통합시키는 데 도움이 될 수 있다.

- **피드백을 '스피드 데이트speed dating' 세션으로 운영하라** 피드백을 받고 싶어 하는 구체적인 그래프나 슬라이드를 가진 사람을 초대하라. 그리고 복사본을 출력해 해당 세션 때 가져오게 하라. 테이블을 반대 줄에 놓아서 한 쌍씩 서로 마주 볼 수 있게 하라. 세션을 관리하는 시간 기록자는 큰소리로 시간을 알려라. 처음에 "시작!"하면 각 쌍이 가져온 출력물을 서로 교환하고 1분간 조용히 살펴보게 하라. 그다음 각 사람은 2분 안에 질문하고 제안까지 해야 한다(시간 기록원이 시계를 보고 있다가 주제를 전환할 때 모든 사람에게 알람을 준다). 각 쌍은 전체 5분간 함께 한다(1분 검토 + A 사람이 2분 제안 + B 사람이 2분 제안). 5분이 지나면 테이블 한쪽에 출력물을 두고 한 자리씩 옮긴다(끝 쪽에 앉았던 사람은 이제 반대쪽 빈자리를 채운다). 사람이나 시간이 다 될 때까지 반복하라. 여러분 조직에 오찬 간담회lunch-and-learn나 덜 공식적인 모임이 있다면 이런 방법은 팀이나 팀 간에 재밌는 통합 활동이 된다.
- **공식적인 피드백 세션을 수행하라** 한 시간 일정을 잡아라. 각자 피드백을 원하는 것(스토리보드, 그래프, 슬라이드, 프레젠테이션 자료)의 복사본을 가져와야 한다. 세션 목표를 설정하고 효과적인 피드백을 줄 수 있는 팁을 공유하라(연습 문제 9.3 참조). 3명을 하나의 그룹으로 나눠라. 3인조 안에서 각자 공유하려고 가져온 것에 대한 상황 정보와 찾고 있는 구체적 피드백을 전달하는 데 각각 5분을 쓸 수 있다. 이후 10분간 그룹 토의와 제안이 이뤄진다. 그룹 내 모두가 작업을 공유하고 피드백을 구할 기회를 얻도록 돌아가면서 하라(전체 15분 동안 구성원 A, B, C의 작업에 하나씩 순서대로 집중한다). 잘된 것이 무엇인지, 다시 해야 할지, 다음엔 무엇을 다르게 할지에 대해 전체 그룹에 보고하고 마쳐라. 독립 세션으로 할 수도 있고 팀 오프사이트의 하나로도 괜찮다.

또한 피드백을 제시하고 교환하려고 업무 외 중심non-work-centric 포럼을 만드는 것도 유용하다. 대개 압박이 없어 비평을 주고받는 게 조금 더 쉬워진다. 리스크가 낮은 환경에서 피드백 교환 연습을 하게 될 때 사람들은 업무 환경에서 더 잘할 수 있는 습관을 만들기 시작한다. 이제까지 열린 피드백을 해본 적이 없는 환경의 문화를 바꾸고자 한다면 이런 방법은 특히 훌륭한 접근 방법이 된다. 이와 관련한 두 가지 아이디어가 있다.

- **정기 팀 미팅에서 '검토 & 비평' 세션을 도입하라** 이전에 제기했던 '발표 & 토의' 아이디어와 유사하다. 하지만 일과 관련한 구체적인 것보다는 대중적으로 유용한 사례에 집중한다. 전적으로 테이블을 벗어나 개인적으로 비평을 하는 것에 긍지와 가능성을 갖게 한다. 팀원에게 가공 안 된 출처(예를 들어 미디어 같은)에서 가져온 그래프나 슬라이드 혹은 데이터 시각화 자료를 미리 배포하라. 전체적으로 말할 시간을 몇 분 주고 나서 각자 해당 작업에 대한 긍정적인 점과 달리 했으면 하는 제안을 공유하게 한다. 매번 돌아가며 사례를 고르게 한다. 효과는 없으면서 재밌는 사례만을 찾는 경향이 있을 수 있으나 이런 방법으로 좋은 사례를 평가하는 것은 생산성 있는 대화에 기여할 수 있고 더 좋은 피드백 지점을 파악하는 데 도움을 줄 수 있다.
- **팀의 월간 #SWDchallenge를 만들라** 월간 도전에 대해 더 자세한 내용은 연습 문제 2.16이나 storytellingwithdata.com/SWDchallenge를 참조하라. 팀 차원에서 라이브 도전에 참여하거나 자료에서 하나를 뽑거나 스스로 만들 수도 있다. 매월 첫 주에 구체적인 도전을 설정하고 참여자가 업무와 무관한 관심 데이터를 찾도록 독려하라. 그달의 나머지 기간에 개인 혹은 짝을 이뤄 각자의 데이터 시각화 자료를 만들어야 한다. 매월 말에 대면 혹은 가상으로 일정을 짜고 참여한 사람들을 초대하라. 개인 혹은 짝을 이뤄 만든 자료를 발표하게 하고 다른 사람에게서 피드백을 구하게 하라. 해당 아이디어는 이와 비슷한 일들을 팀과 함께 직접 해봤던 사이먼 보몬트Simon Beaumont(존스 랑 라살 사(社)의 비즈니스 인텔리전스 분야 글로벌 디렉터)가 착안했다. 사이먼은 오랜 기간에 걸쳐 관찰한 결과 이와 같은 방법이 데이터 시각화를 개선함과 동시에 대체로 팀에서 생산적인 피드백을 교환하게 한다는 사실을 알았다. 또한 웨비나 피드백 세션을 녹화해 조직의 다른 사람들이 폭넓게 보고 배울 수 있도록 했다.

여러분 팀이 피드백 문화에서 이익을 얻고자 한다면 한발 뒤로 물러나 어떻게 하는 것이 최적인지 그리고 아이디어 중 어떤 것이 도움이 될지 심사숙고하라. 환경에 따라 여러분 팀에 잘 맞을 만한 내용을 자유롭게 디자인하라. 시간 흐름에 따라 피드백을 독려하는 방법을 어떻게 발전시켜 나갈지 배우고 반복하고 결정하라. 잘되면 모든 사람이 자신의 기술을 연마하고 더 나은 데이터 의사소통을 하는 데 크게 도움이 된다!

연습 문제 9.5: SWD 과정을 참조하라

이 책에서는 성공적인 데이터 의사소통을 소개하려고 6개의 수업 내용을 다뤘다. 마음에 둔 구체적 프로젝트를 갖고 내용을 다시 찾아보면 도움이 된다. 데이터로 의사소통하겠다는 필요성을 느낀다면 앞서 다룬 주요 수업 내용을 상기하고 앞에 놓인 프로젝트를 되새기기 위해 생각을 시작하는thought starter 차원에서 다음을 읽어보라(각 숫자는 각 장의 숫자와 일치한다). 상세한 설명과 사례는 각 장의 '콜과 연습하기' 해결 방안을 참조하고 다양한 수업 내용 적용에 대한 추가 가이드는 '직장에서 연습하기' 연습 문제를 참조하면 된다.

(1) 상황 정보 이해하기 청중은 누구인가? 청중에게 동기부여를 하는 것은 무엇인가? 청중과 무엇을 의사소통하길 원하는가? **빅 아이디어를 분명히 표현하라.** 빅 아이디어는 세 가지 구성 요소가 있다. (1)관점을 명확히 표현해야 하고 (2)핵심을 전달해야 하며 (3)완전한 문장이어야 한다. 청중이 상황을 이해하고 실행해야 할 것을 확신할 수 있도록 청중과 함께 다룰 구성 요소로 **스토리보드를 만들라.** 어떤 순서가 최적일지 결정하라. 포스트잇을 배열해 원하는 기승전결 흐름을 생성하라. 여러분은 이제 따라야 할 공격 계획을 세웠다. 가능하면 고객이나 이해관계자가 이 지점에서 정보를 가질 수 있게 하라.

(2) 적절한 시각화 자료 선택하기 무엇을 의사소통하길 원하는가? 여러분의 요점 및 청중이 이해하기 쉽게 데이터를 보여줄 방법을 파악하라. 이는 때로 수없이 다양한 방법으로 데이터를 반복하고 쳐다보면서 마법 같은 "아하!" 순간을 만드는 데 도움이 될 만한 그래프를 찾는다는 것을 의미한다. **그려라!** 그림을 그리려면 마음대로 할 수 있는 툴과 기타 자원을 무엇으로 할지 고려하고 이를 **만들라.** 각자 만든 시각화 자료가 의도된 목적에 도움이 되는지 혹은 반복해야 할 지점을 집어줄 수 있는지를 알려면 다른 사람에게 피드백을 구하라.

(3) 잡동사니 제거하기 가치를 더하지 않는 것이 있는가? **불필요한 구성 요소를 파악해서 없애라.** 연관된 것을 시각적으로 연결하고 여백을 유지하고, 구성 요소를 깔끔하게 배열하고, 대각선 형식의 구성은 피하는 등의 인지적 부담을 줄여라. 시각적 대조를 너무 과하지 않게 전략적으로 활용하라. 잡동사니에 메시지가 묻혀 버리지 않도록 하라!

(4) 주의 집중시키기 청중이 어디를 보길 원하는가? 청중의 관심을 위치, 크기 및 색을 활용해 여러분이 원하는 곳으로 이끌어갈 방법을 결정하라. 색은 색조, 브랜드 및 색맹 등을 고려해 너무 과하지 않게 전략적으로 활용하라. **'시선을 이끄는 곳은 어디인가?' 테스트를 적용해** 청중의 관심을 효과적으로 이끌 수 있도록 사전 주목을 이끄는 속성을 어떻게 활용할지 생각하라.

(5) 설계자처럼 생각하기 문구는 데이터를 이해할 수 있게 돕는다. 그래프와 축의 라벨 및 제목을 명확히 하고 **중요 사항 제목을 달아** '그래서 뭐가 어떻다는 건데?'라는 질문에 답하라. 구성 요소의 **시각적 체계를 만들어** 처리 과정을 쉽게 하고 시각적 의사소통으로 상호 작용하는 방법을 분명하게 하라. **세부 사항에 주의를 기울여라.** 여러분이 전할 메시지의 신뢰성에서 벗어날 만한 작은 이슈도 허용하지 말라. 시각적 디자인을 접근 가능케 하고 디자인의 디테일에 시간을 더 써라. 청중이 진가를 알아보면 성공적인 의사소통의 가능성을 높일 수 있다.

(6) 스토리 말하기 여러분의 빅 아이디어로 돌아가 보자. 빅 아이디어로부터 **간결하고 반복 가능한 문구를 뽑아내라.** 스토리보드를 다시 보고 **기승전결 구조**에 따라 스토리의 구성 요소를 배열하라. 긴장 상태는 무엇인가? 해결하려면 청중은 어떻게 행동해야 하는가? 기승전결 구조에 맞도록 데이터를 어디에, 어떻게 넣어야 하는가? 라이브 프레젠테이션을 위한 자료를 보내려면 어떻게 바꿔야 하는가? 청중의 관심을 사로잡고 탄탄한 토의를 끌어내며 실행에 영향을 줄 수 있는 데이터 스토리를 만들어라!

간단한 참고용으로 앞의 목록을 책상에 걸어 두고 싶은가? 다운로드할 수 있는 버전이 storytellingwithdata.com/letspractice/downloads/SWDprocess에 있다.

이번 수업 내용을 잘 적용하는 방법은 어떻게 알 수 있겠는가? 활용할 수 있는 평가 척도는 연습 문제 9.6을 참조하라.

연습 문제 9.6: 평가 척도를 활용하라

데이터를 시각화하고 의사소통하는 맥락에서 척도를 사용하고 싶지 않지만 사람들은 규칙을 좋아한다. 조금 더 미묘한 차이에 대해 생각해야 할 때도 너무나 쉽게 정형화된 접근을 선호하는 경향이 있다. 여러분 스스로나 다른 사람의 작업 효과를 평가하는 방법을 갖고 싶어 하는 바람은 이해한다. 이런 요구를 해결하려면 시작점이 될 수 있는 다음 체계를 고려하라.

나는 척도를 사용해야 하는 방법에서 의도적으로 규정이나 공식을 쓰지 않으려 한다. 두 가지 선택지를 설명하겠지만 상황의 특수성에 따라 무엇이 설득력이 있는지 생각해야 한다. 여러분은 팀에서 개인이나 여러 사람에게 피드백을 줘야 하는 관리자인가? 등급을 매겨야 하는 훈련 강사인가? 아니면 스스로 업무를 판단하길 원하는 개인인가?

자신이나 다른 사람의 작업을 평가하기 위한 구조화된 방법을 단순히 찾는 것이라면 다음을 체크리스트로 활용하거나 간단한 라벨을 적용할 수 있다(개인적으로 '성공!', '우수함', '더 많은 관심이 필요함'의 세 가지 범주를 좋아한다. 어쩌면 '해당 없음'이라는 네 번째 범주가 쓰일 수도 있다). 숫자로 매기는 점수는 많은 사람을 평가하거나 시간에 따른 변화(예를 들어 등급 매기기 같은)를 봐야 할 때 도움이 된다. 위에 서술한 것과 일치하도록 단순한 1~3등급을 쓸 수도 있고, 더 정교한 세부 수준이나 직관적 방법을 원한다면 1~10등급을 이용할 수 있다.

구성 요소	평가
나는 그래프 읽는 방법을 이해하고 있다.	
데이터와 의사소통돼야 하는 것을 볼 때 시각화 자료의 선택이 타당하다.	
데이터 · 방법론 · 배경에 대한 적절한 양의 상황 정보가 제시돼 있다.	
제목, 라벨, 주석 및 설명에 문구가 잘 쓰여 있다.	
시각적인 잡동사니가 최소화돼 있다/없다.	
처음에 어디에 초점을 맞춰야 하는지 명확하다.	
색이 효과적으로 사용되고 있다.	
의사소통 과정에서 스펠링을 잘못 쓰거나 문법에 오류가 있거나 산수에 실수가 없다.	
전체 디자인이 잘 구조화돼 있다. 구성 요소의 배열과 여백 활용이 잘 돼 있다.	
내용 순서가 타당하다.	
주요 메시지 그리고/혹은 행동에 옮겨야 할 사항이 명확하다.	
자료는 내용이 전달되는 방법에 맞게 최적화돼 있다.	
전체적인 성공: 만들어진 의사소통 자료는 제시된 니즈를 해결하는 데 도움이 된다.	

그림 9.6 평가 척도의 사례

앞의 목록은 평가하는 대상이 무엇이냐에 따라 조정돼야 한다. 그래프인가? 슬라이드인가? 전체 프레젠테이션인가? 여러분의 시나리오에서 이해가 안 되는 구성 요소가 있을지도 모른다. 전체 그림에 추가해야 하는 다른 사항이 있을 수도 있다. 여러분의 니즈가 최적으로 충족되도록 척도를 수정하길 원한다. 여러분이 평가하는 것의 특수성을 고려할 때 타당한 추가 구성 요소가 무엇인지 계속 생각하길 독려하는 의미에서 마지막 칸은 의도적으로 비워 뒀다.

구조적으로 평가하기가 더 어려운 무형의 것들이 수없이 많다는 점을 언급하면서 이번 연습 문제를 마치겠다. 우수한 경험이나 그리 대단치 않은 경험을 만들려고 모아야 할 사소한 것이 있다. 또한 전체 성공에 영향을 미치는 달성 방식에 대한 것도 있다. 예를 들어 고려할 한 가지 관점이 있다면 수행해야 할 것의 상대적 중요성에 따라 시간이 최적화됐는지 그리고 어떻게 최적화됐는지에 관한 것이다. 데이터를 다룰 때마다 '데이터 스토리텔링하기' 과정 전부를 적용할 필요는 없다. 추가 작업은 최소화하면서 최대 효과를 얻을 수 있도록 우리가 다룬 다양한 수업 내용을 어디에, 어떻게 적용할지 현명하게 대처하라. 그런 종류의 효율과 우선순위화는 당연히 생각해야 한다.

현재 프로젝트를 진행하는 중이라면 SWD 과정을 설명한 연습 문제 9.5를 활용하라. 일단 끝낸 후에는 해당 척도를 최종 평가 도구로 활용해 모든 구성 요소가 설명되고 있는지 확인하라.

평가 척도는 storytellingwithdata.com/letspractice/downloads/rubric에서 다운로드할 수 있고 필요에 따라 고쳐 쓸 수 있다.

연습 문제 9.7: 빅 아이디어 연습 세션을 추진하라

데이터를 시각화하거나 내용을 만드는 데 시간을 들이기 전에 잠시 멈춰 상황 정보를 이해하고 청중을 고려해 여러분의 메시지를 만들라. 중요한 관점을 열심히 생각하는 것은 청중의 니즈를 더 잘 충족하고 메시지를 더 잘 전달하고 여러분이 추구하는 실행을 더 잘 끌어내는 데 엄청난 보상을 가져올 수 있다. 팀 전체적으로 이런 과정을 독려하고 시작하게 하는 한 가지 방법은 빅 아이디어 연습 세션을 조직해 수행하는 것이다.

이번 가이드는 빅 아이디어 개념을 소개하고 개인, 파트너 및 그룹 토의 구성 요소로 연습하는 것을 독려하는 데 필요한 사항을 제공한다. 중요한 목표는 참석자들이 빅 아이디어를 명확히 하고 가다듬을 목적으로 피드백을 주고받는 것을 연습하게 도와주는 데 있다.

준비 작업: 미리 해야 할 일

이번 가이드를 전체적으로 읽어라. 1장의 빅 아이디어 관련 연습 문제를 살펴보라. 빅 아이디어를 다른 사람에게 설명하고 질문을 받아라. 결과적으로 대화는 여러분이 개념을 조금 더 편안하게 이야기하는 데 도움을 줘서 그룹과 일을 쉽게 할 수 있도록 더 잘 준비하게 한다(가능하면 다양한 상대와 여러 번 대화하라!).

세션 실행 계획에서 누가 참여할 것인지 결정해야 한다. 방을 예약하고 60분 동안의 일정을 보내 초대하라. 모든 사람이 직접 참석하는 것이 이상적이다(불가능하면 원격으로 짝을 이루게 하고 소개와 보고를 위해 모든 사람이 메인 룸에 채널을 맞추게 하라). 한 사람당 빅 아이디어 워크시트를 한 장씩 출력하라(연습 문제 1.20을 복사하거나 storytellingwithdata.com/letspractice/downloads/bigidea에서 다운로드할 수 있다). 전부 노트북을 사용하려 한다 해도 몇 자루의 펜을 제공하라. 이번 연습 문제는 기본 방법으로 접근할 때 최적의 효과를 낸다(사람들이 노트북을 그냥 뒤에 남겨두도록 권장하라!).

예시 안건 (HH:MM)

00:00~00:10 사례를 들어 말하면서 빅 아이디어 소개

00:10~00:20 연습 문제 직접 해보기 (빅 아이디어 워크시트)

00:20~00:30 첫 번째 파트너와 토의

00:30~00:40 두 번째 파트너와 토의

00:40~01:00 그룹 토의

빅 아이디어를 소개하는 시나리오

세 가지 구성 요소를 제시해 빅 아이디어를 소개하라. 빅 아이디어에 대해 다음을 기억하라.

1. 관점을 명확히 표현해야 한다.
2. 핵심을 전달해야 한다.
3. 완전한 문장이어야 한다.

설명을 위해 다음 시나리오(『데이터 스토리텔링』에서 발췌)를 소개하면서 빅 아이디어 사례를 보여줘라. 1장의 '콜과 연습하기' 연습 문제나 스스로 만든 것 중 하나를 골라 시나리오

및 그에 따른 빅 아이디어를 활용할 수도 있다.

시나리오: 과학 분야의 우리 그룹은 새로 들어오는 4학년과 함께 현재 사안을 해결할 방법에 대해 브레인스토밍을 하고 있다. 아이들이 첫 번째 과학 수업에 들어갈 때 과학이 어렵고 좋아하지 않을 것 같다는 태도로 참가하는 듯하다. 이를 극복하려면 학년이 시작될 때 상당한 시간을 들여야 한다. 만약 아이들을 과학에 조금 더 빨리 노출시킨다면 어떻겠는가? 인지도에 영향을 줄 수 있을까? 이러한 목적으로 지난해 여름에 시범 학습 프로그램을 운영했다. 초등학교 학생들을 초대했고 나중에는 2, 3학년 학생으로 구성된 큰 그룹이 됐다. 목적은 과학에 대한 긍정적 인식을 형성하려고 과학에 조금 더 일찍 노출을 시키는 것이었다. 성공 여부를 알아보려고 프로그램 전과 후에 설문 조사를 했다. 프로그램 전에는 가장 큰 비율인 학생의 40%가 과학이 괜찮다고만 느꼈으나, 프로그램이 끝난 후에는 과학에 어느 정도 관심이 있었던 학생의 약 70%가 긍정적으로 인식하게 됐다는 것을 알았다. 이런 결과로 프로그램을 성공적이었다고 판단하고 계속 프로그램을 제공할 뿐 아니라 앞으로 조금 더 확장해야겠다고 생각하게 됐다.

프로그램을 계속하는 데 필요한 재원을 관리하는 예산 위원회에 의사소통한다고 가정하자. **빅 아이디어**는 이렇다. '여름 시범 학습 프로그램은 과학에 대한 학생들의 인식도를 개선하는 데 성공적이었다. 이처럼 중요한 프로그램을 계속 진행할 수 있도록 예산을 승인해 주길 바란다.'

해당 빅 아이디어는

1. 관점을 명확히 표현해야 한다 (우리는 이처럼 중요한 프로그램을 지속해야 한다),
2. 핵심을 전달해야 한다 (과학에 대한 학생들의 인식도 개선), 그리고
3. 완전한 (그리고 하나의!) 문장이어야 한다.

빅 아이디어를 소개하고 사례를 이야기한 후 참석자들이 연습하면서 곰곰이 생각하는 시간으로 넘어간다.

연습 문제 직접 해보기: 빅 아이디어 워크시트

각 참석자에게 하나의 프로젝트를 찾아볼 것을 요청하라. 청중에게 무언가 전달할 필요가 있는 사례일 것이다(다른 사람과 공유해야 하므로 공개적으로 이야기할 수 있는 사례여야 한다). 빅 아이디어 워크시트를 나눠주고 파악한 프로젝트에 대한 작업을 요청하라.

작업에 **10분** 정도만 허용하라. 참석자들이 빅 아이디어 워크시트를 따라 나름대로 작업하고 있는 진행 상황을 모니터하고 질문에 답하기 위해 방 여기저기를 다녀라. 약 10분이 지났거나 참석자 대부분이 빅 아이디어를 다 썼다고 여겨질 때(그리고 바라기로는 각자가 적어도 시작은 했을 때) 파트너와 토의를 시작할 수 있다.

파트너와 토의

모든 사람이 빅 아이디어를 다 못 끝냈어도 괜찮다. 파트너와 협의하면서 가다듬을 기회가 여전히 남아 있기 때문이다. 다음으로 참석자가 파트너와 짝을 이뤄 돌아가면서 빅 아이디어를 공유하고 서로 피드백을 줄 것을 요청하라. 대체로 이와 관련한 두 가지 구체적인 방향을 제시하곤 한다.

- 대화에 더 익숙한 사람과 덜 익숙한 사람이 방 안에 함께 있다면 우선 덜 익숙한 사람을 파트너로 삼아라. 일어나서 방 안을 돌아다녀야 한다면 부디 그렇게 하라.
- 파트너를 맞아들이는 데 있어 여러분이 하는 일이 대단히 중요하다. 할 일은 다른 사람의 빅 아이디어를 읽고 엄청나게 많은 질문을 해서 그들이 전하고자 하는 메시지를 명확하고 간결하게 하는 데 도움을 주는 것이다.

최초 파트너와 토의는 **10분**만 허용하라. 방을 돌아다니며 제기되는 질문에 답하라. 약 5분 후에 각 그룹과 접촉해 두 번째 사람을 찾아 옮겨 갔는지 확인하고 파트너 간 내용을 공유하면서 피드백 받을 기회를 얻게 하라.

약 10분 후 참석자들에게 파트너 변경을 지시하고 새로운 사람과 파트너를 이룬 후 내용을 공유하고 피드백 받는 과정을 반복하게 하라. 다시 5분 후에 사람들이 두 번째 사람에게 옮겨 가서 각 파트너 그룹의 두 사람이 피드백을 공유하고 받는 기회를 가졌는지 확인하라. 파트너 피드백을 위한 두 번째 반복에는 10분을 주도록 하라. 그런 다음 참석자들에게 그룹 토의를 하러 돌아오라고 지시하라.

그룹 토의 추진

개인 및 파트너와 작업을 마친 후에 가이드 할 그룹 토의는 내용을 강화하고 빅 아이디어 연습 일부에서 제기됐을 수 있는 질문이나 도전을 설명하는 것을 돕는다는 점에서 중요하다.

다음은 아이디어를 독려할 질문이다(한 줄마다 쉬면서 대화가 자연스럽게 흘러가도록 해 아래의 주요 포인트가 강화될 수 있도록 한다).

- 연습이 쉬웠는가 혹은 도전적이었는가?
- 연습에서 어려웠던 점은 무엇인가?
- 하나의 문장으로 어떻게 줄이겠는가?
- 거수로 표시하라. 얼마나 많은 사람이 파트너의 피드백이 도움이 됐다고 했는가?
- 파트너 피드백에서 어떤 점이 도움이 됐는가?

대화의 일부로 제기될 포인트들

- **한 문장으로 줄이는 것은 어렵다.** 요약은 놀라울 정도로 어렵고, 특히 친밀한 업무일 때 세부 사항을 놓아버린다는 것이 쉽지 않다! 빅 아이디어는 의사소통해야 할 유일한 것이 아니다. 오히려 지원하는 역할을 한다.
- **하나의 문장으로 줄이는 데 도움을 줄 수 있는 다양한 전략이 있다.** 처음에는 몇 문장으로 쓰고 나서 다듬는 것이 유용할 때도 있다. 빅 아이디어 워크시트도 유용한다. 각 구성 요소를 따로 떨어뜨려 놓아서 한 번에 하나씩만 다룰 수 있도록 하기 때문이다. 마지막에는 퍼즐처럼 몇 가지를 들고 적절한 방법으로 취합하는 작업을 할 수 있다.
- **한 문장으로 줄이는 것은 중요하다.** 문장을 제한하는 것은 자의적이긴 해도 의도적으로 줄이는 것이다. 이렇게 하면 세부 사항 대부분을 놓아버리게 된다. 언어의 예술가가 돼야 할지도 모른다. 중요한 것은 언어를 마음대로 다루는 과정에서 생각이 명료해진다는 사실이다.

- **크게 소리 내서 말하는 것이 도움이 된다.** 어떤 것을 소리 내서 말하면 듣는 동안 뇌의 다른 영역이 자극을 받는다. 빅 아이디어를 읽을 때 실수한 것을 발견하거나 이상하게 들리는 부분이 있다면 반복해야 할 지점의 신호가 될 수 있다. 이런 이유로 설사 여러분이 빈방에서 혼자 말하는 상황이라도 빅 아이디어를 큰 소리로 말하는 이점이 있다. 말하는 것에 반응해줄 사람이 있다면 더욱 좋으며 바로 이 점이 다음에서 말하고자 하는 것이다.
- **파트너의 피드백은 매우 중요하다.** 우리 작업에 너무 친밀한 우리는 암묵지, 즉 다른 사람이 모른다는 것을 잊은 채 아는 것(특정 언어, 가정 혹은 당연하게 받아들이는 것)을 개발하게 된다. 파트너와 대화하는 것은 이런 이슈를 파악하고 필요하면 조정도 할 수 있는 대단히 훌륭한 방법이다. 파트너와 대화를 하면 여러분이 짚고 싶은 포인트를 견고하게 하고 명확하게 할 문구를 찾는 데 도움이 된다.
- **파트너는 상황 정보를 사전에 가질 필요가 없다.** 파트너에게 아무런 상황 정보가 없어야 다양한 질문을 유도할 수 있으므로 정보가 없는 편이 오히려 도움이 된다. '왜?'와 같은 단순한 질문이 매우 유용할 수 있다. 우리에게는 명확하지만 다른 사람에게는 그렇지 않은 것이 무엇인지 집어내는 데 도움을 주고 해당 로직으로 답을 상세히 설명하도록 하기 때문이다. 청중은 결코 우리만큼 우리 작업에 익숙지 않을 것이므로 덜 익숙한 다른 사람에게 피드백을 구하는 것은 접근 가능하고 이해하기 쉽게 하는 적절한 단어를 찾는 데 대단히 유용할 수 있다.
- **빅 아이디어를 명확하게 설명하는 것은 의사소통을 훨씬 손쉽게 한다.** 만약 한 문장으로 포인트를 확실히 얘기할 수 없다면 어떻게 슬라이드 자료나 보고서를 만들겠는가? 너무나도 흔히 마음에 명확한 목표 없이 우리 자신의 툴로 바로 가서 내용을 만들기 시작하곤 한다. 빅 아이디어는 지원하는 내용을 만드는 과정을 알려주는 명확한 목표, 즉 길을 안내하는 북극성이다. 일단 체계가 잡히면 빅 아이디어는 어떤 내용을 포함할지 고려할 때 붙박이 리트머스built-in-litmus 테스트 역할을 하게 된다. 이것이 과연 내 빅 아이디어를 이해시키는 데 도움이 되는가?

빅 아이디어 세션을 추진하는 데 행운이 있기를!

연습 문제 9.8: SWD 운영 세션을 수행하라

'데이터 스토리텔링' 워크숍을 수행한 후 팀들과 함께 운영 세션working session을 꾸리곤 한다. 몇 개의 기본적인 툴과 얼마간의 시간으로 사람들이 보여줄 수 있는 진보 수준에 놀라움을 금할 수가 없다. 몇 명의 동료와 함께 『데이터 스토리텔링』이나 이 책을 읽은 후 여러분 자신의 '데이터 스토리텔링' 운영 세션을 진행하려면 다음 페이지에 설명한 가이드를 활용하라.

준비 작업: 미리 해야 할 일

여러분 팀에 3시간 동안의 일정을 보내 초대하고 충분한 테이블 공간과 화이트보드가 있는 회의실을 예약하라. 색깔 있는 마커, 플립 차트, 다양한 크기의 포스트잇(6~8인치 크기는 대단히 유용하다. 표준 슬라이드와 같은 크기인데다 기본적인 방법으로 전체 프레젠테이션을 실물 크기로 만들 때 유용하게 쓰일 수 있기 때문이다. 또한 더 높은 수준의 스토리보딩을 하고 세부 사항에 들어가기 전에 일반 주제와 흐름에 초점을 맞추고 싶어 하는 사람에게 적합한 손에 쥘 수 있을 만큼 작은 크기도 있다) 등 필요한 물건을 갖춰라.

모든 사람이 수업 내용을 연습하고 발표하고 피드백을 받는 공간 및 시간이 있는 운영 세션을 조직하려면 연습 문제 9.5의 '데이터 스토리텔링' 과정과 함께 다음 설명을 활용하라. 예시 안건은 8~10명으로 이뤄진 그룹에 최적이지만(모든 사람이 발표하고 피드백을 주고받을 수 있는 충분한 시간 확보) 발표 뒷부분에 시간을 조금 더 들여서 더 큰 그룹까지 확장도 가능하다(한 사람당 혹은 그룹당 약 6~7분 계획). 참석자를 위한 설명은 다음 페이지에 있다. 출력을 위한 다운로드 버전은 storytellingwithdata.com/letspractice/downloads/SWDworkingsession에서 찾을 수 있다.

실제 세션에서는 누군가를 시간 기록자로 임명하라. 시간 기록자는 프로젝트 작업 시간 동안 시계에 눈을 고정하고 중간쯤이나 20분쯤 남았을 때 참석자들에게 알려줘 모든 사람이 내용을 발표할 준비가 되도록 해야 한다. 발표 뒷부분에서 시간 기록자는 시간을 보고 있어야 하고, 필요하면 모든 사람이 공유하고 그룹에 피드백 구할 시간을 갖도록 토의로 옮겨가야 한다.

예시 안건 (HH:MM)

00:00~00:15	수업 내용 요약, 토의/Q&A, 해당 세션의 목표치 설정
00:15~01:30	프로젝트 운영 시간
01:30~01:45	휴식!
01:45~02:45	발표 뒷부분
02:45~03:00	요약, 토의/Q&A, 결론

아래 내용은 참석자를 위한 설명을 담고 있다.

프로젝트 업무: 시간을 집중하는 방법

오늘 집중해야 할 프로젝트를 선택하라. 자신의 프로젝트일 수도 있고 그룹의 프로젝트일 수도 있다. '데이터 스토리텔링' 프로세스를 쭉 읽어보라. 하나 이상의 '데이터 스토리텔링' 수업 내용을 연습하게 되면 앞으로의 75분을 어떻게 쓰고 싶은지 결정하라. 시간을 들여 윤곽을 잡아라.

시간을 활용하는 방법에 대한 몇 가지 아이디어가 있다.

1장: 상황 정보 이해하기

빅 아이디어를 명확히 설명하거나 스토리보드를 만들라.

2장: 적절한 시각화 자료 선택하기

여러분 데이터를 다양한 관점으로 그려보고 어떤 것이 말하고자 하는 포인트를 가장 잘 나타낼 수 있는지 파악하라.

3장: 잡동사니 제거하기

가치를 더하지 못하는 것이 있는가? 불필요한 구성 요소를 파악해 없애라.

4장: 주의 집중시키기

청중이 보길 원하는 곳을 어떻게 알려주겠는가? 위치, 크기, 색 및 기타 대비 방법의 활용 방안을 기획해 청중의 관심을 전략적으로 유도하라.

5장: 설계자처럼 생각하기

최종적인 세련미는 여러분의 툴로 만들어진다. 임의로 만든 디자인은 대충일 수 있다. 데이터를 접근 가능하게 할 문구를 활용하고 구조화하기 위해 구성 요소를 어떻게 조직할지 생각하라.

6장: 스토리 말하기

기승전결 구조에 따라 스토리상 구성 요소를 그려라. 데이터를 어디에, 어떻게 넣을 것인가? 긴장 상태와 갈등은 청중의 관심을 사로잡고 유지하는 데 어떤 도움을 줄 수 있는가? 어떤 간결하고 반복 가능한 문구가 메시지를 청중에게 착 달라붙게 도와줄 수 있는가?

기본 방식을 고수하라. 펜과 종이는 마음대로 쓸 수 있다(하지만 노트북은 계속 닫아두길 바란다!). 방 안의 동료는 함께 브레인스토밍을 할 파트너나 업무에 대한 피드백을 구하는 대상으로 활용하라. 창조적으로 재밌게 하라!

발표: 그룹과 공유

여러분이 만들거나 기획한 것을 그룹과 공유하는 데 약 5분 정도 쓸 수 있다. 계속해서 기본 방법으로 한다. 피드백을 위해 그룹에 제시하고자 하는 바를 도와주는 시각화 자료를 손으로 그리거나 쓰는 것을 말한다.

발표는 다음을 포함해야 한다.

1. **간략한 배경 설명.** 이것은 대상 청중, 전체 목표(목적), 해야 할 주요 의사 결정 및 성공이 어떤 모습이어야 한다는 것을 포함해야 한다.
2. **'데이터 스토리텔링' 수업 내용을 여러분의 프로젝트에 적용하는 방법.** 이것은 다음 중 하나에 집중하라는 의미이다. 빅 아이디어, 스토리보드, 데이터 시각화를 최적으로 하기 위한 아이디어, 데이터를 바라본 방법과 변화하고자 하는 것의 비교, 어떻게 주의를 집중시킬 것인가, 말하고자 하는 전체 스토리. 전부 다 수행할 필요는 없다. 오히려 시도하려는 변경 사항을 잘 구성한 아이디어나 여러분이 계획한 접근 방법이 좋다. 그림을 그리고 펜, 종이, 포스트잇을 활용해 여러분이 제시하는 바를 모든 사람이 알 수 있게 하라. 계속해서 정교히 다듬을 수 있도록 그룹에서 받은 상세한 피드백을 체계화하라.

보고: 토의 및 Q&A

모든 사람이 발표하고 피드백 받을 기회를 가진 후 다음을 토의할 시간을 몇 분 정도 가져라.

- 세션은 어땠는가? 유용한 시간을 보냈는가?
- 가장 도움이 된다고 느낀 것은 무엇이었는가?
- 나중에 다시 이것을 한다면 어떤 변화를 주겠는가?
- 우리 작업에 SWD 수업 내용을 적용할 때 기대되는 도전은 무엇인가?
- 데이터로 의사소통하는 방법을 개선하려면 취할 수 있는 추가 단계는 무엇이 있겠는가?

이번 세션의 결과물은 도움이 될 만한 다른 팀(비슷한 일에 참여하거나 여러분의 운영 세션에서 계획한 자료를 받는 쪽에 있는)과 관리자에게 공개하라. 성공 스토리를 공유하라. 기대만큼 운영되지 않은 세션 내용을 파악하고 원인을 분석해 개선하라.

사람들이 알게 하고 모든 사람의 노력을 지원하는 모든 일을 하라. 데이터 기반의 의사소통을 개선하려고 새로운 전략을 시도하는 헌신적인 시간 계획과 의지 모두를 말한다. 데이터의 힘을 증진하는 데 도움을 줄 수 있는 챔피언을 만들라. 각 과정의 중요한 부분에 대한 인지도를 높이고 일을 잘하는 데 필요한 지속적인 시간과 자원에서 여러분과 여러분의 팀에게 인내심을 보일 것이다.

연습 문제 9.9: 성공적인 데이터 스토리로 나아가라

데이터로 의사소통하려고 스토리를 이용하는 것의 성공 확률을 높이는 데 도움이 될만한 단계가 있다. 다음은 데이터 스토리를 만들고 전달할 때 고려할 몇몇 상세한 사안을 설명하고 있다.

우선 리스크가 낮은 상태에서 새로운 일을 시도하라 위원회나 실행 회의에 들어가 "여러분 오늘 제가 조금 색다른 것을 해보려고 합니다. 오늘 여러분에게 스토리를 말할 예정입니다"라고 말하지 말라. 성공을 위한 비결이 될 수 없다! 특히 조직 문화에 어긋나거나 과거와 완전히 다른 것이 있다면 우선 리스크가 낮은 상태에서 시도하라. 배우고 다듬도록 하라.

피드백을 구하라. 작은 성공이 자신감과 신뢰감을 세우고 시간이 흐르면 더 큰 성공이 된다.

사려 깊게 순서를 정하라 의사소통하길 원하는 내용을 정렬하는 방법에는 대체로 여러 선택지가 있다. 단 하나의 정답인 접근 방법은 없다. 그래프의 구성 요소, 슬라이드 안의 대상 혹은 프레젠테이션 자료의 슬라이드 중 무엇이든 청중에게 여러분이 추구하는 전반적 경험을 주려면 적절한 구성 방법을 생각하라. 자료 배열 방법이 궁극적인 니즈에 잘 작동하는지 평가하는 수단으로서 내용에 덜 익숙한 다른 사람에게 피드백을 구하라.

의사소통하는 '방법'에 맞춰 자료를 최적화하라 라이브로 발표하는 것은 데이터 스토리를 만들어가는 데 다양한 기회를 열어준다. 수많은 사례에서 봤듯이 한 가지 전략이 있다면 라이브 환경에서 청중을 위해 시각화 자료를 하나씩 하나씩 쌓아나가는 방법이다. 라이브 과정 중에 진행한 것과 동일한 스토리를 자료로 전달하는 버전으로 완벽하게 주석이 달린 슬라이드 한두 장을 함께 제공하라. 잘 전달될 수 있게 어떻게 발표하고 자료를 만들 것인지 세부 사항을 심사숙고하라.

잘못될 수도 있는 사항을 예측하라 어떻게 잘못될 수 있는가? 그런 일이 일어난다면 처리하려고 스스로 어떻게 준비하고 있는가? 추정을 확인하고 시험하라. 대체 가능한 가정을 조사했는지 확인하라. 동료에게 선의의 비판자가 되도록 요청해 자꾸 뒤지거나 비난하는 청중의 역할을 하도록 하라. 질문을 예측하고 대답할 바를 잘 준비하라. 놀랄만한 일에 대응하는 방법을 대비하는 시간은 그런 일이 실제로 일어났을 때 원활하게 처리할 수 있도록 더 잘 준비하는 데 도움이 된다.

"그래서 뭐가 어떻다는 건데?"라는 질문에 답하라 청중이 우리가 제시한 것을 보면서 의구심을 품도록 두지 말라. 스스로 이해하게 하지 말라. 목적을 분명히 하라. 청중은 왜 여기에 있는가? 청중에게 말해야 하는 것은 무엇인가? 왜 여러분의 말을 경청해야 하는가? 청중의 관심을 사로잡고 신뢰도를 구축함과 동시에 생산적인 대화나 의사 결정으로 이끌려면 이제까지 다룬 다양한 수업 내용을 어떻게 활용할 수 있는지 깊이 생각하라.

유연해져라 계획한 대로 정확히 일이 이뤄지는 일은 거의 없다. 제어하기 힘들 정도로 일이 제멋대로 갈 것 같으면 처리할 수 있는 접근 방법과 자료를 어떻게 조직할지 생각하라. 어떤 환경에서는 '자신의 모험을 선택하기' 스토리가 필요할지도 모른다. 유연함과 청중을 조정하려는 의지를 보여주는 것은 신뢰도를 구축하는 환상적인 방법이다. 어쩌면 악몽 같은 상황을 성공적인 상황으로 전환하는 데 도움을 줄 수 있다.

피드백을 구하라 데이터 스토리를 준비할 때 피드백에 관한 이야기를 계속해 왔지만 발표한 후에 피드백을 구하는 것도 중요하다. 잘 진행된 것은 무엇이고 청중의 니즈(그리고 그것을 통한 여러분 자신의 니즈)를 최상으로 충족시키려면 앞으로 무엇을 고쳐야 할지에 대해 청중이나 동료에게서 정보를 얻어라.

성공과 실패를 통해 배워라 보고서를 보내거나 데이터를 제시할 때마다 그다음 일이 어떻게 진행됐는지를 고찰하라. 성공적인 시나리오에서는 왜 그렇게 됐는지, 앞으로의 업무에서 어떤 관점을 활용하면 될지 생각하라. 대개 잘되지 않은 사례에서 더 많은 것을 배우곤 한다. 무엇이 이슈를 야기했는가? 앞으로 통제할 수 있는 범위에서 변화시킬 수 있는 것은 무엇인가? 성공과 실패 스토리를 나누고 다른 사람도 같이 배울 수 있도록 하라. 이런 방법으로 모두가 서로를 개선시킬 수 있다.

모든 팁에서 강조하는 메타 주제를 생각해야 한다. 성공은 어떠했고 성공을 위한 스스로의 자리매김은 어떠했는지 생각하면 여러분이 말하는 데이터 스토리가 여러분이 추구하는 영향을 줄 수 있을 것이다.

연습 문제 9.10: 토론해보자

이 책에서 다룬 모든 내용 및 업무에 적용할 방법과 관련해 다음 질문을 고려하라. 파트너 혹은 그룹과 논의하라. 이 책의 연습 문제를 여러분 팀의 다른 사람(설사 없더라도!)과 함께 수행했다면 아래 질문은 '데이터 스토리텔링' 수업 내용을 모든 사람의 작업으로 통합시키는 방법에 대한 매우 탁월한 팀 대화를 이끌 수 있다.

1. 앞으로 다르게 하고 싶은 것이 하나 있다면 무엇인가?
2. 이 책과 『데이터 스토리텔링』에서 다룬 수업 내용을 다시 돌아보자. (1)상황 정보를 이해하기, (2)적절한 시각화 자료 선택하기, (3)잡동사니 제거하기, (4)주의 집중시키기, (5)설계자처럼 생각하기, 그리고 (6)스토리를 말하기. 어떤 수업 내

용이 업무를 잘하게 하는 데 가장 중요한 역할을 했는가? 이유는 무엇인가? 여러분 혹은 여러분의 팀은 어떤 영역을 가장 발전시킬 필요가 있는가? 어떻게 할 수 있겠는가?

3. 살펴본 다양한 수업 내용을 어떻게 적용할지 생각해보자. 어디가 잘못될 수 있는가? 어떻게 대비할 수 있는가 혹은 성공을 보장하도록 단계를 밟아갈 수 있는가? 예측되는 다른 도전은 무엇인가? 어떻게 극복하겠는가?
4. 데이터를 효과적으로 시각화하고 데이터로 의사소통하는 것과 관련해 전체 성공에 도움이 될만한 추가 자원은 있는가?
5. 이 책에서 가장 큰 중요 사항은 무엇인가? 일상 업무에서 이것이 분명히 드러날 것이라 어떻게 예측하는가?
6. 지금 하는 업무 방법과 데이터 스토리텔링을 적용한 업무 방법의 차이는 어디에 존재하는가? 어떻게 설명할 수 있겠는가?
7. 여러분이 다르게 하고 싶어 하는 사안이 저항에 부딪힐 것 같은가? 누가 그럴 것 같은가? 극복하려면 무엇을 할 수 있겠는가?
8. 일할 때는 항상 제약 조건에 부딪히곤 한다. 맞닥뜨린 제한 사항은 무엇인가? '데이터 스토리텔링' 수업 내용을 언제, 어떻게 적용하느냐에 제한 사항이 어떤 영향을 주는가? 제약 조건을 끌어안고 창의적으로 문제 해결을 하려면 무엇을 할 수 있는가?
9. 팀 내 혹은 조직 내 다른 사람이 데이터 스토리텔링의 가치를 인지하게 하고 해당 기술을 개선하는 데 도움을 주도록 어떤 단계를 밟을 수 있겠는가?
10. 이 책에서 설명된 전략과 관련해 여러분 자신이나 팀에 실제 목표를 세운다면 무엇인가? 여러분은 스스로(혹은 여러분의 팀)에게 목표를 어떻게 설명할 것인가? 어떻게 성공을 측정할 것인가?

10장

맺음말

9장에 걸쳐 상당히 많은 연습을 했다! 다양한 수업 내용, 팁, 전략을 여러분 업무에 통합하기 위한 준비가 잘 됐다고 생각해야 한다. 연습이 모두 끝난 것은 아니다.

데이터로 효과적인 의사소통을 하는 것은 마치 퍼즐을 푸는 것과 같다. 퍼즐 조각은 청중, 상황 정보, 데이터, 추정, 편견, 신뢰성, 발표 방법, 물리적 공간, 프린터나 프로젝터 상태, 사람 간 역학 관계 및 추구하는 실행 방법 등 다양한 고려 사항을 포함한다. 이런 모든 것이 작동할 수 있도록 잘 맞물리게 해야 한다. 더 복잡한 것은 퍼즐 조각이 매번 달라진다는 사실이다!

하지만 이것은 직소 퍼즐이 아니므로 방법이 하나만 있지는 않다. 작동하는 디자인이나 기술이 하나만 있는 것도 아니다. 때론 좌절하기도 한다. 하지만 실제로 매우 어마어마한 일이다. 다양한 접근 방법이 적용될 수 있다. 효과적이라고 생각되는 해결 방안을 만들려고 여러분만의 방법으로 수업 내용과 전략을 혼합하고 매치하는 방법은 무한하다. 얼마나 재밌는 일인가?

여러분은 열심히 연습했지만 완전하지는 않다. 우리는 항상 배울 수 있고 계속해서 데이터 시각화 디자인 실력을 연마할 수 있다. 데이터로 스토리를 말하고 다른 사람을 북돋우는 데 활용하는 방법을 점차 미묘하게 달라지게 할 수 있다.

여러분에게 바라는 바가 바로 이것이다. 배운 것을 실행에 옮기고 다른 사람과 공유하라. 긍정적인 변화를 일으킬 수 있는 스토리를 데이터로 말하라.

나의 지원과 격려는 여기서 끝나지 않는다. storytellingwithdata.com/learnmore를 언제든 방문해 SWD 팀에게서 다음 단계의 학습과 발전을 위한 정보를 얻을 수 있다.

나와 함께 연습해줘서 고맙다!

『데이터 스토리텔링』 끝맺는 생각

작은 것부터 시작하라

SWD를 일상의 일부로 만들라

SWD 아이디어와 기회

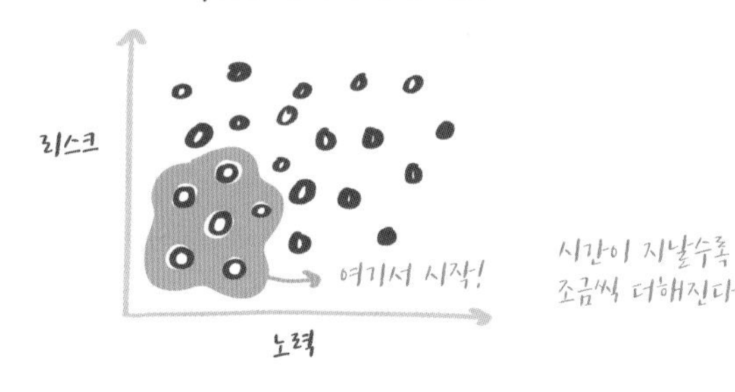

쉽게 달성할 수 있는 목표

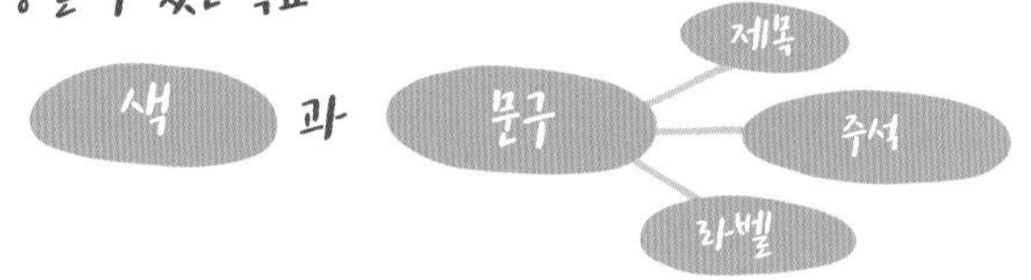

연습하기와 우선순위 매기기

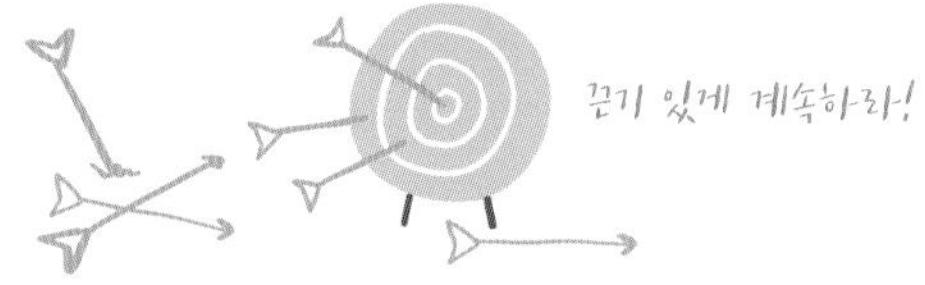

가이드라인을 배워라

(그런 다음 이해가 되면
그것을 신중히 고쳐라)

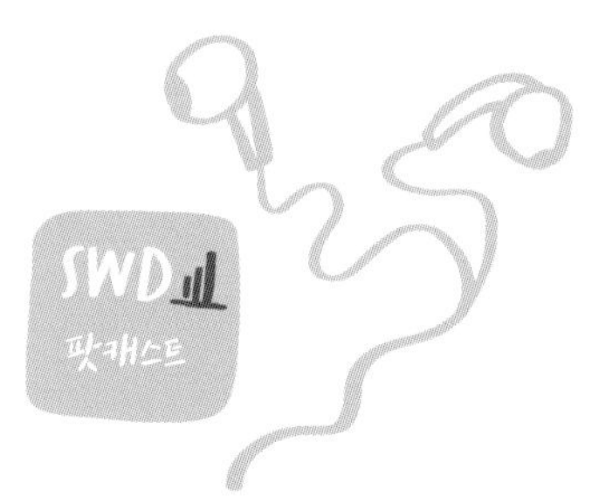

그런 다음 더 열심히 노력하라!

정보 전달을 넘어 영향을 주는 방향으로 이동하라

발표자로서 여러분에게 집중하라

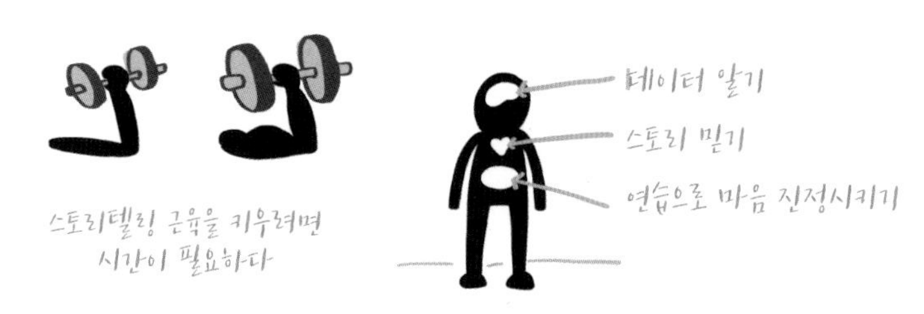

이를 위한 시간을 계획하라

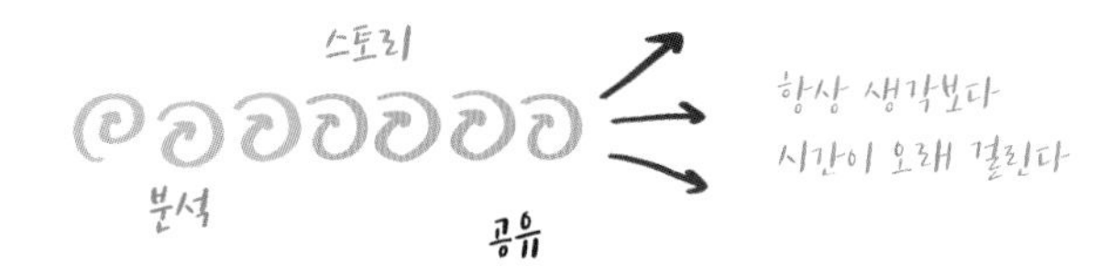

storytellingwithdata.com에서 자원을 확인하라(더 많아지고 있다!)

찾아보기

데이터 스토리텔링 연습

연습 문제와 다양한 사례로 익히는 데이터 시각화 기법

발 행 | 2021년 6월 30일

지은이 | 콜 누스바우머 내플릭
옮긴이 | 변 혜 정

펴낸이 | 권 성 준
편집장 | 황 영 주
편 집 | 이 지 은
디자인 | 송 서 연

에이콘출판주식회사
서울특별시 양천구 국회대로 287 (목동)
전화 02-2653-7600, 팩스 02-2653-0433
www.acornpub.co.kr / editor@acornpub.co.kr

ISBN 979-11-6175-534-2
http://www.acornpub.co.kr/book/storytelling-data-practice

책값은 뒤표지에 있습니다.